高等职业教育智慧财经专业群建设新形态系列教材

企业财务会计

赵丽生◎总主编
赵爱萍　董京原◎主　编
王　艳　刘　玉◎副主编

微课版

同济大学出版社
TONGJI UNIVERSITY PRESS
·上海·

内容提要

本书是高等职业教育智慧财经专业群建设新形态系列教材之一。本书依据最新企业会计准则、最新税收法律法规政策、最新专业教学标准，结合会计技术资格考试（初级）与“1 + X”职业技能等级证书的知识和技能，以会计六要素为主线，分十四个项目介绍了企业经济业务及其账务处理方法。

本书既可作为高职专科和高职本科财会类专业的课程教材，也可作为应用型本科财会类专业的课程教材，还可作为职业财会人员更新升级知识和技能的参考用书。

图书在版编目（CIP）数据

企业财务会计 / 赵爱萍，董京原主编；王艳，刘玉副主编 . -- 上海：同济大学出版社，2024.6

高等职业教育智慧财经专业群建设新形态系列教材 / 赵丽生总主编

ISBN 978-7-5765-1050-8

Ⅰ. ①企… Ⅱ. ①赵… ②董… ③王… ④刘… Ⅲ. ①云计算—应用—财务会计—高等职业教育—教材 Ⅳ. ① F234.4-39

中国国家版本馆 CIP 数据核字（2024）第 070205 号

企业财务会计

主　编　赵爱萍　董京原　　**副主编**　王　艳　刘　玉

责任编辑　杨　艳　　**助理编辑**　郭紫月　　**责任校对**　徐逢乔　　**封面设计**　渲彩轩

出版发行　同济大学出版社 www. tongjipress. com. cn
（地址：上海市四平路 1239 号　邮编：200092　电话：021-65985622）
经　　销　全国各地新华书店
排　　版　南京文脉图文设计制作有限公司
印　　刷　苏州市古得堡数码印刷有限公司
开　　本　787mm × 1092mm　1/16
印　　张　23.25
字　　数　566 000
版　　次　2024 年 6 月第 1 版
印　　次　2024 年 6 月第 1 次印刷
书　　号　ISBN 978-7-5765-1050-8

定　　价　68.00 元

preface

前言

在“大智移云物区”的时代，现代企业财务工作的内容、模式和应用场景均发生了巨大的变化，企业、行业和区域经济对人才的需求也产生了重大变化。在此背景下，高等院校财经类专业职业教育迫切需要通过“三教”改革，培养出适应企业数字化转型过程中财务会计工作的复合型高素质技术技能人才。

本书应时而动，以项目任务式结构组织教学内容，依据最新企业会计准则、最新税收法律法规政策、最新专业教学标准，结合会计技术资格考试（初级）与“1+X”职业技能等级证书的知识和技能，以会计六要素为主线，分十四个项目介绍企业经济业务及其账务处理方法，以实现学生财务会计理论知识“必备、精准”和财务会计实务能力“具备、提升”的目标。

本书符合教育部对高等院校职业教育人才培养的要求，突出高等职业教育特点，融入课程思政元素，注重学生的职业发展和职业素养的培养，帮助学生掌握财务会计基本理论和典型工作技能，并最终胜任企业财务会计岗位工作。

本书的主要特点有以下四个方面：

1. 立德树人为根本

全书全面贯彻党的二十大精神，坚持育人为本、德育为先，以立德树人的根本任务为教育主线，把社会主义的核心价值体系有机融入教学内容。在介绍企业交易或事项的会计处理和财务报告的同时，分析了会计与经济、政治、社会、文化、生态文明建设之间的相互影响，并将有关诚信与会计职业道德问题的讨论贯穿全书，培养学生树立正确的世界观、人生观和价值观。

2. 真实场景练技能

全书通过校企合作，以会计岗位职业能力需求为切入点，以岗位素质、知识、能力的分析为依托，确定会计工作主要就业岗位和岗位核心技能，提炼出会计相关岗位的典型工作任务，以真实工作场景呈现账务处理过程，让学生体验真实企业实际工作情境，在工作中学习，在学习中提升，实现了会计理论实务与实际工作实践的结合，强化了职业技能训练，提高了职业判断能力，实现了学生职业能力的大跨越。

3. 平面教材立体化

全书配备教学课件、课程标准、知识点测试与讨论、技术技能演示和任务实施微课讲解等，学生可扫描书中的二维码观看，随时随地自主学习课程内容，满足多层次、多样化的学习需求。

4. 财务转型数字化

全书还配有财务机器人开发与应用、财务大数据分析、Power BI 与 Python 在财务中的应用相关教学微视频。通过扫码观看，学生可以初步了解大数据技术在财务中的应用，为财务数字化应用奠定基础的同时，提升自身财务数字化能力。

本书由山西省财政税务专科学校会计学院副院长赵爱萍副教授、山西省财政税务专科学校教务部部长董京原教授担任主编，山西省财政税务专科学校会计学院副院长王艳、国投中鲁果汁股份有限公司财务总监刘玉担任副主编。各项目编写分工如下：项目一、项目三和项目四由山西省财政税务专科学校会计学院教师申宇冰编写，项目二、项目五至项目七由山西省财政税务专科学校会计学院教师张怡乔编写，项目八、项目十二和项目十三由赵爱萍编写，项目九由董京原编写，项目十、项目十一和项目十四由王艳编写，刘玉为本书提供了部分案例并予以实务指导。全书由赵爱萍负责总纂定稿。

本书既可作为高职专科和高职本科财会类专业的课程教材，也可作为应用型本科财会类专业的课程教材，还可作为职业财会人员更新升级知识和技能的参考用书。

由于新技术正以令人目不暇接的速度更新迭代，加之编者水平有限，书中难免存在疏漏与不妥之处，敬请广大读者批评指正。

编　者

2024 年 3 月

财务机器人微课视频

序号	项目	视频名称	时长	二维码
1	**项目二** 金融资产业务	收款回单——应收账款	06:35	
2		收款收据——其他应收款	05:30	
3	**项目五** 无形资产业务	无形资产摊销	07:26	
4	**项目八** 流动负债业务	付款回单——应付账款	06:44	
5		转账支票——应付账款	06:20	
6		税费缴纳——应交税费	07:35	
7		期末计提——计提附加税	06:51	
8	**项目十二** 费用业务	报销办公费——期间费用	13:43	
9		报销招待费——期间费用	10:11	
10		报销差旅费——期间费用	10:58	

contents

目 录

项目一 货币资金业务

项目导读

货币资金是企业拥有的以货币形态存在的资金，属于企业的一种金融资产。不同形式的货币资金有不同的管理方式和管理内容，为了适应货币资金管理的需要，按其存放地点和用途的不同，为货币资金设置了“库存现金”“银行存款”和“其他货币资金”科目。你能正确区分“库存现金”“银行存款”和“其他货币资金”吗？

库存现金的流动性很强，为了加强库存现金的管理和控制，国务院于1988年发布了《现金管理暂行条例》，并于2011年予以修订，你知道该条例的主要内容吗？你知道企业收支现金如何进行账务处理吗？为了保证账实相符，企业要对库存现金每日进行清查，如果出现库存现金的短缺或溢余，你知道如何进行账务处理吗？

每家企业都要在银行或其他金融机构开立账户，储存资金并办理结算。你知道企业能开立哪些银行存款账户吗？企业如何办理银行存款结算？为了保证账账相符，企业要定期与银行对账，你知道企业如何和银行对账，如何处理对账结果吗？

你知道其他货币资金与库存现金、银行存款相比有哪些相同与不同之处吗？对于其他货币资金应该设置什么账户进行核算？如何进行账务处理？

思政课堂

资料内容

数字人民币试点范围稳步扩大　配套制度法规提上日程

今年数字人民币试点地区再度扩容，新增加了天津、重庆、广东的广州、福建的福州和厦门以及浙江的杭州、宁波、温州、湖州、绍兴、金华，北京和河北张家口在2022年北京冬奥会、冬残奥会场景试点结束后也转为了试点地区。

中国人民银行数字货币研究所所长穆长春介绍，目前，相关部门正在着手研究建立信息隔离机制，明确运营机构开展数字人民币运营业务的独立性，并通过设立数字人民币客户信息隔离机制和使用限制，规范数字人民币客户信息的使用。

建立信息隔离机制只是完善顶层制度中的一环。记者了解到，从明确数字钱包查询、冻结、扣划的法律条件，到建立相应的处罚机制，再到完善数字人民币反洗钱、反恐怖融资等法规制度……越来越多法规制度将被提上日程。

据介绍，监管部门将强化监管科技应用实践，积极利用大数据、人工智能、云计算等技术丰富金融监管手段，提升跨行业、跨市场交叉性金融风险的甄别、防范和化解能力。

资料分析

货币发展的历史体现了经济进步，从实物货币到数字货币，每一阶段都适应了时代的需求。数字人民币（DCEP）的发展不仅需要强化技术支撑、标准规范、政策制度等方面，还需在金融风险管理和法治监管上加强协调和统筹。根据国家“十四五”规划和2035年远景目标纲要，数字人民币的研发应稳妥推进，同时要吸收国际规则和经验。数字人民币的试点工作已有效促进社会消费回暖和潜力释放，提升了公众对其的认知度和接受度，同时在民生保障、经济增长和治理现代化方面发挥着重要作用。

（资料来源：新华视点微信公众号，2022年8月4日）

学习目标

知识目标

1. 熟悉库存现金的核算范围及管理制度；
2. 熟悉银行存款的管理和转账结算方式；
3. 熟悉其他货币资金的核算内容；
4. 掌握库存现金收支和清查的核算方法；
5. 掌握银行存款收付的核算方法和银行存款余额调节表的编制方法；
6. 掌握其他货币资金的核算方法。

技能目标

1. 能正确办理现金收付、银行结算的各项业务；
2. 能按时与银行对账并编制银行存款余额调节表；
3. 能准确判断其他货币资金并正确进行会计处理。

素质目标

1. 培养遵纪守法、坚持准则的职业道德；
2. 树立严格管理资金、勤俭节约的观念；
3. 强化为企业高质量发展服务的意识。

任务一
核算库存现金

知识要点

一、认知库存现金

现金有狭义和广义之分。狭义的现金是指企业的库存现金，广义的现金是指除了库存现金外，还包括企业的银行存款和其他符合现金定义的票证。

本项目所说的现金是狭义的现金，即库存现金。库存现金是指通常存放于企业财会部门、由出纳人员经管的货币，包括人民币现金和外币现金。保险柜如图 1-1 所示。

图 1-1　保险柜

二、核算库存现金收支

（一）库存现金收支的总分类核算

设置“库存现金”账户，核算企业现金的收入、支出和结存情况。该账户可以按照币种设置明细账户进行明细核算（币种是人民币时无须设置明细账）。如图 1-2 所示。

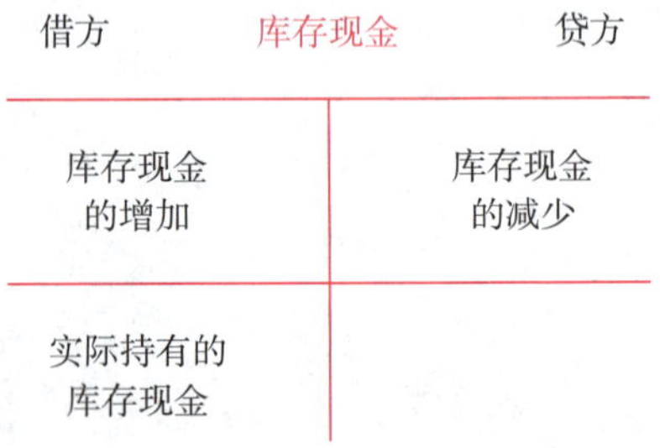

图 1-2　库存现金

“库存现金”总账账户由不从事出纳工作的会计人员负责登记。每一笔现金收入和支出业务，都必须由会计人员根据审核无误的原始凭证编制记账凭证以入账。

收到现金时，借记“库存现金”账户，贷记有关账户。支付现金时，借记有关账户，贷记“库存现金”账户。

对于从银行提取现金的业务，一般只编制银行付款凭证，不再编制现金收款凭证。而将现金存入银行，一般只编制现金付款凭证，不再编制银行收款凭证。

（二）库存现金收支的序时核算

为了正确、及时、连续和系统地反映库存现金收支情况，企业应设置“库存现金日记账”进行序时核算，由出纳人员根据审核后的现金收付款凭证及所附原始凭证，按照现金业务发生的先后顺序逐日逐笔序时登记。每日终了，应当在库存现金日记账上计算出当日的现金收入合计额、现金支出合计额和结余额，并将库存现金日记账的账面结余额与实际库存现金数额相核对，保证账款相符；月份终了，将“库存现金日记账”的余额与“库存现金”总账账户的余额相核对，做到账账相符。

有外币现金收支的企业，应当按照人民币现金和外币现金的币种设置“库存现金日记账”进行明细核算。

三、库存现金的清查

企业应当按规定进行库存现金的清查。库存现金的清查一般采用实地盘点法，对于清查的结果，应当编制库存现金盘点表。如果有挪用现金、“白条顶库”的情况，应及时予以纠正；对于超限额留存的现金应及时送存银行。如果账款不符，发现有待查明原因的现金短缺或溢余，应当先通过“待处理财产损溢——待处理流动资产损溢”账户核算，在按管理权限批准后，再将其转入有关账户。

（一）库存现金短缺的账务处理

对于每日终了结算现金收支、财产清查等发现的有待查明原因的现金短缺，应按实际短缺的金额，借记“待处理财产损溢——待处理流动资产损溢”账户，贷记“库存现金”账户。如图 1-3 所示。

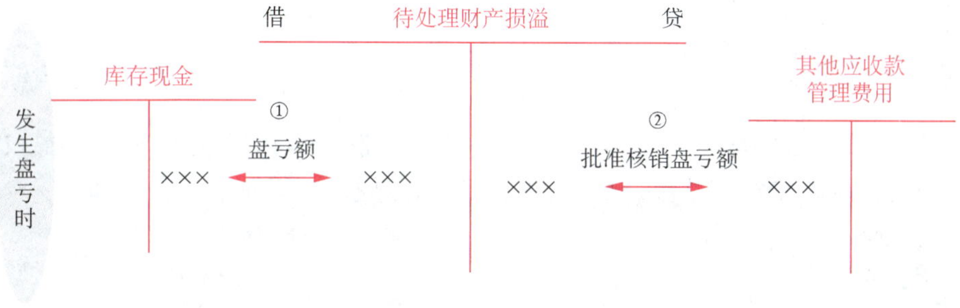

图 1-3 待处理财产损溢

查明原因，报经批准后，分下列两种情况处理：

1. 属于责任人或保险公司赔偿的部分

借记“其他应收款——应收现金短缺款（××个人）”或“库存现金”等账户，贷记“待处理财产损溢——待处理流动资产损溢”账户。

2. 属于无法查明的其他原因的部分

借记“管理费用——现金短缺”账户，贷记“待处理财产损溢——待处理流动资产损溢”账户。

（二）库存现金溢余的账务处理

每日终了结算现金收支、财产清查等发现有待查明原因的现金溢余，应当按实际溢余的金额，借记“库存现金”账户，贷记“待处理财产损溢——待处理流动资产损溢”账户。如图 1-4 所示。

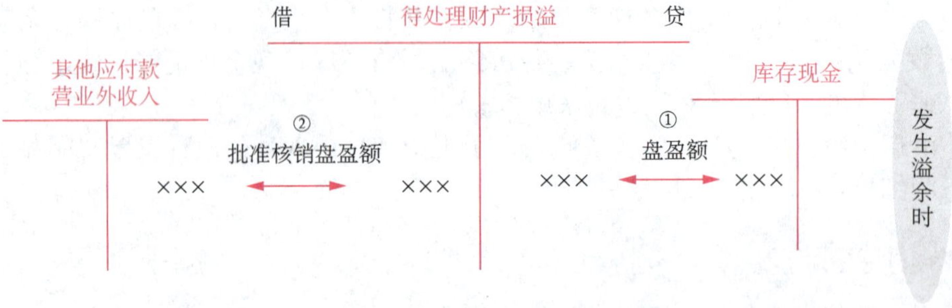

图 1-4　待处理财产损溢

查明原因，报经批准后，分下列两种情况处理：

1. 属于应支付给有关人员或单位的部分

借记“待处理财产损溢——待处理流动资产损溢”账户，贷记“其他应付款——应付现金溢余（××个人或单位）”账户。

2. 属于无法查明原因的部分

借记“待处理财产损溢——待处理流动资产损溢”账户，贷记“营业外收入——现金溢余”账户。

任务实施

做中学 1-1　2024 年 5 月 2 日，云康公司职工张涛预借差旅费 5 000 元，以现金支付。云康公司根据差旅费借款单、现金收据（付款方凭证）编制会计分录如下：

借：其他应收款——张涛　　5 000

　　贷：库存现金　　5 000

做中学 1-2　2024 年 5 月 5 日，云康公司签发一张现金支票，提取现金 20 000 元作为企业备用金。云康公司根据提现申请单和现金支票存根编制会计分录如下：

借：库存现金　　20 000

　　贷：银行存款　　20 000

做中学 1-3　云康公司在现金清查过程中发现现金短缺 200 元。后查明现金短缺是由出纳员张玮造成的，应由其负责赔偿。

（1）短缺原因查明前，根据库存现金盘点表报账联编制会计分录如下：

借：待处理财产损溢——待处理流动资产损溢　　200

　　贷：库存现金　　200

（2）短缺原因查明后，根据库存现金盘点表批复联编制会计分录如下：

借：其他应收款——应收现金短缺款（张玮） 200

  贷：待处理财产损溢——待处理流动资产损溢 200

做中学 1-4 云康公司在库存现金清查中发现现金溢余 500 元，无法查明原因。

（1）溢余原因查明前，根据库存现金盘点表报账联编制会计分录如下：

借：库存现金 500

  贷：待处理财产损溢——待处理流动资产损溢 500

（2）确定无法查明溢余原因后，根据库存现金盘点表批复联编制会计分录如下：

借：待处理财产损溢——待处理流动资产损溢 500

  贷：营业外收入——现金溢余 500

任务二
核算银行存款

知识要点

一、认知银行存款

（一）银行存款的管理与控制

1. 银行存款的管理

每家企业都要在银行的一个分支机构或者其他金融机构开立账户，储存资金并办理结算。银行存款账户分为基本存款账户、一般存款账户、临时存款账户和专用存款账户。

企业通过银行办理支付结算时，应当认真执行国家各项管理办法和结算制度。中国人民银行 1997 年 9 月 19 日颁布的《支付结算办法》规定：单位和个人办理支付结算，不准签发没有资金保证的票据或远期支票，套取银行信用；不准签发、取得和转让没有真实交易和债权债务的票据，套取银行和他人资金；不准无理拒绝付款，任意占用他人资金；不准违反规定开立和使用账户。

2. 银行存款收支的控制

企业为了加强对银行存款的控制，要求银行存款的存入、取出和转账业务应当履行严格的审批手续，认真审查银行存款收支业务的合法性和合理性，并建立一套严密的内部控制制度，其中包括由企业的出纳人员负责银行存款的收支业务，保管、签发支票，登记银行存款日记账，会计人员负责银行存款收支业务的审核工作，并负责登记银行存款总账。

（二）银行存款的转账结算方式

转账结算按管辖范围分为同城结算和异地结算两种。凡结算双方处于同一城镇的为同城结算；如结算双方分别处于两地，则为异地结算。我国企业采用的转账结算方式主要有支票结算、银行本票结算、银行汇票结算、汇兑结算、托收承付结算、委托收款结算和商业汇票结算七种。不同的转账结算方式不仅使用范围、操作要求不一致，而且应用账户和账务处理也不尽相同。除上述结算方式外，随着市场经济的发展和社会的进步，在实务中还有银行卡支付、网上银行支付和第三方支付结算等。

1. 支票结算

支票是单位或个人签发的，委托办理支票存款业务的银行在见票时无条件支付确定的金额给收款人或者持票人的票据。

支票结算是同城结算中应用比较广泛的一种结算方式。单位和个人在同一票据交换区域的各种款项结算可以使用支票。支票由银行统一印制，支票上印有“现金”字样的为现金支票。支票上印有“转账”字样的为转账支票，转账支票只能用于转账。未印有“现金”或“转账”字样的为普通支票，普通支票可以用于支取现金，也可以用于转账。在普通支票左上角划两条平行线的为划线支票，划线支票只能用于转账，不得支取现金。

支票的提示付款期限为自出票日起 10 日内，中国人民银行另有规定的除外。超过提示付款期限的，持票人开户银行不予受理，付款人不予付款。转账支票可以根据需要在票据交换区域内背书转让。现金支票如图 1-5 所示。

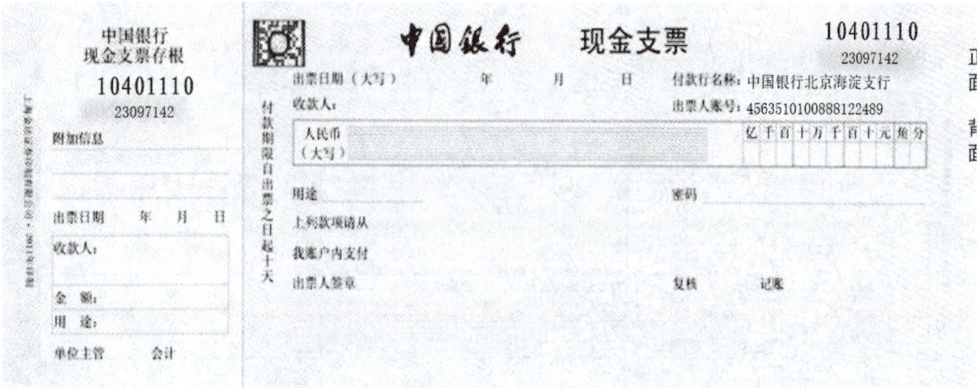
中国银行
现金支票存根
10401110
23097142
附加信息
出票日期 年 月 日
收款人：
金 额：
用 途：
单位主管 会计

中国银行 现金支票 10401110
23097142
出票日期（大写） 年 月 日 付款行名称：中国银行北京海淀支行
收款人： 出票人账号：4563510100888122489
人民币（大写） 亿 千 百 十 万 千 百 十 元 角 分
付款期限自出票之日起十天
用途 密码
上列款项请从
我账户内支付
出票人签章 复核 记账

图 1-5 现金支票

2. 银行本票结算

银行本票是银行签发的，承诺自己在见票时无条件支付确定的金额给收款人或者持票人的票据。

银行本票由银行签发并保证兑付，而且见票即付，具有信誉高、支付功能强等特点。银行本票的付款期限为自出票日起最长不超过 2 个月，在付款期内银行本票见票即付。持票人超过提示付款期限不获付款的，在票据权利时效内向出票银行作出说明，并提供本人身份证件或单位证明，持银行本票向出票银行请求付款。银行本票如图 1-6 所示。

3. 银行汇票结算

银行汇票是汇款人将款项交存当地出票银行，由出票银行签发的，由其在见票时按照实际结算金额无条件支付给收款人或持票人的票据。银行汇票具有使用灵活、票随人到、兑现性强等特点，适用于先收款后发货或钱货两清的商品交易。单位和个人各种款项结算均可使用银行汇票。

银行汇票可以用于转账，填明“现金”字样的银行汇票也可以用于支取现金。银行汇票的付款期限为自出票日起 1 个月内。超过提示付款期限不获付款的，持票人须在票据权利时效内向出票银行作出说明，并提供本人身份证件或单位证明，持银行汇票和解讫通知向出票银行请求付款。银行汇票如图 1-7 所示。

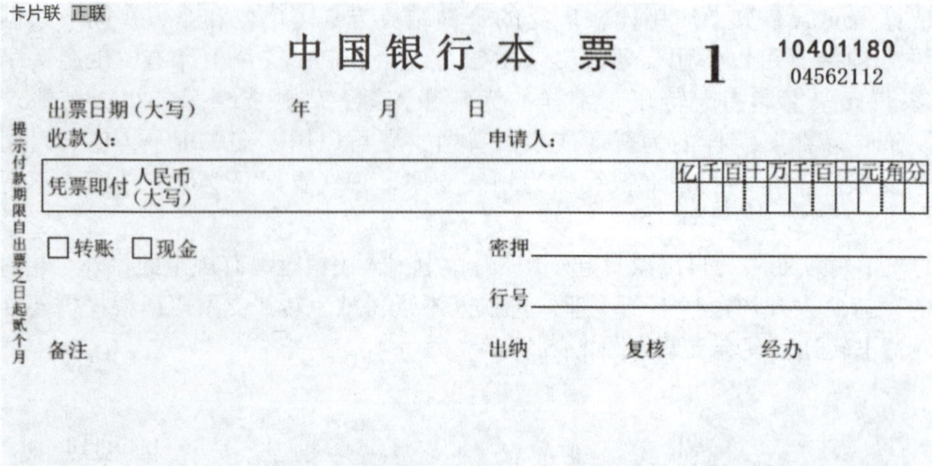
卡片联 正联
中国银行本票 1
10401180
04562112
出票日期（大写） 年 月 日
收款人： 申请人：
凭票即付 人民币（大写）

亿	千	百	十	万	千	百	十	元	角	分

□转账 □现金 密押
行号
备注 出纳 复核 经办
提示付款期限自出票之日起贰个月

图 1-6 银行本票

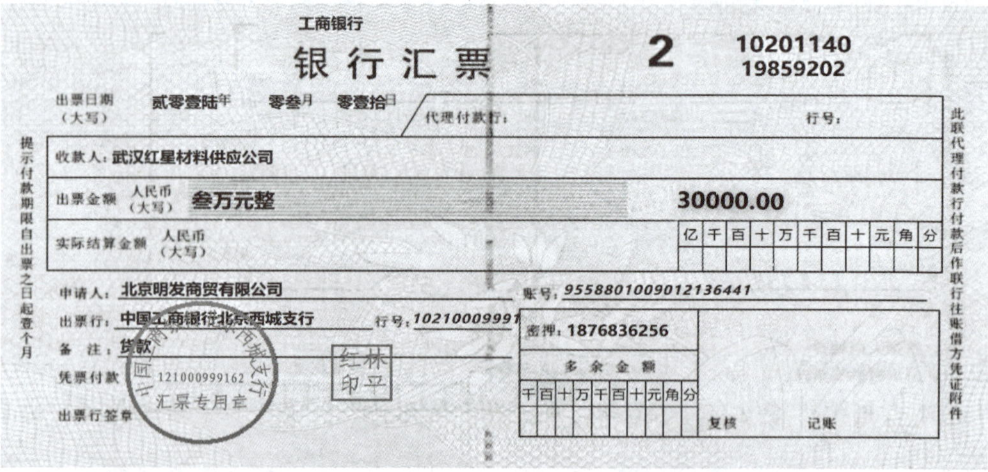
工商银行
银行汇票 2
10201140
19859202
出票日期（大写） 贰零壹陆年 零叁月 零壹拾日 代理付款行： 行号：
收款人：武汉红星材料供应公司
出票金额 人民币（大写） 叁万元整 30000.00
实际结算金额 人民币（大写）

亿	千	百	十	万	千	百	十	元	角	分

申请人：北京明发商贸有限公司 账号：9558801009012136441
出票行：中国工商银行北京西城支行 行号：10210009991
备 注：货款 密押：1876836256
凭票付款 多余金额

千	百	十	万	千	百	十	元	角	分

出票行签章 复核 记账
121000999162 汇票专用章
红林印平
提示付款期限自出票之日起壹个月
此联代理付款行付款后作联行往账借方凭证附件

图 1-7 银行汇票

4. 汇兑结算

汇兑是汇款人委托银行将其款项支付给收款人的结算方式。单位和个人的各种款项结算均可使用汇兑结算方式。

汇兑分为信汇、电汇两种。信汇是指汇款人委托银行通过邮寄方式将款项划转给收款人。电汇是指汇款人委托银行通过电报方式将款项划给收款人。这两种汇兑方式由汇款人根据需要选择使用。汇兑结算方式适用于异地之间的各项款项结算。这种结算方式划拨款项简便、灵活，又无结算金额起点的限制，应用较为广泛。电汇凭证如图 1-8 所示。

5. 托收承付结算

托收承付是根据购销合同由收款人发货后委托银行向异地付款人收取款项，由付款人向银行承认付款的结算方式。使用托收承付结算方式的收款单位和付款单位，必须是国有企业和供销合作社以及经营管理较好并经开户银行审查同意的城乡集体所有制工业企业。办理托收承付结算的款项，必须是商品交易以及因商品交易而产生的劳务供应款项。代销、

中国工商银行**电汇凭证**（回单）　　1

□普通　□加急　　委托日期　　年　　月　　日

汇款人	全　称		收款人	全　称	
	账　号			账　号	
	汇出地点	省　　市/县		汇入地点	省　　市/县
汇出行名称			汇入行名称		
金额	人民币（大写）				亿 千 百 十 万 千 百 十 元 角 分
			支付密码		
			附加信息及用途：		
汇出行签章			复核：	记账：	

此联汇出行给汇款人的回单

图 1-8　电汇凭证

寄销、赊销商品的款项不得办理托收承付结算。

托收承付款项划回方式分为邮寄和电报两种，由收款人根据需要选择使用。收款单位办理托收承付必须具有商品发出的证件或其他证明。托收承付结算每笔业务的金额起点为 10 000 元，新华书店系统每笔业务结算的金额起点为 1 000 元。托收凭证如图 1-9 所示。

托收凭证（受理回单）　　1

委托日期　　年　　月　　日

业务类型	委托收款（□邮划、□电划）　托收承付（□邮划、□电划）				
付款人	全　称		收款人	全　称	
	账　号			账　号	
	地　址	省　市县　开户行		地　址	省　市县　开户行
金额	人民币（大写）				亿 千 百 十 万 千 百 十 元 角 分
款项内容		托收凭据名称		附寄单证张数	
商品发运情况			合同名称号码		
备注： 复核　记账		年　月　日		收款人开户银行签章　年　月　日	

（2005）10×17.5公分　15 ×××印制　0512-65011866

此联作收款人开户银行给收款人的受理回单

图 1-9　托收凭证

6. 委托收款结算

委托收款是收款人委托银行向付款人收取款项的结算方式。无论单位还是个人都可凭已承兑商业汇票、债券、存单等付款人债务证明办理收取同城或异地的款项。委托收款还适用于收取电费、电话费等付款人众多、分散的公用事业费等有关款项。

委托收款结算款项划回的方式分为邮寄和电报两种。委托收款凭证如图 1-10 所示。

ICBC 中国工商银行　　业务委托凭证

№

客户填写				
业务类型	□现金存入　□现金支取　□卡内转账　□对外转账　□其他			
财智账户卡卡号				
付款单位名称		收款单位名称		
付款单位账号		收款单位账号		
开户行		开户行		
金额（大写）人民币			亿 千 百 十 万 千 百 十 元 角 分	
电子支付序号		动态支付密码		声明：本持卡人根据本单位授权，履行申请人对贵行的授权事项，凭卡和密码办理支付业务，免于加盖预留印鉴。
持卡人 名称		联系电话		
持卡人 证件名称		证件号码		
备注：		银行受理：		持卡人签字： 年　月　日

第一联　银行留存联

2013.11版　210×142.5mm　60g

填写说明：
1、如确认选择某项业务请在空框“□”内打“√”。
2、现金支取10万元（含）以上，对外转账50万元（含）以上，请填写持卡人身份证件信息。
3、财智账户卡使用动态支付密码的，办理现金支取、对外转账业务，请填写电子支付序号、动态支付密码。
4、资金用途等信息可填写在备注栏。

图 1-10　委托收款凭证

银行承兑汇票（卡片）　1　　10401150
68761205

出票日期（大写）　年　月　日

出票人全称		收款人	全称	
出票人账号			账号	
付款行名称			开户银行	
出票金额	人民币（大写）			亿 千 百 十 万 千 百 十 元 角 分
汇票到期日（大写）		付款行	行号	
承兑协议编号			地址	
本汇票请你行承兑，此项汇票款我单位按承兑协议于到期前足额交存你行，到期请予支付。 出票人签章		备注：		密押 复核　记账

此联承兑行留存备查　到期支付票款时作借方凭证附件

商业承兑汇票（卡片）　1　　10401160
39008693

出票日期（大写）　年　月　日

付款人	全称		收款人	全称	
	账号			账号	
	开户银行			开户银行	
出票金额	人民币（大写）				亿 千 百 十 万 千 百 十 元 角 分
汇票到期日（大写）			付款人开户行	行号	
交易合同号码				地址	
出票人签章			备注：		

此联承兑人留存

图 1-11　商业汇票

7. 商业汇票结算

商业汇票是出票人签发的，委托付款人在指定日期无条件支付确定的金额给收款人或者持票人的票据。在银行开立存款账户的法人以及其他组织之间须具有真实的交易关系或债权债务关系，才能使用商业汇票。商业汇票的付款期限由交易双方商定，但最长不得超过 6 个月。商业汇票的提示付款期限为自汇票到期日起 10 日内。

与前述几种结算方式相比，商业汇票为延期票据，而其他结算方式所使用的票据为即期票据。商业汇票结算方式同城、异地均可采用。商业汇票可以背书转让，符合条件的商业承兑汇票的持票人可持未到期的商业承兑汇票连同贴现凭证，向银行申请贴现。

商业汇票按承兑人不同分为银行承兑汇票和商业承兑汇票两种。如图 1-11 所示。

8. 银行卡支付

银行卡是指经批准由商业银行向社会发行的具有消费信用、转账结算、存取现金等全部或部分功能的信用支付工具。

在银行卡使用过程中需注意以下几点：

（1）单位人民币卡可办理商品交易和劳务供应款项的结算，但不得透支。单位卡不得支取现金。

（2）发卡银行应当依照法律规定遵守信用卡业务风险控制指标。

（3）持卡人透支消费享受免息还款期和最低还款额待遇的条件和标准等由发卡机构自主确定。

（4）发卡银行通过下列途径追偿透支款项和诈骗款项：扣减持卡人保证金、依法处理抵押物和质押物，向保证人追索透支款项，通过司法机关的诉讼程序进行追偿。银行卡如图 1-12 所示。

图 1-12　银行卡

9. 网上银行支付

网上银行支付也称网银支付，即银行在互联网上设立虚拟银行柜台，使传统银行服务不再通过物理的银行分支机构来实现，而是借助于网络与信息技术在互联网上实现。其要求是银行卡需事先开通网银支付功能，且用户支付时在银行网银页面输入银行卡信息并验证支付密码，其具有稳定易用、安全可靠的特点。如图 1-13 所示。

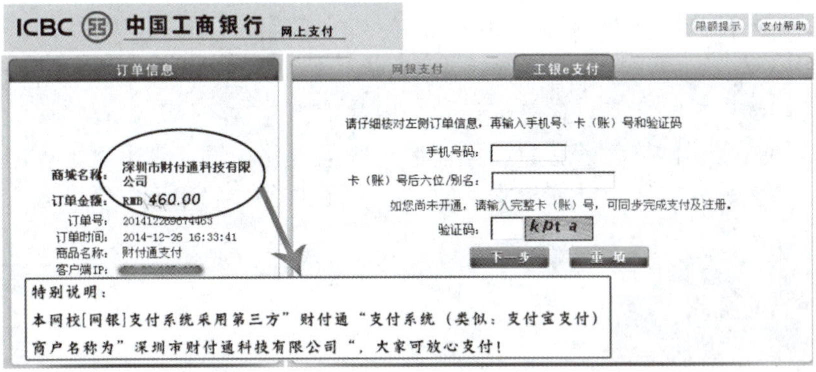

图 1-13　网银支付

10. 第三方支付

第三方支付是指经过中国人民银行批准从事第三方支付业务的非银行支付机构，借助通信、计算机和信息安全技术，采用与各大银行签约的方式，在用户与银行支付结算系统间建立连接的电子支付模式（其中通过手机等移动终端进行支付的，称为移动支付）。其本质上是一种新型的支付手段，是互联网技术与传统金融支付的有机结合。

非金融机构提供支付服务，应当取得《支付业务许可证》，成为支付机构。未经中国人民银行批准，任何非金融机构和个人不得从事或变相从事支付业务。

第三方支付方式包括线上支付和线下支付。

二、核算银行存款收付

（一）银行存款收付的总分类核算

企业应设置“银行存款”账户，核算银行存款的收付及其结存情况。该账户可以按开户银行、存款种类设置明细账户进行明细核算。如图 1-14 所示。

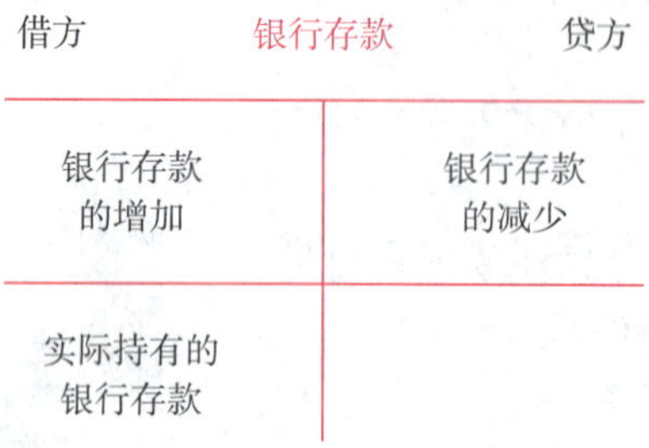

图 1-14　银行存款

企业向银行或者其他金融机构存入款项时，应填制“送款单”或者“进账单”，将现金或者转账支票送存银行，或者由银行按照《支付结算办法》的规定转存入企业的存款账户，企业根据“送款单”或者“进账单”的回单联或银行转账通知单填制记账凭证，借记“银行存款”账户，贷记“库存现金”等有关账户；从银行提取或支出款项时，企业应签发支票，或者由银行按照《支付结算办法》的规定主动将款项从企业存款账户中划出，企业根据现金支票存根等，借记“库存现金”“应付账款”等有关账户，贷记“银行存款”账户。

（二）银行存款收付的序时核算

银行存款收付的序时核算是指企业按开户银行和存款种类分别设置“银行存款日记账”，并对银行存款进行明细分类核算，以及时、连续、详细地反映银行存款的收付和结存情况。银行存款日记账是逐日逐笔记录一个单位银行存款收付及结存情况的账簿。出纳人员根据银行存款收、付款凭证和原始凭证进行登记，并在每日终了时计算出银行存款收支发生额和结存额。月末还要计算出本月收入、支出的合计数和月末结余数，并与银行存款总分类账进行核对。

三、核对银行存款

（一）银行存款的核对内容

为了防止银行存款账目的日常登记发生错误，确保账实一致以及准确掌握企业银行存款的实际结存数额，合理调度货币资金，避免出现银行支付能力不足和签发空头支票的情况发生，企业必须做好银行存款的核对工作。

1. 银行存款日记账与银行存款收、付款凭证相互核对，做到账证相符

收、付款凭证是登记银行存款日记账的依据，通过账证核对能够发现记账过程中发生的重记、漏记、记错方向或记错数字等情况，及时按规定方法进行更正，从而保证账证相符。

2. 银行存款日记账与银行存款总账相互核对，做到账账相符

银行存款日记账是序时逐笔登记，总账一般是定期汇总登记，由于逐笔登记的记录次数较多、汇总登记时的工作量较大等，因此可能会发生错误，通过账账核对就能及时发现这些错误并予以更正。同时由于银行存款日记账与总账是由不同的人员进行登记的，通过账账核对，能有效地防止舞弊行为的发生。

3. 银行存款日记账与银行对账单相互核对，做到账实相符

银行存款是企业存入银行的款项，由银行负责保管。企业应定期将银行存款日记账与银行对账单逐笔核对，若有不一致的地方，及时查找原因，保证银行存款账实相符。

从理论上讲，如果企业和银行记账均无差错，企业银行存款日记账的期末余额与银行对账单的期末余额就应当完全一致，但在会计实务中经常会出现二者的余额不一致的情况。究其原因，除企业或者银行存在记账错误外，还可能存在未达账项。未达账项是指企业与银行之间由于结算凭证传递过程中存在时间差，一方已经登记入账，而另一方尚未入账的款项。未达账项有以下四种类型：

（1）银行已作为企业银行存款的收入登记入账，而企业尚未接到收款通知，因而尚未作为收入登记入账的款项，简称“银行已收、企业未收”。

（2）银行已作为企业银行存款的支出登记入账，而企业尚未收到付款通知，因而尚未作为付款登记入账的款项，简称“银行已付、企业未付”。

（3）企业已作为银行存款的收入登记入账，而银行尚未办理入账手续的款项，简称“企业已收、银行未收”。

（4）企业已作为银行存款的支出登记入账，而银行尚未办理支付手续的款项，简称“企业已付、银行未付”。

（二）银行存款余额调节表的编制

企业在与银行核对账目时，如发现有未达账项，应编制银行存款余额调节表进行调节。银行存款余额调节表的编制可按下列公式进行计算：

企业银行存款日记账余额 + 银行已收企业未收 − 银行已付企业未付 = 银行对账单余额 + 企业已收银行未收 − 企业已付银行未付

若调节后双方余额相等，一般表示不存在记账差错；若调节后仍不相等，应进一步查找原因并予以更正。

任务实施

做中学 1-5 2024 年 5 月 5 日，云康公司开出转账支票一张，偿还原欠万象公司货款 18 000 元。

（1）云康公司根据转账支票存根编制会计分录如下：

借：应付账款——万象公司　　18 000

　　贷：银行存款　　18 000

（2）万象公司根据银行进账单编制会计分录如下：

借：银行存款　　18 000

　　贷：应收账款——云康公司　　18 000

做中学 1-6 2024 年 5 月 10 日，云康公司采用托收承付结算方式销售一批血压计给凯汇公司。增值税专用发票上列明的价款为 40 000 元，增值税税额为 5 200 元，代垫运费和增值税税额为 5 450 元，已向银行办妥托收手续。5 月 10 日收到款项并存入银行。

（1）云康公司向银行办妥托收手续时，根据销售合同、增值税专用发票记账联、运费垫支凭证、托收结算凭证回单、转账支票存根编制会计分录如下：

借：应收账款——凯汇公司　　50 650

　　贷：主营业务收入——血压计　　40 000

　　　　应交税费——应交增值税（销项税额）　　5 200

　　　　银行存款　　5 450

（2）云康公司收到银行的收款通知时，根据银行进账单编制会计分录如下：

借：银行存款　　50 650

　　贷：应收账款——凯汇公司　　50 650

做中学 1-7 云康公司 2024 年 6 月末银行存款日记账余额为 132 400 元，银行对账单余额为 137 500 元，经逐笔核对，发现以下未达账项：

（1）公司托收的货款为 58 600 元，银行已收款记账，但公司尚未收到收款通知。

（2）本季度银行借款利息为 9 300 元，银行已付款记账，但公司尚未收到付款通知。

（3）公司销售库存商品收到转账支票一张送存银行，金额为 64 800 元，公司已入账，但银行尚未入账。

（4）公司购买材料开出转账支票一张，金额为 20 600 元，公司已付款入账，但银行尚未付款。

根据上述资料，编制该公司 2024 年 6 月份银行存款余额调节表，见表 1-1。

表 1-1　银行存款余额调节表

单位：元

项目	金额	项目	金额
银行存款日记账	132 400	银行对账单余额	137 500
加：银行已收企业未收	58 600	加：企业已收银行未收	64 800

（续表）

项目	金额	项目	金额
减：银行已付企业未付	9 300	减：企业已付银行未付	20 600
调节后余额	181 700	调节后余额	181 700

提示

银行存款余额调节表只是反映企业与银行对账情况的工具，并不是原始凭证。企业不能根据银行存款余额调节表中所列示的未达账项调整企业账簿记录。对于银行已入账而企业尚未入账的未达账项，在收到银行的收、付款通知后，方可进行账务处理。

知识拓展

凡是与支付结算的各种结算方式有关的法律、行政法规以及部门规章和地方性规定都是支付结算的法律依据。此外，中国人民银行颁布的有关支付结算的政策性文件也是当事人进行支付结算活动必须遵守的规定。现行的适用支付结算的法律、行政规定以及部门规章和政策性规定主要有《中华人民共和国票据法》《票据管理实施办法》《支付结算办法》《银行卡业务管理办法》《人民币银行结算账户管理办法》《电子支付指引（第一号）》等。

任务三 核算其他货币资金

知识要点

一、认知其他货币资金

其他货币资金是指企业除库存现金、银行存款以外的其他各种货币资金，包括银行汇票存款、银行本票存款、外埠存款、信用证保证金存款、信用卡存款、存出投资款等。

其他货币资金与银行存款、库存现金的不同之处在于：前者一般都有专门的用途和特定的存放地点。例如，银行汇票存款只能用于支付采用银行汇票结算方式的款项，不能再作其他用途使用，而且这部分存款也不能存放在企业的基本存款账户之中，因此在会计上必须进行单独的核算与管理。

其他货币资金与银行存款、库存现金的相同之处在于：前者也必须按照国家的现金管理制度、银行结算办法及有关规定严格进行管理，同时还要设置专门的账户，单独进行核算。

二、核算其他货币资金

企业应当设置“其他货币资金”账户，对其他货币资金的收支、结存情况进行核算。该账户属于资产类账户，借方登记其他货币资金的增加；贷方登记其他货币资金的减少；期末余额在借方，反映其他货币资金的结余数额。“其他货币资金”账户可以按照其他货币资金的种类设置明细账户进行明细核算。

（一）银行汇票存款

银行汇票存款是指企业为取得银行汇票按照规定存入银行的款项。企业使用银行汇票必须先向开户银行提交业务委托书申请银行汇票，并将票款送交银行。银行受理后，签发银行汇票并连同解讫通知一并交申请人办理结算。申请人将银行汇票连同解讫通知一并交付给汇票上注明的收款人。

收款人收到银行汇票后，应在汇票金额内根据实际结算金额办理结算，并将实际结算金额和多余金额填入银行汇票多余款通知联，填写进账单送交银行，银行将实际结算金额转入收款人存款账户，将多余金额退回汇款人。

企业填写“银行汇票申请书”，将款项交存银行时，借记“其他货币资金——银行汇票”账户，贷记“银行存款”账户；企业持银行汇票购货，收到有关发票账单时，借记“材料采购”“原材料”“库存商品”“应交税费——应交增值税（进项税额）”等账户，贷记“其他货币资金——银行汇票”账户；采购完毕收回多余款项时，借记“银行存款”账户，贷记“其他货币资金——银行汇票”账户。

收款企业收到银行汇票后，填制进账单到开户银行办理款项入账手续，根据进账单及销货发票等，借记“银行存款”账户，贷记“主营业务收入”“应交税费——应交增值税（销项税额）”等账户。

（二）银行本票存款

银行本票存款是指企业为取得银行本票按照规定存入银行专户的款项。企业使用银行本票结算，必须按规定先向银行提交“银行本票申请书”，填明收款人名称、申请人名称、支付金额、申请日期等事项并签章。申请人或收款人为单位的，银行不予签发现金银行本票。出票银行受理“银行本票申请书”后，收妥款项签发银行本票。申请人取得银行本票后，即可向填明的收款单位办理结算。收款单位可以根据需要在票据交换区域内背书转让银行本票。收款企业在收到银行本票时，应该在提示付款时在本票背面“持票人向银行提示付款签章”处加盖预留银行印鉴，同时填写进账单，连同银行本票一并交开户银行转账。银行本票的账务处理与银行汇票基本一致，在此不另举例。

（三）外埠存款

外埠存款是指企业到外地进行临时或零星采购时，汇往采购地银行开立采购专户的款项。企业汇出款项时，必须填写汇款委托书，加盖“采购资金”字样，委托开户银行办理汇款。汇入地银行对汇入的采购款项，以汇款单位的名义开立采购专户。采购资金存款不计利息，除采购员差旅费可以支取少量现金外，其余业务一律转账。采购专户只付不收，采购结束后，专户存款余额退还汇出单位，结清采购专户。

企业将款项汇往外地开立采购专户，根据汇出款项凭证编制付款凭证时，借记“其他货币资金——外埠存款”账户，贷记“银行存款”账户；收到采购人员转来供应单位发票账单等报销凭证时，借记“材料采购”“原材料”“库存商品”“应交税费——应交增值税（进项税额）”等账户，贷记“其他货币资金——外埠存款”账户；采购完毕收回多余款项时，根据银行的收账通知，借记“银行存款”账户，贷记“其他货币资金——外埠存款”账户。

（四）信用证保证金存款

信用证保证金存款是指采用信用证结算方式的企业为开具信用证而存入银行信用证保证金专户的款项。企业填写“信用证申请书”，将信用证保证金交存银行时，应根据银行盖章退回的“信用证申请书”回单，借记“其他货币资金——信用证保证金”账户，贷记“银行存款”账户；企业接到开证银行通知，根据供货单位信用证结算凭证及所附发票账单，借记“材料采购”或“原材料”“库存商品”“应交税费——应交增值税（进项税额）”等账户，贷记“其他货币资金——信用证保证金”账户；将未用完的信用证保证金存款余额转回开户银行时，借记“银行存款”账户，贷记“其他货币资金——信用证保证金”账户。

（五）信用卡存款

信用卡存款是指企业为取得信用卡而存入银行信用卡专户的款项。单位或个人申领信用卡，应按规定填制申请表，连同有关资料一并送交发卡银行。符合条件并按银行要求交存一定金额的备用金后，银行为申领人开立信用卡存款账户，并发放信用卡。

企业应填制“信用卡申请表”，连同支票和有关资料一并送交发卡银行，根据银行盖章退回的进账单第一联，借记“其他货币资金——信用卡”账户，贷记“银行存款”账户；

企业用信用卡购物或支付有关费用，根据开户银行转来的信用卡存款付款凭证及所附发票账单，借记“管理费用”账户等，贷记“其他货币资金——信用卡”账户；当不需要继续使用信用卡时，应持信用卡主动到发卡银行销户，销户时将信用卡余额转入企业基本存款账户，借记“银行存款”账户，贷记“其他货币资金——信用卡”账户。

（六）存出投资款

存出投资款是指企业已存入证券公司但尚未进行短期投资的现金。企业向证券公司划出资金时，应按实际划出的金额，借记“其他货币资金——存出投资款”账户，贷记“银行存款”账户；购买股票、债券等有价证券时，按实际发生的金额，借记“交易性金融资产”“可供出售金融资产”等账户，贷记“其他货币资金——存出投资款”账户。

任务实施

做中学 1-8 2024 年 5 月，云康公司采用银行汇票结算方式采购材料，具体业务如下：

（1）5 月 20 日，云康公司填写银行汇票委托书并将款项 500 000 元交存银行，取得银行汇票，支付手续费 20 元。云康公司收到银行汇票和解讫通知后，根据银行盖章退回的委托书存根联、银行付款通知编制会计分录如下：

借：其他货币资金——银行汇票存款	500 000	
财务费用	20	
贷：银行存款		500 020

（2）5 月 22 日，云康公司用银行汇票向罗贸公司办理采购血压计液晶屏的结算，其中货款 400 000 元，增值税税额 52 000 元，材料已验收入库。根据增值税专用发票发票联、入库单、开户银行转来的银行汇票有关副联编制会计分录如下：

借：原材料——血压计液晶屏	400 000	
应交税费——应交增值税（进项税额）	52 000	
贷：其他货币资金——银行汇票存款		452 000

（3）5 月 26 日，云康公司收到开户银行的多余款收账通知联，汇票余款 48 000 元已经退还入账。根据银行汇票多余款收款通知联编制会计分录如下：

借：银行存款	48 000	
贷：其他货币资金——银行汇票存款		48 000

知识拓展

根据《小企业会计准则》的规定，小企业的备用金在“其他货币资金”总账账户下单独设置“备用金”明细账户核算；根据《企业会计准则》的规定，企业的备用金通过“备用金”总账账户进行核算，或在“其他应收款”总账下设置“备用金”明细账户核算。

思维导图

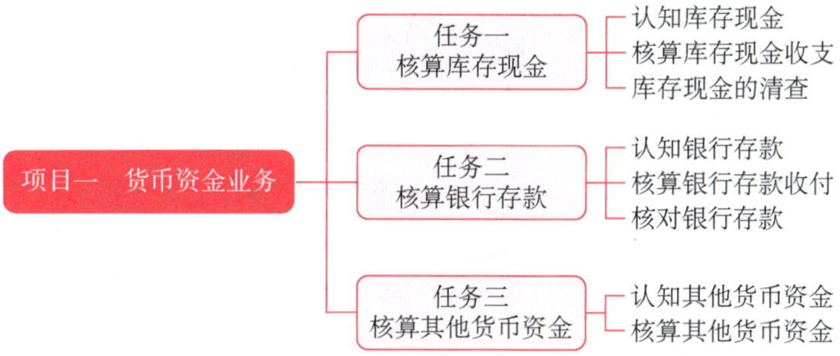

赛证融通测试题

不定项选择题

1. 曹凯报销差旅费 3 200 元，退回现金 800 元，结清原借款，该笔业务应计入管理费用的金额是（　　）元。

A. 3 200　　B. 800　　C. 4 000　　D. 2 400

2. 现金清查发现现金短缺时应借记的账户是（　　）。

A.“其他应收款”　　B.“库存现金”

C.“营业外支出”　　D.“待处理财产损溢”

3. 不可以在一般存款账户办理的是（　　）。

A. 现金缴存　　B. 现金支取　　C. 发放职工工资　　D. 借款归还

4. 对于银行已经收款而企业尚未入账的未达账项，企业应作的处理错误的是（　　）。

A. 以“银行对账单”为原始记录将该业务入账

B. 根据“银行存款余额调节表”和“银行对账单”自制原始凭证入账

C. 在编制“银行存款余额调节表”的同时入账

D. 待有关结算凭证到达后入账

5. 企业以外埠存款 10 000 元购买电子设备一台，应贷记的账户是（　　）。

A.“固定资产”　　B.“在建工程”　　C.“其他货币资金”　　D.“银行存款”

6. 下列各项中，应在“其他货币资金”账户中核算的是（　　）。

A. 购买材料申请取得信用证　　B. 销售商品收到支票

C. 收到商业承兑汇票　　D. 签发商业承兑汇票

项目二 金融资产业务

项目导读

目前医疗器械行业面临供过于求、竞争加剧的形势。为了积极拓展市场，云康医疗器械公司在过去一年放宽一定客户信用条件，加大以赊销方式销售的比例，获得了更多的客户，同时扩大了市场份额。因此，如何科学合理地赊销、如何有效地管控应收账款，是云康医疗器械公司需要关注的问题。

你知道企业应如何管理赊销账款吗？如果出现无法收回的款项该如何处置？对于上述各类业务应设置哪些账户？如何进行账务处理？

思政课堂

资料内容

新机制助破产重整企业信用修复

2023 年 1 月，北京在全国率先实现破产重整企业信用修复协同机制，帮助破产企业重新“站起来”。“信用中国（北京）”网站开设“破产重整企业公示与失信信息信用修复”专栏，实现了行政处罚、异常名录、严重失信、税务失信、金融修复“一口入”，为有需要的企业提供“一站式”查询信用状态、申请信用修复的便捷服务。

北京市发改委、市经信局等部门依托信用信息平台，借助数字化手段，在重塑北京市破产重整企业信用修复办理制度方面打出组合拳，形成“一册、一窗、一机制”，即建立破产重整企业信息公示机制，出台《破产重整企业失信信息信用修复指南》，率先建成破产重整企业信用修复“一口申报”窗口。这些举措通过数据共享实现了信用修复的跨部门联动，有效提升了信用修复事项办理效率。

资料分析

党的二十大报告再次重申坚持“两个毫不动摇”、促进“两个健康”，明确提出“促进民营经济发展壮大”。建立破产重整、和解企业信用修复机制，有助于推动民营经济高质量发展，引导民营经济人士健康成长，是在破产重整、和解程序中拯救市场主体的重要举措，体现了政府护航企业发展、服务发展大局的主动担当。

（资料来源：曹政等，《北京日报》，2023 年 1 月 11 日第 12 版）

学习目标

知识目标

1. 掌握金融资产的概念和分类；
2. 掌握应收账款的核算方法；
3. 掌握应收票据的核算方法；
4. 掌握预付账款的核算方法；
5. 掌握其他应收款的核算方法；
6. 掌握应收款项减值损失的核算方法；
7. 掌握交易性金融资产的核算方法。

技能目标

1. 能正确编制应收款项坏账准备计算表等原始凭证；
2. 能正确办理贴现等票据业务；
3. 能正确编制金融资产相关记账凭证。

素质目标

1. 培养防范信用风险的意识；
2. 强化严格管理资金的职能。

任务一
认知金融资产

知识要点

一、金融资产的概念

金融资产是指企业持有的现金、其他方的权益工具以及符合下列条件之一的资产：

（1）从其他方收取现金或其他金融资产的合同权利。例如，企业的银行存款、应收账款、应收票据和贷款等均属于金融资产。但是，预付账款产生的未来经济利益是商品或服务，不是收取现金或其他金融资产的权利，因此预付账款不是金融资产。

（2）在潜在有利条件下，与其他方交换金融资产或金融负债的合同权利。例如，企业持有的看涨期权或看跌期权等。

（3）将来须用或可用企业自身权益工具进行结算的非衍生工具合同，且企业根据该合同将收到可变数量的自身权益工具。例如，企业的普通债券合同或普通股等。

（4）将来须用或可用企业自身权益工具进行结算的衍生工具合同，但以固定数量的自身权益工具交换固定金额的现金或其他金融资产的衍生工具合同除外。其中，企业自身权益工具不包括按照《企业会计准则第 37 号——金融工具列报》分类为权益工具的可回售工具或发行方仅在清算时才有义务向另一方按比例交付其净资产的金融工具，也不包括本身就要求在未来收取或交付企业自身权益工具的合同。

企业的金融资产主要包括库存现金、银行存款、应收账款、应收票据、其他应收款、贷款、垫款、债权投资、股权投资、基金投资、衍生金融资产等。

二、金融资产的分类

企业应当根据其管理金融资产的业务模式和金融资产的合同现金流量特征，对金融资产进行合理分类，《企业会计准则第 22 号——金融工具确认和计量》将金融资产划分为三类。

（一）以摊余成本计量的金融资产

企业应当将同时符合下列条件的金融资产分类为以摊余成本计量的金融资产：

（1）企业管理该金融资产的业务模式是以收取合同现金流量为目标。

（2）该金融资产的合同条款规定，在特定日期产生的现金流量，仅为对本金和以未偿付本金金额为基础的利息的支付。

例如，银行向企业客户发放的固定利率贷款，在没有其他特殊安排的情况下，贷款通常符合本金加利息的合同现金流量特征。如果银行受理该贷款的业务模式是以收取合同现金流量为目标，则该贷款可以分类为以摊余成本计量的金融资产。又如，普通债券的合同现金流量是到期收回本金及按约定利率在合同期间按时收取固定或浮动利息。在没有其他特殊安排的情况下，普通债券通常符合本金加利息的合同现金流量特征。如果企业管理该债券的业务模式是以收取合同现金流量为目标，则该债券可以分类为以摊余成本计量的金融资产。再如，企业正常商业往来形成的具有一定信用期限的应收账款，如果企业拟根据应收账款的合同现金流量收取现金，且不打算提前处置应收账款，则该应收账款可以分类为以摊余成本计量的金融资产。

（二）以公允价值计量且其变动计入其他综合收益的金融资产

企业应当将同时符合下列条件的金融资产分类为以公允价值计量且其变动计入其他综合收益的金融资产：

（1）企业管理该金融资产的业务模式既以收取合同现金流量为目标又以出售该金融资产为目标。

（2）该金融资产的合同条款规定，在特定日期产生的现金流量，仅为对本金和以未偿付本金金额为基础的利息的支付。例如，其他债权投资和其他权益工具投资。

（三）以公允价值计量且其变动计入当期损益的金融资产

对于除上述分类为以摊余成本计量的金融资产和以公允价值计量且其变动计入其他综合收益的金融资产之外的金融资产，企业应当将其分类为以公允价值计量且其变动计入当期损益的金融资产。企业通常将下列常见的投资产品分类为以公允价值计量且其变动计入当期损益的金融资产：

（1）股票。股票的合同现金流量源自收取被投资企业未来股利分配以及其清算时获得剩余收益的权利。由于股利及获得剩余收益的权利均不符合本项目关于本金和利息的定义，因此股票不符合本金加利息的合同现金流量特征。在不考虑特殊指定的情况下，企业持有的股票应当分类为以公允价值计量且其变动计入当期损益的金融资产。

（2）基金。常见的股票型基金、债券型基金、货币基金或混合基金通常投资于动态管理的资产组合，投资者从该类投资中所取得的现金流量既包括投资期间基础资产产生的合同现金流量，也包括处置基础资产产生的现金流量。基金一般情况下不符合本金加利息的合同现金流量特征，企业持有的基金通常分类为以公允价值计量且其变动计入当期损益的金融资产。

（3）可转换债券。可转换债券除按一般债权类投资的特性到期收回本金、获取约定利息或收益外，还嵌入了一项转股权。通过嵌入衍生工具，企业获得的收益在基本借贷安排的基础上，会产生基于其他因素变动的不确定性。可转换债券作为一个整体进行评估，由于其不符合本金加利息的合同现金流量特征，企业持有的可转换债券应当分类为以公允价值计量且其变动计入当期损益的金融资产。

三、金融资产分类的特殊规定

权益工具投资一般不符合本金加利息的合同现金流量特征，因此应当分类为以公允价值计量且其变动计入当期损益的金融资产。但在初始确认时，企业可以将非交易性权益工具投资指定为以公允价值计量且其变动计入其他综合收益的金融资产，并将股利收入计入当期损益。该指定一经做出，不得撤销。企业投资其他上市公司股票或者非上市公司股权的，都可能属于这种情形。

金融资产满足下列条件之一的，表明企业持有该金融资产的目的是交易性的：

（1）取得相关金融资产的目的主要是近期出售或回购。例如，企业以赚取差价为目的从二级市场购入的股票、债券和基金等，或者发行人根据债务工具的公允价值变动计划在近期回购的、有公开市场报价的债务工具。

（2）相关金融资产或金融负债在初始确认时属于集中管理的可辨认金融工具组合的一部分，且有客观证据表明近期实际存在短期获利目的。在这种情况下，即使组合中有某个组成项目持有的期限稍长也不受影响。其中，金融工具组合指金融资产组合、金融负债组合、金融资产和金融负债组合。

（3）相关金融资产或金融负债属于衍生工具，如未作为套期工具的利率互换或外汇期权。但符合财务担保合同定义的衍生工具以及被指定为有效套期工具的衍生工具除外。

只有不符合上述条件的非交易性权益工具投资才可以指定为以公允价值计量且其变动计入其他综合收益的金融资产。在非同一控制下的企业合并中，企业作为购买方确认的或有对价形成金融资产的，该金融资产应当分类为以公允价值计量且其变动计入当期损益的金融资产，不得指定为以公允价值计量且其变动计入其他综合收益的金融资产。

四、不同类金融资产之间的重分类

企业改变其管理金融资产的业务模式时，应当对所有受影响的相关金融资产进行重分类。

企业对金融资产进行重分类，应当自重分类日起采用未来适用法进行相关会计处理，不得对以前已经确认的利得、损失（包括减值损失或利得）或利息进行追溯调整。重分类日是指导致企业对金融资产进行重分类的业务模式发生变更后的首个报告期间的第一天。例如，甲上市公司决定于 2022 年 3 月 12 日改变其管理某金融资产的业务模式，则重分类日为 2022 年 4 月 1 日（即下一个季度会计期间的期初）。又如，乙上市公司决定于 2022 年 10 月 20 日改变其管理某金融资产的业务模式，则重分类日为 2023 年 1 月 1 日。

企业管理金融资产业务模式的变更是一种极其少见的情形。该变更源自外部或内部的变化，必须由企业的高级管理层进行决策，且其必须对企业的经营非常重要并能够向外部各方证实。因此，只有当企业开始或终止某项对其经营影响重大的活动时（如当企业收购、处置或终止某一业务线时），其管理金融资产的业务模式才会发生变更。例如，某银行决定终止其零售抵押贷款业务，该业务线不再接受新业务，并且该银行正在积极寻求出售其抵押贷款组合，则该银行管理其零售抵押贷款的业务模式发生了变更。

任务二 核算应收款项及预付款项

知识要点

一、核算应收账款

（一）应收账款的概念

应收账款是指企业因对外销售商品、产品和提供劳务等主要经营业务而应向客户收取的货款。应收账款主要包括应收取的货款、代购货方垫付的运杂费、应收取的增值税销项税额等。它不包括各种非主要经营业务发生的各种应收款项，如职工欠款、存出保证金、应收股利和利息等债权。应收账款是因企业赊销业务而产生的，所以应在赊销成立时确认入账。

（二）应收账款的计量

应收账款的计量是指确定应收账款的入账金额。通常情况下，应收账款应按从购货方应收的合同或协议价款作为初始确认金额。但企业有时为了及时回笼货款或为了扩大销售量，在销货时往往实行折扣政策，会影响应收账款的计量。企业在销售过程中的折扣有商业折扣和现金折扣两种方式。

1. 商业折扣

商业折扣是指在商品交易时为鼓励客户大批量购买而在商品价目单中所列售价的基础上扣减一定的数额，实际上是对商品报价进行的折扣。商业折扣通常以百分比来表示，如5%、10%、15% 等。在发生商业折扣的情况下，企业应收账款的入账金额应按扣除商业折扣后的实际售价金额入账。例如，某企业赊销 A 产品，产品价目单上标明产品单价为80 元，甲顾客购买 1 000 件，按规定给予 10% 的商业折扣，则该企业 A 产品的实际销售单价为 72（80－80×10%）元，应收账款的入账金额为 72 000 元。由于商业折扣一般在交易发生时就已确定，商业折扣仅仅是确定实际售价的一种手段，不在买卖双方任何一方的账面上反映，所以，商业折扣对应收账款入账金额的确认并无实质性的影响。

2. 现金折扣

现金折扣是指销售企业为了鼓励客户在一定期限内尽早偿还货款而给予客户的折扣优惠。现金折扣一般用 2/10、1/20、*n*/30 等形式来表示，其含义是信用期为 30 天，在 10 天内付款给予 2% 的折扣，在 20 天内付款给予 1% 的折扣，在 30 天内付款无折扣。现金折扣使得企业应收账款的应收数额在规定的付款期内随客户付款时间的不同而有所差异，这就产生了应收账款发生时以什么金额计价入账的问题。对此，会计理论上有两种可供选择的方法：一是总价法，二是净价法。

（1）总价法

总价法是在赊销业务发生时，应收账款和销售收入均以未扣减前的实际售价作为入账价值。例如，商品的销售价格为 1 000 元，现金折扣条件为 5/10、3/20、n/30，则在赊销成立时，应收账款和销售收入均按 1 000 元入账。总价法可以较好地反映销售的总过程，但在客户可能享受现金折扣的情况下会高估应收账款和销售收入。如期末结账时，有些应收账款还没有超过折扣期，企业无法确切地知道客户是否会享受现金折扣，如果有一部分可能会享受折扣，而应收账款上并未作反映，会导致虚增应收账款的余额。

（2）净价法

净价法是在赊销业务发生时，应收账款和销售收入均按扣除最大的现金折扣后的金额入账。这种方法是将客户取得的现金折扣视为正常现象，认为客户都会提前付款而获得现金折扣。如前例，赊销成立时，应收账款和销售收入均按 950（1 000－1 000 × 5%）元入账。净价法可以避免总价法的不足，但在客户没有享受现金折扣时，由于应收账款以净额入账，所以必须再查对原销售总额。同时，期末结账时，对于已超过折扣期尚未付款的应收账款，要按客户未享受现金折扣进行调整，操作起来比较麻烦。

企业选择总价法还是净价法进行会计处理，应当取决于对可变对价最佳估计数的判断（可变对价通常是指交易价格将随着合同约定的某些指标的变化而变化）。在总价法下，如果客户能够在折扣期内付款，企业应按客户取得的现金折扣金额调减收入；在净价法下，如果客户未能在折扣期限内付款，企业应按客户散失的现金折扣金额调增收入。

（三）应收账款的账务处理

设置“应收账款”账户，核算应收账款的发生及结算情况。该账户应按客户名称设置明细账进行明细核算。如图 2-1 所示。

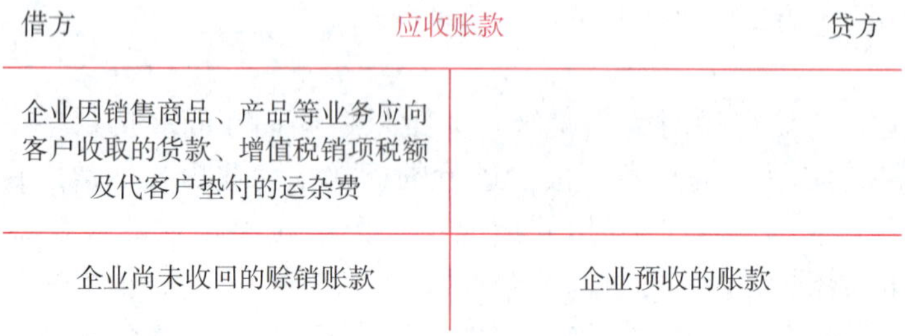

图 2-1　应收账款

1. 没有销售折扣的核算

若没有销售折扣，应收账款按实际发生额入账。在企业赊销商品、产品业务成立时，按应收取的货款及增值税销项税额借记“应收账款”账户，按实际的销售收入贷记“主营业务收入”账户，按应收取的增值税贷记“应交税费——应交增值税（销项税额）”账户；企业代客户垫付运杂费时，借记“应收账款”账户，贷记“银行存款”账户；企业收回货款、税金及代垫运费时，借记“银行存款”账户，贷记“应收账款”账户。

2. 有商业折扣的核算

若企业销售时有商业折扣，应收账款应按扣除商业折扣后的金额入账。

需要注意的是，商业折扣不在买卖任何一方的账面上反映，所以，商业折扣对应收账款入账金额的确认并无实质性的影响。

3. 有现金折扣的核算

企业在销售商品时给予客户的现金折扣，应当按照《企业会计准则第 14 号——收入》中关于可变对价的相关规定进行会计处理。

二、核算应收票据

（一）应收票据的概念和种类

1. 应收票据的概念

应收票据是指企业因销售商品、产品、提供劳务等而收到的已承兑的商业汇票。票据作为一种债权凭证，是一种记载有一定的付款日期、付款地点、付款金额的流通证券，也是一种可以由持票人自由转让给他人的债权凭证，它包括企业持有的未到期兑现的汇票、本票和支票。在我国会计实务中，支票、银行本票、银行汇票均为即期票据，收到这几种票据，即可视同收到货币资金，无须将其列为应收票据予以处理，只有商业汇票是一种远期票据，企业取得商业汇票时，只是取得了一项债权。

2. 应收票据的种类

商业汇票可以按不同标准进行分类。

（1）按照票据承兑人的不同，商业汇票分为银行承兑汇票和商业承兑汇票。承兑是指汇票付款人承诺在汇票到期日支付汇票金额的行为。银行承兑汇票的承兑人是承兑申请人的开户银行，商业承兑汇票的承兑人是付款人。

（2）按照票据是否带息分类，商业汇票分为带息票据和不带息票据。带息票据是指商业汇票到期时，承兑人除向收款人或被背书人支付票面金额外，还应按票面金额和票据规定的利息率支付自票据生效日起至票据到期日止利息的商业汇票。不带息票据是指商业汇票到期时，承兑人只按票面金额向收款人或被背书人支付款项的票据。

（二）应收票据的计量

初始取得应收票据时，按照票据的面值入账。如果是带息票据，将应确认的利息计入应收票据的账面价值。

1. 应收票据到期日的确定

商业汇票的持票人在票据到期日可向承兑人收取票据款项。商业汇票自承兑日起生效，其到期日是由票据有效期限的长短来决定的。票据期限的确定一般有按月计算和按日计算两种。

（1）按月计算票据到期日的确定

若应收票据期限按月计算，票据的到期日不考虑各月份实际天数的多少，统一按到期月份的对应日计算。例如，2 月 8 日签发的承兑期限为 1 个月的商业汇票，其到期日为 3 月 8 日；同日签发的承兑期限为 3 个月的商业汇票，其到期日为 5 月 8 日。如果签发承兑汇票的日期为某月月末，不论月份大小，统一以到期月份的最末一天为到期日。例如，11 月 30 日签发的承兑期限为 1 个月的商业汇票，其到期日为 12 月 31 日；同日签发的承兑期限为 3 个月的商业汇票，则到期日为次年 2 月 28 日（闰年为 2 月 29 日）。

（2）按日计算票据到期日的确定

若应收票据期限按日计算，票据的到期日不考虑月数，统一按票据的实际日历天数计算。票据签发承兑日和票据到期日这两天只算其中的一天，称为“算头不算尾”或“算尾不算头”。

例如，3 月 15 日签发的承兑期限为 120 天的商业汇票，到期日的计算过程为：

3 月份剩 16 天，即 31－15＝16（天）（15 日这天未算进去）；

4 月份 30 天；

5 月份 31 天；

6 月份 30 天；

7 月份还需 13 天，即 120－16－30－31－30＝13（天）。

因此，该票据到期日为 7 月 13 日，13 日这天已计算在内。

2. 应收票据利息的计算

应收票据有带息票据和不带息票据两种。对于带息票据来说，利息的计算公式为：

$$应收票据利息=应收票据面值\times 利率\times 期限$$

公式中的应收票据面值是指商业汇票记载的金额；利率是指票据所规定的利率，一般以年利率表示；期限是指票据的有效期限，即从票据的承兑日到票据到期日的间隔时间。

（1）票据期限按月计算时，带息票据的利息应按票面金额、票据月数和月利率计算，计算公式为：

$$应收票据利息=应收票据面值\times 利率\times 应收票据月数\div 12$$

（2）票据期限按日计算时，带息票据的利息应按票面金额、票据天数和日利率计算，计算公式为：

$$应收票据利息=应收票据面值\times 利率\times 应收票据天数\div 360$$

（三）应收票据的账务处理

应收票据的核算主要包括应收票据的取得、到期、贴现、转让等内容。为了反映应收票据取得、到期、贴现、转让等情况，企业应设置“应收票据”账户。如图 2-2 所示。

借方　　　　应收票据	贷方
企业收到承兑的商业汇票的面值及已计提的利息	企业到期收回、贴现的票据款项
企业持有的未到期的商业票据的面值及已计提的利息	

图 2-2　应收票据

1. 取得应收票据

企业因销售商品、产品等而收到承兑的商业汇票时，应按票据面值，借记“应收票据”账户，贷记“主营业务收入”“应交税费——应交增值税（销项税额）”账户。

需要注意的是，企业收到用于抵付以往应收账款所记欠款的票据时，应按票据面值借记“应收票据”账户，贷记“应收账款”账户。

2. 转让应收票据

企业转让收到的票据以抵偿之前的应付账款时，应借记“应付账款”账户，贷记“应收票据”账户，如果存在差额，一般以银行存款结算，则同时借记或贷记“银行存款”账户。

3. 计提票据利息

对于带息应收票据，企业应在会计期末计提利息。计提时，借记“应收票据”账户，贷记“财务费用”账户。

4. 应收票据到期

（1）应收票据到期收回票款

企业持有的不带息票据的到期值为其票据面值。当商业汇票到期，企业如数收到票据承兑人兑付的票面款项时，按实际收到款项借记“银行存款”账户，按票据面值贷记“应收票据”账户。

企业持有的带息商业汇票的到期值为票据面值加上票据到期应计利息。当带息商业汇票到期，企业收到承兑人兑付的到期值票款时，按实际收到款项，借记“银行存款”账户；按票据面值及已计提利息，贷记“应收票据”账户；按尚未计提的票据利息，贷记“财务费用”账户。

（2）应收票据到期退票

一般来说，银行承兑汇票的承兑人是银行，承兑银行负有到期无条件付款的责任，该种汇票到期无款兑付的可能性极小。商业承兑汇票的承兑人是付款人，该种汇票到期，付款人账户资金不足，银行将托收的汇票退回给收款人，由收付双方自行处理。根据《中华人民共和国票据法》的规定，汇票到期被拒绝付款的，持票人可以对背书人、出票人以及汇票的其他债务人行使追索权。因此，当企业应收票据到期，付款人无力兑付票款而退票，且付款人不再签发新票据时，应将票据以及应计利息转为应收账款，借记“应收账款”账户，贷记“应收票据”账户。转入应收账款核算后，期末不再计提利息，其所包含的利息在有关备查账簿中进行登记，待实际收到时，再冲减收到当期的财务费用。

5. 应收票据贴现

（1）贴现的概念

企业持有的商业汇票在到期前，如果出现资金短缺，可以经背书手续后，向其开户银行申请贴现。贴现是指商业汇票持有者将未到期的商业汇票经背书后送交开户银行，银行受理后从票据到期值中扣除贴现利息后，将余额付给票据持有人的一种融通资金的行为。

（2）应收票据贴现金额的计算

贴现企业向银行办理商业汇票贴现时，首先应确定出贴现利息和贴现金额（也称贴现净额或贴现实得额）。其计算公式为：

$$\text{贴现金额}=\text{票据到期值}-\text{贴现利息}$$

$$\text{贴现利息}=\text{票据到期值}\times\text{贴现率}\times\text{贴现天数}\div 360$$

公式中的贴现率由银行统一规定，一般以年利率表示。贴现天数是指自贴现日起至票据到期前一日止的实际天数，贴现日计入，票据到期日不计入。例如，2 月 5 日（当年 2 月份为 28 天）将 1 月 20 日签发的承兑期限为 60 天，到期日为 3 月 21 日的商业汇票贴现，则贴现天数计算为 44 天，即（2 月份）24 天 +（3 月份）20 天。

（3）应收票据贴现的账务处理

企业持有未到期的商业汇票向银行办理贴现时，按实际收到的贴现款项，借记“银行存款”账户；按贴现票据的面值及已计提利息，对于带追索权的贴现，贷记“短期借款”账户，对于不带追索权的票据，贷记“应收票据”账户；按实际收到的贴现款项与应收票据的账面余额之间的差额，借记或贷记“财务费用”账户。

如果企业对已贴现的商业汇票承担连带责任，则应当确认负债，贷记“短期借款”账户。

三、核算预付账款

（一）预付账款的概念

预付账款是指企业按照购销合同规定预付给供应单位的货款，是企业的一项债权。预付账款应按实际发生额入账。

（二）预付账款的账务处理

为了反映预付账款的发生及结算情况，应设置“预付账款”账户。该账户应按供应单位名称设置明细账。如图 2-3 所示。

借方　　　　　预付账款	贷方
预付给供应单位的货款及补付的货款	收到货物时实际结算的货款及退回多付的款项
企业已预付但尚未收到货物的款项	企业尚未补付给供货单位的款项

图 2-3　预付账款

企业按合同规定预付购货款时，借记“预付账款”账户，贷记“银行存款”账户；收到货物时，按实际结算款项借记“材料采购”或“原材料”“应交税费——应交增值税（进项税额）”账户，贷记“预付账款”账户；补付货款时，借记“预付账款”账户，贷记“银行存款”账户；收到退回多付货款时，借记“银行存款”账户，贷记“预付账款”账户。

在会计实务中，如果企业预付账款业务不多时，可以不设“预付账款”账户，将企业预付的购货款并入“应付账款”账户进行核算。预付购货款时，记入“应付账款”账户的借方；收到购货发票账单结算货款时，记入“应付账款”账户的贷方。

四、核算其他应收款

（一）其他应收款的概念

其他应收款是指企业除应收账款、应收票据、预付账款及长期应收款等以外的其他各种应收暂付款项，包括不设置“备用金”账户的企业拨出的备用金、应收的各种赔款与罚款、应向职工收取的各种垫付款项以及已不符合预付账款性质而按规定转入的预付账款等。具体包括：

（1）应收的各种赔款、罚款；

（2）应收的出租包装物的租金；

（3）应向职工收取的各种垫付款项；

（4）备用金；

（5）存出保证金，如租入包装物支付的押金；

（6）预付账款转入；

（7）其他各种应收、暂付款项。

（二）其他应收款的账务处理

为了反映其他应收款的发生及结算情况，企业应设置“其他应收款”账户。企业发生各种应收、暂付款项以及预付账款转入的其他应收款项时，借记“其他应收款”账户，贷记其他有关账户；收回、核销上述款项时，借记有关账户，贷记“其他应收款”账户。如图 2-4 所示。

借方　　　其他应收款	贷方
企业发生的除应收账款、应收票据、预付账款及长期应收款等以外的其他各种应收暂付款项	企业收回、核销除应收账款、应收票据、预付账款及长期应收款等以外的其他各种应收暂付款项
企业尚未收回的除应收账款、应收票据、预付账款及长期应收款等以外的其他各种应收暂付款项	

图 2-4　其他应收款

五、核算应收款项减值损失

（一）应收款项减值损失的确认和计量

企业的各项应收款项可能会因购货人拒付、破产、死亡等原因而无法收回。这类无法收回的应收款项就是坏账。企业因坏账而遭受的损失称为坏账损失或减值损失。企业应当在资产负债表日对应收款项的账面价值进行检查，计算预期信用损失金额，确认减值损失，同时计提坏账准备。应收款项信用损失应为企业依照合同应收取的合同现金流量与预期能收到的现金流量之间的差额的现值。如果短期应收款项的预计未来现金流量与其现值相差很小，在确定相关减值损失时，可不对其预计未来现金流量进行折现。企业应当根据实际情况，参照历史信用损失经验，合理估计当期应收款项预期损失金额。

（二）坏账损失的核算方法

企业对应收款项减值损失的核算，按照现企业会计准则规定采用备抵法。

备抵法是指采用一定的方法按期（至少每年年末）估计应收款项减值损失，提取坏账准备并转作当期费用，实际发生减值损失时，直接冲减已计提的坏账准备，同时转销相应的应收款项余额的一种处理方法。备抵法体现了会计信息的谨慎性要求。

在备抵法下，因为每期提取的坏账准备只是一个估计数，不可能知道具体哪一笔应收款项不能收回，所以不能直接冲销"应收账款"等账户，需单独设置一个"坏账准备"账户，专门用来反映坏账准备的提取额以及应收款项减值损失的实际情况。

"坏账准备"账户用于核算企业应收款项等金融资产以预期信用损失为基础计提的损失准备。本账户是"应收账款""其他应收款""应收票据""长期应收款"等账户的备抵账户。如图 2-5 所示。

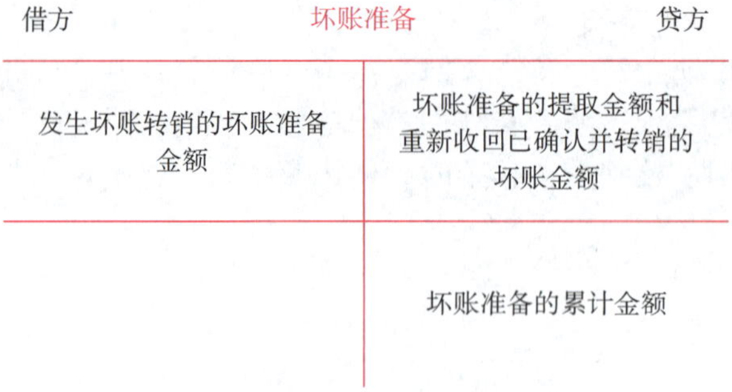

图 2-5　坏账准备

1. 备抵法的账务处理

（1）计提（冲减）坏账准备

期末按应计提坏账准备的金额，借记"信用减值损失"账户，贷记"坏账准备"账户。如果冲减多提的坏账准备，则作相反的会计分录。

（2）转销坏账

发生坏账时，按实际发生的坏账数额，借记"坏账准备"账户，贷记"应收账款""应收票据"等账户。

（3）收回已转销的坏账

若已确认为坏账的应收款项重新收回，则根据收回的数额，借记"应收账款""应收票据"等账户，贷记"坏账准备"账户；同时，借记"银行存款"账户，贷记"应收账款""应收票据"等账户。

需要注意的是，对于已确认并转销、以后又收回的应收款项，也可以按照实际收回的金额借记"银行存款"账户，贷记"坏账准备"账户。

2. 备抵法下计提坏账准备的方法

企业每期期末，应对每一项应收款项的账面余额进行检查，进行减值测试，如果有客观证据表明发生了减值，则应确认应收款项减值损失，记入当期损益，并计提坏账准备。计提坏账准备时，应注意以下几点：

（1）第一次提取坏账准备

第一次计提坏账准备的数额应根据测试的减值损失金额确定，即本期计提的坏账准备金额等于本期期末测试的减值损失金额。

（2）第二次及以后计提坏账准备

会计期末应测试减值损失金额，将此损失金额与“坏账准备”账户的余额进行比较，有差异时，应对“坏账准备”账户的余额进行调整，使调整后的“坏账准备”账户的贷方余额与测试的减值损失金额一致。此调整金额即为本期计提的“坏账准备”数额。调整各期“坏账准备”账户的期末余额时，有以下三种情况：

① 调整前的“坏账准备”账户为借方余额，该余额反映的是本期实际发生的坏账大于上期估计的坏账的金额，这时应以本期期末测试的减值损失金额加上调整前“坏账准备”账户的借方余额作为本期计提坏账准备的数额。

② 调整前的“坏账准备”账户为贷方余额，而且该贷方余额小于本期期末测试的减值损失金额，这时应以“坏账准备”账户贷方余额小于本期期末测试的减值损失金额的金额为本期计提坏账准备的数额。

③ 调整前的“坏账准备”账户为贷方余额，而且该贷方余额大于本期期末测试的减值损失金额，这时应以“坏账准备”账户贷方余额大于本期期末测试的减值损失金额的金额冲减多计提的坏账准备数额。

3. 备抵法的应用

企业可选用的应收款项坏账损失的估计方法有应收款项余额百分比法、账龄分析法、个别认定法。

（1）应收款项余额百分比法

应收款项余额百分比法是根据会计期末应收款项的余额乘以估计的坏账损失率来计算估计坏账损失、计提坏账准备的方法。

企业采用备抵法，每期期末要重新估计坏账损失，调整“坏账准备”账户的期末余额。

（2）账龄分析法

账龄分析法是根据应收款项账龄的长短来确定减值损失金额的方法。账龄是指客户所欠账款超过结算期的时间。虽然应收款项能否收回及其收回的程度与账龄长短并无直接关系，但从一般意义上讲，账龄越长，账款收不回的可能性越大。采用账龄分析法，一般先列出“应收款项账龄分析表”，将所有应收款项按账龄的长短分段排列，然后分段确定坏账损失比例，分段估算坏账损失，把各段估算出来的坏账损失相加后即确定为本期应估计的坏账损失总额和坏账准备金额。

（3）个别认定法

个别认定法是根据每一项应收款项的情况来估计坏账损失的方法。对于单项金额较大的应收款项，应采用这种方法单独测试减值。

任务实施

做中学 2-1 2024 年 1 月 10 日，云康公司赊销一批血糖仪，不含税价款为 6 万元，增值税税额为 7 800 元，公司以银行存款 500 元代购货方垫付运费，已一并向银行办妥托收手续。1 月 16 日，接银行通知，上述托收的款项已全部收妥入账。

（1）根据增值税专用发票、托收承付结算凭证回单，1 月 10 日云康公司编制会计分录如下：

借：应收账款　　68 300

　　贷：主营业务收入　　60 000

　　　　应交税费——应交增值税（销项税额）　　7 800

　　　　银行存款　　500

（2）根据托收承付结算凭证、收款通知单，1 月 16 日云康公司编制会计分录如下：

借：银行存款　　68 300

　　贷：应收账款　　68 300

做中学 2-2　2024 年 1 月 20 日，云康公司赊销体温计 4 000 件给甲公司，价目表标明的单位售价为 10 元，由于甲企业购买量大，云康公司给予 10% 的商业折扣。公司产品的增值税税率为 13%。

根据增值税专用发票，1 月 20 日云康公司编制会计分录如下：

借：应收账款　　40 680

　　贷：主营业务收入　　36 000

　　　　应交税费——应交增值税（销项税额）　　4 680

做中学 2-3　2024 年 4 月 20 日，云康公司收到两张带息商业汇票。A 票据面值为 10 万元，期限为 3 个月，利率为 6%，其签发日期为 4 月 11 日，到期日为 7 月 11 日，按月计算利息。B 票据面值为 10 万元，期限为 180 天，利率为 6%，其签发日期为 3 月 2 日，到期日为 8 月 29 日，按日计算利息。

A 票据到期日的应计利息为 100 000 × 6% × 3 ÷ 12 = 1 500（元）

B 票据到期日的应计利息为 100 000 × 6% × 180 ÷ 360 = 3 000（元）

做中学 2-4　2024 年 4 月 22 日，云康公司向甲公司销售一批血压仪，不含税价款为 10 万元，增值税税额为 1.3 万元。双方商定以商业汇票结算。4 月 23 日，收到甲公司交来的商业承兑汇票一张，面值 11.3 万元，期限为 3 个月。

根据增值税专用发票、商业汇票留存联，4 月 23 日云康公司编制会计分录如下：

借：应收票据　　113 000

　　贷：主营业务收入　　100 000

　　　　应交税费——应交增值税（销项税额）　　13 000

做中学 2-5　2024 年 5 月 1 日，云康公司收到乙公司交来的商业承兑汇票一张，用以抵偿前欠本企业货款和增值税款。该票据为带息票据，面值为 23.2 万元，期限为 5 个月，票面利率为 6%，按月计算利息。

（1）根据商业承兑汇票，5 月 1 日云康公司编制会计分录如下：

借：应收票据　　232 000

　　贷：应收账款　　232 000

（2）每月月末，根据应收票据利息计算表，云康公司编制会计分录如下：

借：应收票据　　1 160（232 000 × 6% ÷ 12）

　　贷：财务费用　　1 160

做中学 2-6 2024 年 5 月 6 日，云康公司所持的丙公司交来的面值为 9.04 万元、期限为 3 个月的商业汇票到期，如数收到票款并存入银行。

根据银行收账通知联，5 月 6 日云康公司编制会计分录如下：

借：银行存款　　90 400

　　贷：应收票据　　90 400

做中学 2-7 2024 年 6 月 16 日，云康公司所持有的丁公司交来的面值为 20 万元、期限为 5 个月、票面利率为 6%、按月计提利息的商业汇票到期，企业如数收到票据面值 20 万元和已计提利息 5 000 元并存入银行。

根据银行收账通知联，6 月 16 日云康公司编制会计分录如下：

借：银行存款　　205 000

　　贷：应收票据　　205 000

做中学 2-8 2024 年 6 月 26 日，云康公司所持有的一张面值为 1 万元、到期利息为 300 元的商业承兑汇票到期，但付款人账户资金不足，票据由银行退回。

收到退回的票据时，根据退回的商业汇票，6 月 26 日云康公司编制会计分录如下：

借：应收账款　　10 300

　　贷：应收票据　　10 300

做中学 2-9 2024 年 4 月 25 日，云康公司将所持有的一张面值为 5 万元、期限为 180 天、票面利率为 6% 的商业承兑汇票向银行办理贴现。该汇票出票日为 2024 年 2 月 5 日，到期日为 2024 年 8 月 3 日。云康公司于 2024 年 4 月 25 日向银行贴现时尚未计提利息，银行规定贴现率为 7.2%。

云康公司收到的票据贴现金额计算如下：

贴现天数 = 6 + 31 + 30 + 31 + 2 = 100（天）

票据利息 = 50 000 × 6% ÷ 360 × 180 = 1 500（元）

票据到期值 = 50 000 + 1 500 = 51 500（元）

贴现利息 = 51 500 × 7.2% ÷ 360 × 100 = 1 030（元）

贴现金额 = 51 500 − 1 030 = 50 470（元）

做中学 2-10 根据 **做中学 2-9** 资料，云康公司向银行办理贴现协议，约定如该票据到期债务人不能按时还款，云康医疗器械公司不负有还款责任。

（1）云康公司取得贴现款项时，根据银行收账通知联、贴现凭证编制会计分录如下：

借：银行存款　　50 470

　　贷：应收票据　　50 000

　　　　财务费用　　470

（2）如果云康公司向银行办理贴现协议，约定如该票据到期债务人不能按时还款，云康医疗器械公司负有还款责任，则应根据银行收账通知联、贴现凭证编制会计分录如下：

借：银行存款　　50 470

　　贷：短期借款　　50 000

　　　　财务费用　　470

做中学 2-11　2024 年 5 月 20 日，云康公司将其客户交来的一张 2024 年 4 月 15 日签发、承兑面值为 6 万元、期限为 60 天的无息商业承兑汇票向银行办理贴现，贴现率为 7.2%，取得的贴现款项已存入银行。

（1）云康公司贴现金额计算如下：

票据到期时间：6 月 13 日

贴现天数：5 月 20 日至 6 月 13 日，共 24 天

贴现利息：$60\,000 \times 7.2\% \div 360 \times 24 = 288$（元）

贴现金额：$60\,000 - 288 = 59\,712$（元）

（2）根据银行收账通知联、贴现凭证，云康公司编制会计分录如下：

借：银行存款　　59 712
　　财务费用　　288
　　贷：应收票据（或短期借款）　　60 000

做中学 2-12　2024 年 5 月 21 日，云康公司按购货合同规定开出转账支票，预付给丁公司购买生产体温计所用水银的货款 5 万元。9 月 26 日，云康公司收到丁公司发来的水银，增值税发票注明的不含税价款为 5 万元，增值税税额为 6 500 元，水银已验收入库。5 月 27 日，云康医疗器械公司以银行存款支付丁公司货款 6 500 元。

（1）根据转账支票存根、购货合同，5 月 21 日云康公司编制会计分录如下：

借：预付账款——丁公司　　50 000
　　贷：银行存款　　50 000

（2）根据增值税专用发票、材料入库单，5 月 26 日云康公司编制会计分录如下：

借：原材料——水银　　50 000
　　应交税费——应交增值税（进项税额）　　6 500
　　贷：预付账款——丁公司　　56 500

（3）根据银行付款通知联，5 月 27 日云康公司编制会计分录如下：

借：预付账款——丁公司　　6 500
　　贷：银行存款　　6 500

做中学 2-13　根据 **做中学 2-12** 资料，如果 5 月 26 日云康公司收到丁公司发来的水银，增值税发票注明的不含税价款为 4 万元，增值税税额为 5 200 元，水银已验收入库。5 月 27 日，收到银行收账通知，云康公司收到丁公司退回的多付货款 4 800 元。

（1）根据增值税专用发票、材料入库单，5 月 26 日云康公司编制会计分录如下：

借：原材料——水银　　40 000
　　应交税费——应交增值税（进项税额）　　5 200
　　贷：预付账款——丁公司　　45 200

（2）根据银行收账通知联，5 月 27 日云康公司编制会计分录如下：

借：银行存款　　4 800
　　贷：预付账款　　4 800

做中学 2-14　2024 年 6 月 13 日，云康公司以现金 500 元支付借入包装物的押金。

根据现金交款单回单，6 月 13 日云康公司编制会计分录如下：

借：其他应收款——存出保证金 500
　　贷：库存现金 500

做中学 2-15 2024 年 6 月 15 日，云康公司职工李伟违反公司规定，处以 200 元罚款，但尚未收到罚金。

根据罚款决议书，6 月 15 日云康公司编制会计分录如下：

借：其他应收款——李伟 200
　　贷：营业外收入——罚款收入 200

做中学 2-16 2024 年 6 月 18 日，因甲公司改变经营范围，云康公司预付给甲公司的货款 5 万元已不符合预付账款性质。

根据购货合同、公司会议纪要，6 月 18 日云康公司编制会计分录如下：

借：其他应收款——甲公司 50 000
　　贷：预付账款——甲公司 50 000

做中学 2-17 2024 年 6 月 20 日，云康公司职工王勉出差预借差旅费 5 000 元，财会部门以现金支付。6 月 25 日王勉出差归来，凭差旅费报销凭证报销差旅费 5 500 元。财会部门审核后予以报销，并以现金 500 元补足。

（1）根据差旅费借款单、现金支出单，6 月 20 日云康公司编制会计分录如下：

借：其他应收款——王勉 5 000
　　贷：库存现金 5 000

（2）根据差旅费清单、现金支出凭证，6 月 25 日云康公司编制会计分录如下：

借：管理费用 5 500
　　贷：其他应收款——王勉 5 000
　　　　库存现金 500

（3）若王勉实际报销 4 800 元，将多余款 200 元退回财会部门。根据差旅费清单、现金缴款单，6 月 25 日云康公司编制会计分录如下：

借：管理费用 4 800
　　库存现金 200
　　贷：其他应收款——王勉 5 000

做中学 2-18 云康公司采用应收款项余额百分比法计提坏账准备（以“应收账款”年末余额为例），坏账准备的提取比例为 5%，具体资料如下：

（1）公司从 2020 年开始计提坏账准备，2020 年年末应收账款余额为 20 万元。

（2）2021 年年末应收账款余额为 24 万元，2021 年未发生坏账损失。

（3）2022 年 4 月，云康公司的客户甲公司陷入财务困难。经确认，甲公司原欠云康公司货款 1.5 万元认定为坏账损失。

（4）2022 年年末应收账款余额为 22 万元。

（5）2023 年 6 月，上述已核销的甲公司坏账又收回 1 万元。

（6）2023 年年末应收账款余额为 25 万元。

根据上述资料计提坏账准备：

（1）2020 年年末，应计提坏账准备金额 = 200 000 × 5% = 10 000（元）

云康公司编制会计分录如下：

借：信用减值损失　　10 000

　　贷：坏账准备　　10 000

（2）2021 年年末，应计提坏账准备金额 = 240 000 × 5%－10 000 = 2 000（元）

云康公司编制会计分录如下：

借：信用减值损失　　2 000

　　贷：坏账准备　　2 000

（3）2022 年 4 月，将甲公司应收账款确认为损失时，云康公司编制会计分录如下：

借：坏账准备　　15 000

　　贷：应收账款——甲公司　　15 000

（4）2022 年年末，应计提坏账准备金额 = 220 000 × 5%－12 000 + 15 000 = 14 000（元）

云康公司编制会计分录如下：

借：信用减值损失　　14 000

　　贷：坏账准备　　14 000

（5）2022 年 6 月收回已核销的坏账时，云康公司编制会计分录如下：

借：应收账款——甲公司　　10 000

　　贷：坏账准备　　10 000

同时：

借：银行存款　　10 000

　　贷：应收账款——甲公司　　10 000

（6）2023 年年末，应计提坏账准备金额 = 250 000 × 5%－（11 000 + 10 000）=－8 500（元）

云康公司编制会计分录如下：

借：坏账准备　　8 500

　　贷：信用减值损失　　8 500

任务三 核算交易性金融资产

知识要点

交易性金融资产是指以公允价值计量且其变动计入当期损益的金融资产。它是企业为了近期内出售而持有的金融资产，如企业以赚取差价为目的从二级市场购入的股票、债券、基金等；或者在初始确认时属于集中管理的可辨认金融工具组合的一部分，且有客观证据表明近期实际存在短期获利模式的金融资产等，如企业管理的以公允价值进行业绩考核的某项投资组合。

一、设置账户

为了反映和监督交易性金融资产的取得、收取现金股利或利息、出售等情况，企业应当设置“交易性金融资产”“公允价值变动损益”“投资收益”“应收股利”等账户进行核算。

“交易性金融资产”账户核算企业分类为以公允价值计量且其变动计入当期损益的作为交易性金融资产（如各种股票、债券、基金等）的公允价值，企业持有的直接指定为以公允价值计量且其变动计入当期损益的金融资产也在本账户核算。该账户可按交易性金融资产的类别和品种分别设置“成本”“公允价值变动”等明细账户进行核算。如图 2-6 所示。

交易性金融资产

借方	贷方
交易性金融资产的取得成本、资产负债表日其公允价值高于账面余额的差额、出售交易性金融资产时结转公允价值低于账面余额的变动金额	资产负债表日其公允价值低于账面余额的差额、企业出售交易性金融资产时结转的成本和公允价值高于账面余额的变动金额
企业持有的交易性金融资产的公允价值	

图 2-6　交易性金融资产

“公允价值变动损益”账户核算以公允价值计量的资产公允价值变动形成的应计入当期损益的利得和损失。该账户应当按照投资项目设置明细账户进行核算。

“投资收益”账户核算对外投资取得的收益或发生的损失以及出售这些资产实现的投资收益或投资损失。该账户应按照投资项目设置明细账户进行核算。

“应收股利”账户核算企业对外投资应收的现金股利。该账户应按照被投资单位设置明细账户进行核算。

二、交易性金融资产的主要账务处理

（一）交易性金融资产的初始计量

1. 初始成本的确定

交易性金融资产应当按照取得时的公允价值作为初始确认金额，相关的交易费用在发生时计入当期损益。如果企业购入的各种股票、债券、基金等，实际支付的价款中包含已宣告但尚未发放的现金股利或已到付息期但尚未领取的债券利息，应当单独确认为应收项目，不构成交易性金融资产的初始入账成本。企业直接指定为以公允价值计量且其变动计入当期损益的金融资产（如股票、债券、基金等）的计量同交易性金融资产。

投资者投入的交易性金融资产按投资各方确认的价值作为初始成本，但投资各方约定价值不公允的除外。

2. 账务处理

企业取得的各种交易性金融资产，如购入的各种股票、债券、基金等，按其公允价值，借记“交易性金融资产——成本”账户，按发生的交易费用，借记“投资收益”账户，按已到付息期但尚未领取的利息或已宣告但尚未发放的现金股利，借记“应收利息”或“应收股利”账户，按实际支付的金额，贷记“其他货币资金——存出投资款”等账户。

（二）交易性金融资产的后续计量

1. 持有交易性金融资产期间的现金股利和债券利息

（1）买价中包含的现金股利或利润。交易性金融资产取得时实际支付的价款中包含的已宣告而尚未发放的现金股利，或已到期尚未领取的利息，在性质上属于购买时垫付的资金，是随着交易性金融资产的取得而取得的一项债权，因此在收到时或处置时，应冲减已记录在债权账户中的应收股利或应收利息，一般不确认为投资收益。当这部分款项实际收到时，借记“其他货币资金——存出投资款”等账户，贷记“应收股利”“应收利息”账户。

（2）交易性金融资产持有期间获得的现金股利、利息。交易性金融资产持有期间被投资单位宣告发放的现金股利、利息，或在资产负债表日按分期付息、一次还本债券投资的票面利率计算的利息收入，借记“应收股利”或“应收利息”账户，贷记“投资收益”账户；实际收到时，借记“其他货币资金——存出投资款”等账户，贷记“应收股利”或“应收利息”账户。

提示

企业持有股票期间所获得的股票股利，无须进行账务处理，但应在备查账簿中登记所增加的股份。

2. 资产负债表日交易性金融资产公允价值的变动

资产负债表日，企业应将交易性金融资产公允价值的变动记入当期损益。交易性金融资产的公允价值高于其账面余额的金额，借记“交易金融资产——公允价值变动”账户，贷记“公允价值变动损益”账户；公允价值低于其账面余额的金额编制相反的会计分录。

提示

因期末对交易性金融资产以公允价值计量，公允价值变动已计入当期损益，因而期末不再对其计提减值准备。

（三）交易性金融资产出售的核算

出售交易性金融资产，应按实际收到的金额，借记“其他货币资金——存出投资款”等账户，按该金融资产的账面余额，贷记“交易性金融资产——成本”账户，贷记或借记“交易性金融资产——公允价值变动”账户，按其差额，贷记或借记“投资收益”账户。

金融商品转让按规定以盈亏相抵后的余额作为销售额计算增值税。交易性金融资产实际转让月末，如产生转让收益，则按应纳税额借记“投资收益”等账户，贷记“应交税费——转让金融商品应交增值税”账户；如产生转让损失，则按可结转下月抵扣税额，借记“应交税费——转让金融商品应交增值税”账户，贷记“投资收益”等账户。缴纳增值税时，应借记“应交税费——转让金融商品应交增值税”账户，贷记“银行存款”账户。年末，本账户如有借方余额，则借记“投资收益”等账户，贷记“应交税费——转让金融商品应交增值税”账户。

任务实施

做中学 2-20 2024 年 3 月 1 日，云康公司从证券市场上购买甲公司的股票 4 万股，每股价格为 6 元，另付税费 500 元，取得的增值税专用发票上注明的增值税税额为 30 元，共支付价款 240 530 元。公司准备随时出售。

根据证券业务交割单、银行付账通知联，3 月 1 日云康公司编制会计分录如下：

借：交易性金融资产——成本	240 000	
投资收益	500	
应交税费——应交增值税（进项税额）	30	
贷：其他货币资金——存出投资款		240 530

做中学 2-21 根据 **做中学 2-20** 资料，甲公司股票每股价格为 6 元，其中包含甲公司已宣告但尚未发放的现金股利 0.5 元。

云康公司编制会计分录如下：

借：交易性金融资产——成本	220 000	
投资收益	500	

应收股利　　　　　　　　　　　　　　　　20 000
应交税费——应交增值税（进项税额）　　　　　30
贷：其他货币资金——存出投资款　　　　　　　　240 530

做中学 2-22　根据 **做中学 2-21** 资料，2024 年 5 月 10 日，云康公司收到之前甲公司已宣告但尚未发放的现金股利 20 000 元。

根据银行收款凭证，5 月 10 日云康公司编制会计分录如下：

借：其他货币资金——存出投资款　　　　　　20 000
　　贷：应收股利　　　　　　　　　　　　　　　20 000

做中学 2-23　根据 **做中学 2-20** 资料，2024 年 5 月 5 日，甲公司宣告于 6 月 10 日发放股利，每 10 股分派 1 股股票股利，每股分派 0.2 元的现金股利，云康公司持有甲公司股票 4 万股。

（1）5 月 5 日宣告发放股利时，根据股利分配公告、股利计算表，云康公司编制会计分录如下：

借：应收股利　　　　　　　　　　　　　　8 000
　　贷：投资收益　　　　　　　　　　　　　　8 000

（2）6 月 10 日收到股利时，根据银行收款凭证，云康公司编制会计分录如下：

借：其他货币资金——存出投资款　　　　　　8 000
　　贷：应收股利　　　　　　　　　　　　　　8 000

（3）甲公司宣告分派的股票股利，云康公司不编制分录，只作备查登记，登记增加甲公司股票 4 000 股，为股票股利所得。取得股票股利后股票的每股成本降低。

做中学 2-24　2024 年 6 月 1 日，云康医疗器械公司购入乙公司 2023 年 4 月 1 日发行的 3 年期债券作为交易性金融资产，该债券面值总额为 50 万元，年利率为 6%，公司以 45 万元的价格购入，另支付税费等相关费用 2 000 元，取得的增值税专用发票上注明的增值税税额为 120 元，该债券利息到期与本金一起偿还。

根据证券业务交割单、银行付款通知联，6 月 1 日云康公司编制会计分录如下：

借：交易性金融资产——成本　　　　　　　450 000
　　投资收益　　　　　　　　　　　　　　　2 000
　　应交税费——应交增值税（进项税额）　　　120
　　贷：其他货币资金——存出投资款　　　　　　452 120

做中学 2-25　云康公司持有丙公司一项交易性金融资产，该项交易性金融资产的初始成本为 40 万元，2023 年 6 月 30 日的公允价值为 45 万元，2023 年 12 月 31 日的公允价值为 52 万元。

（1）根据证券价值计算表，6 月 30 日云康公司编制会计分录如下：

借：交易性金融资产——公允价值变动　　　　50 000
　　贷：公允价值变动损益　　　　　　　　　　50 000

（2）根据证券价值计算表，12 月 31 日云康公司编制会计分录如下：

借：交易性金融资产——公允价值变动　　　　70 000

贷：公允价值变动损益　　　　　　　　　　　　　　70 000

假定上例中，2023 年 12 月 31 日，该项交易性金融资产的公允价值为 42 万元，其他条件不变，则云康公司应根据证券价值计算表编制会计分录如下：

借：公允价值变动损益　　　　　　　　　　　　30 000

　　贷：交易性金融资产——公允价值变动　　　　　　30 000

做中学 2-26 根据 **做中学 2-25** 资料，云康公司于 2024 年 2 月 10 日将该项交易性金融资产出售，出售价为 61.2 万元。

（1）根据电子转账收账通知、证券价值计算表、证券业务交割单，云康公司编制会计分录如下：

借：其他货币资金——存出投资款　　　　　　612 000

　　贷：交易性金融资产——成本　　　　　　　　400 000

　　　　交易性金融资产——公允价值变动　　　　120 000

　　　　投资收益　　　　　　　　　　　　　　　92 000

（2）如果本月没有其他金融商品转让业务，则月末确认转让金融资产应交增值税税额 =（612 000 − 400 000）÷（1 + 6%）× 6% = 12 000（元）

云康公司编制会计分录如下：

借：投资收益　　　　　　　　　　　　　　12 000

　　贷：应交税费——转让金融商品应交增值税　　　12 000

思维导图

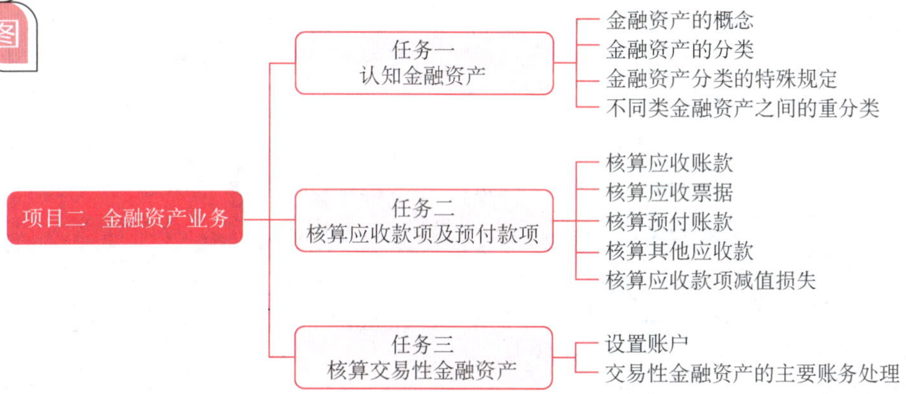

赛证融通测试题

不定项选择题

1. 甲公司为增值税一般纳税人，向乙公司销售一批商品，商品价款为 10 万元，增值税税额为 1.3 万元；以银行存款代垫运费 1 万元，增值税税额 0.09 万元。上述业务均已开具增值税专用发票，款项尚未收到。不考虑其他因素，甲公司应收账款的入账金额为（　　）万元。

A. 10　　B. 11.3　　C. 12.3　　D. 12.39

2. 甲公司 2022 年发生的一笔 8 万元应收账款，因债务人财务状况原因长期未能收回，于 2023 年年末经催收收回 3 万元，存入银行，其余款项确实无法收回确认为坏账。甲公司应编制的会计分录是（　　）。

A. 借：银行存款　　30 000
　　　资产减值损失　　50 000
　　贷：应收账款　　80 000

B. 借：银行存款　　30 000
　　　营业外支出　　50 000
　　贷：应收账款　　80 000

C. 借：银行存款　　30 000
　　　坏账准备　　50 000
　　贷：应收账款　　80 000

D. 借：银行存款　　30 000
　　　营业外收入　　50 000
　　贷：应收账款　　80 000

3. 2023 年年初，甲公司“坏账准备”账户贷方余额为 10 万元，当期实际发生坏账损失 5 万元。经减值测试，2023 年年末“坏账准备”账户应保持的贷方余额为 16 万元。不考虑其他因素，年末甲公司应计提的坏账准备金额为（　　）万元。

A. 1　　B. 6　　C. 11　　D. 16

4. 甲公司为增值税一般纳税人，2024 年 3 月购入某上市公司股票 5 000 股，每股 100 元（其中包含已宣告但尚未发放的现金股利 3 元），另支付相关交易费用 1 万元，增值税 0.6 万元，已取得增值税专用发票，全部款项已经支付，购入股票划分为交易性金融资产。甲公司购入股票的入账价值为（　　）万元。

A. 48.5　　B. 50　　C. 51　　D. 51.6

5. 2024 年 6 月 1 日，甲公司“交易性金融资产——乙公司”账户借方余额为 50 万元，6 月 30 日，甲公司持有的上述乙公司股票的公允价值为 53 万元。不考虑其他因素，下列各项会计处理中，正确的是（　　）。

A. 借记“公允价值变动损益”科目 3 万元
B. 贷记“公允价值变动损益”科目 3 万元
C. 借记“投资收益”科目 3 万元
D. 贷记“投资收益”科目 3 万元

项目三
存货业务

项目导读

云康医疗器械公司是一家集研发、生产、销售于一体的高新技术企业，其主要研发生产并销售血压计、血糖仪和额温枪等产品。公司为了生产、销售各种产品，采购了大量为生产其医疗设备所需要的各种规格、型号、种类的原材料（如显示屏、PCBA 线路板、电热元件、ABS 塑胶、红外探测头等），辅助材料（如螺丝、线材、背光源等），包装物（如包装盒、包装袋等），以及价值低、容易损耗的各种模具、工具和用具等（如生产治具、检具、模具等）。为了保证公司产品生产、销售的顺利进行，面对规格、型号、种类如此繁杂的材料、物料及产品，云康医疗器械公司应如何对它们进行入库、出库、盘存等情况的分类、计价、核算和监督，才能满足企业管理及其他相关管理的需求？

云康医疗器械公司为了生产和销售而储存的上述原料、辅料、包装物、一般工具用具、产品等在会计上称为“存货”。由于存货种类繁多，并且性质、用途不尽相同，管理上需要分类进行储存核算才能满足生产、销售的需要。因此，会计人员为了对不同类别的存货进行核算和监督，必须理解存货的含义和分类，了解存货在取得、发出和结存各环节的不同计价方法及成本计算，理解并掌握存货在不同管理特点下的不同计价核算方法以及盘点存货时出现账实不符的会计处理方法，同时理解存货核算对于计算和报告企业的经营成果和财务状况所产生的影响。正确核算存货，是企业正确计量资产、损益的前提。

思政课堂

资料内容

由大到强 我国原材料工业迈入发展新阶段

党的十八大以来，我国原材料工业取得历史性成就，率先迈入由大到强的新发展阶段。从 2012 年至 2021 年，我国原材料工业增加值由 6.9 万亿元增加到 10.7 万亿元，年均增长 4.5%。

规模体系优势愈加明显。拥有 10 个大类、34 个中类、118 个小类，多达 15 万余种产品，钢、铜、铝、水泥、平板玻璃等主要产品产量连续多年保持世界第一。

科技创新能力明显增强。原材料工业研发投入强度由 2012 年的 0.62% 提高到 2021 年的 1% 左右，科技论文和发明专利数量居全球第一，300 余项材料技术获得国家科学技术奖。

绿色智能水平稳步提升。钢铁、原铝、水泥熟料等单位产品综合能耗较 2012 年降低 9% 以上，处于世界先进水平。2021 年原材料工业关键工序数控化率达到 69%，高出全国工业平均水平 15 个百分点。

下一步，工业和信息化部将推进原材料工业高端化、绿色化、合理化、数字化、安全化发展，为制造强国和网络强国建设提供高质量的原材料支撑。

资料分析

2021 年 12 月 29 日，由工业和信息化部、科技部、自然资源部三部门联合发布的《“十四五”原材料工业发展规划》提出，到 2025 年，原材料工业初步形成更高质量、更好效益、更优布局、更加绿色、更为安全的产业发展格局，原材料工业保障和引领制造业高质量发展的能力明显增强，增加值增速保持合理水平，在制造业中比重基本稳定，新材料产业规模持续提升。

到 2035 年，成为世界重要原材料产品的研发、生产、应用高地，产业体系安全自主可控。推动原材料工业供给高端化水平不断提高，结构合理化水平持续改善。粗钢、水泥等重点原材料大宗产品产能只减不增，产能利用率保持在合理水平。发展绿色化水平大幅提升，产业数字化转型效应凸显。

（资料来源：申佳平，人民网，2022 年 9 月 2 日）

学习目标

知识目标

1. 理解并掌握存货的概念和内容；
2. 掌握存货初始成本的确定方法、存货发出的计价方法；
3. 掌握原材料、周转材料、委托加工物资、库存商品实际成本计价和计划成本计价核算的会计处理方法；
4. 掌握存货跌价损失的确认、计量的会计处理方法。

技能目标

1. 能准确判断存货，确定存货取得成本、存货发出成本、存货结存成本；
2. 能结合企业实际情况选择实际成本计价或计划成本计价，正确进行会计处理；
3. 能根据会计准则要求估计存货跌价损失，正确进行会计处理，防范经营风险；
4. 能协调生产经营部门对存货进行盘点，根据盘点结果正确进行会计处理，加强存货管理；
5. 能按照存货收发的业务流程和处理方法，结合财经法规和企业要求，自主解决存货业务会计处理中出现的常见问题。

素质目标

1. 培养遵纪守法、诚实守信、廉洁自律的职业素养，不弄虚作假，不被利益诱惑；
2. 严格按照企业会计准则规范对存货进行核算，培养认真、细致、严谨的工作态度，养成良好的工作习惯，保障存货资产安全、完整。

任务一 认知存货

知识要点

一、存货的概念

存货是指企业在日常活动中持有以备出售的产成品或商品、处在生产过程中的在产品、在生产过程或提供劳务过程中耗用的材料和物料等。企业的存货通常包括各类材料、包装物、低值易耗品、委托加工物资、商品、在产品、半成品、产成品以及委托代销商品等。

存货是企业资产的一个重要项目，企业没有存货就无法生产经营。由于存货在企业生产经营过程中不断处于销售、耗用和重置之中，所以正常经营状态下存货的储存时间也不会很长，一般情况下，企业存货大多在一年之内被出售或者被消耗，因此存货属于流动资产。在大多数企业中，存货在流动资产中占有很大比重，是流动资产的重要组成部分。

二、存货的确认条件

符合存货定义的资产项目，需要同时满足以下条件才能在资产负债表中作为存货予以确认。

（一）该存货包含的经济利益很可能流入企业

资产最重要的特征是预期会给企业带来经济利益。如果某一项目预期不能给企业带来经济利益，就不能确认为企业的资产。存货是企业的一项重要流动资产，因此，对存货的确认，关键是要判断其是否很可能给企业带来经济利益或所包含的经济利益是否很可能流入企业。通常，存货的所有权是存货包含的经济利益很可能流入企业的一个重要判断依据。凡是盘存日所有权已属于企业的存货，无论企业是否收到或持有该存货项目，均应作为企业的存货；反之，如果在盘存日没有取得所有权，即使存放在企业，也不能作为本企业的存货。例如，云康公司根据销售合同已经售出的血糖仪产品，所有权已经转移给购货方，即使该血糖仪尚未离开云康公司，因其所含经济利益已不能流入云康公司，因而不能再作为该公司的存货核算。总之，企业在判断存货所含经济利益能否流入企业时，通常应考虑该项存货所有权的归属。

（二）该存货的成本能够可靠地计量

成本能够可靠地计量是资产确认的一项基本条件。存货作为企业资产的组成部分，要予以确认也必须能够对其成本进行可靠的计量。存货的成本能够可靠地计量必须以取得确凿、可靠的证据为依据，并且具有可验证性。如果存货成本不能可靠地计量，则不能确认为存货。

三、存货的种类

由于存货的种类很多，并且不同存货的特点和管理要求各不相同。因此，为了反映存货的组成内容，做好存货的核算工作，加强存货管理，提供有用的会计信息，需要对存货按照性质、经济用途进行适当的分类。存货按内容可以分为以下八类。

（一）原材料

原材料是指企业在生产过程中经过加工改变其形态或性质并构成产品主要实体的各种原料及主要材料、辅助材料、燃料、修理用备件（备品备件）、包装材料、外购半成品（外购件）等。

（二）在产品

在产品是指企业正在制造尚未完工的生产物，包括正在各种生产工序加工的产品和已加工完毕但尚未检验或已检验但尚未办理入库手续的产品。

（三）半成品

半成品是指经过一定生产过程并已检验合格交付半成品仓库保管，但尚未制造完工成为产成品，仍需进一步加工的中间产品。

（四）产成品

产成品是指企业已经完成全部生产过程并已验收入库，可以按照合同规定的条件送交订货单位，或者可以作为商品对外销售的产品。

（五）商品

商品是指商品流通企业外购或委托加工完成验收入库用于销售的各种商品。

（六）包装物

包装物是指为了包装本企业的商品而储备的各种包装容器，如桶、箱、瓶、坛、袋等，其主要作用是盛装、装潢产品或商品。

（七）低值易耗品

低值易耗品是指不能作为固定资产核算的各种用具物品，如工具、管理用具、玻璃器皿、劳动保护用品以及在经营过程中周转使用的容器等。其特点是单位价值较低，或使用期限相对于固定资产较短，在使用过程中保持其原有实物形态基本不变。

（八）委托代销商品

委托代销商品是指企业委托其他单位代销的商品。

四、存货的计价

（一）存货取得的计价

存货取得时按照成本计量。企业取得存货的方式有很多种，其中外购是最主要的方式。

外购存货，其实际成本由采购成本构成。采购成本包括购买价款、相关税费、运输费、装卸费、保险费以及其他可归属于材料采购成本的费用。

1. 购买价款

购买价款是指企业购入的材料或商品的发票账单上列明的价款，但不包括按规定可以抵扣的增值税进项税额。

2. 相关税费

相关税费主要包括企业购买材料发生的进口关税、消费税、资源税和不能抵扣的增值税进项税额以及相应的教育费附加等应计入材料采购成本的税费。

3. 运杂费

运杂费包括材料采购过程中发生的运输费、装卸费、保险费、包装费、仓储费等可归属于材料采购成本的费用，但不包括按规定可以抵扣的增值税进项税额。

4. 运输途中的合理损耗

运输途中的合理损耗是指商品在运输过程中，因商品性质、自然条件及技术设备等因素所发生的自然损耗或不可避免的零星、洒落、溢渗、漏失、飞扬、挥发等损耗。运输途中的合理损耗计入验收入库材料的采购成本中，相应地提高了入库材料的单位成本。

5. 入库前的挑选整理费用

入库前的挑选整理费用主要包括挑选整理中发生的工、费支出和必要的损耗，并扣除回收的下脚废料价值。

上述第 1 项应当直接计入外购材料的实际成本。第 2—5 项，能够分清的，可以直接计入各种外购材料的实际成本；不能分清的，应当按照存货的买价或重量等比例，分摊计入各种存货的采购成本。

（二）存货发出的计价

1. 按实际成本法发出的计价

按照《企业会计准则第 1 号——存货》的规定，企业发出存货的计价方法包括先进先出法、全月一次加权平均法、移动加权平均法和个别计价法。企业应当根据各类存货的实物流转方式、企业管理的要求、存货的性质等实际情况，合理地选择确定发出存货成本的计价方法，以及当期发出存货的实际成本。对于性质和用途相似的存货，应当采用相同的成本计算方法确定发出存货的成本。

（1）先进先出法。它是以先购入的存货应先发出（销售或耗用）这样一种存货实物流动假设为前提，对发出存货进行计价的方法。先购入存货的成本转出先于后购入的存货，据此确定发出存货和期末存货的成本。

采用这种计价方法，收到存货时要逐笔登记每一批存货的数量、单价和金额；发出存货时，按照先进先出的原则确定单价，逐笔登记存货的发出金额和结存金额。具体做法是：先按第一批入库存货的单价计算发出存货的成本，领发完毕后再按第二批入库存货的单价计算，以此类推。若领用的存货属于前后不同批次，单价又不相同，就分别采用各批次存货的单价计算。

先进先出法的优点为：可以在每次收、发存货的同时结转成本，存货核算可分散在平时进行，从而减少月末核算工作量，有利于均衡核算工作；同时，期末存货成本较接近现行的市场价值，企业不能随意挑选存货成本以调整当期利润。但是，在存货收、发业务较频繁且单价经常变动的情况下，企业存货核算的工作量较大。另外，当物价上涨时，会高估企业当期利润；反之，则会低估企业当期利润。一般而言，经营活动受存货形态影响较大或存货容易腐烂变质的企业可采用先进先出法。

（2）全月一次加权平均法。它是指以月初库存存货数量加上本月全部进货数量作为权数，除以月初库存存货成本加上本月全部进货成本，计算出存货的加权平均单位成本，以此为基础计算本月发出存货成本和月末库存存货成本的一种方法。具体计算方法如下：

$$存货加权平均单位成本=\frac{月初库存存货的成本+\sum(本月各批购入存货的单位成本\times本月各批购入存货的数量)}{月初库存存货的数量+本月各批购入存货的数量之和}$$

$$本月发出存货的成本=本月发出存货的数量\times存货加权平均单位成本$$

$$本月月末库存存货的成本=月末库存存货的数量\times存货加权平均单位成本$$

为了保持账面数字之间的平衡关系，可以采用倒挤法计算发出存货的成本，即：

$$本月月末库存存货的成本=月末库存存货的数量\times存货加权平均单位成本$$

$$本月发出存货的成本=月初库存存货的成本+本月购入存货的成本-月末库存存货的成本$$

全月一次加权平均法的优点为：只在月末一次计算加权平均单价，平时工作量不大，计算方法较简单；在物价上涨或下跌时，对存货成本的分摊较为折中；企业不能随意挑选进货成本以调整当期利润。但是，这种方法只有在期末才能计算出加权平均单价，从而确定发出存货成本和结存存货成本，平时无法从账上反映发出存货、结存存货的单价和金额，不利于对存货的日常管理；另外，期末核算工作量较大。因此，这种方法只适用于存货品种较少且各批购入存货单位成本相差不大的企业。

（3）移动加权平均法。它是指以本次进货的成本加上原有库存存货的成本作为权数，除以本次进货数量加上原有库存存货的数量，据以计算加权平均单位成本，作为计算发出存货成本依据的一种方法。具体计算方法如下：

$$存货加权平均单位成本=\frac{原有库存存货的成本+本次购入存货的成本}{原有库存存货的数量+本次购入存货的数量}$$

$$本次发出存货的成本=本次发出存货的数量\times本次发出存货前存货加权平均单位成本$$

$$月末库存存货的成本=月末库存存货的数量\times月末存货加权平均单位成本$$

移动加权平均法的优点为：存货发出时可以随时转账，便于加强存货的日常管理；大量核算工作分散在平时进行，减少了月末工作量；计算结果较客观，企业也不能随意挑选存货成本以调整当期利润。但是，由于每次收入存货都要重新计算一次加权平均单位成本，所以平时计算工作量较大。

（4）个别计价法。个别计价法也称个别认定法、具体辨认法、分批实际法，采用这一方法是假定存货具体项目的实物流转与成本流转相一致，按照各种存货逐一辨认各批发出存货和期末存货所属的购进批别或生产批别，分别按其购入或生产时所确定的单位生产成本作为计算各批发出存货和期末存货的成本。

采用这种方法所确定的发出存货成本符合实际情况，期末结存存货成本的计算较为真实，而且可以随时结转成本。但是，采用这种方法必要的条件是：①存货项目必须是可以辨别认定的；②必须有详细的记录，据以了解个别存货或每批存货项目的收入、发出、结存情况。因而，实务操作的工作繁重，困难较大。

个别计价法适用于容易识别、存货品种不多、单位成本较高的存货，如房产、船舶、飞机、重型设备、珠宝、名画等贵重物品；能够分清批次、整批进整批出的存货也可以采用这种方法；对于不能替代使用的存货、为特定项目专门购入或制造的存货以及提供的劳务费，也通常采用个别计价法确定发出存货的成本。

发出材料实际成本的确定，可以从前述先进先出法、全月一次加权平均法、移动加权平均法、个别计价法等方法中选择。计价方法一经确定，不得随意变更。如需变更，应在会计报表附注中予以说明。

2. 按计划成本法发出的计价

原材料按计划成本计价，在处理发出业务时并不存在计算确定发出材料单位成本的问题，只需按事先制订的计划单位成本乘以发出材料数量计算出发出材料的计划成本。但在月末需将发出材料的计划成本调整为实际成本，即将材料成本差异额在发出材料和结存材料之间进行分配，计算出发出材料应负担的成本差异。有关计算公式为：

$$\text{发出材料的实际成本} = \text{发出材料的计划成本} + \text{发出材料应分摊的材料成本差异}$$

$$\text{发出材料应分摊的材料成本差异} = \text{发出材料的计划成本} \times \text{材料成本差异率}$$

式中：材料成本差异率是材料成本差异额与计划成本的比率，一般应按材料类别分别计算；对于生产用量大的材料，也可按材料品种计算。其计算公式为：

$$\text{材料成本差异率} = \frac{\text{月初结存材料成本差异} + \text{本月收入材料成本差异}}{\text{月初结存材料计划成本} + \text{本月收入材料计划成本}} \times 100\%$$

采用上述公式计算材料成本差异率，必须是在月末根据有关部门的资料计算，虽然计算结果比较准确，但存在核算不及时的缺点。为了保证本月发出材料实际成本计算的及时性，有些企业以月初材料成本差异率来计算本月发出材料应负担的成本差异，其计算公式为：

$$\text{月初材料成本差异率} = \frac{\text{月初结存材料成本差异}}{\text{月初结存材料计划成本}} \times 100\%$$

（三）期末存货的计价

资产负债表日，存货应当按照成本与可变现净值二者之中较低者计价：当成本低于可变现净值时，期末存货按成本计价；当成本高于可变现净值时，期末存货按可变现净值计价。这种情况下存货发生减值，确认存货跌价损失，计提存货跌价准备。

成本是指期末存货的实际成本，如果企业在存货成本的日常核算中采用计划成本法等简化核算方法，则成本应为调整后的实际成本。

可变现净值是指在日常活动中，存货的估计售价减去至完工时估计将要发生的成本、估计的销售费用以及相关税费后的金额。具体计算时要区分出售的商品存货和耗用的材料存货。

1. 商品存货可变现净值的确定

商品是直接用于出售的存货，其可变现净值根据日常活动中以商品的估计售价减去估计的销售费用和相关税费后的金额确定。为执行销售合同或者劳务合同而持有的商品，其可变现净值应当以合同价格为基础确定。企业持有存货的数量多于销售合同或者劳务合同订购数量的，超出部分的存货的可变现净值应当以一般销售价格为基础确定。

2. 材料存货可变现净值的确定

用于生产的材料、在产品或自制半成品等需要加工的存货，其可变现净值根据日常活动中存货的估计售价减去至完工时估计将要发生的成本、估计的销售费用以及相关税费后的金额确定。如果属于按订单生产，则应按协议价确定可变现净值。具体来说，对于用于生产而持有的材料等存货，按以下原则处理：

（1）如果用其生产的产成品的可变现净值预计高于成本，则该材料等存货应当按照成本计量。

（2）如果材料的价格下降等，表明用其生产的产成品的可变现净值低于成本，则该材料应当按可变现净值计量。

会计期末，在运用成本与可变现净值孰低原则对材料存货进行计量时，需要考虑材料的用途：对于用于生产而持有的材料等，应当将其与所生产的产成品的期末价值减损情况联系起来；对于用于出售的材料等，则只需要将材料的成本与根据材料本身的估计售价确定的可变现净值相比即可。

任务实施

做中学 3-1 云康公司 ABS 塑料存货按实际成本核算，2024 年 6 月 ABS 塑料存货购入、领用、结存资料见表 3-1。

表 3-1 存货明细账

计价单位：元
存货类别：
计量单位：千克
存货编号：
最高存量：
名称及规格：ABS 塑料
最低存量：

2024 年		凭证编号	摘要	收入			支出			结存		
月	日			数量	单价	金额	数量	单价	金额	数量	单价	金额
6	1	（略）	期初余额							300	600	180 000
	10		购入	200	650	130 000				500		
	11		发出				400			100		
	18		购入	150	680	102 000				250		
	20		发出				80			170		
	23		购入	100	700	70 000				270		
	31	本月发生额及月末余额		450		302 000	480			270		

采用先进先出法计算 6 月份 ABS 塑料的成本如下：

6 月 11 日发出 ABS 塑料的实际成本 = 600 × 300 + 650 × 100 = 245 000（元）

6 月 20 日发出 ABS 塑料的实际成本 = 650 × 80 = 52 000（元）

6 月发出 ABS 塑料的实际成本 = 245 000 + 52 000 = 297 000（元）

月末结存 ABS 塑料的实际成本 = 180 000 + 302 000－297 000 = 185 000（元）

做中学 3-2 根据 **做中学 3-1** 资料，以云康公司 ABS 塑料存货明细账为例，采用全月一次加权平均法计算 6 月份 ABS 塑料的成本如下：

6 月 ABS 塑料存货的加权平均单位成本 =（180 000 + 302 000）÷（300 + 450）= 642.67（元 / 千克）

6 月发出 ABS 塑料成本 = 480 × 642.67 = 308 481.60（元）

月末库存 ABS 塑料成本 = 180 000 + 302 000－308 481.60 = 173 518.40（元）

做中学 3-3 根据 **做中学 3-1** 资料，以云康公司 ABS 塑料存货明细账为例，采用移动加权平均法计算 6 月份 ABS 塑料的成本如下：

收入第一批购入 ABS 塑料后的加权平均单位成本 =（180 000 + 130 000）÷（300 + 200）= 620（元 / 千克）

第一批发出 ABS 塑料的实际成本 = 400 × 620 = 248 000（元）

第一批 ABS 塑料发出后结存 ABS 塑料的实际成本 = 100 × 620 = 62 000（元）

收入第二批购入 ABS 塑料后的加权平均单位成本 =（62 000 + 102 000）÷（100 + 150）= 656（元 / 千克）

第二批发出 ABS 塑料的实际成本 = 80 × 656 = 52 480（元）

第二批 ABS 塑料发出后结存 ABS 塑料的实际成本 = 170 × 656 = 111 520（元）

收入第三批购入 ABS 塑料后的加权平均单位成本 =（111 520 + 70 000）÷（170 + 100）= 672.30（元 / 千克）

本月发出 ABS 塑料的实际成本 = 248 000 + 52 480 = 300 480（元）

月末结存 ABS 塑料的实际成本 =（180 000 + 130 000 + 102 000 + 70 000）－300 480 = 181 520（元）

做中学 3-4 2024 年 6 月 1 日，云康公司结存 ABS 塑料的计划成本为 200 000 元，成本差异为节约差异 1 000 元；当月入库 ABS 塑料的计划成本为 300 000 元，成本差异为超支差异 2 000 元；本月发出 ABS 塑料的计划成本为 200 000 元。则：

材料成本差异率 =（－1 000 + 2 000）÷（200 000 + 300 000）× 100% = 0.2%

发出材料应分摊的材料成本差异 = 200 000 × 0.2% = 400（元）

发出材料的实际成本 = 200 000 + 400 = 200 400（元）

做中学 3-5 2024 年 5 月 30 日，云康公司额温枪的账面成本为 800 000 元，估计售价为 700 000 元，估计的销售费用及相关税金为 20 000 元，则该额温枪商品的价值为：

额温枪商品可变现净值 = 额温枪的估计售价－估计的销售费用及相关税费 = 700 000－20 000 = 680 000（元）

额温枪商品的可变现净值为 680 000 元，额温枪商品的账面成本为 800 000 元，按成本与可变现净值孰低计量，则 2024 年 5 月 30 日额温枪商品的价值为 680 000 元。

做中学 3-6 2024 年 5 月 30 日，云康公司的 ABS 塑料外壳账面实际成本为 300 000 元，市场购买价格为 250 000 元，不发生其他购买费用。用 ABS 塑料外壳生产的血压计的可变现净值高于成本。确定 2024 年 5 月 30 日 ABS 塑料外壳价值的过程如下：

根据上述资料可知，2024 年 5 月 30 日 ABS 塑料外壳的市场价格低于账面实际成本，但是由于用其生产的产成品血压计的可变现净值高于其成本，也就是用 ABS 塑料外壳生产的最终产品此时并没有发生价值减损。因而，在这种情况下，即使 ABS 塑料外壳市场价格已低于账面实际成本，但在 2024 年 5 月 30 日仍然按 300 000 元计量 ABS 塑料外壳成本。

做中学 3-7 2024 年 5 月 30 日，云康公司一批红外探测仪的账面实际成本为 110 000 元，市场购买价格为 100 000 元，不发生其他购买费用。由于红外探测仪价格下降，市场上用红外探测仪生产的额温枪的售价也由 290 000 元下降为 260 000 元，将此批红外探测仪加工成额温枪成品尚需投入 160 000 元，估计销售费用及相关税费为 10 000 元。确定 2024 年 5 月 30 日红外探测仪价值的过程如下：

（1）第一步，计算用红外探测仪生产的额温枪的可变现净值。

额温枪的可变现净值 = 额温枪的估计售价 − 估计销售费用及税费 = 260 000 − 10 000 = 250 000（元）

（2）第二步，将用红外探测仪生产的额温枪可变现净值与其成本进行比较。

额温枪的可变现净值为 250 000 元，低于其成本 270 000 元（110 000 + 160 000），即价格的下降表明额温枪的可变现净值低于成本，因此此批红外探测仪应当按可变现净值计量。

（3）第三步，计算红外探测仪的可变现净值。

红外探测仪的可变现净值 = 额温枪的售价 − 将红外探测仪加工成额温枪尚需投入的成本 − 估计销售费用及相关税费 = 260 000 − 160 000 − 10 000 = 90 000（元）

红外探测仪的可变现净值为 90 000 元，红外探测仪的成本为 110 000 元，按成本与可变现净值孰低计量，则 2024 年 5 月 30 日红外探测仪的价值为 90 000 元。

任务二 核算原材料

一、按实际成本计价核算原材料

原材料按实际成本计价的收发核算是指每种材料的收发与结存，不论是总分类核算还是明细分类核算，都要按实际单位成本进行计价。但采用实际成本核算，日常反映不出材料成本是节约还是超支，从而不能反映和考核物资采购业务的业绩。因此这种方法通常适用于材料收发业务较少的企业。在实务工作中，对于材料收发业务较多并且计划成本资料较为健全、准确的企业，一般可以采用计划成本进行材料收发的核算。

（一）设置账户

设置“原材料”账户，核算企业库存各种材料的实际成本。该账户可以按照材料种类等设置明细账户进行明细核算。如图 3-1 所示。

借方　　　　原材料　　　　贷方

借方	贷方
入库材料的实际成本	发出材料的实际成本
库存材料的实际成本	

图 3-1　原材料

设置“在途物资”账户，核算企业采用实际成本进行材料等物资的日常核算、货款已付尚未验收入库的物资的采购成本。该账户可以按照供货单位和物资品种设置明细账户进行明细核算。如图 3-2 所示。

借方　　　　在途物资　　　　贷方

借方	贷方
购入物资的采购成本	验收入库物资的采购成本
尚未到达或验收入库的采购成本	

图 3-2　在途物资

（二）原材料取得的主要账务处理

对于企业购进的原材料，由于材料采购地点和结算方式不同，材料入库时间和货款支付时间可能一致，也可能不一致，在账务处理上也有所不同。

1. 结算凭证与材料同时到达

企业已根据结算凭证、发票账单、收料单等凭证支付了货款和相关采购费用，或者已开出、承兑商业汇票时，按应计入材料成本的金额，借记“原材料”等账户，按当月已认证的可抵扣增值税进项税额，借记“应交税费——应交增值税（进项税额）”账户，按当月未认证的、增值税专用发票上注明的可抵扣增值税进项税额，借记“应交税费——待认证进项税额”账户，按实际支付的款项，贷记“银行存款”“其他货币资金”等账户，若尚未支付，则贷记“应付账款”或“应付票据”账户。

对于当月未认证的可抵扣增值税进项税额，待以后经税务机关认证后转出，借记“应交税费——应交增值税（进项税额）”账户，贷记“应交税费——待认证进项税额”账户。

2. 先收到结算凭证，后收到材料并验收入库

企业已收到结算凭证、发票账单，并支付货款和采购费用或已开出、承兑商业汇票，但材料尚未验收入库时，按应计入材料成本的金额，借记“在途物资”等账户，按当月已认证的可抵扣增值税进项税额，借记“应交税费——应交增值税（进项税额）”账户，按当月未认证的可抵扣增值税进项税额，借记“应交税费——待认证进项税额”账户，按实际支付的款项，贷记“银行存款”“其他货币资金”等账户，若尚未支付，则贷记“应付账款”或“应付票据”账户。待材料到达并验收入库后，再根据入库单，借记“原材料”等账户，贷记“在途物资”等账户。

3. 先收到材料并验收入库，结算凭证尚未收到

企业先收到材料并验收入库后，由于一般在短时间内（同一月份）结算凭证就可能到达，因此，为了简化核算手续，在验收入库材料时，可以暂不进行会计处理，待收到结算凭证后，再按结算凭证与材料同时到达的情况进行相应核算。

在企业先收到材料并验收入库，月末结算凭证仍未收到的情况下，为如实反映已收到的材料，应先按暂估价，借记“原材料”账户，贷记“应付账款——暂估应付账款”账户；下月初，作相反的会计分录予以转回，并在收到结算凭证时，按结算凭证与材料同时到达的情况进行相应核算。

4. 购进材料短缺与溢余

企业购进材料在验收入库时发生短缺或者溢余的，应及时查明原因，根据不同的情况进行处理。

（1）企业购进原材料发生短缺。如果是定额内合理损耗，则计入原材料采购成本；如果是超定额损耗，将其采购成本及应负担的进项税额中由保险公司、运输部门或其他过失人赔偿后仍不能弥补的部分作为期间费用记入“管理费用”账户；如果购进原材料发生非正常损失（如自然灾害损失），将其采购成本及应负担的进项税额中由保险公司赔偿后仍不能弥补的部分作为损失记入“营业外支出”账户。

企业购进原采购材料发生短缺时，在尚未查明原因或作出处理之前，一般先将短缺原材料的成本转入“待处理财产损溢”账户，即借记“待处理财产损溢”账户，贷记“在途物资”等账户；待查明原因作出处理后，再转入有关账户，借记“管理费用”“营业外支

出”等账户，贷记“待处理财产损溢”等账户。

（2）企业购进原材料发生溢余。一般情况下，因为计量误差导致的溢余记入“管理费用”账户，自然溢余记入“营业外收入”账户。

发生购进原材料溢余时，在未查明原因之前，按实收材料的实际成本，借记“原材料”账户，按购进凭证上记载的材料实际成本，贷记“在途物资”账户，按溢余部分的实际成本，贷记“待处理财产损溢”账户；待查明原因后再转入“管理费用”“营业外收入”等有关账户。

（三）原材料发出的主要账务处理

材料领用单位不同、用途不同，其发出材料的去向不同，因此核算时应根据材料用途和领料单位，分别按照受益对象记入有关账户：属于生产车间领用直接用于产品生产的，借记“生产成本”账户；用于车间一般耗用的，借记“制造费用”账户；企业管理部门耗用的，借记“管理费用”账户；企业销售机构耗用的，借记“销售费用”账户；建造工程耗用的，借记“在建工程”账户；福利部门领用的，借记“应付职工薪酬”账户等。

提示

领用原材料用于非增值税应税项目时，原计入增值税进项税额的部分不得抵扣，需要将进项税额转出。

知识拓展

由于企业日常发出材料频繁，为了简化日常核算工作，平时一般只登记材料明细分类账来反映各种材料的收发和结存情况，月末根据按实际成本填制的领料单或限额领料单等发料凭证，按领用部门和用途汇总编制发料凭证汇总表，从而编制材料耗费分配表，据以编制记账凭证，一次登记总分类账。

二、按计划成本计价核算原材料

（一）设置账户

原材料按计划成本计价的特点包括：从原材料的收发凭证到明细分类账和总分类账，全部按计划成本计价；原材料的实际成本与计划成本的差异通过“材料成本差异”账户核算。入库材料的计划单位成本应尽可能接近实际，除特殊情况外，计划单位成本在年度内一般不作变动。

设置“原材料”账户，核算库存材料的计划成本。如图 3-3 所示。

设置“材料采购”账户，核算企业采用计划成本进行材料日常核算的情况下购入材料的采购成本。该账户可以按材料类别或品种设置明细账户进行明细核算。如图 3-4 所示。

借方	原材料　　贷方
入库材料的计划成本	发出材料的计划成本
库存材料的计划成本	

图 3-3　原材料

借方	材料采购　　贷方
购入材料的实际采购成本以及结转的实际成本小于计划成本的差额	购进并验收入库材料的计划成本以及结转的实际成本大于计划成本的差额
已经购进但尚未到达或尚未验收入库的在途材料的实际成本	

图 3-4　材料采购

设置"材料成本差异"账户，核算企业采用计划成本进行日常核算的情况下材料计划成本与实际成本的差额。该账户可以按照类别或品种设置明细账户进行明细核算，其口径应同材料采购明细账户的设置一致。如图 3-5 所示。

借方	材料成本差异　　贷方
① 入库材料超支差异 ② 发出材料节约差异	① 入库材料节约差异 ② 发出材料超支差异
企业库存材料实际成本大于节约成本（超支）	企业库存材料实际成本小于节约成本（节约）

图 3-5　材料成本差异

（二）原材料取得的主要账务处理

企业外购原材料时，按外购原材料的实际成本，借记"材料采购"账户，原材料到达并验收入库时，按计划成本从"材料采购"账户的贷方转入"原材料"账户。月末将实际成本与计划成本的差异转入"材料成本差异"账户。对于企业购进的原材料，同样由于材料采购地点和结算方式的不同，材料入库时间和货款支付时间不一定相同，也存在和实际成本计价核算法相同的几种情况。

1. 结算凭证与材料同时到达

在此情况下，企业应根据材料有关结算凭证，按采购材料的实际成本，借记"材料采购""应交税费"等账户，贷记"银行存款""应付票据"等账户；对验收入库的材料，再根据收料单，按计划成本，借记"原材料"账户，贷记"材料采购"账户；月末结转入库材料的成本差异，若实际成本大于计划成本，则借记“材料成本差异”账户，贷记“材料采购”账户，反之，则借记“材料采购”账户，贷记“材料成本差异”账户。

提示

按计划成本计价的原材料，在月末结转入库材料的成本差异时，不是逐笔结转，而是将所有本期入库相同材料的实际成本总额与计划成本总额之间的差异一次进行结转。

2. 先收到结算凭证，后收到材料并验收入库

企业先收到结算凭证，则先作购进材料处理，根据有关结算凭证，借记“材料采购”“应交税费”等账户，贷记“银行存款”“应付票据”等账户；待收到材料验收入库后，再根据收料单，按计划成本，借记“原材料”账户，贷记“材料采购”账户；月末结转入库材料的成本差异时，会计处理同上述情况。

3. 先收到材料并验收入库，结算凭证尚未收到

由于材料验收入库时结算凭证尚未收到，所以尚未付款，通常在验收入库材料时可暂不作会计处理。若等到月末仍未收到结算凭证，则月末按计划成本估价入账，即借记“原材料”账户，贷记“应付账款”账户。下月初，作相反的会计分录予以转回，以便在下月收到结算凭证后，按结算凭证与材料同时到达的情况进行处理。

（三）原材料发出的主要账务处理

按计划成本计价核算的企业在日常发出材料时，应根据材料用途，按发出材料的计划成本，借记“生产成本”“制造费用”“管理费用”“委托加工物资”“在建工程”“其他业务成本”等账户，贷记“原材料”账户；然后根据月初材料成本差异率或月末计算出的本月材料成本差异率，将发出材料的计划成本调整为实际成本。调整时，按实际成本大于计划成本的金额，借记“生产成本”“制造费用”“管理费用”“委托加工物资”“在建工程”“其他业务成本”等账户，贷记“材料成本差异”账户；按实际成本小于计划成本的金额作相反的会计分录。

知识拓展

和实际成本计价法一样，若企业的材料收发业务比较频繁，为了简化核算手续，材料的收发业务平时只在明细账中登记，而不登记总分类账，月末根据当月签发的发料凭证，按领料部门和材料用途汇总编制发料凭证汇总表，并编制材料耗费分配表，据以进行发出材料的总分类账务处理。

任务实施

做中学 3-8 2024 年 6 月 8 日，云康公司为生产血压计购入显示屏一批，货款为 80 000 元，增值税专用发票上注明的增值税税额为 10 400 元，已经认证，发票等结算凭证同时收到，货款已通过中国工商银行支付，该批显示屏也已验收入库。

根据采购合同、增值税专用发票发票联、收料单、银行付款通知编制会计分录如下：

借：原材料——显示屏 80 000
　　应交税费——应交增值税（进项税额） 10 400
　　贷：银行存款——中国工商银行 90 400

做中学 3-9 2024 年 6 月 19 日，云康公司购入生产额温枪的 PCBA 线路板一批，价款为 100 000 元，已认证的可抵扣增值税进项税额为 13 000 元，发票等结算凭证已经到达，货款已通过中国工商银行支付，但 PCBA 线路板尚未入库。

（1）6 月 19 日，根据增值税专用发票发票联、银行付款通知编制会计分录如下：

借：在途物资——PCBA 线路板 100 000
　　应交税费——应交增值税（进项税额） 13 000
　　贷：银行存款——中国工商银行 113 000

（2）若该 PCBA 线路板在 7 月 10 日到达并验收入库，根据入库单编制会计分录如下：

借：原材料——PCBA 线路板 100 000
　　贷：在途物资——PCBA 线路板 100 000

做中学 3-10 2024 年 6 月 20 日，云康公司购入生产额温枪的红外探测头一批，已验收入库，但其结算凭证至月末尚未到达，货款未付。根据供货合同估价 75 000 元入账。

（1）6 月 30 日，根据收料单编制会计分录如下：

借：原材料——红外探测头 75 000
　　贷：应付账款——暂估应付账款 75 000

（2）7 月 1 日，编制会计分录如下：

借：应付账款——暂估应付账款 75 000
　　贷：原材料——红外探测头 75 000

或：

借：原材料——红外探测头 [75 000]
　　贷：应付账款——暂估应付账款 [75 000]

做中学 3-11 云康公司采用实际成本法进行原材料的日常核算。2024 年 6 月 26 日，外购 ABS 塑料一批，单价 150 元 / 千克，数量 100 千克，增值税专用发票上注明的增值税税额为 1 950 元，已认证，货款已用银行存款支付。

（1）6 月 26 日，根据增值税专用发票发票联、银行付款通知编制会计分录如下：

借：在途物资——ABS 塑料 15 000
　　应交税费——应交增值税（进项税额） 1 950

贷：银行存款　　16 950

（2）7 月 10 日，材料到达，验收入库时为 95 千克，短缺的 5 千克经查明为计量时合理损耗，根据收料单编制会计分录如下：

借：原材料　　15 000

　　贷：在途物资——ABS 塑料　　15 000

（3）如果短缺的 5 千克 ABS 塑料原因待查，则根据收料单编制会计分录如下：

借：原材料　　14 250

　　待处理财产损溢——待处理流动资产损溢　　750

　　贷：在途物资——ABS 塑料　　15 000

（4）经查明，短缺的 5 千克属于采购人员张三的责任，张三同意赔偿，根据赔偿协议编制会计分录如下：

借：其他应收款——张三　　847.5

　　贷：待处理财产损溢——待处理流动资产损溢　　750

　　　　应交税费——应交增值税（进项税额转出）　　97.5

做中学 3-12　2024 年 6 月 30 日，云康公司根据发料凭证汇总表（略）编制材料耗费分配表，见表 3-2。

表 3-2　材料耗费分配表

2024 年 6 月 30 日　　单位：元

材料名称	原材料				合计
	原料及主要材料	辅助材料	燃料	修理用配件	
生产成本	350 000				350 000
制造费用		20 000	5 000		25 000
管理费用		40 000		600	40 600
销售费用		30 000			30 000
合计	350 000	90 000	5 000	600	445 600

审核：×××　　制单：×××

云康公司根据材料耗费分配表编制会计分录如下：

借：生产成本　　350 000

　　制造费用　　25 000

　　管理费用　　40 600

　　销售费用　　30 000

　　贷：原材料——原料及主要材料　　350 000

　　　　原材料——辅助材料　　90 000

　　　　原材料——燃料　　5 000

　　　　原材料——修理用配件　　600

做中学 3-13 2024 年 6 月 5 日，云康公司购入生产血糖仪的线材一批，价款为 100 000 元，增值税税额为 13 000 元，取得增值税专用发票，该发票已认证。货款已通过银行转账付讫，货物已验收入库，计划成本为 120 000 元。

（1）购进付款时，根据增值税专用发票发票联、收料单、银行付款通知编制会计分录如下：

借：材料采购——线材	100 000	
应交税费——应交增值税（进项税额）	13 000	
贷：银行存款		113 000

（2）线材验收入库，根据收料单编制会计分录如下：

借：原材料——线材	120 000	
贷：材料采购——线材		120 000

（3）月末结转入库线材的成本差异时，根据材料成本差异计算表编制会计分录如下：

借：材料采购——线材	20 000	
贷：材料成本差异——线材		20 000

做中学 3-14 2024 年 6 月 26 日，云康公司收到供货方发来的生产血糖仪的高端硬塑料 500 千克，增值税专用发票已认证，每千克不含税进价为 600 元，价款共计 300 000 元，增值税税额 39 000 元；代垫运费 3 000 元，增值税税额 270 元。全部款项已通过中国工商银行网银支付，但高端硬塑料尚未运到。

（1）根据增值税专用发票发票联、银行付款通知编制会计分录如下：

借：材料采购——硬塑料	303 000	
应交税费——应交增值税（进项税额）	39 270	
贷：银行存款——中国工商银行		342 270

（2）上述高端硬塑料在 7 月 10 日到达并验收入库，高端硬塑料单价 650 元 / 千克，根据收料单编制会计分录如下：

借：原材料——硬塑料	325 000	
贷：材料采购——硬塑料		325 000

（3）7 月末结转塑料成本差异时，根据材料成本差异计算表编制会计分录如下：

借：材料采购——硬塑料	22 000	
贷：材料成本差异——硬塑料		22 000

做中学 3-15 2024 年 7 月 18 日，云康公司所购 800 千克的线材板已运达并验收入库，到月末发票账单仍未收到，按计划成本 150 元 / 千克估价入账。

（1）7 月 31 日，根据收料单编制会计分录如下：

借：原材料——线材板	120 000	
贷：应付账款——暂估应付账款		120 000

（2）8 月 1 日，编制会计分录如下：

借：应付账款——暂估应付账款	120 000	
贷：原材料——线材板		120 000

或：

借：原材料——线材板　　120 000

　　贷：应付账款——暂估应付账款　　120 000

做中学 3-16　2024 年 7 月 22 日，云康公司发出塑料一批，计划成本 50 000 元。其中基本生产领用 40 000 元，车间一般耗用 8 000 元，管理部门领用 2 000 元。7 月末计算出本月材料成本差异率为－2%。

（1）7 月 22 日发出塑料时，根据领料单、发料凭证汇总表、材料耗费分配表编制会计分录如下：

借：生产成本——基本生产成本　　40 000

　　制造费用　　8 000

　　管理费用　　2 000

　　贷：原材料——塑料　　50 000

（2）7 月末结转该批材料应负担的材料成本节约差异 1 000 元（50 000×2%），根据材料成本差异计算表编制会计分录如下：

借：材料成本差异　　1 000

　　贷：生产成本——基本生产成本　　800

　　　　制造费用　　160

　　　　管理费用　　40

任务三
核算委托加工物资

知识要点

一、认知委托加工物资

委托加工物资是指企业委托外单位进行加工的各种材料、商品等物资。企业在生产经营过程中，由于本身工艺设备条件的限制，有时需要将一部分物资委托外单位加工成另一种物资，以满足企业生产经营的需要。

企业发出委托外单位加工的物资，虽然已经离开本企业，但所有权尚未转移，仍属于企业的存货。经过加工，物资原有的实物形态和用途发生了变化，价值相应增加。企业委托加工物资时要支付给受托加工单位加工费，另外还会发生运杂费，这些都构成了委托加工物资的核算内容。

为了组织好委托加工物资的核算，必须建立健全各项手续制度，在委托加工物资发出时填制“委托加工发料单”；加工完成入库时，应填制“委托加工材料（或商品）入库单”，据以核算委托加工物资的收回情况。同时，对于受托加工单位提供的加工费及增值税等结算凭证，经审核后付款。

二、设置账户

设置“委托加工物资”账户，核算企业委托外单位加工的各种材料、商品等物资的实际成本，反映和监督委托加工物资的发出、收回及结存情况。该账户可以按加工合同、受托加工单位以及加工物资的品种等设置明细账户进行明细核算。如图 3-6 所示。

借方　　　　委托加工物资	贷方
发出委托加工物资的实际成本以及支付的加工费、往返运杂费等	加工完成并验收入库物资的实际成本
委托外单位加工尚未完成物资的实际成本	

图 3-6　委托加工物资

三、委托加工物资的主要账务处理

（一）实际成本计价的核算

1. 委托加工物资发出的核算

发出委托加工的材料时，按实际成本，借记“委托加工物资”账户，贷记“原材料”“库存商品”等账户。

2. 支付加工费用及税金的核算

（1）加工费的核算。企业委托加工物资时支付给受托加工单位的加工费，构成委托加工物资的成本。支付加工费时，应借记“委托加工物资”账户，贷记“银行存款”“应付账款”等账户。

（2）增值税的核算。按照我国税法的规定，受托加工企业提供加工劳务需要缴纳增值税，委托企业对于应负担的增值税，应区别不同情况进行处理：

凡加工后的物资用于应交增值税项目，并取得增值税专用发票的一般纳税企业，可将这部分增值税作为进项税额扣除，不计入委托加工物资的成本。支付增值税时，借记“应交税费——应交增值税（进项税额）”账户，贷记“银行存款”等账户。

凡加工后的物资用于非增值税应税项目以及免交增值税项目或未取得增值税专用发票的一般纳税企业及小规模纳税企业，应将这部分增值税计入委托加工物资的成本。支付增值税时，借记“委托加工物资”账户，贷记“银行存款”等账户。

（3）消费税的核算。按照我国税法的规定，如果委托加工后的物资属于应税消费品，则应由受托企业代收代缴消费税。委托企业将委托加工后的物资收回后直接对外销售的，则将受托企业代收代缴的消费税计入委托加工物资成本，该委托加工物资销售时不再缴纳消费税。委托企业支付消费税时，借记“委托加工物资”账户，贷记“银行存款”等账户。

委托加工后的物资对于委托企业而言属于应税消费品，收回后又继续用于加工同类应税消费品的，则由受托企业代收代缴的消费税可以抵扣。委托企业在支付消费税时，借记“应交税费——应交消费税”账户，贷记“银行存款”等账户。

3. 委托加工物资收回的核算

委托企业对加工完成验收入库的物资及剩余材料物资，应按加工收回物资的实际成本或计划成本及剩余材料物资的实际成本或计划成本，借记“原材料”“周转材料”“库存商品”等账户，贷记“委托加工物资”账户，按差额借记或贷记“材料成本差异”等账户。

（二）计划成本计价的核算

发出委托加工的材料物资时，按实际成本，借记“委托加工物资”账户，按计划成本，贷记“原材料”“库存商品”等账户；分摊节约差异时，借记“材料成本差异”账户，分摊超支差异时，贷记“材料成本差异”账户。

支付加工费以及发生相关税金时，按实际成本计价的委托加工物资的情况进行核算。

委托企业对加工完成验收入库的物资及剩余材料物资，应按加工收回物资的计划成本，借记“原材料”“周转材料”“库存商品”等账户，贷记“委托加工物资”账户，同时结转材料成本差异。

任务实施

做中学 3-17 云康公司采用实际成本进行材料日常核算。发出 ABS 塑料 300 千克委托新锐公司进行加工，实际成本为 50 000 元。取得货物运输增值税专用发票，以转账方式支付发出委托加工塑料的运费 1 000 元，增值税税额 90 元。

（1）根据材料耗费分配表编制会计分录如下：

借：委托加工物资——新锐公司　　50 000
　　贷：原材料——ABS 塑料　　50 000

（2）根据增值税专用发票发票联编制会计分录如下：

借：委托加工物资　　1 000
　　应交税费——应交增值税（进项税额）　　90
　　贷：库存现金　　1 090

做中学 3-18 根据 **做中学 3-17** 资料，上述 ABS 塑料已经加工完成，云康公司与新锐公司办理结算，支付加工费 15 000 元，增值税税额 1 950 元。

云康公司为一般纳税人，根据增值税专用发票发票联、银行付款通知编制会计分录如下：

借：委托加工物资——新锐公司　　15 000
　　应交税费——应交增值税（进项税额）　　1 950
　　贷：银行存款　　16 950

若云康公司为小规模纳税人，则根据增值税普通发票、银行付款通知编制会计分录如下：

借：委托加工物资——新锐公司　　16 950
　　贷：银行存款　　16 950

做中学 3-19 根据 **做中学 3-17** 和 **做中学 3-18** 资料，云康公司收回新锐公司加工完成的塑料外壳，已经办理验收入库。

云康公司为一般纳税人，根据收料单编制会计分录如下：

借：原材料——塑料外壳　　66 000
　　贷：委托加工物资——新锐公司　　66 000

做中学 3-20 华山商贸公司（增值税一般纳税人）委托晋南工厂生产某应纳消费税品 A，发出材料的总成本为 70 000 元，加工费为 7 000 元，增值税税额为 910 元，消费税为 23 000 元，加工完毕后收回的应纳消费税品 A 又继续用于加工生产应纳消费税品 B。加工费、增值税以及晋南工厂代收代缴的消费税已通过中国工商银行支付。

（1）发出委托加工材料时，根据材料耗费分配表编制会计分录如下：

借：委托加工物资——晋南工厂　　70 000
　　贷：原材料　　70 000

（2）支付加工费、增值税及消费税，根据增值税专用发票发票联、银行付款通知编制会计分录如下：

借：委托加工物资——晋南工厂　　7 000
　　应交税费——应交增值税（进项税额）　　910
　　应交税费——应交消费税　　23 000
　　贷：银行存款——中国工商银行　　30 910

若华山商贸公司收回应纳消费税品 A 直接对外销售，编制会计分录如下：

借：委托加工物资——晋南工厂　　30 000
　　应交税费——应交增值税（进项税额）　　910
　　贷：银行存款——中国工商银行　　30 910

做中学 3-21 根据 **做中学 3-20** 资料，华山商贸公司收回预继续加工的应纳消费税品 A，已经办理验收入库。

根据收料单编制会计分录如下：

借：原材料——A　　77 000
　　贷：委托加工物资——晋南工厂　　77 000

做中学 3-22 云康公司采用计划成本进行材料日常核算，委托丽锦公司进行 ABS 塑料加工。相关业务如下：

（1）发出 ABS 塑料 100 千克，ABS 塑料的计划成本为 40 000 元，材料成本差异率为 2%。根据材料耗费分配表、材料成本差异计算表编制会计分录如下：

借：委托加工物资——丽锦公司　　40 800
　　贷：原材料——ABS 塑料　　40 000
　　　　材料成本差异——ABS 塑料　　800

（2）云康公司取得货物运输增值税专用发票，运费 600 元，增值税税额 54 元。加工完成，取得增值税专用发票，加工费 10 000 元，增值税税额 1 300 元。加工费和运输费都已用银行存款支付。根据增值税专用发票发票联、银行付款通知编制会计分录如下：

借：委托加工物资——丽锦公司　　10 600
　　应交税费——应交增值税（进项税额）　　1 354
　　贷：银行存款　　11 954

（3）经加工处理后的 ABS 塑料形成塑料外壳收回验收入库，继续用于生产血压计，完成加工处理后的塑料外壳计划成本为 52 000 元。根据收料单编制会计分录如下：

借：原材料——塑料外壳　　52 000
　　贷：委托加工物资——丽锦公司　　51 400
　　　　材料成本差异——塑料外壳　　600

任务四 核算周转材料

知识要点

一、认知周转材料

周转材料是指企业能够多次使用、逐渐转移其价值但仍保持原有形态，不确认为固定资产的材料，包括包装物和低值易耗品，企业（建造承包商）的钢模板、木模板、脚手架和其他周转材料，在建筑工程施工中可多次利用的材料（如钢架杆、扣件、模板、支架等）。

这里以低值易耗品和包装物为例介绍周转材料的核算。

（一）低值易耗品

低值易耗品是指单位价值在规定的限额以下或使用期限在一年以内的不能作为固定资产管理的劳动资料，如工具、管理用具、玻璃器皿，以及在生产经营过程中周转使用的包装容器等。低值易耗品的特征包括：①价值较低且易于损耗，价值较低是指其单位价值低于固定资产的价值确认标准，易于损耗是指其使用年限一般低于 1 年；②在性质上属于劳动资料，在生产经营过程中周转使用而不改变实物形态，但因其价值较低且容易损耗，更新频繁，为了集中力量加强固定资产的管理，简化核算手续，在会计上将低值易耗品归为流动资产，视同存货核算和管理。为了便于使用部门归口管理，低值易耗品可按其用途分为：

（1）一般工具。它是指直接用于产品生产的各种刀具、量具、夹具和各种辅助工具等。

（2）专用工具。它是指专门用于生产某一种产品或在某一道工序中使用的工具，如专用模具等。

（3）替换设备。它是指容易磨损或为生产不同产品需要替换使用的各种设备，如浇铸钢锭用的钢锭模、轧制钢材用的轧辊等。

（4）包装容器。它是指用于储存、保管材料和产品，既不出售也不出借的各种容器，如木柜、瓷缸等。

（5）劳动保护用品。它是指发给工人用于劳动保护的工作服、工作鞋和各种防护用品等。

（6）管理用具。它是指管理部门和管理人员使用的各种家具用品和办公用具等。

（7）其他。它是指不属于以上各类的低值易耗品。

（二）包装物

包装物是指为包装本企业产品或商品而储备的各种包装容器，如箱、桶、瓶、坛、袋等。包装物按照其具体用途分为：

（1）生产过程中用于包装产品、作为产品组成部分的包装物。

（2）随同产品或商品出售、不单独计价的包装物。

（3）随同产品或商品出售、单独计价的包装物。

（4）出租给购货单位使用的包装物。

（5）出借给购货单位使用的包装物。

企业的下列物品不属于包装物范围：①各种包装材料，如纸、绳、铁丝、铁皮等，因其数量零星、单位价值低，应在“原材料”账户中核算；②计划中单独列作企业商品产品的自制包装物，这类包装物是企业的产品，应在“库存商品”账户中核算。

二、设置账户

（一）低值易耗品

设置“周转材料——低值易耗品”账户，用于反映和监督低值易耗品的增减变动及其结存情况。如图 3-7 所示。

借方　　低值易耗品	贷方
低值易耗品的增加	低值易耗品的减少
企业期末结存低值易耗品的成本	

图 3-7　低值易耗品

（二）包装物

设置“周转材料——包装物”账户，用于反映和监督包装物的增减变动、价值变化、结存等情况。如图 3-8 所示。

借方　　包装物	贷方
包装物的增加	包装物的减少
期末结存包装物的成本	

图 3-8　包装物

三、周转材料的主要账务处理

（一）低值易耗品

1. 低值易耗品的取得

低值易耗品取得的核算与原材料取得的核算基本相同，低值易耗品入库时，按照实际成本或计划成本，借记“周转材料——低值易耗品”账户，贷记“银行存款”“应付账款”等账户。采用计划成本计价核算的，还需要结转材料成本差异。

2. 低值易耗品的领用

低值易耗品作为周转材料，其最主要的特征是多次循环使用，在周转使用过程中因磨损而减少的价值采用摊销的形式核算。低值易耗品的摊销可根据情况采用一次摊销法或分次摊销法。

（1）一次摊销法。它是指在第一次领用低值易耗品时，将其全部成本一次计入有关成本费用的方法。这种方法适用于一次领用低值易耗品数量较少、价值不高、使用期限不长的情况。采用一次摊销法核算低值易耗品成本的，第一次领用时，按其具体用途将其全部成本转入有关的成本费用，借记“制造费用”“管理费用”“销售费用”“其他业务成本”等账户，贷记“周转材料”账户。

（2）分次摊销法。它是指在领用低值易耗品时，按照使用次数分次计入成本费用的方法。这种方法适用于一次领用低值易耗品数量较多、价值较大的情况。在采用分次摊销法核算时，应设置“在库”“在用”“摊销”三个明细账户。

（二）包装物

1. 包装物的取得

包装物取得的核算与原材料取得的核算相似，可以按原材料取得的核算方法进行核算。

外购包装物分单独购进和随货购进两种。其中，随货购进又分单独计价和不单独计价两种情况。单独购进和随货购进单独计价的包装物，其账务处理方法与原材料购进相同，区别是在购进包装物时记入“周转材料——包装物”账户。随货购进不单独计价的包装物，因其价款包括在所购包装物的成本中而无法分离出来，因此不涉及包装物的账务处理。

2. 包装物的发出

（1）生产领用包装物。生产领用的包装物若属于产品内包装，则包装物是产品不可分割的组成部分，这种包装物一般不单独计价，随同产品销售后也不回收。因此，生产领用的包装物构成产品成本的组成部分，应计入产品的生产成本，借记“生产成本”账户，贷记“周转材料——包装物”账户。

（2）随同产品出售不单独计价的包装物。随同产品出售不单独计价的包装物因无独立的收入与包装物成本相配比，所以一般作为包装费用计入销售费用。在包装物发出时，借记“销售费用”账户，贷记“周转材料——包装物”账户。

（3）随同产品出售单独计价的包装物。随同产品出售单独计价的包装物属于企业包装物销售业务，即其他销售业务，其取得的收入应作为其他业务收入，其成本应相应地作为其他业务成本。

（4）出租、出借包装物。企业之间因业务需要，有时要发生相互租用、借用包装物的业务。出租、出借的包装物在周转使用过程中因磨损而减少的价值一般采用一次摊销法，也可以根据具体情况采用分次摊销法进行摊销。对于收回已使用过的出租、出借包装物，应加强实物管理，并在备查账簿中进行登记。

出租包装物时，企业应向使用单位收取一定数额的租金，租金确认为企业的其他业务收入，相应包装物的成本记入“其他业务成本”账户；出借包装物时，由于不收取租金，因而相应包装物的成本记入“销售费用”账户。

知识拓展

根据《小企业会计准则》的规定，小企业出租或出借周转材料不需要结转其成本，但应当进行备查登记。收到租金时计入营业外收入。

任务实施

做中学 3-23 云康公司低值易耗品按实际成本计价核算。7 月 8 日生产车间领用生产血糖仪的小型磨具一批，采用一次摊销法，总计 5 000 元。

根据出库单编制会计分录如下：

借：制造费用　　5 000

　　贷：周转材料——低值易耗品（磨具）　　5 000

做中学 3-24 云康公司基本生产车间领用修理工具一批，实际成本 10 000 元，预计使用 10 次后报废，采用分次摊销法核算。

（1）每次领用时，根据出库单编制会计分录如下：

借：周转材料——低值易耗品——在用　　10 000

　　贷：周转材料——低值易耗品——在库　　10 000

（2）当月月末摊销修理工具成本 1 000 元（10 000 ÷ 10），根据低值易耗品摊销表编制会计分录如下：

借：制造费用　　1 000

　　贷：周转材料——低值易耗品——摊销（修理工具）　　1 000

（3）若上述修理工具第 10 次领用后报废，残值收入 50 元，将剩余 950（1 000－50）元成本摊销，根据存货报废单编制会计分录如下：

借：制造费用　　950

　　库存现金　　50

　　贷：周转材料——低值易耗品——摊销（修理工具）　　1 000

同时：

借：周转材料——低值易耗品——摊销（修理工具）　　1 000

　　贷：周转材料——低值易耗品——在用（修理工具）　　1 000

做中学 3-25 云康公司的周转材料按实际成本计价核算。本月购进包装物一批，增值税专用发票已认证，价款为 10 000 元，增值税税额为 1 300 元。包装物已验收入库，货款以存款支付。

根据收料单、增值税专用发票发票联、银行付款通知编制会计分录如下：

借：周转材料——包装物　　10 000

　　应交税费——应交增值税（进项税额）　　1 300

　　贷：银行存款　　11 300

做中学 3-26 2024 年 7 月 11 日，云康公司为生产血糖仪领用包装物一批，计划成本为 5 000 元，包装物成本差异率为 1%。

（1）领用包装物时，根据出库单编制会计分录如下：

借：生产成本——基本生产成本　　5 000
　贷：周转材料——包装物　　5 000

（2）结转领用包装物成本差异时，根据材料成本差异计算表编制会计分录如下：

借：生产成本——基本生产成本　　50
　贷：材料成本差异——包装物　　50

做中学 3-27 2024 年 7 月 14 日，云康公司销售产品时，领用不单独计价的包装物一批，计划成本为 3 000 元，包装物成本差异率为 1%。

（1）发出包装物时，根据出库单编制会计分录如下：

借：销售费用——包装费　　3 000
　贷：周转材料——包装物　　3 000

（2）结转领用包装物成本差异时，根据材料成本差异计算表编制会计分录如下：

借：销售费用——包装费　　30
　贷：材料成本差异——包装物　　30

做中学 3-28 2024 年 7 月 20 日，云康公司销售产品时，随同产品出售单独计价的包装物一批，售价为 5 000 元，增值税税额为 650 元，已通过银行存款收讫。该批包装物计划成本为 4 000 元，成本差异率为 1%。

（1）出售包装物收到价款时，根据增值税专用发票记账联、银行收款通知编制会计分录如下：

借：银行存款　　5 650
　贷：其他业务收入——周转材料（包装物）　　5 000
　　　应交税费——应交增值税（销项税额）　　650

（2）发出包装物时，根据出库单编制会计分录如下：

借：其他业务成本——周转材料（包装物）　　4 000
　贷：周转材料——包装物　　4 000

（3）月末结转包装物成本差异时，根据材料成本差异计算表编制会计分录如下：

借：其他业务成本——周转材料（包装物）　　40
　贷：材料成本差异——包装物　　40

做中学 3-29 云康公司销售产品给天成公司时，随货出租新包装物一批，租金为 2 000 元（含税），该包装物实际成本为 2 000 元。当即收到现金押金 4 000 元，使用期满后，租入方退还包装物，租金从押金中扣除。该包装物采用一次摊销法进行摊销。

（1）出租包装物收到押金，根据收款收据（收款方凭证）编制会计分录如下：

借：库存现金　　4 000
　贷：其他应付款——天成公司　　4 000

（2）出租的新包装物出库时，根据出库单编制会计分录如下：

借：其他业务成本　　　　　　　　　　　　　　2 000

　　贷：周转材料——包装物　　　　　　　　　　　2 000

（3）收回包装物，扣除租金后退还押金，根据增值税专用发票记账联、收据（付款方凭证）编制会计分录如下：

借：其他应付款——天成公司　　　　　　　　　4 000

　　贷：其他业务收入　　　　　　　　　　　　　1 769.9

　　　　应交税费——应交增值税（销项税额）　　　230.1

　　　　库存现金　　　　　　　　　　　　　　　2 000

任务五 核算库存商品

知识要点

一、认知库存商品

库存商品是指企业已完成全部生产过程并已验收入库，合乎标准规格和技术条件，可以按照合同规定的条件送交订货单位，或可以作为商品对外销售的产品，以及外购或委托加工完成验收入库用于销售的各种商品。

库存商品具体包括库存产成品、外购商品、存放在门市部准备出售的商品、发出展览的商品、寄存在外的商品、接受来料加工制造的代制品和为外单位加工修理的代修品等。制造行业的库存商品主要是指产成品。

已完成销售手续但购买单位在月末未提取的产品，不应作为企业的库存商品，而应作为代管商品处理，单独设置代管商品备查簿进行登记。

二、设置账户

设置“库存商品”账户，反映和监督库存商品的增减变化及其结存情况。该账户可以按照商品种类和品名设置明细账户进行明细核算。如图 3-9 所示。

借方　　库存商品	贷方
验收入库的库存商品成本	发出的库存商品成本
期初库存商品的实际成本或计划成本	

图 3-9　库存商品

三、库存商品的主要账务处理

（一）商品入库

商品流通企业的库存商品有按进价核算和按售价核算两种方法。在按售价核算方法下，除了设置“库存商品”账户核算库存商品的售价外，还需设置“商品进销差价”账户核算库存商品售价和进价间的差额。

企业生产的产成品一般应按实际成本核算，产成品的入库和出库平时只记数量不记金额，期（月）末计算入库产成品的实际成本。生产完成验收入库的产成品，按其实际成本，借记“库存商品”等账户，贷记“生产成本”等账户。

产成品种类较多的，也可按计划成本进行日常核算，其实际成本与计划成本的差异，可以单独设置“产品成本差异”账户，比照“材料成本差异”账户核算。

（二）商品发出

采用实际成本进行产成品日常核算的，发出产成品的实际成本，可以采用先进先出法、加权平均法或个别计价法计算确定。

制造企业销售商品、确认收入时，应结转其销售成本，借记“主营业务成本”等账户，贷记“库存商品”账户。发出产成品还应结转产品成本差异，将发出产成品的计划成本调整为实际成本。

商品流通企业，尤其是商业批发企业一般采用毛利率法来计算本期商品销售成本和期末库存商品成本。

毛利率法是指根据本期销售净额乘以上期实际（或本期计划）毛利率，计算本期销售毛利，并据以计算发出存货和期末存货成本的一种方法。其计算公式为：

$$\text{毛利率} = \text{销售毛利} \div \text{销售净额} \times 100\%$$
$$\text{销售净额} = \text{商品销售收入} - \text{销售退回和折让}$$
$$\text{销售毛利} = \text{销售净额} \times \text{毛利率}$$
$$\text{销售成本} = \text{销售净额} - \text{销售毛利}$$
$$\text{期末存货成本} = \text{期初存货成本} + \text{本期购货成本} - \text{本期销售成本}$$

商品流通企业由于经营商品的品种繁多，如果分品种计算商品成本，工作量将大大增加，而且一般来讲，商品流通企业同类商品的毛利率大致相同，采用这种存货计价方法既能减少工作量，也能满足存货管理的需要。

任务实施

做中学 3-30　2024 年 7 月 15 日，云康公司完工验收入库额温枪 1 000 个，实际成本为 300 000 元。

（1）实际成本法下，根据产成品入库单和产品成本计算单编制会计分录如下：

借：库存商品——额温枪　　300 000

　　贷：生产成本——基本生产成本——额温枪　　300 000

（2）如果云康公司采用计划成本核算产成品，计划成本为 305 000 元，根据产成品入库单和产品成本计算单编制会计分录如下：

借：库存商品——额温枪　　305 000

　　贷：生产成本——基本生产成本——额温枪　　300 000

　　　　产品成本差异　　5 000

做中学 3-31 2024 年 7 月 19 日，云康公司销售额温枪 500 个，实际销售成本为 100 000 元。

（1）实际成本法下，在结转销售成本时，根据销售成本计算表编制会计分录如下：

借：主营业务成本　　100 000

　　贷：库存商品——额温枪　　100 000

（2）如果该公司采用计划成本计价核算，计划成本为 101 000 元，发出的产成品还应结转产品成本差异，将发出产成品的计划成本调整为实际成本，根据销售成本计算表编制会计分录如下：

借：主营业务成本　　100 000

　　产品成本差异　　1 000

　　贷：库存商品——额温枪　　101 000

做中学 3-32 2024 年 8 月 1 日，某商品流通企业血压计商品库存 240 000 元，本月购进 860 000 元，本月销售收入 1 250 000 元，发生的销售折让为 62 500 元。上月该类商品的毛利率为 20%。

本月销售净额 = 1 250 000 − 62 500 = 1 187 500（元）

本月销售毛利 = 1 187 500 × 20% = 237 500（元）

本月销售成本 = 1 187 500 − 237 500 = 950 000（元）

任务六
核算存货的清查

知识要点

一、认知存货清查

存货的清查是指根据账簿记录，对各种存货进行实地盘点和核对。企业的存货种类多，收发频繁，在存货的日常收、发、存过程中，由于计量错误、保管不善、自然损耗及丢失、毁损等原因，往往会发生账实不符。因此，企业应定期或不定期清查盘点存货，以确定企业存货实际库存量，并与账面相核对。

对于存货，应从数量和质量两方面进行清查。存货清查盘点，首先将各项存货明细账登记齐全，核对清楚，做到账簿记录完整、计算正确，账证、账账相符，以便据以同实物相核对。在清查过程中，由于各种存货的实物形态、体积、重量、堆放方式等不尽相同，因而所采用的清查方法也不尽相同。对存货实物数量的清查可以采用实地盘点法，即在存货存放现场逐一清点数量或用计量仪器确定其实存数；也可以采用技术推算盘点法，即通过量方、计尺等技术来推算存货的结存数量。清查结束，应编制存货盘点报告单，如实反映各种存货的账存数和实存数，以及盘盈和盘亏、毁损的数量和金额。对于清查中发现的盘盈、盘亏或毁损的存货，应及时查明原因，分情况及时处理。

二、设置账户

设置"待处理财产损溢"账户，核算存货清查结果。企业的待处理财产损溢应于期末结账前查明原因，并根据企业的管理权限，经股东大会或董事会，或经理（厂长）会议或类似机构批准后，在期末结账前处理完毕。如图 3-10 所示。

借方　　　　待处理财产损溢	贷方
存货盘亏、毁损的金额和盘盈的转销金额	存货盘盈的金额和已经盘亏、毁损的转销金额

图 3-10　待处理财产损溢

三、存货清查的主要账务处理

（一）存货盘盈

存货盘盈是指存货的实存数大于账存数。存货盘盈的原因很多，如收发计量或核算上的错误。在没有查明原因时，应及时办理存货入账手续，调整账面记录，借记有关存货账户，贷记“待处理财产损溢——待处理流动资产损溢”账户。经有关部门批准后，再冲减管理费用，借记“待处理财产损溢——待处理流动资产损溢”账户，贷记“管理费用”账户。

（二）存货盘亏和毁损

存货盘亏是指存货的实存数小于账存数。存货毁损是指由于自然灾害或人为过失所造成的毁损。存货盘亏和毁损的原因很多，如自然损耗、保管人的过失、意外灾害等。企业发生存货盘亏和毁损，通过“待处理财产损溢——待处理流动资产损溢”账户核算。报经批准后，再根据其原因，分以下情况作出账务处理：

（1）属于定额内损耗的，经批准可转入管理费用，借记“管理费用”账户，贷记“待处理财产损溢——待处理流动资产损溢”账户。

（2）属于管理不善造成的存货短缺、毁损，能确定过失人责任的，应由过失人赔偿，属于保险责任范围的，应向保险公司索赔，扣除过失人或保险公司赔款和残料价值后，加上不允许抵扣的增值税进项税额，计入管理费用，借记“管理费用”账户，贷记“待处理财产损溢——待处理流动资产损溢”“应交税费——应交增值税（进项税额转出）”账户。

（3）属于非正常损失的存货毁损，扣除保险公司赔款和残料价值后，加上不允许抵扣的增值税进项税额，计入营业外支出，借记“营业外支出”账户，贷记“待处理财产损溢——待处理流动资产损溢”账户。

提示

如果盘盈或盘亏的存货在期末结账前尚未经批准，在对外提供财务会计报告时先按上述办法进行处理，并在会计报表附注中予以说明；如果其后批准处理的金额与已处理的金额不一致，应调整当期会计报表相关项目的年初数。

任务实施

做中学 3-33 2024 年 7 月 31 日，云康公司在清查存货时，盘盈 ABS 塑料 2 千克，经查明是收发计量上的误差所造成的，按最后一次采购的实际成本（200 元 / 千克）入账。

（1）经批准前，根据存货盘点报告单编制会计分录如下：

借：原材料——ABS 塑料　　400
　　贷：待处理财产损溢——待处理流动资产损溢　　400

（2）经批准后冲减管理费用，根据存货盘盈、盘亏审批单编制会计分录如下：

借：待处理财产损溢——待处理流动资产损溢　　400
　　贷：管理费用　　400

做中学 3-34　2024 年 7 月 31 日，云康公司盘亏线材 100 米，实际成本为 750 元，增值税税额为 97.5 元，经查明属于定额内合理损耗。

（1）存货盘亏时，调整存货账面记录，根据存货盘点报告单编制会计分录如下：

借：待处理财产损溢——待处理流动资产损溢　　750
　　贷：原材料——线材　　750

（2）经批准后计入管理费用，根据存货盘盈、盘亏审批单编制会计分录如下：

借：管理费用　　750
　　贷：待处理财产损溢——待处理流动资产损溢　　750

做中学 3-35　2024 年 7 月 31 日，云康公司毁损塑料外壳 20 个，实际成本为 1 000 元，增值税税额为 130 元，经查明是保管员管理不善所致。经批准决定，保管员赔偿 500 元，收回残料价值 200 元。

（1）经批准前，根据存货盘点报告单编制会计分录如下：

借：待处理财产损溢——待处理流动资产损溢　　1 130
　　贷：原材料——塑料外壳　　1 000
　　　　应交税费——应交增值税（进项税额转出）　　130

（2）经批准后分不同情况入账时，根据存货盘盈、盘亏审批单编制会计分录如下：

借：其他应收款——保管员　　500
　　原材料——塑料外壳　　200
　　管理费用　　430
　　贷：待处理财产损溢——待处理流动资产损溢　　1 130

任务七
核算存货的减值

知识要点

一、设置账户

设置“存货跌价准备”账户，核算期末存货的可变现净值低于成本的金额。如图 3-11 所示。

存货跌价准备

借方	贷方
转回或结转的存货跌价准备	计提或不提的存货跌价准备
	期末结存存货可变现净值低于其成本的金额

图 3-11 存货跌价准备

二、存货减值的主要账务处理

资产负债表日，存货的可变现净值低于成本，企业应当确认资产减值损失，计提存货跌价准备。期末计提或补提存货跌价准备时，借记“资产减值损失”账户，贷记“存货跌价准备”账户。

当以前减记存货价值的因素已经消失，减记的金额应当予以恢复，并在原已计提的存货跌价准备金额内转回，即冲减的跌价准备金额，应以“存货跌价准备”账户的余额为限冲减至零。期末按照应冲减金额，借记“存货跌价准备”账户，贷记“资产减值损失”账户。

企业应在每一会计期末比较成本与可变现净值，并计算出应计提可变现的存货跌价准备，再与已提数进行比较。若应提数大于已提数，应予补提；反之，应将已提数与应提数之间的差额冲销已提数。

任务实施

做中学 3-36 云康公司从 2021 年开始采用成本与可变现净值孰低法对存货进行期末

计价。有关额温枪商品的各年资料见表 3-3。

表 3-3 存货（额温枪）跌价准备计算表

单位：元

项目	2021 年年末	2022 年年末	2023 年年末	2024 年年末
账面实际成本	31 000	37 000	23 000	35 000
可变现净值	26 000	29 000	21 000	37 000
存货跌价准备	5 000	8 000	2 000	0

审核：××× 制单：×××

云康公司每年年末根据存货（额温枪）跌价准备计算表编制会计分录如下：

（1）2021 年年末计提额温枪商品的存货跌价准备 = 31 000 − 26 000 = 5 000（元）

借：资产减值损失——存货 5 000

贷：存货跌价准备——额温枪 5 000

（2）2022 年年末补提额温枪商品的存货跌价准备 = 37 000 − 29 000 − 5 000 = 3 000（元）

借：资产减值损失——存货 3 000

贷：存货跌价准备——额温枪 3 000

（3）2023 年年末转回已计提的额温枪商品的存货跌价准备 =（5 000 + 3 000）−（23 000 − 21 000）= 6 000（元）

借：存货跌价准备——额温枪 6 000

贷：资产减值损失——存货 6 000

（4）2024 年年末转回已不存在跌价的额温枪商品的存货跌价准备 =（5 000 + 3 000）− 6 000 = 2 000（元）

借：存货跌价准备——额温枪 2 000

贷：资产减值损失——存货 2 000

思维导图

- 项目三 存货业务
  - 任务一 认知存货
    - 存货的概念
    - 存货的确认条件
    - 存货的种类
    - 存货的计价
  - 任务二 核算原材料
    - 按实际成本计价核算原材料
    - 按计划成本计价核算原材料
  - 任务三 核算委托加工物资
    - 认知委托加工物资
    - 设置账户
    - 委托加工物资的主要账务处理
  - 任务四 核算周转材料
    - 认知周转材料
    - 设置账户
    - 周转材料的主要账务处理
  - 任务五 核算库存商品
    - 认知库存商品
    - 设置账户
    - 库存商品的主要账务处理
  - 任务六 核算存货的清查
    - 认知存货清查
    - 设置账户
    - 存货清查的主要账务处理
  - 任务七 核算存货的减值
    - 设置账户
    - 存货减值的主要账务处理

赛证融通测试题

不定项选择题

1. 公司购进材料一批，已验收入库，但到月末时结算凭证仍未到，货款尚未支付。对该项业务，公司应作的处理是（　　）。

A. 材料验收入库时只登记原材料明细账

B. 月末按照暂估价入账

C. 下月初冲回上月末作的会计分录

D. 待下月收到结算凭证并支付货款时入账

2. “材料成本差异”账户的贷方登记的是（　　）。

A. 收入材料转入的节约差异　　B. 收入材料转入的超支差异

C. 发出材料负担的节约差异　　D. 发出材料负担的超支差异

3. 某企业月初“原材料”账户借方余额24万元，“材料成本差异”账户贷方余额0.3万元；本月入库原材料的计划成本为176万元，入库材料为超支差异4.3万元；发出材料的计划成本为150万元。则本月发出材料应负担的材料成本差异为（　　）万元。

A. 3　　B. 3.45　　C. −3　　D. −3.45

4. 对于报废出租包装物的残料价值，应借记“原材料”账户，贷记（　　）账户。

A.“主营业务收入” B.“其他业务收入”
C.“其他业务成本” D.“销售费用”

5. 随同商品出售、单独计价的包装物发出时应当记入的账户是（ ）。
A.“主营业务收入” B.“其他业务成本”
C.“营业外收入” D.“销售费用”

6. 应交消费税的委托加工物资收回后用于连续生产应税消费品的，按规定准予抵扣的由受托方代收代缴的消费税，应当记入的账户是（ ）。
A.“生产成本” B.“应交税费——应交消费税”
C.“主营业务成本” D.“委托加工物资”

7. 某一般纳税人企业委托外单位加工一批应税消费品，材料成本为 150 万元，加工费为 15 万元（不含税），受托方的增值税税率为 13%，受托方代收代缴的消费税为 18 万元。该批材料加工后委托方直接出售。则该批材料加工完毕入库时的成本为（ ）万元。
A. 167. 4 B. 183 C. 185. 4 D. 165

8. 某商业批发企业采用毛利率法对发出存货计价，第一季度某商品实际毛利率为 30%，5 月 1 日存货成本为 1 800 万元，5 月份购入存货成本为 4 200 万元，销售商品收入为 4 500 万元，发生销售退回 450 万元。则该企业 5 月末存货结存成本为（ ）万元。
A. 3 165 B. 2 850 C. 1 950 D. 3 300

9. 存货盘盈需要进行的处理是（ ）。
A. 直接调整账面价值，做到账实相符
B. 在没有查明原因时，应及时办理存货入账手续，调整账面记录，借记有关存货账户，贷记“待处理财产损溢——待处理流动资产损溢”账户
C. 经有关部门批准后，再冲减管理费用，借记“待处理财产损溢——待处理流动资产损溢”账户，贷记“管理费用”账户
D. 经有关部门批准后，根据不同的原因，借记“待处理财产损溢——待处理流动资产损溢”账户，贷记“管理费用”或“营业外收入”等账户

10. 2024 年 12 月 31 日，某企业库存商品的账面成本为 800 万元，估计售价 750 万元，估计的销售费用及相关税费为 15 万元。年末计提存货跌价准备前，库存商品的跌价准备余额为 10 万元。则年末该库存商品计提的存货跌价准备为（ ）万元。
A. −55 B. 55 C. 75 D. −75

项目四
固定资产业务

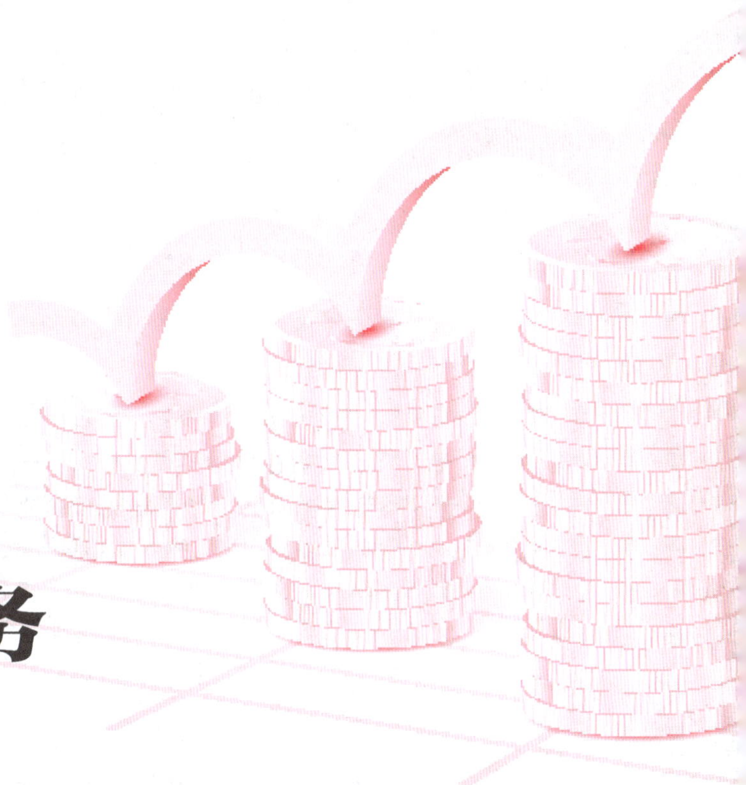

项目导读

通常，企业的固定资产在企业资产总额中占据着很大的比例，因此，确保企业资产的安全完整，意义重大。国家对固定资产的管理十分重视，企业在发展过程中也应该重视对固定资产的管理，保证企业资产总额的数量。企业只有做好固定资产的管理工作，才能在生产经营过程中有足够的资金支持，才能够提高自己的竞争力。

企业取得固定资产的方式有多种，外购、自己生产制造、投资者投资转入等，你知道以不同方式取得的固定资产如何确定初始成本吗？企业取得的固定资产有的直接投入使用，而有的需要安装调试，你知道这两种情况下的会计处理有什么不同吗？

随着时间的推移，固定资产会发生损耗，你知道如何确定损耗的价值吗？这些损耗的价值应该通过什么账户核算？

企业取得固定资产后，为了维持其效用，需要定期或不定期对固定资产进行维护、修理，为了提高其使用性能或延长其使用寿命，需要对固定资产进行更新改造，你知道企业发生这些业务时如何进行账务处理吗？

当固定资产使用期满报废或由于其他原因造成报废或毁损时，你知道设置什么账户进行核算吗？如何进行账务处理？

当企业由于转产、对外投资等原因处置固定资产时，你知道如何进行账务处理吗？

企业应当定期对固定资产进行清查，当发生固定资产盘盈、盘亏时，你知道设置什么账户进行核算吗？如何进行账务处理？

企业的固定资产随着长期的使用，其账面价值可能和市场价值不符，当出现这种情况时，你知道应该如何核算吗？

思政课堂

资料内容

固定资产投资增速加快　投资结构继续改善

2022 年，各地区各部门认真贯彻落实党中央、国务院决策部署，积极发挥推进有效投资重要项目协调机制作用，认真用好政策性开发性金融工具和地方专项债，有力推进项目尽快落地实施，加快形成实物工作量，发挥投资关键作用。前三季度，全国固定资产投资（不含农户）同比增长 5.9%，增速比 1—8 月份加快 0.1 个百分点，连续两个月小幅回升。三季度固定资产投资（不含农户）增长 5.7%，增速比二季度加快 1.5 个百分点。从环比看，9 月份固定资产投资（不含农户）增长 0.53%。

一、制造业投资稳中有升，基础设施投资持续发力

前三季度，制造业投资同比增长 10.1%，增速比 1—8 月份加快 0.1 个百分点。其中，电气机械和器材制造业投资增长 39.5%，酒、饮料和精制茶制造业投资增长 34.5%，化学纤维制造业投资增长 32.0%，纺织服装、服饰业投资增长 30.8%。

前三季度，基础设施投资同比增长 8.6%，增速比 1—8 月份加快 0.3 个百分点，连续五个月回升。其中，水利管理业投资增长 15.5%，公共设施管理业投资增长 12.8%，信息传输业投资增长 12.2%。

二、高技术制造业投资快速增长，高技术服务业投资增势良好

前三季度，高技术产业投资同比增长 20.2%，增速与 1—8 月份持平。高技术制造业投资同比增长 23.4%，增速比 1—8 月份加快 0.4 个百分点，比全部制造业投资增速高 13.3 个百分点。其中，电子及通信设备制造业投资增长 28.8%，医疗仪器设备及仪器仪表制造业投资增长 26.5%，计算机及办公设备制造业投资增长 12.6%。高技术服务业投资同比增长 13.4%，增速比全部服务业投资高 9.5 个百分点。其中，电子商务服务业投资增长 45.1%，科技成果转化服务业投资增长 22.1%，研发设计服务业投资增长 18.7%。

资料分析

从投资先行指标看，前三季度，新开工项目计划总投资同比增长 20.8%，投资项目（不含房地产开发投资）到位资金增长 21.3%，有利于投资持续稳定增长。下阶段，要扎实落实盘活地方专项债结存限额、专项再贷款与财政贴息配套支持部分领域设备更新改造、加快农业农村基础设施建设等系列举措，推动扩大有效投资；优化民间投资环境，充分发挥政府投资引导撬动作用，有效调动民间投资积极性，促进投资持续向好。

（资料来源：翟善清，国家统计局，2022 年 10 月 24 日）

学习目标

知识目标

1. 熟悉固定资产的特征和分类；
2. 掌握固定资产初始入账价值的确定方法；
3. 掌握固定资产折旧的计提范围和方法；
4. 掌握固定资产取得、计提折旧、后续支出、清理及清查的核算方法；
5. 了解固定资产减值的核算方法。

技能目标

1. 能准确判断固定资产，并正确确定固定资产初始成本；
2. 能结合企业实际选择折旧方法，正确计算折旧并进行会计处理；
3. 能根据后续支出的业务性质判断会计处理方法，正确进行会计处理；
4. 能协调相关部门及时开展固定资产清查，对清查结果正确进行会计处理；
5. 能合理确定固定资产减值损失，正确进行会计处理，防范固定资产投资风险；
6. 能结合财经法规和企业要求，自主解决固定资产业务会计处理中出现的常见问题。

素质目标

1. 以诚信之本，做诚信之人。诚信是中华民族的传统美德，诚实守信是为人之本，只有诚信的人才能获得别人的信任和尊重，才能有所作为。培养学生求真务实、坚持准则、不做假账的会计职业素养。
2. 精益求精，一丝不苟。作为未来的财务工作者，要秉承工匠精神，执着专注、精益求精、一丝不苟、尽职尽责，正确核算、严格管理企业固定资产，保障企业资产安全完整。

任务一 认知固定资产

知识要点

一、固定资产的概念及特征

固定资产是指企业为生产产品、提供劳务、出租或经营管理而持有，并且使用寿命超过一个会计年度的有形资产。固定资产具有以下三个特征。

（一）固定资产是为生产商品、提供劳务、出租或经营管理而持有的资产

企业持有固定资产的目的是生产商品、提供劳务、出租或经营管理，这意味着企业持有的固定资产是企业的劳动工具或手段，而不是直接用于出售的产品。这个特征是固定资产区别于流动资产的重要标志。其中“出租”的固定资产是指出租的机器设备类固定资产，不包括以经营租赁方式出租的建筑物，后者属于企业的投资性房地产，不属于固定资产。

（二）固定资产使用寿命超过一个会计年度

固定资产的使用寿命是指企业使用固定资产的预计期间，或者该固定资产所能生产产品或提供劳务的数量。通常情况下，固定资产的使用寿命是指使用固定资产的预计期间，如自用房屋建筑物的使用寿命或使用年限。对于某些机器设备或运输设备等固定资产，其使用寿命往往以该固定资产所能生产产品或提供劳务的数量来表示，例如，发电设备按其预计发电量估计使用寿命，汽车或飞机等按其预计行驶里程估计使用寿命。固定资产使用寿命超过一个会计年度，意味着固定资产属于非流动资产，企业为了获得该项资产并把它投入生产经营而发生的支出，在该项资产的使用寿命内分期摊销。

（三）固定资产为有形资产

固定资产具有实物形态，这个特征是固定资产区别于无形资产的主要标志。有些无形资产可能同时符合固定资产的其他特征，如为生产商品而持有的专利权、非专利技术，其使用寿命超过一个会计年度，但是，由于其没有实物形态，所以不属于固定资产。对于工业企业所持有的工具、用具、备品备件、维修设备等资产，施工企业所持有的模板等周转材料，以及地质勘探企业所持有的管材等资产，尽管该类资产具有固定资产的某些特征，如使用期限超过一年，也能够带来经济利益，但由于数量多、单价低，考虑到成本效益原则，在实务中，通常确认为存货。

二、固定资产的确认

符合固定资产定义的资产项目，还需要符合以下两个条件才能作为企业的固定资产来核算。

（一）该固定资产包含的经济利益很可能流入企业

资产最为重要的特征是预期会给企业带来经济利益，如果某一项目预期不能给企业带来经济利益，就不能确认为企业的资产。固定资产是企业一项重要的资产，因此，对固定资产的确认，关键是需要判断其所包含的经济利益是否很可能流入企业。如果某一项固定资产包含的经济利益不是很可能流入企业，那么，即使其满足固定资产确认的其他条件，企业也不应将其确认为固定资产；如果某一项固定资产包含的经济利益很可能流入企业，并同时满足固定资产确认的其他条件，那么，企业应将其确认为固定资产。

在实务中，判断固定资产包含的经济利益是否很可能流入企业，主要是依据与该固定资产所有权相关的风险和报酬是否转移到了企业。其中，与固定资产所有权相关的风险是指由于经营情况变化造成的相关收益的变化，以及由于资产闲置、技术陈旧等原因造成的损失。与固定资产所有权相关的报酬是指在固定资产使用寿命内直接使用该资产获得的经济利益，以及处置该资产所实现的收益等。通常情况下，取得固定资产的所有权是判断与固定资产所有权相关的风险和报酬转移到企业的一个重要标志。凡是所有权已属于企业的固定资产，无论企业是否收到或持有该固定资产，均应作为企业的固定资产；反之，如果没有取得所有权，即使存放在企业，也不能作为企业的固定资产。有时，企业虽然不能取得固定资产的所有权，但是与固定资产所有权相关的风险和报酬实质上已转移给企业，此时，企业能够使该固定资产所包含的经济利益流入企业。

（二）该固定资产的成本能够可靠地计量

成本能够可靠地计量是资产确定的一项基本条件。固定资产作为企业资产的重要组成部分，要予以确认，其为取得该固定资产而发生的支出也必须能够确切地计量或合理地估计。如果固定资产的成本能够可靠地计量，并同时满足其他确定条件，就可以在财务报表中加以确认；否则，企业不应加以确认。

三、固定资产的分类

企业的固定资产种类繁多、规格不一，为了组织好固定资产的核算，管好、用好固定资产，有必要对企业的固定资产进行科学、合理的分类。

（一）按经济用途分类

固定资产按经济用途分类，可分为生产经营用固定资产和非生产经营用固定资产。这种分类可以反映和监督企业生产经营用固定资产和非生产经营用固定资产之间以及生产经营用各类固定资产之间的组成和变化情况，借以考核和分析企业固定资产的利用情况，促使企业合理地配备固定资产，充分发挥其效用。

（二）按使用情况分类

固定资产按使用情况分类，可分为使用中固定资产、未使用固定资产和不需用固定资产。这种分类有利于反映固定资产的使用情况，便于分析固定资产的利用效率，挖掘固定资产的使用潜力，促使企业合理地使用固定资产，也便于计提固定资产的折旧。

（三）按经济用途和使用情况等综合分类

固定资产按经济用途和使用情况等综合分类，可分为经营用固定资产、非经营用固定资产、租出固定资产（指以经营租赁方式出租给外单位使用的固定资产）、未使用固定资产、不需用固定资产、租入固定资产和土地七类。这种分类既可以反映固定资产的组成情况，又可以反映固定资产的利用情况。

任务二 核算固定资产的取得

知识要点

一、固定资产初始成本的确定

固定资产取得时应当按照成本进行初始计量。固定资产的成本是指企业为购置、建造某项固定资产达到预定可使用状态前发生的一切合理、必要的支出。由于固定资产的来源渠道不同，其成本构成的具体内容也有所差异。

（一）外购的固定资产

外购的固定资产的成本包括买价、进口关税等相关税费，以及使固定资产达到预定可使用状态前所发生的可归属于该资产的其他支出（如运输费、装卸费、安装费和专业人员服务费等）。增值税一般纳税人购进（包括接受捐赠、实物投资）或者自制（包括改扩建、安装）固定资产发生的进项税额，以及支付运输费发生的进项税额，可根据《中华人民共和国增值税暂行条例》、《中华人民共和国增值税暂行条例实施细则》、《财政部 国家税务总局关于全面推开营业税改征增值税试点的通知》（财税〔2016〕36 号）的有关规定，凭增值税专用发票、海关进口增值税专用缴款书等单据从销项税额中抵扣。

外购的固定资产是否达到预定可使用状态，需要根据具体情况进行分析判断。如果购入不需要安装的固定资产，购入后即可发挥作用，因此，购入后即可达到预定可使用状态。如果购入需安装的固定资产，只有安装调试后达到设计要求或合同规定的标准，该项固定资产才可发挥作用，才意味着达到预定可使用状态。

如果以一笔款项购入多项没有单独标价的固定资产，按各项固定资产公允价值的比例对总成本进行分配，分别确定各项固定资产的入账价值。

企业购买资产有可能延期支付有关价款。如果延期支付的购买价款超过正常信用的条件（通常为 3 年以上），实质上具有融资性质，所购资产的成本应当以购买价款的现值为基础确定，实际支付的价款与购买价款的现值之间的差额，除按照《企业会计准则第 17 号——借款费用》应予资本化的以外，应当在信用期间内计入当期损益。

（二）自行建造的固定资产

自行建造的固定资产，按建造该项资产达到预定可使用状态前所发生的必要支出，作为固定资产的成本。自行建造的固定资产，按其建造实施方式的不同，可分为自营工程和出包工程。

自营工程是指企业自行组织工程物资采购，自行组织施工人员从事工程施工完成固定资产建造。以自营方式建造固定资产，其成本应当按照直接材料、直接人工、直接机械施工费等计量。

出包工程是指企业通过招标方式将工程项目发包给建造承包商，由建造承包商组织施工的建筑工程和安装工程。企业以出包方式建造固定资产，其成本包括发生的建筑工程支出、安装工程支出，以及需分摊计入各项固定资产价值的间接支出。

（三）以其他方式取得的固定资产

以其他方式取得的固定资产，分别按照下列方法确定固定资产的初始入账价值：

1. 投资者投入的固定资产

其初始入账价值应当按照投资合同或协议约定的价值确定，但合同或协议约定的价值不公允的除外。

2. 企业接受其他单位捐赠的固定资产

其初始入账价值应根据捐赠方提供的有关凭据金额或该项资产的公允价值确定。

3. 租入的固定资产

其初始入账价值按《企业会计准则第 21 号——租赁》的规定确定。

4. 非货币性资产交换取得的固定资产

其初始入账价值按《企业会计准则第 7 号——非货币性资产交换》的规定确定。

5. 债务重组取得的固定资产

其初始入账价值按《企业会计准则第 12 号——债务重组》的规定确定。

二、设置账户

（一）外购的固定资产

设置“固定资产”账户，核算企业固定资产的原价。并设置“固定资产卡片”和“固定资产登记簿”，按固定资产类别、使用部门和每项固定资产设置明细账进行明细核算和管理。如图 4-1 所示。

借方	固定资产	贷方
企业增加的固定资产原价		企业减少的固定资产原价
期末固定资产原价		

图 4-1 固定资产

若分期付款购入固定资产，还要设置“未确认融资费用”账户，核算企业应当分期计入利息费用的未确认融资费用。该账户可按债权人和长期应付款项目进行明细核算。“未确认融资费用”账户作为“长期应付款”账户的备抵账户，期末该账户余额应从“长期应付款”账户余额中减去，以租赁负债净额列示于资产负债表中。如图 4-2 所示。

（二）自行建造的固定资产

设置“在建工程”账户，核算企业基建、更新改造等在建工程发生的支出。该账户可以按照工程项目设置明细账户进行明细核算。如图 4-3 所示。

借方	未确认融资费用	贷方
未确认的融资费用		按照实际利率法摊销的未确认融资费用
未确认融资费用的摊余价值		

图 4-2　未确认融资费用

借方	在建工程	贷方
企业各项在建工程的实际支出		完工工程转出的成本
企业尚未达到预定可使用状态的成本		

图 4-3　在建工程

设置“工程物资”账户，核算企业为在建工程准备的各种物资的实际成本（包括工程用材料、尚未安装的设备以及为生产准备的工具器具等）。该账户可以按照物资类别设置明细账户进行明细核算。如图 4-4 所示。

借方	工程物资	贷方
企业取得工程物资的成本		领用各种物资的成本
为在建工程准备的各种物资的成本		

图 4-4　工程物资

三、固定资产取得的主要账务处理

（一）外购的固定资产

1. 不需要安装的固定资产

企业购入不需要安装的固定资产，按确定的初始成本，借记“固定资产”账户，按当月已认证的可抵扣增值税税额，借记“应交税费——应交增值税（进项税额）”账户，按应支付或实际支付的价款、税款，贷记“银行存款”等账户。

若企业购入固定资产，当月未认证的可抵扣增值税税额，先记入“应交税费——应交增值税（待抵扣进项税额）”账户，已认证后，借记“应交税费——应交增值税（进项税额）”账户，贷记“应交税费——待抵扣进项税额”账户。

2. 需要安装的固定资产

企业购入需要安装的固定资产，通过“在建工程”账户核算。安装过程中发生的、达到预定可使用状态前发生的材料费、人工费等一切合理必要的支出，记入“在建工程”账户，安装完毕，达到预定可使用状态时再转入“固定资产”账户。

3. 以一笔款项购入多项没有单独标价的固定资产

企业以一笔款项购入多项没有单独标价的固定资产，按确定的初始成本分项登记固定资产，借记“固定资产——××”“在建工程——××”等账户，按已认证允许抵扣的增值税税额，借记“应交税费——应交增值税（进项税额）”账户，按应支付或实际支付的价款、税款，贷记“银行存款”等账户。

4. 分期付款购买的固定资产

购买固定资产的价款超过正常信用条件延期支付，实质上具有融资性质，按购买价款的现值，借记“固定资产”“在建工程”账户，按应支付的金额，贷记“长期应付款”账户；按实际支付的价款与购买价款的现值之间的差额，借记“未确认融资费用”账户，未确认融资费用按实际利率法摊销。取得增值税专用发票并可以抵扣的，借记“应交税费——应交增值税（进项税额）”账户，贷记“银行存款”等账户。

（二）自行建造的固定资产

1. 自营工程

（1）企业为自营工程购入工程物资，借记“工程物资”账户，按当期允许抵扣的增值税税额，借记“应交税费——应交增值税（进项税额）”账户，贷记“银行存款”等账户。

（2）自营工程发生实际支出，借记“在建工程”账户，贷记“工程物资”“应付职工薪酬”“银行存款”等账户；工程达到预定可使用状态时，借记“固定资产”账户，贷记“在建工程”账户。

（3）由于自然灾害等原因造成的在建工程报废或毁损，减去残料价值和过失人或保险公司等赔款后的净损失，借记“营业外支出——非常损失”账户，贷记“在建工程”账户。

（4）建设期间发生的工程物资盘亏、报废及毁损净损失加上不能抵扣的增值税进项税额，借记“在建工程”账户，贷记“工程物资”“应交税费——应交增值税（进项税额转出）”账户；盘盈的工程物资或处置净收益作相反的会计分录。

（5）在建工程完工，已领出的剩余物资应办理退库手续，借记“工程物资”账户，贷记“在建工程”账户。

2. 出包工程

企业采用出包方式进行的固定资产工程，工程的具体支出主要由建造承包商核算，因而，“在建工程”账户主要反映企业与建造承包商办理工程价款结算的情况。企业支付给建造承包商的工程价款作为工程成本也通过“在建工程”账户核算。

企业应按合理估计的工程进度和合同规定结算的进度款，借记“在建工程”账户，贷记“银行存款”账户；工程完成时，按合同规定补付的工程款，借记“在建工程”账户，贷记“银行存款”等账户；工程达到预定可使用状态时，按其成本，借记“固定资产”账户，贷记“在建工程”账户。

（三）以其他方式取得的固定资产

1. 投资者投入的固定资产

在会计核算上，一方面要反映固定资产的增加；另一方面要反映投资者投资额的增加，即实收资本的增加。应按投资各方确认的价值（不公允的除外），借记“固定资产”账户，贷记“实收资本”（或“股本”）账户。

2. 企业接受其他单位捐赠的固定资产

企业应按捐赠方提供的有关凭据金额或该项资产的公允价值，借记“固定资产”账户，按增值税专用发票列示的抵扣金额，借记“应交税费——应交增值税（进项税额）”账户，按该项固定资产的公允价值和可抵扣的增值税税额，贷记“营业外收入”账户。

任务实施

做中学 4-1 2024 年 6 月 1 日，云康公司购入一台不需要安装的机器设备，取得增值税专用发票并已认证，价款为 300 000 元，增值税税额为 39 000 元，货运增值税专用发票列示的运费为 1 800 元，增值税税额为 162 元。货款与运费均以银行存款支付。

根据采购合同、增值税专用发票发票联、银行付款通知、固定资产验收单、固定资产交接单编制会计分录如下：

借：固定资产　　301 800
　　应交税费——应交增值税（进项税额）　　39 162
　　贷：库存现金　　340 962

做中学 4-2 2024 年 6 月 5 日，云康公司购入一台需要安装的设备，取得的增值税专用发票已认证，设备价款为 200 000 元，增值税税额为 26 000 元；安装费为 6 500 元，增值税税额为 845 元。货运增值税专用发票列示的运输费为 5 000 元，增值税税额为 450 元。货款、运输费和安装费均已通过银行结算，设备已验收。

（1）购买设备时，根据购买设备增值税专用发票发票联、银行付款通知编制会计分录如下：

借：在建工程——安装工程　　200 000
　　应交税费——应交增值税（进项税额）　　26 000
　　贷：银行存款　　226 000

（2）支付运输费时，根据增值税专用发票发票联、银行付款通知编制会计分录如下：

借：在建工程——安装工程　　5 000
　　应交税费——应交增值税（进项税额）　　450
　　贷：银行存款　　5 450

（3）支付设备的安装费用时，根据增值税专用发票发票联、银行付款通知编制会计分录如下：

借：在建工程——安装工程　　6 500
　　应交税费——应交增值税（进项税额）　　845
　　贷：银行存款　　7 345

（4）设备安装完工投入使用时，根据固定资产验收单、固定资产交接单编制会计分录如下：

借：固定资产　　211 500

贷：在建工程——安装工程　　　　　　　　　　　211 500

做中学 4-3　2024 年 6 月 12 日，云康公司向维普机械设备制造有限责任公司一次性购入三套不同型号且具有不同生产能力的设备 A、B 和 C。云康公司取得的增值税专用发票已认证，该批设备价款为 6 000 000 元，增值税税额为 780 000 元。货运增值税专用发票列示运输费为 18 000 元，增值税税额为 1 620 元；装卸费为 4 000 元，增值税税额为 240 元。货款、运输费、装卸费全部以银行存款支付。设备 A、B 和 C 分别满足固定资产确认条件，公允价值分别为 1 920 000 元、2 880 000 元和 1 600 000 元。不考虑其他相关税费。

（1）确认计入固定资产成本的金额：

固定资产成本 = 6 000 000 + 18 000 + 4 000 = 6 022 000（元）

（2）确定设备 A、B 和 C 的分配比例：

A 设备应分配的固定资产价值比例 = 1 920 000 ÷（1 920 000 + 2 880 000 + 1 600 000）× 100% = 30%

B 设备应分配的固定资产价值比例 = 2 880 000 ÷（1 920 000 + 2 880 000 + 1 600 000）× 100% = 45%

C 设备应分配的固定资产价值比例 = 1 600 000 ÷（1 920 000 + 2 880 000 + 1 600 000）× 100% = 25%

（3）确定设备 A、B 和 C 的成本：

A 设备的成本 = 6 022 000 × 30% = 1 806 600（元）

B 设备的成本 = 6 022 000 × 45% = 2 709 900（元）

C 设备的成本 = 6 022 000 × 25% = 1 505 500（元）

（4）根据增值税专用发票发票联、银行付款通知、固定资产验收单、固定资产交接单、固定资产价值计算单编制会计分录如下：

借：固定资产——A　　　　　　　　　　　1 806 600
　　固定资产——B　　　　　　　　　　　2 709 900
　　固定资产——C　　　　　　　　　　　1 505 500
　　应交税费——应交增值税（进项税额）　　781 860
　贷：银行存款　　　　　　　　　　　　　　6 803 860

做中学 4-4　2024 年 1 月 1 日，云康公司从三重集团公司购入不需要安装的 N 型机器作为固定资产使用，该机器已收到，取得增值税专用发票，价款为 10 000 000 元，增值税税额为 1 300 000 元。购货合同约定，购买 N 型机器的价款分 3 年支付，2024 年 12 月 31 日支付 5 000 000 元，2025 年 12 月 31 日支付 3 000 000 元，2026 年 12 月 31 日支付 2 000 000 元。增值税已于 2024 年 1 月 1 日转账支付。3 年期银行借款年利率为 6%。

云康公司编制会计分录如下：

（1）2024 年 1 月 1 日：

总价款的现值 = 5 000 000 ÷（1 + 6%）+ 3 000 000 ÷（1 + 6%）^{2} + 2 000 000 ÷（1 + 6%）^{3} = 4 717 000 + 2 670 000 + 1 679 200 = 9 066 200（元）

未确认融资费用 = 10 000 000 − 9 066 200 = 933 800（元）

借：固定资产　　　　　　　　　　　　　　9 066 200

应交税费——应交增值税（进项税额）　　1 300 000
未确认融资费用　　933 800
贷：长期应付款　　10 000 000
银行存款　　1 300 000

（2）2024 年 12 月 31 日：

借：长期应付款　　5 000 000
贷：银行存款　　5 000 000

确认的融资费用 = 9 066 200 × 6% = 543 972（元）

借：财务费用　　543 972
贷：未确认融资费用　　543 972

（3）2025 年 12 月 31 日：

借：长期应付款　　3 000 000
贷：银行存款　　3 000 000

确认的融资费用 =［9 066 200 −（5 000 000 − 543 972）］× 6% = 276 610（元）

借：财务费用　　276 610
贷：未确认融资费用　　276 610

（4）2026 年 12 月 31 日：

借：长期应付款　　2 000 000
贷：银行存款　　2 000 000

确认的融资费用 = 933 800 − 543 972 − 276 610 = 113 218（元）

借：财务费用　　113 218
贷：未确认融资费用　　113 218

做中学 4-5　云康公司自行组织力量建造一座仓库以存放公司生产的产品，2024 年 6 月发生如下经济业务：

（1）购进工程用物资，增值税专用发票列示的价款为 860 000 元，增值税税额为 111 800 元，物资已验收入库，货款通过开户银行转账付讫。根据增值税专用发票发票联、银行付款通知、工程物资验收单编制会计分录如下：

借：工程物资　　860 000
应交税费——应交增值税（进项税额）　　111 800
贷：银行存款　　971 800

（2）基建部门将上述工程用物资全部领用进行工程建造。根据工程物资领用单编制会计分录如下：

借：在建工程——仓库　　860 000
贷：工程物资　　860 000

（3）工程建设期间发放建筑工程职工工资 51 600 元，基建管理部门职工工资 24 000 元。根据职工薪酬分配表编制会计分录如下：

借：在建工程——仓库　　75 600
贷：应付职工薪酬　　75 600

（4）本月企业辅助生产车间为工程提供的水、电、设备安装的费用共计 18 000 元。根据辅助生产费用分配表编制会计分录如下：

借：在建工程——仓库　　18 000
　　贷：生产成本——辅助生产成本　　18 000

（5）仓库建造工程已完工，达到预定可使用状态并交付使用，结转工程成本 953 600 元。根据固定资产结算单、固定资产验收单编制会计分录如下：

借：固定资产　　953 600
　　贷：在建工程——仓库　　953 600

做中学 4-6　云康公司将一台大型生产设备的安装工程出包给浩强公司，有关业务如下：

（1）2024 年 6 月 1 日，按照合同预付工程款 80 000 元。根据建造合同、银行付款凭证编制会计分录如下：

借：预付账款　　80 000
　　贷：银行存款　　80 000

（2）2024 年 7 月 31 日，根据合理估计的发包工程进度和合同规定向浩强公司结算进度款 72 000 元，增值税税额 6 480 元。根据工程结算单、增值税专用发票发票联编制会计分录如下：

借：在建工程　　72 000
　　应交税费——应交增值税（进项税额）　　6 480
　　贷：预付账款　　78 480

（3）2024 年 9 月 30 日，收到浩强公司有关工程结算单据，结算工程款 40 000 元，增值税税额 3 600 元，云康公司转账支付尾款 42 080 元。根据建造合同、工程结算单、增值税专用发票发票联、银行付款通知编制会计分录如下：

借：预付账款　　42 080
　　贷：银行存款　　42 080
借：在建工程　　40 000
　　应交税费——应交增值税（进项税额）　　3 600
　　贷：预付账款　　43 600

（4）2024 年 9 月 30 日，工程完工并达到预定可使用状态，结转工程成本。根据固定资产结算单、固定资产验收单编制会计分录如下：

借：固定资产　　112 000
　　贷：在建工程　　112 000

做中学 4-7　云康公司收到好健康医疗器械公司作为股权投资投入的生产用设备一台，好健康公司记录的该设备的账面原价为 180 000 元，已计提折旧 10 000 元，云康公司接受投资时，双方同意按原设备的净值确认投资额。

云康公司编制会计分录如下：

借：固定资产　　170 000
　　贷：实收资本　　170 000

做中学 4-8 云康公司接受好健康公司捐赠的电子设备一台，增值税专用发票上标明的金额为 300 000 元，增值税税额为 39 000 元。云康公司以银行存款支付运输费、包装费、安装调试费等共计 3 000 元，增值税税额 270 元，取得增值税专用发票。

云康公司编制会计分录如下：

借：固定资产　　303 000

　　应交税费——应交增值税（进项税额）　　39 270

　　贷：营业外收入　　339 000

　　　　银行存款　　3 270

任务三 核算固定资产的折旧

知识要点

一、认知固定资产折旧

（一）固定资产折旧的概念

固定资产折旧是指固定资产在使用寿命内，按照确定的方法对应计折旧额进行系统分摊。其中，应计折旧额是指应当计提折旧的固定资产原价扣除其预计净残值后的余额，如果已对固定资产计提了减值准备，还应当扣除已计提的固定资产减值准备累计金额。

固定资产的一个主要特征是能够连续在若干个生产周期内发挥作用并保持其原有的实物形态，而其价值则是随着固定资产的磨损逐渐地转移到所生产的产品中去，以折旧的形式在产品销售收入中得到补偿，并转化为货币资金。可见，折旧的实质是固定资产价值的转移。折旧也是一种费用，只不过这一费用没有在计提期间付出实实在在的货币资金，但这种费用是长期已经发生的支出，而这种支出的收益在资产投入使用后的有效使用期内体现，无论是从权责发生制的原则，还是从收入与费用配比的原则来说，计提折旧都是必要的。换言之，不计提折旧或不正确地计提折旧，都将对企业计算产品成本（或营业成本）、计算损益产生不利影响。

（二）影响固定资产折旧的因素

影响固定资产折旧的因素主要有固定资产原价、预计净残值和预计使用年限。

1. 固定资产原价

固定资产原价是指固定资产取得时的初始入账价值。对于已达到预定可使用状态但尚未办理竣工结算的固定资产，应当按照估计价值确定其成本，并计提折旧；待办理竣工结算后再按实际成本调整原来的暂估价值，但不需要调整原已计提的折旧额。

2. 预计净残值

预计净残值是指固定资产报废时预计可以收回的残余价值扣除预计清理费用后的金额。固定资产预计净残值率由企业具体确定，一般为3%～5%。

3. 预计使用年限

预计使用年限企业应结合本企业的具体情况，合理确定固定资产的使用年限。

（三）计提折旧的固定资产范围

按照《企业会计准则第4号——固定资产》的规定，除下列情况外，企业应对所有固定资产计提折旧：

（1）已提足折旧继续使用的固定资产；

（2）按规定单独估价作为固定资产入账的土地。

思考

未提足折旧提前报废的固定资产是否需要继续计提折旧？未使用的固定资产是否需要计提折旧？

二、计算固定资产折旧

（一）固定资产折旧的方法

1. 年限平均法

年限平均法又称直线法，是将固定资产的应计折旧额均衡地分摊到各期的一种方法。采用这种方法计算的每期折旧额是相等的。其计算公式为：

$$\text{固定资产年折旧额}=\frac{\text{固定资产原价}-(\text{预计残值收入}-\text{预计清理费用})}{\text{固定资产预计使用年限}}$$

$$=\frac{\text{固定资产原价}-\text{预计净残值}}{\text{固定资产预计使用年限}}$$

$$\text{固定资产月折旧额}=\text{固定资产年折旧额}\div 12$$

在会计实务中，通常以折旧率这个相对数来反映固定资产在单位时间的折旧程度，每月应计提的折旧额一般是以固定资产原价乘以月折旧率计算的。折旧率即一定期间内固定资产折旧额与固定资产原价的比率。其计算公式为：

$$\text{年折旧率}=\text{固定资产年折旧额}\div\text{固定资产原价}\times 100\%$$

$$\text{年折旧率}=(1-\text{预计净残值率})\div\text{折旧年限}$$

$$\text{月折旧率}=\text{年折旧率}\div 12$$

$$\text{月折旧额}=\text{固定资产原价}\times\text{月折旧率}$$

采用平均年限法计算固定资产折旧额时，每期的折旧额是相等的，故也称直线法。其优点是固定资产折旧的计算比较简便。但它也存在明显的局限性，当固定资产各期的负荷程度相同时，各期应分摊相同的折旧费，这时采用平均年限法计算折旧是合理的，但是当固定资产各期负荷程度不同时，采用平均年限法计算折旧则不能反映固定资产的实际使用情况，提取的折旧数与固定资产的损耗程度也不相符。为了弥补平均年限法只重使用时间、不考虑使用强度的缺点，某些固定资产也可以采用工作量法。

2. 工作量法

工作量法是根据固定资产实际工作量计提折旧额的一种方法。其计算公式为：

$$单位工作量折旧额=\frac{固定资产原价 \times (1-预计净残值率)}{预计总工作量}$$

$$月折旧额=当月工作量 \times 单位工作量折旧额$$

采用工作量法计提的折旧额，在各期间是不相等的，月折旧额的多少与工作量完成的多少相联系。这种计提折旧的方法适用于各期完成工作量不均衡的固定资产。

3. 双倍余额递减法

双倍余额递减法是在不考虑固定资产预计净残值的情况下，将每期期初固定资产原价减去累计折旧后的金额乘以双倍的直线折旧率来计算固定资产折旧额的一种方法。其计算公式为：

$$年折旧率=2 \div 预计的折旧年限 \times 100\%$$

$$年折旧额=年初固定资产账面净值 \times 年折旧率$$

为了避免固定资产的账面净值降到它的预计净残值以下，现行制度规定，采用双倍余额递减法计提固定资产折旧，应当在固定资产折旧年限最后两年内将固定资产净值扣除预计净残值后的余额平均摊销。

4. 年数总和法

年数总和法是将固定资产原价减去预计净残值后的余额乘以一个逐年递减的分数计算每年折旧额的一种方法。这个分数的分子代表固定资产尚可使用的年数，分母代表预计使用年数的逐年数字总和。其计算公式为：

$$年折旧率=尚可使用的年数 \div 预计使用年限的年数总和$$

$$月折旧率=年折旧率 \div 12$$

$$月折旧额=(固定资产原价-预计净残值) \times 月折旧率$$

双倍余额递减法和年数总和法都属于加速折旧法。加速折旧法也称快速折旧法或递减折旧法，其特点是在固定资产有效使用年限的前期多提折旧，后期则少提折旧，从而相对加快折旧的速度，以使固定资产成本在有效使用年限内尽快得到补偿。

企业应当根据固定资产的性质和使用方式，合理确定固定资产的使用寿命和预计净残值，并根据科技发展、环境及其他因素，选择合理的固定资产折旧方法，按照管理权限，经股东大会或董事会，或经理（厂长）会议或类似机构批准，作为计提折旧的依据。同时，按照法律、行政法规的规定报送有关各方备案，同时备置于企业所在地，以供股东等有关各方查阅。企业已经确定并对外报送，或备置于企业所在地的有关固定资产使用寿命和预计净残值、折旧方法等，一经确定不得随意变更，如需变更，仍应当按照上述程序，经批准后报送有关各方备案，并在财务报表附注中予以说明，且这些变更应作为会计估计变更，按照会计估计变更处理。

（二）固定资产会计政策的复核与变更

在固定资产的使用过程中，其所处的经济环境、技术环境以及其他环境有可能对固定资产使用寿命和预计净残值产生重大影响。例如，固定资产使用强度相对于正常情况来说大大加强，致使固定资产实际使用寿命大大缩短；替代该项固定资产的新产品的出现致使其实际使用寿命缩短，预计净残值减少等。为真实反映固定资产为企业提供经济利益的期间及每期实际的资产消耗，《企业会计准则第 4 号——固定资产》规定，企业至少应当于每年年度终了，对固定资产的使用寿命、预计净残值和折旧方法进行复核。如果复核后的固定资产使用寿命、预计净残值与原先估计数有差异，应当进行调整，并按照调整后的固定资产使用寿命、预计净残值计提折旧。

固定资产使用过程中所处经济环境、技术环境以及其他环境的变化可能致使与固定资产有关的经济利益的预期实现方式发生重大变化，企业也应相应改变固定资产折旧方法。例如，某企业以前年度采用年限平均法计提固定资产折旧，年度复核中发现，与该固定资产相关的技术发生很大变化，年限平均法很难反映该项固定资产给企业带来经济利益的方式，因此，决定将年限平均法变更为加速折旧法。固定资产折旧方法变更后，不调整已计提的折旧额。

三、设置账户

设置“累计折旧”账户，核算企业计提的固定资产折旧。该账户贷方登记企业计提的折旧，可以按照与“固定资产”账户一致的类别进行明细核算。如图 4-5 所示。

借方　　　累计折旧	贷方
冲减的折旧	企业计提的折旧
	企业计提的累计折旧

图 4-5　累计折旧

四、固定资产折旧的主要账务处理

固定资产应当按月计提折旧，根据固定资产使用部门和用途计入相关资产的成本或当期损益。企业基本生产车间使用的固定资产计提的折旧，应记入“制造费用”账户；辅助生产车间使用的固定资产计提的折旧，应记入“生产成本——辅助生产成本”账户；企业管理部门使用的固定资产计提的折旧，应记入“管理费用”账户；经营租出的固定资产计提的折旧，应记入“其他业务成本”账户；为销售本企业产品而专设的销售机构的固定资产计提的折旧，应记入“销售费用”账户；工程施工所使用的固定资产计提的折旧，应记入“在建工程”账户；未使用、不需用的固定资产计提的折旧，应记入“管理费用”账户等。

实际工作中，企业计提固定资产折旧时，遵循当月增加的固定资产当月不计提折旧，当月减少的固定资产当月仍计提折旧的原则，因而当月计提折旧额的依据是月初可计提折旧的固定资产的原价。当月应计提折旧额是在上月已计提折旧额的基础上，对上月固定资产的增减情况进行调整后计算的。其计算公式为：

当月固定资产应计提的折旧额 = 上月计提的固定资产折旧额 + 上月增加固定资产应计提的折旧额 − 上月减少固定资产应计提的折旧额

企业计提固定资产折旧，由会计部门编制固定资产折旧计算表；或先由各使用单位编制固定资产折旧计算表，再由会计部门汇总编制固定资产折旧计算汇总表。

任务实施

做中学 4-9 云康公司有一生产厂房，原价为 5 000 000 元，预计可使用 20 年，按照有关规定，该厂房报废时的净残值率为 2%。

该厂房的折旧率和折旧额计算如下：

年折旧率 =（1－2%）÷ 20 = 4.9%

月折旧率 = 4.9% ÷ 12 = 0.41%

月折旧额 = 5 000 000 × 0.41% = 20 500（元）

做中学 4-10 云康公司的销售部门有一辆运货卡车，原价为 240 000 元，预计总行驶里程为 80 万千米，预计其报废时净残值率为 5%，2023 年 6 月行驶 8 000 千米。

该辆汽车的月折旧额计算如下：

单位里程折旧额 = 240 000 ×（1－5%）÷ 800 000 = 0.285（元 / 千米）

本月折旧额 = 8 000 × 0.285 = 2 280（元）

做中学 4-11 云康公司生产车间的一台电子设备于 2023 年 12 月 28 日购入，原始价值为 300 000 元，预计使用年限为 5 年，预计净残值为 2 500 元，预计清理费用为 1 500 元。云康公司采用双倍余额递减法计提折旧。

该车间的年折旧率计算如下：

年折旧率 = 2 ÷ 5 × 100% = 40%

云康公司采用双倍余额递减法计算的各年折旧额见表 4-1。

表 4-1 采用双倍余额递减法计算的各年折旧额

单位：元

年份	年初固定资产净值	折旧率	每年折旧额	累计折旧
2024 年	300 000	40%	120 000	120 000
2025 年	180 000	40%	72 000	192 000
2026 年	108 000	40%	43 200	235 200
2027 年	64 800		31 900	267 100
2028 年	32 900		31 900	299 000

做中学 4-12 云康公司的一台生产用设备采用年数总和法计提折旧，该设备原价为 400 000 元，预计使用年限为 5 年，预计净残值为 4 000 元。

云康公司采用年数总和法计算的各年折旧额见表 4-2。

表 4-2　采用年数总和法计算的各年折旧额

单位：元

年份	原值－净残值	尚可使用年限	变动折旧率	每年折旧额	累计折旧
1	396 000	5	5÷15×100%	132 000	132 000
2	396 000	4	4÷15×100%	105 600	237 600
3	396 000	3	3÷15×100%	79 200	316 800
4	396 000	2	2÷15×100%	52 800	369 600
5	396 000	1	1÷15×100%	26 400	396 000

做中学 4-13　云康公司 2024 年 6 月的固定资产折旧计算汇总表见表 4-3。

表 4-3　固定资产折旧计算汇总表

2024 年 6 月

单位：元

使用部门	固定资产项目	上月折旧额	上月增加固定资产		上月减少固定资产		本月折旧额
			原值	折旧额	原值	折旧额	
基本生产一车间	厂房	50 000					50 000
	机器设备	200 000	50 000	2 500			202 500
	其他设备	10 000					10 000
	小计	260 000					262 500
基本生产二车间	厂房	20 000					20 000
	机器设备	150 000			400 000	2 200	147 800
	小计	170 000					167 800
企业管理部门	房屋	15 000					15 000
	机器设备	25 000					25 000
	小计	40 000					40 000
合计		470 000					470 300

2024 年 6 月末，根据固定资产折旧计算汇总表编制会计分录如下：

借：制造费用——一车间　　262 500
　　制造费用——二车间　　167 800
　　管理费用　　40 000
　　贷：累计折旧　　470 300

做中学 4-14　云康公司于 2018 年 12 月 25 日购入生产用设备一台，原始价值为

3 000 000 元，预计可使用 20 年，该设备的预计净残值率为 2%，采用年限平均法计提折旧。2023 年年末，经复核，该设备尚可使用年限为 12 年，预计净残值率和折旧方法不变。

（1）2019 年 1 月至 2023 年 12 月累计折旧额 = 3 000 000 ×（1－2%）÷ 20 × 5 = 735 000（元）

（2）2024 年开始尚可使用年限为 12 年，计提折旧如下：

年折旧额 =［3 000 000 ×（1－2%）－735 000］÷ 12 = 183 750（元）

月折旧额 = 183 750 ÷ 12 = 15 312.5（元）

任务四 核算固定资产的后续支出

知识要点

一、认知固定资产的后续支出

固定资产的后续支出是指固定资产在使用过程中发生的更新改造支出、修理费用等。

固定资产的更新改造等后续支出，满足固定资产确认条件的，应当资本化，计入固定资产成本，如有被替换的部分，应扣除其账面价值；不满足固定资产确认条件的固定资产修理费用等，应当在发生时计入当期损益。

二、核算资本化的后续支出

企业通过对固定资产进行更新改造，使其更加坚固耐用，延长了厂房等固定资产的使用寿命，提高了其单位时间内产品的产出数量，提高了机器设备等固定资产的生产能力等。该类支出满足固定资产确认条件，应当资本化，计入固定资产成本。

固定资产资本化的后续支出应当通过“在建工程”账户核算。在发生资本化的后续支出时，企业应将固定资产的原价、已计提的累计折旧和减值准备转销，将固定资产的账面价值转入在建工程，并停止计提折旧；发生的后续支出计入在建工程，在固定资产完工并达到预定可使用状态时，再从在建工程转为固定资产，并按重新确定的使用寿命、预计净残值和折旧方法计提折旧。

提示

已提足折旧的固定资产发生的改良支出，应当资本化，作为长期待摊费用，合理进行摊销。

三、核算费用化的后续支出

如果固定资产的后续支出不符合资本化的条件，应在其发生时计入当期损益或相关资产成本。例如，固定资产的修理支出，固定资产投入使用后，由于固定资产磨损且各组成部分耐用程度不同，可能导致固定资产的局部损坏，为了维持固定资产的正常运转和使用，充分发挥其使用效能，企业会对固定资产进行必要的维护。固定资产的日常维护支出（即修理费用）通常不满足固定资产的确认条件，生产车间发生的固定资产修理费用计入制造费用，行政管理部门发生的固定资产修理费用计入管理费用，企业专设销售机构发生的与专设销售机构相关的固定资产修理费用计入销售费用。固定资产更新改造支出不满足固定资产确认条件的，也应在发生时直接计入当期损益。

知识拓展

根据《小企业会计准则》的规定，小企业的固定资产日常修理费，应当在发生时根据固定资产的受益对象计入相关资产成本或者当期损益；固定资产的改建支出，应当计入固定资产的成本。

任务实施

做中学 4-15 2024 年 6 月 30 日，云康公司将一台自 2021 年 7 月 1 日起开始计提折旧的车床暂时停用，并于当年 7 月 1 日开始进行更新改造，以提高其生产能力。该车床原价为 755 000 元，预计净残值为 35 000 元，预计使用年限为 8 年，采用年限平均法计提折旧。2024 年 7 月 1 日至 2024 年 8 月 31 日，经过 2 个月的更新改造，该车床达到预定可使用状态，大大提高了生产能力，预计尚可使用 7 年，取得增值税专用发票并已认证，安装费为 300 000 元，增值税税额为 27 000 元，全部以银行存款支付。该车床更新改造后的预计净残值和折旧方法都不变。

（1）2024 年 7 月 1 日将车床转入在建工程，根据工程任务单编制会计分录如下：

借：在建工程	485 000	
累计折旧	270 000	
贷：固定资产		755 000

（2）2024 年 7 月 1 日至 2024 年 8 月 31 日发生后续支出时，根据工程结算单、增值税专用发票发票联、银行付款通知编制会计分录如下：

借：在建工程	300 000	
应交税费——应交增值税（进项税额）	27 000	
贷：银行存款		327 000

（3）2024 年 8 月 31 日，车床达到预定可使用状态，根据固定资产验收单、固定资产交接单编制会计分录如下：

借：固定资产	785 000	
贷：在建工程		785 000

（4）2024 年 9 月 30 日，按重新确定的使用寿命、预计净残值和折旧方法计提折旧，根据折旧计算表编制会计分录如下：

应计提折旧额 = 785 000 − 35 000 = 750 000（元）

月折旧额 = 750 000 ÷（7 × 12）= 8 928.57（元）

借：制造费用　　　　8 928.57

　　贷：累计折旧　　　　8 928.57

做中学 4-16　2020 年 2 月 1 日，云康公司取得一台生产用设备，该设备原价为 7 600 000 元，采用年限平均法计提折旧，使用寿命为 10 年，预计净残值为 100 000 元。云康公司在 2024 年 2 月 28 日将该设备暂停使用，并于 3 月 1 日对该设备的某一主要部件进行更换，购入新部件已取得增值税专用发票并已认证，价款为 3 600 000 元，增值税税额为 468 000 元。更换部件发生其他材料费用 22 000 元，符合固定资产确认条件，被更换部件的原价为 4 000 000 元。2024 年 3 月 1 日至 2024 年 5 月 31 日，经过 3 个月的改建，该设备达到预定可使用状态。

该设备更换主要部件前的账面价值 = 7 600 000 –（7 600 000 – 100 000）÷ 10 × 4 = 4 600 000（元）

被更换部件的账面价值 = 4 000 000 ÷ 10 × 6 = 2 400 000（元）

该设备更换部件后的入账价值 = 4 600 000 + 3 600 000 + 22 000 – 2 400 000 = 5 822 000（元）

（1）2024 年 3 月 1 日转入在建工程时，根据工程任务单、损失计算表编制会计分录如下：

借：在建工程　　　　2 200 000

　　累计折旧　　　　3 000 000

　　营业外支出　　　　2 400 000

　　贷：固定资产　　　　7 600 000

（2）购入新部件时，根据增值税专用发票发票联编制会计分录如下：

借：工程物资　　　　3 600 000

　　应交税费——应交增值税（进项税额）　　　　468 000

　　贷：银行存款　　　　4 068 000

（3）2024 年 3 月 1 日至 2024 年 5 月 31 日发生后续支出时，根据领料单编制会计分录如下：

借：在建工程　　　　3 622 000

　　贷：工程物资　　　　3 600 000

　　　　原材料　　　　22 000

（4）2024 年 5 月 31 日，固定资产改造达到预定可使用状态，根据固定资产验收单、固定资产交接单编制会计分录如下：

借：固定资产　　　　5 822 000

　　贷：在建工程　　　　5 822 000

做中学 4-17　云康公司对生产车间的一台设备进行经常性修理，发生材料费 1 500 元。根据维修任务单、领料单编制会计分录如下：

借：制造费用　　　　1 500

　　贷：原材料　　　　1 500

任务五
核算固定资产的清查

知识要点

一、认知固定资产的清查方法

在固定资产的使用过程中，由于客观或人为的原因，会出现账实不符的情况，为了保证企业固定资产的安全完整，企业对固定资产应当定期或者至少每年实地盘点一次，即把固定资产账簿、卡片同实物进行核对。

对于盘盈、盘亏的固定资产，应填写盘点记录。清查结束后，应根据盘点记录编制“固定资产盘盈、盘亏报告表”，详细记录盘盈、盘亏固定资产的编号、名称、原价、已提折旧、净值以及盘盈、盘亏等资料，查明盘盈、盘亏原因，写出书面报告，并根据企业的管理权限，经股东大会或董事会，或经理（厂长）会议或类似机构批准后，在期末结账前处理完毕。

二、盘亏固定资产的主要账务处理

企业盘亏的固定资产，按其账面价值，借记“待处理财产损溢——待处理固定资产损溢”账户，按已提折旧，借记“累计折旧”账户，按固定资产原价，贷记“固定资产”账户；需要转出增值税的，贷记“应交税费——应交增值税（进项税额转出）”账户；已计提固定资产减值准备的，还需转出已计提的减值准备。报经批准后，借记“营业外支出——盘亏损失”账户，贷记“待处理财产损溢——待处理固定资产损溢”账户。

三、盘盈固定资产的主要账务处理

企业盘盈的固定资产，一般是以前年度发生的会计差错，应根据重新确定的固定资产价值，借记“固定资产”账户，贷记“以前年度损益调整”账户。报经批准后，借记“以前年度损益调整”账户，贷记“盈余公积——法定盈余公积”“利润分配——未分配利润”等账户。

提示

如果盘盈、盘亏或毁损的固定资产在期末结账前未经批准，在对外提供财务会计报告时应先按上述规定进行处理，并在财务报表附注中予以说明；如果其后批准处理的金额与已处理的金额不一致，应按其差额调整财务报表相关项目的年初数。

任务实施

做中学 4-18 云康公司盘亏电子设备一台，该设备原价为 80 000 元，已计提折旧 20 000 元，取得该设备时增值税税额为 10 400 元。

（1）盘亏固定资产时，根据固定资产清查报告单编制会计分录如下：

借：待处理财产损溢——待处理固定资产损溢　　60 000

　　累计折旧　　20 000

　　贷：固定资产　　80 000

（2）查明原因并经董事会批准后，根据固定资产清查审批单编制会计分录如下：

借：营业外支出——盘亏损失　　67 800

　　贷：待处理财产损溢——待处理固定资产损溢　　60 000

　　　　应交税费——应交增值税（进项税额转出）　　7 800

做中学 4-19 云康公司盘盈设备一台，该设备七成新。同类新设备的市场价格为 150 000 元。

（1）盘盈固定资产时，根据固定资产清查报告单编制会计分录如下：

借：固定资产　　105 000

　　贷：以前年度损益调整　　105 000

（2）查明原因并经董事会批准后，根据固定资产清查审批单编制会计分录如下：

借：以前年度损益调整　　105 000

　　贷：盈余公积——法定盈余公积　　10 500

　　　　利润分配——未分配利润　　94 500

任务六 核算固定资产的减值

知识要点

一、认知固定资产减值

固定资产减值是指固定资产的可收回金额低于其账面价值。

企业应当在资产负债表日判断固定资产是否存在可能发生减值的迹象。当固定资产出现减值的迹象时，需要估计固定资产的可收回金额，如果固定资产的可收回金额低于其账面价值，表明该项固定资产发生了减值。固定资产减值损失一旦确认，不得转回。

（一）固定资产减值的认定

固定资产减值的迹象，主要可从企业外部信息来源和内部信息来源两方面加以判断。

1. 从企业外部信息来源判断

（1）资产的市价当期大幅度下跌，其跌幅明显高于因时间的推移或者正常使用而预计的下跌。

（2）企业经营所处的经济、技术或者法律等环境以及资产所处的市场在当期或者将在近期发生重大变化，从而对企业产生不利影响。

（3）市场利率或者其他市场投资报酬率在当期已经提高，从而影响企业计算资产预计未来现金流量现值的折现率，导致资产可收回金额大幅度降低等。

2. 从企业内部信息来源判断

（1）有证据表明资产已经陈旧过时或者实体已经损坏。

（2）资产已经或者将被闲置、终止使用或者计划提前处置。

（3）企业内部报告的证据表明资产的经济绩效已经低于或者将低于预期，如资产所创造的净现金流量或者实现的营业利润远远低于原来的预算或者预计金额，资产发生的营业损失远远高于原来的预算或者预计金额，资产在建造或者收购时所需的现金支出远远高于最初的预算，资产在经营或者维护中所需的现金支出远远高于最初的预算等。

上述列举的资产减值迹象并不是所有的减值迹象，企业应当根据实际情况来认定资产可能发生减值的迹象。有确凿证据表明资产存在减值迹象时，应当在资产负债表日进行减值测试，估计资产的可收回金额。

（二）固定资产减值损失的确认和计量

固定资产的可收回金额低于其账面价值时，表明该项固定资产发生了减值，应当将固定资产的账面价值减记至可收回金额，减记的金额确认为资产减值损失，计入当期损益，同时计提相应的固定资产减值准备。固定资产计提资产减值准备以后，其折旧费用应当按照新的账面价值予以计算。

1. 资产可收回金额的确定

资产可收回金额应当根据其公允价值减去处置费用后的净额与资产预计未来现金流量的现值二者之间较高者确定。但是在下列情况下，可以有例外或者进行特殊考虑：

（1）资产的公允价值减去处置费用后的净额与资产预计未来现金流量的现值，只要有一项超过了资产的账面价值，就表明资产没有发生减值，不需要再估计另一项金额。

（2）没有确凿证据或者理由表明，资产预计未来现金流量现值显著高于其公允价值减去处置费用后的净额的，可以将资产的公允价值减去处置费用后的净额视为资产的可收回金额。

（3）资产的公允价值减去处置费用后的净额如果无法可靠估计，应当以该资产预计未来现金流量的现值作为其可收回金额。

2. 资产减值损失的计量

固定资产的账面价值与可收回金额之间的差额确认为资产减值损失。

二、设置账户

设置“固定资产减值准备”账户，核算固定资产的可收回金额低于其账面价值的金额。该账户是“固定资产”账户的备抵账户，反映企业已计提但尚未转销的固定资产减值准备。如图 4-6 所示。

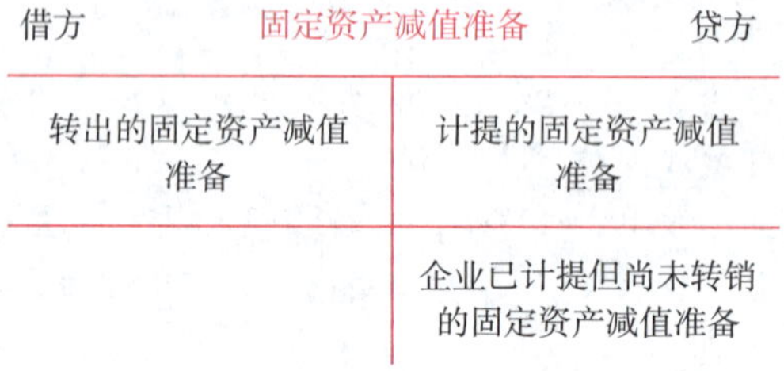

图 4-6　固定资产减值准备

三、固定资产减值的主要账务处理

当企业固定资产的可收回金额低于其账面价值时，即表明固定资产发生了减值，企业应当把固定资产的账面价值减记至可收回金额。减记的金额确认为资产减值损失，计入当期损益，借记“资产减值损失”账户，同时计提相应的资产减值准备，贷记“固定资产减值准备”账户。

固定资产减值损失一经确认，在以后会计期间不得转回。

固定资产减值准备的处理原则和方法同样适用于下列资产的减值处理：①对子公司、联营企业和合营企业的长期股权投资；②采用成本模式进行后续计量的投资性房地产；③生产性生物资产；④无形资产；⑤探明石油天然气矿区权益和井及相关设施；⑥商誉。

任务实施

做中学 4-20 2024 年 12 月 31 日，云康公司发现市场上出现了新的生产设备，导致公司生产设备生产能力下降，该设备存在减值迹象。该设备账面原价为 1 850 000 元，累计折旧为 640 000 元，未计提过减值准备，预计尚可使用 4 年。该设备在活跃市场上的市场价格（买方出价）为 1 000 000 元，处置费用为 25 000 元。若继续自用，估计未来 4 年的现金流量分别为 300 000 元、280 000 元、260 000 元、240 000 元，预计第 4 年年末处置带来的现金流量为 60 000 元。折现率为 5%。

该设备可收回金额的确定如下：

（1）设备的公允价值减去处置费用后的净额 = 1 000 000－25 000 = 975 000（元）

（2）计算设备的预计未来现金流量现值见表 4-4。

表 4-4 预计未来现金流量现值计算表

单位：元

年份	预计未来现金流量	折现率	折现系数	现值
2025 年	300 000	5%	0.952 4	285 720
2026 年	280 000	5%	0.907 0	253 960
2027 年	260 000	5%	0.863 8	224 588
2028 年	300 000	5%	0.822 7	246 810
合计				1 011 078

注：2027 年现金流量 = 240 000 + 60 000 = 300 000（元）

（3）确定设备的可收回金额。

比较资产的公允价值减去处置费用后的净额与资产未来现金流量的现值，取其较高者作为资产的可收回金额，则该设备的可收回金额为 1 011 078 元。

做中学 4-21 根据 **做中学 4-20** 资料，2024 年 12 月 31 日云康公司该设备的账面价值为 1 210 000 元（1 850 000－640 000），可收回金额为 1 011 078 元，则应确认的资产减值损失为 198 922 元（1 210 000－1 011 078）。

做中学 4-22 根据 **做中学 4-20** 和 **做中学 4-21** 资料，2024 年 12 月 31 日，根据资产减值准备计提及审批单编制会计分录如下：

借：资产减值损失——固定资产减值损失　　　198 922

　　贷：以前年度损益调整　　　198 922

做中学 4-23 2022 年 12 月 31 日，云康公司购入一项生产用设备，取得增值税专用发票并已认证，价款为 1 000 000 元，增值税税额为 130 000 元，款项已转账支付。该设备预计净残值为 40 000 元，使用年限为 10 年，采用年限平均法计提折旧。2024 年年末，由于经济因素的不利影响，该设备预计可收回金额为 750 000 元。

（1）2022 年 12 月 31 日购入设备时，根据增值税专用发票发票联、银行付款通知、固定资产验收单、固定资产交接单编制会计分录如下：

借：固定资产　　1 000 000

　　应交税费——应交增值税（进项税额）　　130 000

　　贷：银行存款　　1 130 000

（2）2023 年 1 月至 2024 年 12 月，每月月末计提折旧时，根据固定资产折旧计算表编制会计分录如下：

借：制造费用　　8 000

　　贷：累计折旧　　8 000

（3）2024 年 12 月 31 日，计提资产减值准备。

设备的账面价值 = 1 000 000－8 000 × 24 = 808 000（元）

计提减值准备金额 = 808 000－750 000 = 58 000（元）

根据资产减值准备计提及审批单编制会计分录如下：

借：资产减值损失——固定资产减值损失　　58 000

　　贷：固定资产减值准备　　58 000

（4）2024 年年末，该设备账面价值为 750 000 元。2024 年开始按照账面价值 750 000 元计算折旧额。

2025 年每月应计提折旧额 =（750 000－40 000）÷ 8 ÷ 12 = 7 395.83（元）

每月月末，根据固定资产折旧计算表编制会计分录如下：

借：制造费用　　7 395.83

　　贷：累计折旧　　7 395.83

任务七 核算固定资产的处置

知识要点

一、认知固定资产处置的范围

企业在生产经营过程中，对于那些不适用或不需用的固定资产，可以出售转让。对于那些由于使用而不断磨损直至最终报废，或由于技术进步等原因发生提前报废，或由于遭受自然灾害等发生毁损的固定资产应及时进行清理。由于对外投资、捐赠、债务重组、非货币性资产交换等原因减少的固定资产，也属于固定资产处置的范围。

二、设置账户

企业因固定资产处置而减少的固定资产，一般应通过“固定资产清理”账户进行核算。“固定资产清理”账户是计价对比账户，该账户核算企业因出售、报废、毁损、对外投资、非货币性资产交换、债务重组等原因转出的固定资产价值以及在清理过程中发生的费用等。清理结束后，将该账户的余额转入当期损益。该账户可按被清理的固定资产项目进行明细核算。如图 4-7 所示。

固定资产清理

借方	贷方
清理固定资产的价值、发生的清理费用	清理资产的变价收入、由保险公司或过失人承担的损失
尚未清理完毕的固定资产清理净损失	

图 4-7　固定资产清理

设置“资产处置损益”账户，核算企业出售划分为持有待售的非流动资产（金融工具、长期股权投资和投资性房地产除外）或处置组（子公司和业务除外）时确认的处置利得或损失，以及处置未划分为持有待售的固定资产、在建工程、生产性生物资产及无形资产而产生的处置利得或损失。该账户可以按照处置的资产类别或处置组进行明细核算。债务重组中因处置非流动资产产生的利得或损失和非货币性资产交换中换出非流动资产产生的利得或损失也记入该账户。

三、固定资产处置的主要账务处理

（一）固定资产转入清理

固定资产转入清理时，按固定资产账面价值，借记“固定资产清理”账户，按已计提的累计折旧，借记“累计折旧”账户，按已计提的减值准备，借记“固定资产减值准备”账户，按固定资产原价，贷记“固定资产”账户。

（二）确认发生的清理费用

固定资产清理过程中发生的有关费用以及应支付的相关税费，借记“固定资产清理”“应交税费——应交增值税（进项税额）”账户，贷记“银行存款”等账户。

（三）确认出售价款和残料、保险赔偿等变价收入

企业出售固定资产的价款、残料价值以及应由保险公司或过失人赔偿的报废、毁损固定资产的损失等，应冲减清理支出，借记“原材料”“银行存款”或“其他应收款”等账户，贷记“固定资产清理”“应交税费——应交增值税（销项税额）”账户。

（四）结转清理净损益

1. 报废、毁损

（1）属于报废、毁损等原因处置固定资产发生的净损失，借记“营业外支出——处置非流动资产损失”账户，贷记“固定资产清理”账户。

（2）属于报废、毁损等原因处置固定资产发生的净收益，借记“固定资产清理”账户，贷记“营业外收入——处置非流动资产利得”账户。

（3）属于生产经营期间由于自然灾害等非正常原因造成的损失，借记“营业外支出——非常损失”账户，贷记“固定资产清理”账户。

2. 出售、转让

（1）属于出售、对外投资等原因处置固定资产发生的净损失，借记“资产处置损益——××资产”账户，贷记“固定资产清理”账户。

（2）属于出售、对外投资等原因处置固定资产发生的净收益，借记“固定资产清理”账户，贷记“资产处置损益——××资产”账户。

任务实施

做中学 4-24 2024 年 6 月 30 日，云康公司将一台使用期满的设备予以报废，该设备原始价值为 580 000 元，预计残值收入为 22 000 元，预计清理费用为 5 000 元，已计提折旧 565 000 元。在拆卸搬运中实际发生的清理费用为 2 000 元（分摊的人工费），设备清理实际所得零部件作价 20 000 元入库备用。

（1）固定资产报废清理时，根据固定资产报废申请审批单编制会计分录如下：

借：固定资产清理	15 000	
累计折旧	565 000	
贷：固定资产		580 000

（2）支付清理费用时，根据职工薪酬分配表编制会计分录如下：

借：固定资产清理　　2 000
　　贷：应付职工薪酬　　2 000

（3）收回残料入库时，根据材料入库单编制会计分录如下：

借：原材料　　20 000
　　贷：固定资产清理　　20 000

（4）固定资产清理完毕结转净收益时，根据固定资产处置损益计算表编制会计分录如下：

借：固定资产清理　　3 000
　　贷：营业外收入——处置非流动资产利得　　3 000

做中学 4-25 云康公司将一台 2022 年 8 月购入的生产用设备出售给华联公司。该设备原始价值为 500 000 元，已计提折旧 196 000 元，开出增值税专用发票，价款为 250 000 元，增值税税额为 32 500 元。款项已通过银行收讫。

（1）将固定资产账面价值转入“固定资产清理”账户，根据固定资产折旧明细表、固定资产报废申请审批单编制会计分录如下：

借：固定资产清理　　304 000
　　累计折旧　　196 000
　　贷：固定资产　　500 000

（2）收回出售固定资产价款时，根据银行进账单、增值税专用发票记账联编制会计分录如下：

借：银行存款　　282 500
　　贷：固定资产清理　　250 000
　　　　应交税费——应交增值税（销项税额）　　32 500

（3）结转净收益，根据固定资产处置损益计算表编制会计分录如下：

借：资产处置损益　　21 500
　　贷：固定资产清理　　21 500

思维导图

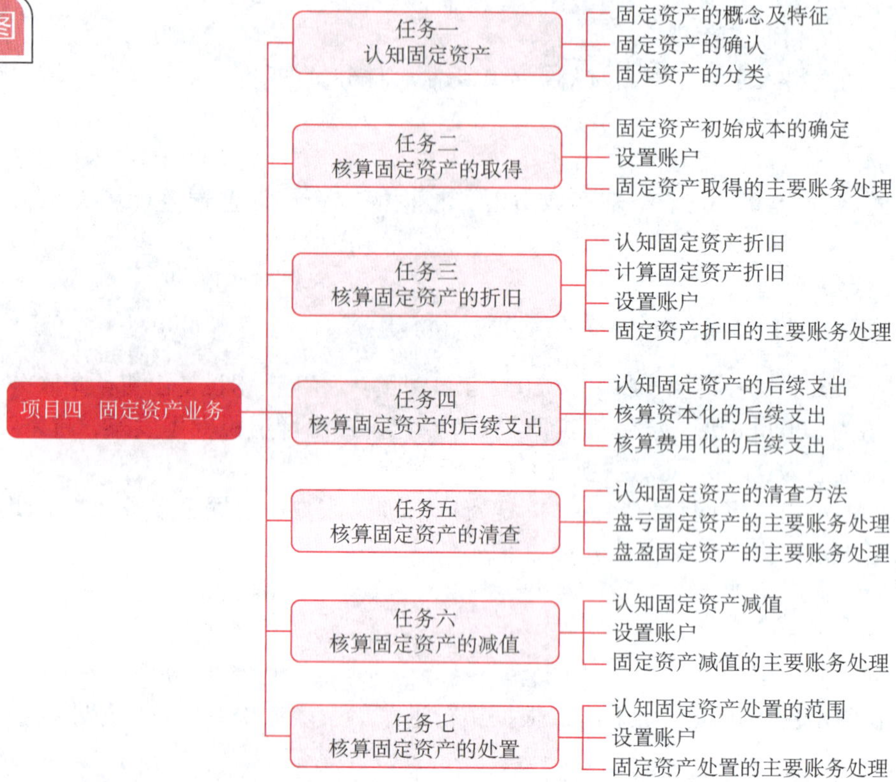

赛证融通测试题

不定项选择题

1. A 企业购入一台不需要安装的设备，取得的增值税专用发票上注明的设备价款为 50 万元，增值税税额为 6.5 万元，货物运输增值税专用发票上注明的运输费为 4 000 元，增值税税额为 360 元，该固定资产的成本是（　　）元。

A. 569 360　　B. 504 000

C. 510 500　　D. 504 360

2. 自行建造机器设备领用本企业生产的产品时，应编制的会计分录是（　　）。

A. 借：在建工程
　　贷：库存商品

B. 借：在建工程
　　贷：库存商品
　　　　应交税费——应交增值税（销项税额）

C. 借：在建工程
　　贷：库存商品

应交税费——应交增值税（进项税额转出）

D. 借：在建工程

贷：主营业务收入

应交税费——应交增值税（销项税额）

3. 固定资产的后续支出可能记入的账户是（　　）。

A.“管理费用”　　B.“在建工程”

C.“销售费用”　　D.“财务费用”

4. 甲企业对一项原值为 320 万元、已计提折旧 150 万元的固定资产进行改建，发生改建支出 185 万元，取得变价收入 15 万元。则改建后该项固定资产的入账价值是（　　）万元。

A. 340　　B. 355　　C. 490　　D. 505

5. 企业计提固定资产折旧时，下列各项会计分录中，正确的是（　　）。

A. 计提行政管理部门固定资产折旧：借记“管理费用”账户，贷记“累计折旧”账户

B. 计提生产车间固定资产折旧：借记“制造费用”账户，贷记“累计折旧”账户

C. 计提专设销售机构固定资产折旧：借记“销售费用”账户，贷记“累计折旧”账户

D. 计提不需用固定资产折旧：借记“管理费用”账户，贷记“累计折旧”账户

6. 下列各项固定资产的处置中，需要通过“固定资产清理”账户核算的是（　　）。

A. 报废、毁损固定资产　　B. 盘亏固定资产

C. 出售固定资产　　D. 对外捐赠转出固定资产

7. 公司进行盘点时，发现有一台使用中的机器设备未入账，该型号机器设备存在于活跃市场，市场价格为 800 万元，该机器为八成新。下列各项会计处理中，正确的是（　　）。

A. 贷记“待处理财产损溢”账户 800 万元

B. 贷记“以前年度损益调整”账户 800 万元

C. 贷记“待处理财产损溢”账户 640 万元

D. 贷记“以前年度损益调整”账户 640 万元

8. 下列各项关于可收回金额的表述中，正确的是（　　）。

A. 可收回金额应当根据资产的公允价值与资产预计未来现金流量的现值二者之间较高者确定

B. 可收回金额应当根据资产的公允价值减去处置费用后的净额与资产预计未来现金流量二者之间较高者确定

C. 可收回金额应当根据资产的公允价值减去处置费用后的净额与资产预计未来现金流量的现值二者之间较高者确定

D. 可收回金额应当根据资产的账面价值减去处置费用后的净额与资产预计未来现金流量的现值二者之间较高者确定

项目五
无形资产业务

项目导读

为适应后疫情时代医疗设备更新、智慧医院建设、医疗设备智能化的新变化，云康医疗器械公司计划研发和更新多项新型智能医疗器械产品，为此公司需要引入最新科学技术，开发智能程序，同时处置现有的过时技术。为抓住机遇，加快技术引进，公司计划同时通过外购、自行开发等多种渠道取得新技术。

你知道这些专利权、应用程序等属于企业的哪项资产吗？对这类资产如何分类管理？企业对于上述各类业务应设置哪些账户？如何进行账务处理？

思政课堂

资料内容

缙云县首笔排污权质押贷款落地，
“无形资产”成了“真金白银”

近日，缙云首笔排污权质押贷款落地，浙江五东阀门有限公司以排污权质押形式拿到了100万元贷款，并享受到了绿色信贷利率。

排污权质押贷款是指借款人以其拥有的排污权为质押物，向银行申请获得贷款的融资方式。区别于传统的质押模式，排污权质押贷款是对企业融资担保品的进一步丰富，可以将“无形资产”变为“真金白银”。排污权作为环境资源要素，相对于机器、厂房等看得见的资产，是无形资产，经价值评估后，可作为质押物去银行贷款。

为给企业纾困解难，丽水市生态环境局缙云分局联合中国人民银行缙云县支行、泰隆商业银行缙云支行对全县拥有排污权的企业进行摸底调查。在了解到浙江五东阀门有限公司有资金需求后，丽水市生态环境局缙云分局会同泰隆商业银行缙云支行主动上门为企业提供排污权质押贷款服务，详细介绍了排污权价值、排污权融资政策。最终，泰隆商业银行缙云支行以排污权质押模式为企业发放贷款100万元。

资料分析

绿水青山就是金山银山。排污权收储等排污权新政策，盘活企业生态资源权益资产，全面助推企业节能减排和绿色低碳转型。同时，排污权质押贷款的绿色贷款利率优惠，帮助企业节约了财务成本，将“环保数字”转化为“真金白银”。

（资料来源：谢佳俊，董浩，孙红菊，《丽水日报》，2023年2月1日第2版）

学习目标

知识目标

1. 熟悉无形资产的概念和分类；
2. 掌握无形资产取得的核算方法；
3. 掌握无形资产摊销的核算方法；
4. 掌握无形资产出租的核算方法；
5. 掌握无形资产处置的核算方法。

技能目标

1. 能正确管理无形资产；
2. 能严格审核无形资产业务单据；
3. 能正确编制记账凭证。

素质目标

1. 培养遵纪守法、坚持准则的职业道德；
2. 树立维权意识，培养保护自身权益的意识；
3. 培养创新精神，激发学生的创新动力。

任务一
认知无形资产

知识要点

企业在生产经营过程中，还有一部分非实物形态的资产在发挥着重要作用，如专利权、专有技术、商标等无形资产，它们同样能为企业带来经济利益，但是并非所有能为企业带来经济利益的非实物形态的资产都能确认为无形资产。

一、无形资产的概念及特征

无形资产是指企业拥有或控制的没有实物形态的可辨认非货币性资产。无形资产与其他资产相比具有以下三个主要特征。

（一）无形资产不具有实物形态

无形资产通常表现为拥有某种权利、技术或获取超额利润的综合能力，如土地使用权、非专利技术等。它们没有实物形态，却能够为企业带来经济利益，或使企业获取超额收益。

（二）无形资产具有可辨认性

资产满足下列条件之一的，符合无形资产定义中的可辨认性标准：

（1）能够从企业中分离或者划分出来，并能够单独或者与相关合同、资产或负债一起，用于出售、转让、授予许可、租赁或者交换。商誉由于无法与企业自身分离而存在，不具有可辨认性，所以不属于无形资产准则规定的无形资产。

（2）源自合同权利或其他法定权利，无论这些权利是否可以从企业或其他权利或义务中转移或者分离。

（三）无形资产属于非货币性资产

无形资产属于非货币性资产，且能够在多个会计期间为企业带来经济利益。无形资产的使用年限在一年以上，其价值将在各个受益期间逐渐摊销。

二、无形资产的分类

企业的无形资产主要包括专利权、非专利技术、商标权、著作权、土地使用权和特许权等。企业自创商誉以及内部产生的品牌等，因其成本无法明确区分，不应当确认为无形资产。

（一）专利权

专利权是指国家专利主管机关依法授予发明创造专利申请人对其发明创造在法定期限内所享有的专有权利，包括发明专利权、实用新型专利权和外观设计专利权。

（二）非专利技术

非专利技术即专有技术，是指先进的、未公开的、未申请专利的、可以带来经济效益的技术和诀窍。其主要包括工业专有技术、商业（贸易）专有技术和管理专有技术。非专利技术所有人需要依靠自我保密的方式来维持其独占权，也可以用于转让或投资。

（三）商标权

商标权是指专门在某类指定的商品和产品上使用特定的名称或图案的权利。商标权包括独占使用权和禁止使用权。商标经商标局核准注册后，成为注册商标，受法律保护。

（四）著作权

著作权又称版权，是指著作者或文艺作品创作者以及出版商依法享有的一定年限内发表、制作、出版和发行其作品的权利。著作权包括两方面的权利，即精神权利（人身权利）和经济权利（财产权利）。著作权受法律保护，未经著作权所有者许可或转让，他人不得占有和行使。

（五）土地使用权

土地使用权是指国家准许某企业在一定期间内对国有土地享有开发、利用、经营的权利。根据《中华人民共和国土地管理法》的规定，我国土地实行公有制，任何单位和个人只能拥有土地使用权。企业取得土地使用权的方式有以下几种：行政划拨取得、外购取得和投资者投入取得等。通常情况下，企业取得（如以缴纳土地出让金方式取得）的土地使用权、投资者投入的土地使用权作为无形资产核算。

（六）特许权

特许权又称经营特许权、专营权，是指企业在某一地区经营或销售某种特定商品的权利，或者是一家企业接受另一家企业使用其商标、商号、技术秘密等权利。特许权可以是政府授予的，如烟草专卖权等；也可以是某单位或个人授予的，如连锁分店使用总店的名称等。

任务二
核算无形资产的取得

知识要点

一、设置账户

为了反映和监督无形资产的取得情况，企业应当设置“无形资产”“研发支出”等账户进行核算。“无形资产”账户用于核算企业持有的无形资产。该账户应当按无形资产的项目设置明细账户进行明细核算。如图 5-1 所示。

无形资产

借方	贷方
取得无形资产的成本	处置无形资产时转出的账面余额
企业持有的无形资产的成本	

图 5-1 无形资产

“研发支出”账户核算企业进行研究与开发过程中发生的各项支出。该账户应当按照研发项目，分为“费用化支出”和“资本化支出”明细账户进行明细核算。如图 5-2 所示。

研发支出

借方	贷方
实际发生的研发支出	转为无形资产和管理费用的金额
企业正在进行的研究开发项目中满足资本化条件的支出	

图 5-2 研发支出

二、无形资产取得的主要账务处理

无形资产通常按实际成本计量，即以取得无形资产并使之达到预定用途而发生的全部支出作为无形资产的成本。对于不同来源的无形资产，其初始成本构成也不尽相同。

（一）外购的无形资产

外购的无形资产的成本包括购买价款、相关税费以及直接归属于使该项资产达到预定用途所发生的律师费、咨询费、公证费、鉴定费、注册登记费等其他支出。企业应根据购入无形资产的实际成本，借记“无形资产”“应交税费——应交增值税（进项税额）”账户，贷记“银行存款”等账户。

如果企业购买无形资产的价款超过正常信用条件延期支付，实质上具有融资性质，无形资产的成本应以购买价款的现值为基础确定。实际支付的价款与购买价款的现值之间的差额，除按照借款费用准则应予资本化的以外，应当在信用期间内计入当期财务费用。

（二）自行研究开发的无形资产

企业内部研究开发项目发生的支出，应当分为研究阶段支出与开发阶段支出，并判断开发阶段的支出是否符合资本化的条件。企业内部研究和开发无形资产，其研究阶段的支出全部费用化，计入当期损益（管理费用）；开发阶段的支出符合资本化条件的应资本化，不符合资本化条件的应计入当期损益（管理费用）。如果确实无法区分研究阶段的支出和开发阶段的支出，应将其所发生的研发支出全部费用化，计入当期损益。

企业自行开发无形资产发生的研发支出，不满足资本化条件的，借记“研发支出——费用化支出”账户，满足资本化条件的，借记“研发支出——资本化支出”账户，贷记“原材料”“银行存款”“应付职工薪酬”等账户。

研究开发项目达到预定用途形成无形资产的，应当按“研发支出——资本化支出”账户的余额，借记“无形资产”账户，贷记“研发支出——资本化支出”账户。期末，应将“研发支出——费用化支出”账户归集的金额转入“管理费用”账户，借记“管理费用”账户，贷记“研发支出——费用化支出”账户。

企业如果无法可靠区分研究阶段的支出和开发阶段的支出，应将发生的研发支出全部费用化，计入当期损益，记入“管理费用”账户的借方。

（三）投资者投入的无形资产

投资者投入的无形资产，应当按投资合同或协议约定的价值作为成本，但合同或协议约定价值不公允的除外。企业应根据接受投资的无形资产成本，借记“无形资产”“应交税费——应交增值税（进项税额）”账户，贷记“实收资本”“资本公积——资本溢价”等账户。

（四）土地使用权的初始计量

企业取得土地使用权通常应按取得时所支付的价款及相关税费确认为无形资产。土地使用权用于自行开发建造厂房等地上建筑物时，土地使用权的账面价值不与地上建筑物合并计算其成本，仍作为无形资产进行核算，土地使用权和地上建筑物分别进行摊销和计提折旧，但下列情况取得或拥有土地使用权不确认为无形资产：

（1）房地产开发企业取得的土地使用权用于建造对外出售的房屋建筑物，相关的土地使用权应当计入所建造的房屋建筑物成本。

（2）企业外购的房屋建筑物支付的价款中包括土地及建筑物的价值，应当对支付的价款按照合理的方法（如公允价值比例）在土地和地上建筑物之间进行分配；如果无法在地上建筑物与土地使用权之间进行合理分配，则确认为固定资产，并按固定资产确认计量规定进行处理。

（3）企业改变土地使用权的用途，将其用于出租或增值目的时，应将其账面价值转为投资性房地产。

任务实施

做中学 5-1 云康公司为提高其产品的智能化效果，从外部市场购入一项专利权。取得的增值税专用发票上注明价款为 500 万元，增值税税额为 30 万元。全部款项已通过银行转账支付，并取得专利权证书。

云康公司根据增值税专用发票、转账支票存根、专利权证书编制会计分录如下：

借：无形资产——专利权	5 000 000	
应交税费——应交增值税（进项税额）	300 000	
贷：银行存款		5 300 000

做中学 5-2 云康公司计划开发可穿戴智能设备，2023 年开发了一种新的应用程序软件。软件开发分三个阶段进行：第一阶段为市场调研阶段，从 2023 年 1 月至 4 月，主要是通过中介公司进行市场调查，本阶段发生的调研费用为 21.2 万元，其中 1.2 万元为进项税额。第二阶段为研究阶段，从 2023 年 5 月至 8 月，对产品进行可行性研究，并提出具体的开发产品的初步方案，本阶段发生了科研人员薪酬 100 万元，各种材料费用 80 万元，办公费用 20 万元，均不符合资本化确认条件。第三阶段为开发阶段，从 2023 年 9 月至 12 月，发生科研人员薪酬、各种材料费用等共 300 万元，均符合资本化确认条件，已转账支付。2024 年 1 月 1 日，经过评估，该程序可以投入使用。

（1）第一阶段发生的相关费用，根据转账支票存根、增值税专用发票编制会计分录如下：

借：研发支出——费用化支出	200 000	
应交税费——应交增值税（进项税额）	12 000	
贷：银行存款		212 000

期末结转：

借：管理费用	200 000	
贷：研发支出——费用化支出		200 000

（2）第二阶段发生的相关费用，根据工资费用分配表、领料单、转账支票存根编制会计分录如下：

借：研发支出——费用化支出	2 000 000	
贷：应付职工薪酬		1 000 000
原材料		800 000
银行存款		200 000

期末结转：

借：管理费用	2 000 000	
贷：研发支出——费用化支出		2 000 000

（3）第三阶段发生的相关费用，根据工资费用分配表、领料单、转账支票存根、评估报告编制会计分录如下：

借：研发支出——资本化支出　　3 000 000

　　贷：应付职工薪酬（原材料、银行存款等）　　3 000 000

2024 年 1 月 1 日编制会计分录如下：

借：无形资产——非专利技术　　3 000 000

　　贷：研发支出——资本化支出　　3 000 000

做中学 5-3　云康公司为提升公司的技术储备，2024 年 3 月决定接受甲公司投入的非专利技术，该非专利技术的含税价为 636 万元，其中增值税税额为 36 万元，已取得增值税专用发票。双方投资协议确认的该项投资金额为 636 万元。

2023 年 3 月，云康公司根据增值税专用发票、投资协议编制会计分录如下：

借：无形资产——非专利技术　　6 000 000

　　应交税费——应交增值税（进项税额）　　360 000

　　贷：实收资本　　6 360 000

任务三
核算无形资产的摊销与减值

知识要点

企业应当于取得无形资产时分析判断其使用寿命。如果能够合理预见无形资产为企业带来经济利益的期限，应视为使用寿命有限的无形资产。应对寿命有限的无形资产进行摊销。如果无法预见无形资产为企业带来经济利益的期限，应视为使用寿命不确定的无形资产。不对使用寿命不确定的无形资产进行摊销。若期末重新复核后使用寿命仍为不确定，则应当在每个会计期间进行减值测试。需要计提减值准备的，相应计提有关的减值准备。

一、无形资产的摊销

（一）使用寿命有限的无形资产

使用寿命有限的无形资产，应在其预计的使用寿命内采用系统合理的方法对其应摊销金额进行摊销。应摊销金额是指无形资产的成本扣除残值后的金额。已计提减值准备的无形资产还应扣除已计提的无形资产减值准备累计金额。

1. 无形资产摊销期的确定

无形资产的摊销期自其可供使用时（即其达到能够按管理层预定的方式运作所必须的状态）开始至终止确认时止。例如，企业以取得土地出让金的方式取得一块土地 50 年的使用权，如果企业准备持续持有，在 50 年内不计划出售，该土地使用权预期为企业带来经济利益的期间为 50 年，即摊销期为 50 年。

2. 无形资产的摊销方法

无形资产的摊销方法应反映与该项无形资产有关的经济利益的预期实现方式，可以采用平均年限法、工作量法、双倍余额递减法和年数总和法等。例如，受技术陈旧因素影响较大的专利权和专有技术等无形资产，可采用类似于固定资产加速折旧的方法进行摊销；有特定产量限制的特许经营权或专利权，应采用产量法进行摊销；无法可靠确定其经济利益预期实现方式的，应当采用平均年限法进行摊销。

3. 残值的确定

无形资产的残值一般为零，如果有第三方承诺在无形资产使用寿命结束时购买该无形资产，或可以根据活跃市场得到预计残值信息，并且该市场在无形资产使用寿命结束时很可能存在，则可以预计其净残值。例如，甲企业取得一项专利技术，法律保护期为 20 年，企业预计运用该专利生产的产品在未来 15 年内会为企业带来经济利益，乙企业向甲企业承诺在 5 年内以其取得之日公允价值的 60% 购买该专利权，从甲企业管理层目前的持有计划来看，准备在 5 年内将其出售给乙企业，因此，该专利技术应在 5 年内摊销，残值为该专利技术取得之日公允价值的 60%。

4. 无形资产使用寿命的复核

企业应当至少在每年年末对无形资产的使用寿命及未来经济利益的实现方式进行复核。无形资产的使用寿命及未来经济利益的实现方式与以前估计不同的，应当改变摊销期限和摊销方法。对使用寿命不确定的无形资产也要进行复核，如果有证据表明使用寿命不确定的无形资产，其使用寿命变为可确定的，应当估计其使用寿命并选择适当的方法对其成本进行摊销。

（二）设置账户

企业应当设置“累计摊销”账户核算对使用寿命有限的无形资产计提的累计摊销。该账户是“无形资产”的备抵调整账户。如图 5-3 所示。

借方　　　累计摊销	贷方
因处置无形资产等原因已计提累计摊销的转销额	企业计提的无形资产摊销的增加额
	企业无形资产的累计摊销额

图 5-3　累计摊销

（三）无形资产摊销的主要账务处理

企业按月计提无形资产摊销，借记“管理费用”“其他业务成本”等账户，贷记“累计摊销”账户。

二、无形资产的减值

由于无形资产具有高风险、高收益的特点，技术市场的激烈竞争、资产的市价大幅下跌、经营环境恶化等不确定因素，会导致资产闲置、陈旧或终止使用等问题，这些都是无形资产减值的迹象。企业应定期检查无形资产的账面价值是否低于可收回金额，考虑计提无形资产减值准备。使用寿命不确定的无形资产不予摊销，但应在会计期末进行减值测试。

（一）设置账户

企业无形资产发生减值的，应当设置“无形资产减值准备”账户进行核算。该账户是“无形资产”的备抵调整账户，属于资产类账户。如图 5-4 所示。

借方　　　无形资产减值准备	贷方
因处置无形资产已计提减值准备的转销额	无形资产发生的减值金额
	已计提但尚未转销的无形资产减值准备

图 5-4　无形资产减值准备

（二）无形资产减值的主要账务处理

无形资产在资产负债表日存在可能发生减值的迹象时，其可收回金额低于账面价值的，企业应当将该无形资产的账面价值减记至可收回金额，减记的金额确认为减值损失，借记“资产减值损失”账户，贷记“无形资产减值准备”账户。

无形资产减值损失一经确认，在以后会计期间不得转回。

任务实施

做中学 5-4 根据 **做中学 5-2** 资料，2024 年 1 月 1 日，云康公司将该应用程序作为非专利技术入账，投入产品生产使用。该应用程序估计使用寿命为 5 年，预计净残值为零，采用直线法摊销。

云康公司每月月末，根据无形资产摊销计算表编制会计分录如下：

借：制造费用　　50 000

　　贷：累计摊销　　50 000

做中学 5-5 2023 年 1 月 1 日，云康公司购入一项市场领先的畅销产品商标，成本为 3 000 万元，该商标按照法律规定还有 5 年的使用寿命，但是在保护期满时，公司每 10 年以较低的手续费申请延期，同时公司有充分的证据表明其有能力申请延期。此外，有关的调查表明，根据产品生命周期、市场竞争等方面情况综合判断，该商标将在不确定的期间内为企业带来现金流量，则该商标可视为使用寿命不确定的无形资产，在持有期间内不需要进行摊销。2023 年年底，公司对该商标进行减值测试，测试结果表明该商标已发生减值，公允价值为 2 000 万元。

（1）2023 年 1 月 1 日，根据商标注册证书和商标转让证明编制会计分录如下：

借：无形资产——商标权　　30 000 000

　　贷：银行存款　　30 000 000

（2）2023 年 12 月 31 日，根据无形资产减值计算表编制会计分录如下：

借：资产减值损失　　10 000 000

　　贷：无形资产减值准备——商标权　　10 000 000

任务四
核算无形资产的处置

知识要点

无形资产的处置主要是指无形资产出售、对外出租、对外捐赠，或者其无法为企业带来未来经济利益时，应予以转销并终止确认。

一、无形资产的出售

无形资产的出售是指将无形资产的所有权转让给他人。

企业出售无形资产时，应将出售所得的价款扣除相关税费和该项无形资产账面价值后的差额确认为资产处置损益。企业出售无形资产时，按实际收到或应收到的价款，借记“银行存款”或“其他应收款”等账户，按已计提的累计摊销额，借记“累计摊销”账户，按实际支付相关费用的可抵扣进项税额，借记“应交税费——应交增值税（进项税额）”账户，按实际支付的相关费用，贷记“银行存款”等账户，按无形资产的账面余额，贷记“无形资产”账户，按开具的增值税专用发票上注明的增值税销项税额，贷记“应交税费——应交增值税（销项税额）”账户，按其差额，借记或贷记“资产处置损益”账户。已计提减值准备的，还应同时结转减值准备，借记“无形资产减值准备”账户。

二、无形资产的出租

无形资产的出租是指将无形资产的使用权让渡给他人并收取租金，属于日常经营活动。

企业出租无形资产取得收入时，借记“银行存款”等账户，贷记“其他业务收入”“应交税费——应交增值税（销项税额）”账户；企业在出租无形资产的过程中，发生的律师费、咨询费等费用由取得的租金收入来补偿；支付费用时，借记“其他业务成本”账户，贷记“银行存款”等账户。

企业出租无形资产之后，无形资产价值的摊销一般有以下几种方法：

（1）全部计入其他业务成本，由取得的收入来补偿。如果出租之后企业不再使用该无形资产，按照配比原则，其摊销价值应计入其他业务成本。摊销时，借记“其他业务成本”账户，贷记“累计摊销”账户。

（2）一部分计入其他业务成本，由取得的出租收入来补偿，另一部分计入管理费用。如果出租之后企业仍在使用该无形资产，按照配比原则，其摊销价值按照一定的标准进行分配，一部分计入其他业务成本，由出租收入来补偿，另一部分计入管理费用。摊销时，借记“其他业务成本”“管理费用”账户，贷记“累计摊销”账户。

（3）全部计入管理费用。如果出租后企业仍在使用该无形资产，且出租收入所占比例很小，按照重要性原则，可以将无形资产的摊销价值全部计入管理费用。

三、无形资产的报废

如果无形资产由于已被其他新技术所代替或不受法律保护等原因，预期不能为企业带来经济利益，不再符合无形资产的定义，应将其报废并予以转销。

无形资产报废时，应按已计提的累计摊销额，借记“累计摊销”账户，按已计提的减值准备，借记“无形资产减值准备”账户，按该无形资产账户余额，贷记“无形资产”账户，按其差额，借记“营业外支出”账户。

任务实施

做中学 5-6 云康公司出售一项专利权，开具的增值税专用发票注明的价款为 10 万元，增值税税额为 0.6 万元，全部款项已收到。该专利权的成本为 20 万元，累计摊销额为 5 万元，已计提减值准备 2 万元。

云康公司根据转让协议、增值税专用发票和银行进账单编制会计分录如下：

借：银行存款	106 000	
无形资产减值准备	20 000	
累计摊销	50 000	
资产处置损益	30 000	
贷：无形资产——专利权		200 000
应交税费——应交增值税（销项税额）		6 000

做中学 5-7 2024 年 1 月 1 日，云康公司将一项专利技术出租给甲公司使用，该专利技术账面余额为 600 万元，摊销期限为 10 年，预计净残值为零。出租合同规定，承租方甲公司每销售一件用该专利生产的产品，必须付给云康公司 1 万元（不含税）专利技术使用费。甲公司 2023 年 1 月销售该产品 10 件，当月月末云康公司收到全部款项。

2024 年 1 月，云康公司根据租赁合同、增值税专用发票和银行进账单编制会计分录如下：

借：银行存款	106 000	
贷：其他业务收入		100 000
应交税费——应交增值税（销项税额）		6 000
借：其他业务成本	50 000	
贷：累计摊销		50 000

做中学 5-8 云康公司的某项非专利技术账面余额为 300 万元，摊销期限为 10 年，采用直线法摊销，已计提摊销 150 万元，已计提减值准备 80 万元，今年用其生产的产品没有市场，应予以转销，该项专利权的预计净残值为零，不考虑其他因素。

云康公司根据无形资产申请报废单编制会计分录如下：

借：累计摊销 1 500 000
　　无形资产减值准备 800 000
　　营业外支出——无形资产处置损失 700 000
　　贷：无形资产——专利权 3 000 000

知识拓展

1. 研究阶段与开发阶段的划分

内部研究开发项目的研究阶段是指为获得新的科学或技术知识并理解它们而进行的具有独创性的有计划调查。研究阶段属于探索性的过程，是为了下一步的开发活动进行资料及相关方面的准备。从已经进行的研究活动看，将来是否能转入开发，或开发后是否会形成无形资产等具有较大的不确定性。因此，企业内部研究开发项目研究阶段的支出应当于发生时计入当期损益。

内部研究开发项目的开发阶段是指将研究成果或其他知识应用于某些计划或设计，以生产出新的或具有实质性改进的材料、装置、产品等。

2. 资本化条件

由于开发阶段在很大程度上形成一项新产品或新技术的基本条件已经具备，内部研究开发项目开发阶段的支出同时满足下列条件时才能确认为无形资产：

（1）从技术上来说，完成该无形资产以使其能够使用或出售具有可行性。例如，企业已完成了全部计划、设计和测试活动，这些活动是使资产能够达到设计规划书中的功能、特征和技术所必需的活动，或经过专家鉴定等。

（2）具有完成该无形资产并使用或出售的意图。

（3）无形资产产生经济利益的方式，包括能够证明运用该无形资产生产的产品存在市场或无形资产自身存在市场，无形资产在内部使用的，应当证明其有用性。

（4）有足够的技术、财务资源和其他资源支持，以完成无形资产的开发，并有能力使用或出售该无形资产。

（5）归属于该无形资产开发阶段的支出能够可靠计量。企业对于研究开发的支出应当能够单独核算。同时从事多项研究开发活动的，所发生的支出能够按照合理的标准在各项研究开发活动之间进行分配。研发支出无法明确分配的，应当计入当期损益，不计入开发活动的成本。

思维导图

- 项目五 无形资产
  - 任务一 认知无形资产
    - 无形资产的概念及特征
    - 无形资产的分类
  - 任务二 核算无形资产的取得
    - 设置账户
    - 无形资产取得的主要账务处理
  - 任务三 核算无形资产的摊销与减值
    - 无形资产的摊销
    - 无形资产的减值
  - 任务四 核算无形资产的处置
    - 无形资产的出售
    - 无形资产的出租
    - 无形资产的报废

赛证融通测试题

不定项选择题

1. 甲公司自行研发非专利技术，共发生支出 350 万元。其中，研究阶段发生支出 150 万元；开发阶段发生支出 200 万元，符合资本化条件的支出 160 万元。不考虑其他因素，该研发活动应计入当期损益的金额为（　　）万元。

A. 40　　B. 160　　C. 190　　D. 200

2. 甲公司自行研究开发一项技术，共发生研发支出 450 万元。其中，研究阶段发生职工薪酬 100 万元，专用设备折旧费用 50 万元；开发阶段满足资本化条件支出 300 万元，增值税专用发票上注明的增值税税额为 39 万元。开发阶段结束，研究开发项目达到预定用途形成无形资产。不考虑其他因素，下列各项中，关于该企业研发支出会计处理的表述正确的是（　　）。

A. 确认管理费用 150 万元，确认无形资产 300 万元
B. 确认管理费用 150 万元，确认无形资产 339 万元
C. 确认管理费用 100 万元，确认无形资产 350 万元
D. 确认管理费用 189 万元，确认无形资产 300 万元

3. 甲公司将其自行开发完成的管理软件出租给乙公司，每年收取使用费 18 万元（不含增值税），双方约定租赁期限为 5 年，该软件的总成本为 60 万元，甲公司采用直线法按月计提摊销。不考虑其他因素，甲公司对该软件计提累计摊销应编制的会计分录是（　　）。

A. 借：其他业务成本	15 000	
贷：累计摊销		15 000
B. 借：管理费用	15 000	
贷：累计摊销		15 000
C. 借：其他业务成本	10 000	
贷：累计摊销		10 000
D. 借：管理费用	10 000	

贷：累计摊销 10 000

4. 甲公司为增值税一般纳税人，现将一项专利权转让给乙公司，开具的增值税专用发票上注明的价款为 20 万元，增值税税额为 1.2 万元，该专利权成本为 15 万元，已计提的累计摊销金额为 6 万元。不考虑其他因素，转让该项专利权应确认的处置净损益为（ ）万元。

A. 5 B. 11 C. 14 D. 15.2

5. 甲公司某项特许使用权的原值为 500 万元，累计摊销 300 万元，已计提减值准备 20 万元。2023 年年末复核后确认其预计尚可使用年限为 5 年，预计净残值为零，采用直线法摊销。不考虑其他因素，2024 年甲公司该项特许使用权应摊销的金额为（ ）万元。

A. 36 B. 40 C. 180 D. 200

项目六
投资性房地产业务

项目导读

云康医疗器械公司在郊区和市区拥有多项房地产，市中心房产为公司自用，郊区房产已经出租。随着公司业务发展，智能医疗器械产品的研发和厂房的改扩建均需要大量资金，公司决定从市区迁至郊区，因此将收回郊区已出租的房产，同时出租市区房产，以获取更高的租金收入。

你知道企业对自用房地产和出租房地产的核算有何区别吗？当房地产用途改变时是否需要重新核算？企业对于上述各类业务应设置哪些账户？如何进行账务处理？

思政课堂

资料内容

探路"租购并举" 房企深度布局住房租赁市场

2023年1月中旬，万科公告称，其与中国建设银行将共同投资设立"建万（北京）住房租赁投资基金（有限合伙）"（以下简称"建万住房租赁基金"），规模为100亿元，用于投资收购房企存量长租公寓资产。万科董事会主席郁亮表示，"租购并举"、发展租赁住房对社会及企业而言具有重要意义。租赁住房独有的经营管理特点，决定了该领域的深入推进需要各个市场主体的通力合作。

值得注意的是，自党的二十大报告再次强调"租购并举"以来，多方积极响应，住房租赁建设提速。2023年1月10日，中国人民银行、银保监会召开的2023年首场主要银行信贷工作座谈会提到，加大住房租赁金融支持，做好新市民、青年人等住房金融服务，推动加快建立"租购并举"住房制度。

盘活长租公寓存量资产，万科寻觅新路径

建万住房租赁基金坚持投资于住房租赁基本定位，主要投资于万科及其关联方持有的自持住宅、存量商办物业等存量资产，同时投资于其他房企持有的具有投资价值的存量资产，用于租赁住房。万科表示，参与投资建万住房租赁基金是公司践行"城市建设服务商"的战略定位，落实国家"租购并举"政策的重要举措。此次投资，有助于盘活公司长租公寓存量资产，进一步扩大长租公寓业务管理规模。

回溯万科长租公寓业务的发展历程，从2007年广州万汇楼（廉租房项目）的面世，到2014年正式进入住房租赁领域，再到2016年创建"泊寓"品牌，万科落地实践"租购并举"已有10余年。但从本质上而言，长租公寓更是一门生意，最终能否实现盈利考验企业的融资、运营等能力。

住房租赁建设提速，助力群众"住有所居"

住房和城乡建设部数据显示，"十四五"期间，全国40个重点城市计划筹集建设保障性租赁住房650万套（间），预计可解决近2 000万新市民、青年人的住房困难问题。2021年至2022年全国建设筹集330万套（间）保障性租赁房。

中信证券发布的研报指出，预计到2030年，我国住宅总租金规模将超过4万亿元，其中，机构化租赁房源的市场容量将超过8 000亿元。保障性租赁住房成为改革重点，其以让渡土地红利、引入存量房转为其他用途机制的方式，切实改变了住房租赁租金回报率极低的现状，开创只租不售、回报率符合市场要求的底层资产。

资料分析

党的二十大报告提出，"坚持房子是用来住的、不是用来炒的定位，加快建立多主体供给、多渠道保障、租购并举的住房制度。"发展住房租赁市场，是实现"租购并举"住房制度的重要路径，也是探索房地产新模式的重要方向。随着住房租赁需求的逐步扩大，住房租赁市场也将迎来快速发展期，为开发企业、运营企业、装饰装修企业、金融机构等提供了新的发展机遇。

（资料来源：陈婷，赵毅，《中国经营报》，2023年2月6日第15版）

学习目标

知识目标

1. 熟悉投资性房地产的概念和内容；
2. 掌握投资性房地产取得的核算方法；
3. 掌握成本模式下投资性房地产后续计量的核算方法；
4. 掌握公允价值模式下投资性房地产后续计量的核算方法；
5. 掌握投资性房地产处置的核算方法。

技能目标

1. 能区分投资性房地产与其他资产；
2. 能正确选择投资性房地产的计量模式；
3. 能正确编制记账凭证。

素质目标

1. 培养遵纪守法、坚持准则的职业道德；
2. 培育学生的综合分析能力与实践操作技能。

任务一 认知投资性房地产

知识要点

一、投资性房地产的概念及特征

投资性房地产是指为赚取租金或资本增值，或二者兼有而持有的房地产，包括已出租的土地使用权、持有并准备增值后转让的土地使用权、已出租的建筑物。资本增值是指资产负债表日投资性房地产的价值减去转作或购置时的价值或价格后增加或损失的价值。投资性房地产应当能够单独计量和出售。投资性房地产具有以下特征。

（一）投资性房地产是一种经营性活动

投资性房地产的主要形式是出租建筑物、出租土地使用权，这实质上属于一种让渡资产使用权行为。房地产租金就是让渡资产使用权取得的使用费收入，是企业为完成其经营目标所从事的经营性活动以及与之相关的其他活动形成的经济利益总流入。投资性房地产的另一种形式是持有并准备增值后转让的土地使用权，尽管其增值收益通常与市场供求、经济发展等因素相关，但目的是增值后转让以赚取增值收益，也是企业为完成其经营目标所从事的经营性活动以及与之相关的其他活动形成的经济利益总流入。

（二）投资性房地产在用途、状态、目的等方面区别于作为生产经营场所的房地产和用于销售的房地产

企业持有的房地产除了用于日常生产经营活动和对外销售之外，还可以将其用于赚取租金或增值收益，因此需要将此类房地产与自用的厂房、办公楼等房地产和作为存货（已建完工商品房）的房地产加以区别，单独作为一项资产核算和反映，从而更加清晰地反映企业所持有房地产的构成情况和盈利能力。

二、投资性房地产的内容

（一）已出租的土地使用权

已出租的土地使用权是指企业通过出让或转让方式取得并以经营租赁方式出租的土地使用权。

（二）持有并准备增值后转让的土地使用权

持有并准备增值后转让的土地使用权是指企业通过出让或转让方式取得的并准备增值后转让的土地使用权。按照国家有关规定认定的闲置土地，不属于持有并准备增值后转让的土地使用权。

（三）已出租的建筑物

已出租的建筑物是指企业拥有产权并以经营租赁方式出租的建筑物，包括自行建造或开发活动完成后用于出租的建筑物。企业将建筑物出租，按租赁协议向承租人提供的相关辅助服务在整个协议中不重大的，如企业将办公楼出租并向承租人提供保安、维修等辅助服务，应当将该建筑物确认为投资性房地产。

某项房地产，部分用于赚取租金或资本增值，部分用于生产商品、提供劳务或经营管理，能够单独计量和出售的、用于赚取租金或资本增值的部分，应当确认为投资性房地产；不能够单独计量和出售的、用于赚取租金或资本增值的部分，不确认为投资性房地产。

企业自用房地产和作为存货的房地产不属于投资性房地产。例如，企业拥有并自行经营的旅馆、饭店，其经营目的主要是通过提供服务赚取服务收入，该旅馆、饭店不确认为投资性房地产。

任务二

核算投资性房地产的取得

知识要点

投资性房地产在符合其定义的前提下，需要同时满足以下条件才能予以确认：

（1）与该投资性房地产有关的经济利益很可能流入企业，即有证据表明企业能够获取租金或资本增值，或二者兼而有之。

（2）该投资性房地产的成本能够可靠地计量。

投资性房地产取得时，应当按照成本进行计量。

投资性房地产满足确认条件的同时，应注意其确认时点：

（1）已出租的土地使用权、已出租的建筑物，其作为投资性房地产的确认时点一般为租赁期开始日，即土地使用权、建筑物进入出租状态，开始赚取租金的日期。对于企业持有以备经营出租的空置建筑物，董事会或类似机构作出书面决议，明确表明将其用于经营出租且持有意图短期内不再发生变化的，即使尚未签订租赁协议，也应视为投资性房地产。

（2）持有并准备增值后转让的土地使用权，其作为投资性房地产的确认时点为企业将自用土地使用权停止自用、准备增值后转让的日期。

一、设置账户

企业投资性房地产的后续计量分为成本模式和公允价值模式，在两种模式下账户的设置略有区别。

采用成本模式进行后续计量的，企业应设置“投资性房地产”账户，核算其实际成本及增减变化。该账户按具体项目设置明细账户进行明细核算。如图 6-1 所示。

借方　　　　投资性房地产　　　　贷方

投资性房地产实际成本的增加	投资性房地产实际成本的减少
实际持有的投资性房地产	

图 6-1　投资性房地产

采用公允价值模式进行后续计量的，“投资性房地产”账户包含“投资性房地产——成本”和“投资性房地产——公允价值变动”等明细账户，企业应通过“投资性房地产——成本”明细账户核算其实际成本及其增减变化。如图 6-2 所示。

借方 投资性房地产——成本	贷方
投资性房地产实际成本的增加	投资性房地产实际成本的减少
实际持有的投资性房地产	

图 6-2 投资性房地产——成本

二、投资性房地产取得的主要账务处理

企业取得投资性房地产，采用成本模式或公允价值模式均应按照取得时的实际成本核算。

（一）外购的投资性房地产

企业外购的土地使用权和建筑物，按取得时的实际成本进行初始计量，借记“投资性房地产”或“投资性房地产——成本”账户，贷记“银行存款”等账户。取得时的实际成本包括购买价款、相关税费和可直接归属于该资产的其他支出。

企业购入的房地产，部分用于出租（或资本增值）、部分自用，用于出租（或资本增值）的部分应当予以单独确认的，应按不同部分的公允价值占公允价值总额的比例将成本在不同部分之间进行分配。

（二）自行建造的投资性房地产

在成本模式下，自行建造的投资性房地产，其成本由建造该项资产达到预定可使用状态前发生的必要支出构成，包括土地开发费、建筑成本、安装成本、应予以资本化的借款费用、支付的其他费用和分摊的间接费用等。建造过程中发生的非正常性损失直接计入当期损益，不计入建造成本。按建造过程中发生的成本，借记“投资性房地产”账户，贷记“银行存款”等账户。

任务实施

做中学 6-1 2024 年 3 月，云康公司计划购入一栋写字楼用于对外出租。3 月 30 日，与甲公司签订了经营租赁合同，约定自写字楼购买日起将该栋写字楼出租给甲公司，租赁期为 3 年。4 月 10 日，实际购入写字楼，支付价款共计 2 180 万元。云康公司采用成本模式核算投资性房地产，不考虑其他因素。

4 月 10 日，根据购房合同、增值税专用发票、转账支票存根、租赁合同编制会计分录如下：

借：投资性房地产——写字楼　　20 000 000
　　应交税费——应交增值税（进项税额）　　1 800 000
　　贷：银行存款　　21 800 000

做中学 6-2　2023 年 6 月，云康公司从其他单位购入一块使用年限为 50 年的土地并在此土地上开始自行建造两栋厂房。2024 年 1 月，云康公司预计厂房即将完工，与乙公司签订了租赁合同，将其中的一栋厂房租赁给乙公司使用。合同约定于厂房完工交付使用时起租，租赁期为 6 年，每年年末支付租金 120 万元（不含税）。2024 年 2 月 10 日，两栋厂房同时完工达到预定可使用状态并交付使用，每栋厂房的建造成本为 600 万元。暂不考虑土地使用权的核算，云康公司采用成本模式核算投资性房地产。

2024 年 2 月 10 日，根据验收报告、租赁合同编制会计分录如下：

借：固定资产——厂房　　6 000 000
　　投资性房地产——厂房　　6 000 000
　　贷：在建工程——厂房　　12 000 000

任务三 在成本模式下核算投资性房地产

知识要点

在成本模式下，投资性房地产的初始计量和后续计量均采用实际成本进行核算，外购、自行建造等按初始购置或自行建造的实际成本计量，后续发生符合资本化条件的支出计入账面成本，后续计量按固定资产或无形资产的相关规定按期计提折旧或摊销，资产负债表日发生减值的，计提减值准备。

一、设置账户

采用成本模式计量，企业应设置“投资性房地产累计折旧（摊销）”账户和“投资性房地产减值准备”。

“投资性房地产累计折旧（摊销）”账户，核算企业对投资性房地产计提的累计折旧（摊销），是“投资性房地产”账户的备抵调整账户，属于资产类账户，但其结构与一般资产账户的结构相反。该账户一般按照投资性房地产类别进行明细核算。如图 6-3 所示。

借方 投资性房地产累计折旧（摊销）	贷方
投资性房地产累计折旧（摊销）的减少额或转销额	投资性房地产累计折旧（摊销）的增加额
	投资性房地产的累计折旧（摊销）额

图 6-3　投资性房地产累计折旧（摊销）

“投资性房地产减值准备”账户，核算投资性房地产的减值准备，也是“投资性房地产”账户的备抵调整账户，属于资产类账户，结构与一般资产账户的结构相反。如图 6-4 所示。

二、投资性房地产的主要账务处理

在成本模式下，应当按照投资性房地产的实际成本进行计量，遵循以下会计处理规定：

（1）按照固定资产或无形资产的有关规定，按期（月）计提折旧或摊销，借记“其他

借方	投资性房地产减值准备　　贷方
因转换或处置投资性房地产已计提减值准备的转销额	投资性房地产发生的减值金额
	已计提但尚未转销的投资性房地产减值准备

图 6-4　投资性房地产减值准备

业务成本”等账户，贷记“投资性房地产累计折旧”或“投资性房地产累计摊销”账户。投资性房地产的折旧或摊销与固定资产或无形资产的相关规定一致，即当期增加的投资性房地产（建筑物）当期不计提折旧，当期减少的投资性房地产（建筑物）当期仍计提折旧；当期增加的投资性房地产（土地使用权）当期开始摊销，当期减少的投资性房地产（土地使用权）当期停止摊销。

（2）取得的租金收入，借记“银行存款”等账户，贷记“其他业务收入”“应交税费——应交增值税（销项税额）”等账户。

（3）投资性房地产存在减值迹象的，适用资产减值的有关规定。经减值测试后确定发生减值的，应当计提减值准备，借记“资产减值损失”账户，贷记“投资性房地产减值准备”账户。已经计提减值准备的投资性房地产，其减值损失在以后的会计期间不得转回。

任务实施

做中学 6-3　根据 **做中学 6-2** 资料，云康公司按月计提投资性房地产折旧。预计出租的厂房使用寿命为 20 年，预计净残值为零。按照年限平均法计提折旧。

（1）每月应计提投资性房地产累计折旧 2.5（600 ÷ 20 ÷ 12）万元。根据折旧、摊销计算表编制会计分录如下：

借：其他业务成本——出租厂房折旧　　25 000
　　贷：投资性房地产累计折旧　　25 000

（2）每月确认应收租金收入 10（120 ÷ 12）万元。根据租赁合同、增值税专用发票编制会计分录如下：

借：其他应收款——应收租金　　109 000
　　贷：其他业务收入　　100 000
　　　　应交税费——应交增值税（销项税额）　　9 000

任务四
在公允价值模式下核算投资性房地产

知识要点

在公允价值模式下，投资性房地产初始计量采用实际成本核算，后续计量按投资性房地产的公允价值核算。

企业只有在存在确凿证据表明投资性房地产的公允价值能够持续可靠取得的情况下，才可以采用公允价值模式对投资性房地产进行后续计量。企业一旦选择采用公允价值计量模式，就应当对其所有投资性房地产均采用公允价值模式进行后续计量。

采用公允价值模式进行后续计量的投资性房地产，应当同时满足以下两个条件：

（1）投资性房地产所在地有活跃的房地产交易市场。所在地通常指投资性房地产所在的城市。对于大中型城市，所在地应当为投资性房地产所在的城区。

（2）企业能够从活跃的房地产交易市场上取得同类或类似房地产的市场价格及其他相关信息，从而对投资性房地产的公允价值作出合理的估计。

对建筑物而言，同类或类似的房地产是指所处地理位置和地理环境相同、性质相同、结构类型相同或相近、新旧程度相同或相近、可使用状况相同或相近的建筑物；对土地使用权而言，同类或类似的房地产是指同一位置区域、所处地理环境相同或相近、可使用状况相同或相近的土地。

一、设置账户

采用公允价值模式计量，企业应设置“投资性房地产——公允价值变动”明细账户及“公允价值变动损益”账户，核算投资性房地产的公允价值变动以及由公允价值变动产生的损益。如图 6-5 所示。

二、投资性房地产的主要账务处理

在公允价值模式下，投资性房地产应当遵循以下会计处理规定：

（1）不对投资性房地产计提折旧或摊销。资产负债表日，投资性房地产的公允价值高于原账面价值的金额，借记“投资性房地产——公允价值变动”账户，贷记“公允价值变

投资性房地产——公允价值变动

借方	贷方
投资性房地产公允价值的增加或转销	投资性房地产公允价值的减少或转销
投资性房地产累计公允价值增加	投资性房地产累计公允价值减少

图 6-5　投资性房地产——公允价值变动

动损益”账户；公允价值低于原账面价值的金额，作相反的账务处理。

（2）取得的租金收入，借记“银行存款”等账户，贷记“其他业务收入”“应交税费——应交增值税（销项税额）”等账户。

（3）成本模式转为公允价值模式。成本模式转为公允价值模式的，应当作为会计政策变更处理，按计量模式变更时公允价值与账面价值的差额调整期初留存收益。企业变更投资性房地产计量模式的，应当按计量模式变更日投资性房地产的公允价值，借记“投资性房地产——成本”账户，按已计提的折旧或摊销，借记“投资性房地产累计折旧”或“投资性房地产累计摊销”账户，原已计提减值准备的，借记“投资性房地产减值准备”账户，按其原账面余额，贷记“投资性房地产”账户，按公允价值与账面价值之间的差额调整期初留存收益。

已采用公允价值模式计量的投资性房地产，不得从公允价值模式转为成本模式。

任务实施

做中学 6-4　根据 **做中学 6-1** 资料，假设云康医疗器械公司购入的写字楼的所在区域有活跃的房地产交易市场，而且能够从房地产市场上获得同类房地产的市场报价，云康公司采用公允价值模式对该项出租房地产进行后续计量。2024 年 6 月 30 日，该写字楼的公允价值为 2 200 万元。

2024 年 6 月 30 日，云康公司根据公允价值变动表编制会计分录如下：

借：投资性房地产——公允价值变动　　　　2 000 000

　　贷：公允价值变动损益　　　　　　　　　2 000 000

任务五 核算投资性房地产的转换与处置

知识要点

一、投资性房地产的转换

投资性房地产的转换是指房地产用途的变更。企业有确凿证据表明房地产用途发生改变，满足下列条件之一的，才应当将投资性房地产转换为其他资产或者将其他资产转换为投资性房地产：

（1）投资性房地产开始自用，即将投资性房地产转为自用房地产。在这种情况下，转换日为房地产达到自用状态，企业开始将其用于生产商品、提供劳务或者经营管理的日期。

（2）作为存货的房地产改为出租，通常指房地产开发企业将其持有的开发产品以经营租赁的方式出租，存货相应地转换为投资性房地产。在这种情况下，转换日为房地产的租赁期开始日。

（3）自用建筑物停止自用，改为出租，即企业将原本用于生产商品、提供劳务或者经营管理的房地产改用于出租，固定资产相应地转换为投资性房地产。在这种情况下，转换日为租赁期开始日。

（4）自用土地使用权停止自用，改用于赚取租金或资本增值，即企业将原本用于生产商品、提供劳务或者经营管理的土地使用权改用于赚取租金或资本增值，该土地使用权相应地转换为投资性房地产。在这种情况下，转换日为自用土地使用权停止自用后确定用于赚取租金或资本增值的日期。

（5）有确凿证据表明房地产企业将用于经营出租的房地产重新开发用于对外销售，从投资性房地产转为存货。在这种情况下，转换日为租赁期满，企业董事会或类似机构作出书面决议明确表明将其重新开发用于对外销售的日期。

以上所指确凿证据包括两个方面：一是企业董事会或类似机构应当就改变房地产用途作出正式的书面决议；二是房地产因用途改变而发生实际状态上的改变，如从自用状态改为出租状态。

（一）成本模式下的转换

1. 投资性房地产转换为自用房地产

企业将采用成本模式计量的投资性房地产转换为自用房地产时，应当按该项投资性房地产在转换日的账面余额、累计折旧或摊销、减值准备等，分别转入“固定资产”“无形资产”“累计折旧”“累计摊销”“固定资产减值准备”“无形资产减值准备”等账户，按其账面余额，借记“固定资产”或“无形资产”账户，贷记“投资性房地产”账户，按已计提的折旧或摊销，借记“投资性房地产累计折旧”或“投资性房地产累计摊销”账户，贷记“累计折旧”或“累计推销”账户，原已计提减值准备的，借记“投资性房地产减值准备”账户，贷记“固定资产减值准备”或“无形资产减值准备”账户。

2. 投资性房地产转换为存货

企业将采用成本模式计量的投资性房地产转换为存货时，应当按该项投资性房地产在转换日的账面价值，借记“开发产品”账户，按已计提的折旧或摊销，借记“投资性房地产累计折旧”或“投资性房地产累计摊销”账户，原已计提减值准备的，借记“投资性房地产减值准备”账户，按其账面余额，贷记“投资性房地产”账户。

3. 自用房地产转换为投资性房地产

企业将自用土地使用权或建筑物转换为采用成本模式计量的投资性房地产时，应当按该项建筑物或土地使用权在转换日的原价、累计折旧或摊销、减值准备等，分别转入“投资性房地产”“投资性房地产累计折旧”或“投资性房地产累计摊销”“投资性房地产减值准备”账户，按其账面余额，借记“投资性房地产”账户，贷记“固定资产”或“无形资产”账户，按已计提的折旧或摊销，借记“累计折旧”或“累计摊销”账户，贷记“投资性房地产累计折旧”或“投资性房地产累计摊销”账户；原已计提减值准备的，借记“固定资产减值准备”或“无形资产减值准备”账户，贷记“投资性房地产减值准备”账户。

4. 作为存货的房地产转换为投资性房地产

企业将作为存货的房地产转换为采用成本模式计量的投资性房地产时，应当按该项存货在转换日的账面价值，借记“投资性房地产”账户。原已计提跌价准备的，借记“存货跌价准备”账户，按其账面余额，贷记“开发产品”等账户。

（二）公允价值模式下的转换

1. 投资性房地产转换为自用房地产

企业将采用公允价值模式计量的投资性房地产转换为自用房地产时，应当以其转换当日的公允价值作为自用房地产的账面价值，按该项投资性房地产的公允价值，借记“固定资产”或“无形资产”账户，按该项投资性房地产的成本，贷记“投资性房地产——成本”账户，按该项投资性房地产的累计公允价值变动，贷记或借记“投资性房地产公允价值变动”账户，按其差额，贷记或借记“公允价值变动损益”账户。

2. 投资性房地产转换为存货

企业将采用公允价值模式计量的投资性房地产转换为存货时，应当以其转换当日的公允价值作为存货的账面价值，按该项投资性房地产的公允价值，借记“开发产品”等账户，按该项投资性房地产的成本，贷记“投资性房地产——成本”账户，按该项投资性房地产的累计公允价值变动，贷记或借记“投资性房地产——公允价值变动”账户，按其差额，贷记或借记“公允价值变动损益”账户。

3. 自用房地产转换为投资性房地产

企业将自用土地使用权或建筑物转换为采用公允价值模式计量的投资性房地产时，应当按该项土地使用权或建筑物在转换日的公允价值，借记“投资性房地产——成本”账户，按已计提的累计摊销或累计折旧，借记“累计摊销”或“累计折旧”账户；原已计提减值准备的，借记“无形资产减值准备”“固定资产减值准备”账户，按其账面余额，贷记“固定资产”或“无形资产”账户。转换日公允价值小于账面价值的，按其差额，借记“公允价值变动损益”账户；转换日公允价值大于账面价值的，按其差额，贷记“其他综合收益”账户。处置该项投资性房地产时，因转换计入其他综合收益的部分应转入当期损益。

4. 作为存货的房地产转换为投资性房地产

企业将作为存货的房地产转换为采用公允价值模式计量的投资性房地产时，应当按该项房地产在转换日的公允价值，借记“投资性房地产——成本”账户。原已计提跌价准备的，借记“存货跌价准备”账户，按其账面余额，贷记“开发产品”等账户。转换日公允价值小于账面价值的，按其差额，借记“公允价值变动损益”账户；转换日公允价值大于账面价值的，按其差额，贷记“其他综合收益”账户。处置该项投资性房地产时，因转换计入其他综合收益的部分应转入当期损益。

二、投资性房地产的处置

当投资性房地产被处置或者永久退出使用且预计不能从其处置中取得经济利益时，应当终止确认该项投资性房地产。企业出售、转让、报废投资性房地产或者发生投资性房地产毁损，应当将实际收到的处置收入计入其他业务收入，将所处置投资性房地产的账面价值计入其他业务成本。

（一）成本模式计量的投资性房地产的处置

企业处置采用成本模式计量的投资性房地产时，应当按实际收到的金额，借记“银行存款”等账户，贷记“其他业务收入”“应交税费——应交增值税（销项税额）”账户；按该项投资性房地产的账面价值，借记“其他业务成本”账户，按其账面余额，贷记“投资性房地产”账户，按已计提的折旧或摊销，借记“投资性房地产累计折旧”或“投资性房地产累计摊销”账户；原已计提减值准备的，借记“投资性房地产减值准备”账户。

（二）公允价值模式计量的投资性房地产的处置

企业处置采用公允价值模式计量的投资性房地产时，应当按实际收到的金额，借记“银行存款”等账户，贷记“其他业务收入”“应交税费——应交增值税（销项税额）”账户；按该项投资性房地产的账面余额，借记“其他业务成本”账户，按其成本，贷记“投资性房地产——成本”账户，按其累计公允价值变动，贷记或借记“投资性房地产——公允价值变动”账户。同时结转投资性房地产累计公允价值变动。若存在原转换日计入其他综合收益的金额，一并结转。

任务实施

做中学 6-5 2024 年 1 月 10 日，为扩大生产经营，云康公司董事会作出书面决议，计划于 1 月 31 日在租赁期满时收回其出租在外的厂房，用于生产本公司产品。1 月 31 日，云康公司将该出租的厂房收回，2 月 1 日开始投入生产。该项房地产在转换前采用成本模式计量，截至 1 月 31 日，账面余额为 1 000 万元，已计提累计折旧金额为 600 万元。不考虑其他因素（本例属于成本模式下投资性房地产转换为自用房地产）。

2024 年 2 月 1 日，云康公司根据房地产用途改变决议书编制会计分录如下：

借：固定资产——厂房　　10 000 000
　　投资性房地产累计折旧　　6 000 000
　　贷：投资性房地产——厂房　　10 000 000
　　　　累计折旧　　6 000 000

做中学 6-6　中正公司为一家房地产开发企业，2024 年 4 月 10 日，公司董事会就将其开发的一栋写字楼由出售改用作出租形成了书面决议，与乙公司签订了租赁协议，将此写字楼整体出租给乙公司使用，租赁期开始日为 2024 年 5 月 10 日，租赁期为 5 年。2024 年 5 月 10 日，该写字楼的账面余额为 50 000 万元，未计提存货跌价准备。中正公司投资性房地产采用成本模式进行后续计量。

2024 年 5 月 10 日，中正公司根据房地产用途改变决议书编制会计分录如下：

借：投资性房地产——写字楼　　500 000 000
　　贷：开发产品　　500 000 000

做中学 6-7　2024 年 2 月 28 日，云康公司将出租的写字楼收回，公司董事会就将该写字楼作为办公楼用于本公司的行政管理形成了书面决议。2024 年 3 月 1 日，该写字楼正式开始自用，由投资性房地产转换为自用房地产，当日的公允价值为 3 200 万元。该项房地产在转换前采用公允价值模式计量，原账面价值为 3 000 万元，其中，成本为 2 700 万元，公允价值变动为借方余额 300 万元。

2024 年 3 月 1 日，云康公司根据房地产用途改变决议书编制会计分录如下：

借：固定资产——写字楼　　32 000 000
　　贷：投资性房地产——写字楼（成本）　　27 000 000
　　　　投资性房地产——公允价值变动　　3 000 000
　　　　公允价值变动损益　　2 000 000

做中学 6-8　2023 年 10 月，云康公司打算搬迁至新建办公楼，由于原办公楼处于商业繁华地段，云康公司准备将其出租，以赚取租金收入，公司董事会批准形成书面决议。2024 年 1 月 1 日，云康公司与乙公司签订了租赁协议，将其原办公楼租赁给乙公司使用，约定租赁期开始日为 2024 年 1 月 1 日，租赁期为 3 年。

云康公司应当于租赁期开始日（2023 年 1 月 1 日）将自用房地产转换为投资性房地产。该办公楼所在地房地产交易活跃，公司能够从市场上取得同类或类似房地产的市场价格及其他相关信息，云康公司对出租的该办公楼采用公允价值模式计量。2024 年 1 月 1 日，该办公楼的公允价值为 7 200 万元，其原价为 6 000 万元，已计提折旧 1 000 万元。

2023 年 1 月 1 日，云康公司根据房地产用途改变决议书编制会计分录如下：

借：投资性房地产——办公楼（成本）　　72 000 000
　　累计折旧　　10 000 000
　　贷：固定资产——办公楼　　60 000 000
　　　　其他综合收益——公允价值变动　　22 000 000

做中学 6-9　云康公司将其出租的一栋写字楼在租赁期届满后出售给乙公司，开具的增值税专用发票上注明的价款为 8 000 万元，增值税税额为 720 万元，乙公司已用银行存款付清。云康公司对投资性房地产采用成本模式计量。出售时，该栋写字楼的成本为 6 000 万元，已计提折旧 1 500 万元。

云康公司根据银行进账单、增值税专用发票、房产过户手续编制会计分录如下：

借：银行存款　　87 200 000
　　贷：其他业务收入　　80 000 000
　　　　应交税费——应交增值税（销项税额）　　7 200 000
借：其他业务成本　　45 000 000
　　投资性房地产累计折旧　　15 000 000
　　贷：投资性房地产——写字楼　　60 000 000

做中学 6-10　2024 年 4 月 10 日，云康公司将其出租的写字楼在租赁期届满后收回并出售，开具的增值税专用发票上注明的价款为 7 000 万元，增值税税额为 720 万元，出售款项已收讫。云康公司采用公允价值模式对投资性房地产进行后续计量。2024 年 4 月 10 日，该写字楼的账面余额为 6 000 万元，其中，成本 5 800 万元，公允价值变动为借方余额 200 万元。

云康公司根据银行进账单、增值税专用发票、房产过户手续编制会计分录如下：

借：银行存款　　76 300 000
　　贷：其他业务收入　　70 000 000
　　　　应交税费——应交增值税（销项税额）　　6 300 000
借：其他业务成本　　60 000 000
　　贷：投资性房地产——成本　　58 000 000
　　　　投资性房地产——公允价值变动　　2 000 000
借：公允价值变动损益　　2 000 000
　　贷：其他业务成本　　2 000 000

知识拓展

投资性房地产的后续计量有成本和公允价值两种模式，通常应当采用成本模式计量，满足特定条件时也可以采用公允价值模式计量。

两种模式的会计核算结果及其经济后果存在一定的差异。成本模式下会计核算结果的可靠性和可控性较高、会计处理比较简单、不同会计期间会计资料的可比性较强，便于监督管理；公允价值模式下取得公允价值的确凿证据相对困难，对会计职业判断的要求高，可能存在一定的企业自由裁量权，会计核算结果的可靠性和可控性较低、顺周期性较为明显、会计处理较为复杂烦琐、不同会计期间会计资料的可比性较差，对会计监督管理的要求很高。为此，准则规定，企业通常应当采用成本模式对投资性房地产进行后续计量，对采用公允价值模式的条件作了限制性规定，且同一企业只能采用一种模式对所有投资性房地产进行后续计量，不得同时采用两种计量模式；同时规定，企业可以从成本模式变更为公允价值模式，已采用公允价值模式不得转为成本模式。

思维导图

- 项目六 投资性房地产业务
  - 任务一 认知投资性房地产
    - 投资性房地产的概念及特征
    - 投资性房地产的内容
  - 任务二 核算投资性房地产的取得
    - 设置账户
    - 投资性房地产取得的主要账务处理
  - 任务三 在成本模式下核算投资性房地产
    - 设置账户
    - 投资性房地产的主要账务处理
  - 任务四 在公允价值模式下核算投资性房地产
    - 设置账户
    - 投资性房地产的主要账务处理
  - 任务五 核算投资性房地产的转换与处置
    - 投资性房地产的转换
    - 投资性房地产的处置

赛证融通测试题

不定项选择题

1. 2024 年 1 月 5 日，甲公司购入一宗土地使用权，并于同日开始在这块土地上建造两栋厂房。2023 年 4 月 3 日，甲公司预计厂房即将完工，与乙公司签订了租赁合同，将其中的一栋厂房租赁给乙公司使用。租赁合同约定，该厂房于完工时开始出租。2024 年 4 月 20 日，两栋厂房同时完工，当日该土地使用权的账面价值为 1 000 万元，两栋厂房实际发生的建造成本均为 150 万元，能够单独计量。甲公司采用成本模式对投资性房地产进行后续计量。2024 年 4 月 20 日，甲公司投资性房地产的入账价值为（　　）万元。

   A. 150　　B. 500　　C. 650　　D. 1 300

2. 2024 年 1 月 1 日，甲公司将一幢商品房对外出租，采用公允价值模式进行后续计量，租期为 5 年，每年 1 月 1 日收取租金 120 万元。出租时该幢商品房成本为 2 500 万元，公允价值为 3 000 万元。2024 年 6 月 30 日，甲公司编制半年报，该幢商品房的公允价值为 3 200 万元。2024 年 6 月 30 日，甲公司应确认的公允价值变动损益为（　　）万元。

   A. 120　　B. 200　　C. 700　　D. 500

3. 2023 年 7 月 1 日，甲公司外购一栋写字楼直接租赁给乙公司使用，租赁期为 5 年，每年租金为 200 万元。甲公司对投资性房地产采用公允价值模式进行后续计量，该写字楼的买价为 5 000 万元。2023 年 12 月 31 日，该写字楼的公允价值为 5 500 万元。不考虑其他因素，2023 年 12 月 31 日，该项投资性房地产的账面价值为（　　）万元。

A. 5 000　　B. 5 500　　C. 4 500　　D. 5 200

4. 2024 年 3 月 1 日，甲公司将自用的办公楼对外出租，该办公楼建造成本为 9 000 万元，预计使用年限为 25 年，预计净残值为零，采用年限平均法计提折旧。甲公司采用公允价值模式对投资性房地产进行后续计量。不考虑其他因素，2024 年，该办公楼应计提的折旧额为（　　）万元。

A. 0　　B. 90　　C. 240　　D 270

5. 甲公司将其持有的一栋办公楼用于出租，转换日该办公楼的账面价值为 2 400 万元，原价 3 000 万元，累计折旧 600 万元。转换日该办公楼的公允价值为 2 000 万元。甲公司采用公允价值模式对办公楼进行后续计量。不考虑其他因素，甲公司转换日应编制的会计分录是（　　）。

A. 借：投资性房地产　　20 000 000
　　　公允价值变动损益　　4 000 000
　　　累计折旧　　6 000 000
　　贷：固定资产　　30 000 000

B. 借：投资性房地产　　20 000 000
　　　其他综合收益　　4 000 000
　　　累计折旧　　6 000 000
　　贷：固定资产　　30 000 000

C. 借：投资性房地产　　24 000 000
　　　累计折旧　　6 000 000
　　贷：固定资产　　30 000 000

D. 借：投资性房地产　　24 000 000
　　贷：固定资产　　24 000 000

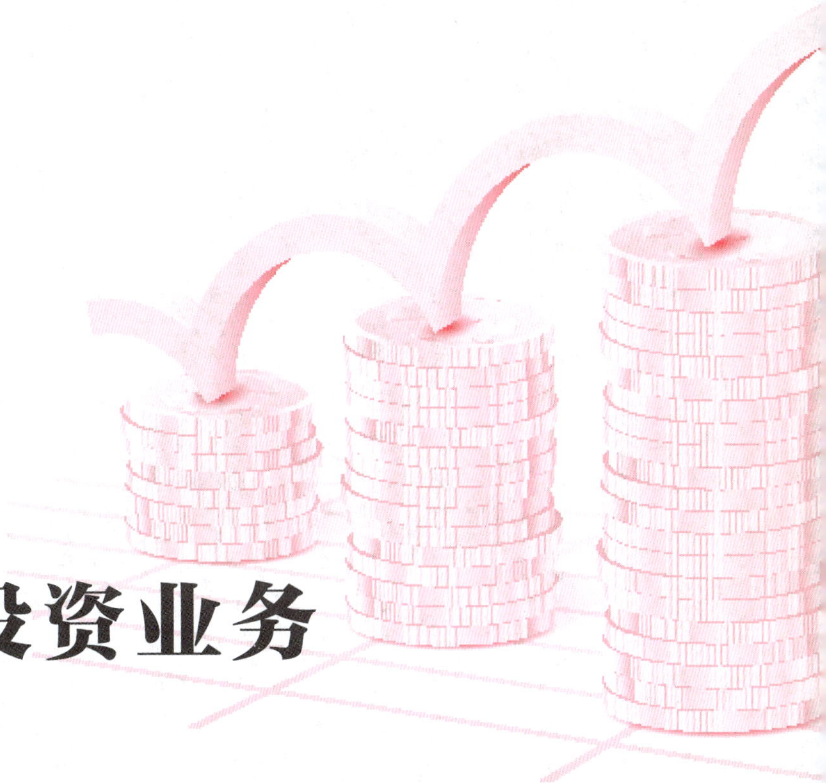

项目七 长期股权投资业务

项目导读

云康医疗器械公司为加强对核心原材料供应、产品制造、分销和销售全过程的控制，在市场竞争中掌握主动权，增加各个业务活动阶段的利润，计划在新一年将两家核心原材料供应商合并为子公司，并入股投资产品主要经销商。

你知道企业对于这些股权投资如何核算吗？企业对于上述各类业务应设置哪些账户？如何进行账务处理？

思政课堂

资料内容

强强联合　走向世界

2021 年 5 月 8 日，由中国中化集团有限公司与中国化工集团有限公司联合重组而成的中国中化控股有限责任公司（以下简称“中国中化”）正式揭牌成立，这是我国化学工业发展史上具有里程碑意义的事件，为打造世界一流的综合性化工企业迈出关键一步。

中国中化控股公司成立后，有一万四千多亿元资产，一万多亿元销售额，在全球超过 150 多个国家拥有生产基地和研发设施。中国中化业务范围覆盖生命科学、材料科学、基础化工等八大领域，是全球规模最大的综合性化工企业，并在生命科学业务中的农化、动物营养和材料科学业务中的氟硅材料、工程塑料、橡胶助剂等细分领域具有领先优势。

中国中化控股公司的成立旨在整合中国现有国企的化工研发、生产，升级改造石油化工下游的新材料、精细化工、农业化学、基础化学。未来，中国中化控股每年将有大约 230 亿元的研发投入，公司将不断提升企业科技创新能力、核心竞争能力和可持续发展能力，重点打造“中国研发”。

资料分析

新成立的中国中化是全球规模最大的综合性化工企业。“两化”重组和中国中化的成立，是国企国资落实改革发展的重大举措，将引领化工行业转型升级，推动我国由化工大国向化工强国转变。中国中化控股有限责任公司的重组组建，坚持以习近平新时代中国特色社会主义思想为指导，认真贯彻党中央、国务院决策部署，扎实做好重组整合、深化改革等工作，加强国际合作，充分发挥行业龙头企业作用，加大种源、化工等领域关键技术攻关力度，创新管理和运营模式，不断提升经营质量和综合竞争力，为保持产业链供应链稳定、促进经济社会持续健康发展作出新贡献，对优化国有经济结构和布局、助力我国农业现代化、增强化工行业市场竞争力具有重要意义。

（资料来源：中央广播电视总台中国之声《新闻与报纸摘要》，2021 年 5 月 9 日）

学习目标

知识目标

1. 理解长期股权投资的概念和分类；
2. 掌握取得长期股权投资的核算方法；
3. 掌握长期股权投资成本法的核算方法；
4. 掌握长期股权投资权益法的核算方法；
5. 掌握长期股权投资处置的核算方法；
6. 熟悉长期股权投资减值的核算方法。

技能目标

1. 能区分长期股权投资和金融资产；
2. 能选择长期股权投资正确的核算方法；
3. 能正确编制记账凭证。

素质目标

1. 培养求真务实的会计职业素养；
2. 理解会计的管理职能，为企业决策提供支持；
3. 培养投资意识和风险管理意识。

任务一
认知长期股权投资

知识要点

一、长期股权投资的概念及特征

长期股权投资是指投资方对被投资单位实施控制、施加重大影响的权益性投资，以及对其合营企业的权益性投资，即对子公司、联营企业和合营企业的权益性投资。长期股权投资具有以下特征：

（1）投资期限长。长期股权投资通过长期持有，达到控制被投资单位、改善与被投资单位的贸易关系等目的。

（2）获取经济利益，并承担相应的风险。长期股权投资的最终目标是获得较大的经济利益，这种经济利益可以通过分得利润或股利获取，也可以通过其他方式获取。例如，被投资单位生产的产品为投资企业生产所需的原材料，在市场上这种原材料的价格波动较大，且不能保证持续供应。在这种情况下，投资企业通过所持股份，达到控制被投资单位或对被投资单位施加重大影响，使其生产所需的原材料能够直接从被投资单位取得，而且价格比较稳定，从而保证其生产经营的顺利进行。但是，如果被投资单位经营状况不佳，或者进行破产清算时，投资企业作为股东，也需要承担相应的投资损失。

二、长期股权投资的分类

长期股权投资根据投资方在获取投资后能够对被投资单位施加的影响程度可划分为三类：对被投资单位实施控制的权益性投资，即对子公司投资；投资方与其他合营方一同对被投资单位实施共同控制且对被投资单位净资产享有权利的权益性投资，即对合营企业投资；对被投资单位施加重大影响的权益性投资，即对联营企业投资。

（一）控制

控制是指投资方拥有对被投资方的权力，通过参与被投资方的相关活动而享有可变回报，并且有能力运用对被投资方的权力影响其回报金额。相关活动是指对被投资方的回报产生重大影响的活动。被投资方的相关活动应当根据具体情况进行判断，通常包括商品或劳务的销售和购买、金融资产的管理、资产的购买和处置、研究与开发活动以及融资活动等。投资企业能够对被投资企业实施控制的，被投资单位为其子公司。

1. 对被投资者的权利的判断权力来源于权利

判断投资方拥有对被投资方的权力，应当以投资方是否享有现时权利使其目前有能力主导被投资方的相关活动为标准，而不论其是否实际行使该权利。两个或两个以上投资方能够分别单方面主导被投资方不同相关活动时，能够主导对被投资方回报产生最重大影响活动的一方拥有对被投资方的权力。

（1）投资方持有被投资方半数以上的表决权的，通常表明其拥有对被投资方的权力。但是，有确凿证据表明其不能主导被投资方相关活动的除外。

（2）投资方持有被投资方半数或以下的表决权，但通过与其他表决权持有人之间的协议能够控制半数以上表决权行使的，通常视为投资方拥有对被投资方的权力。但是，有确凿证据表明其不能主导被投资方相关活动的除外。

（3）投资方持有被投资方半数或以下的表决权，但综合考虑下列事实和情况后，判断投资方持有的表决权足以使其目前有能力主导被投资方相关活动的，视为投资方拥有对被投资方的权力。包括：①投资方持有的表决权相对于其他投资方持有的表决权份额的大小，以及其他投资方持有表决权的分散程度；②投资方和其他投资方持有的被投资方具有实质性权利的潜在表决权，如当期可转换公司债券、当期可执行认股权证等；③其他合同安排产生的权利；④被投资方以往的表决权行使情况等其他相关事实和情况。例如，A 公司持有 B 公司 48% 表决权股份，剩余股份由分散的小股东持有，没有一个小股东单独持有的有表决权股份超过 1%，且他们之间或其中以一部分股东之间不存在达成集体决策的协议安排，则 A 公司对 B 公司的相关活动拥有权力。

2. 可变回报的判断

投资方自被投资方取得的回报可能会随着被投资方业绩而变动的，视为可变回报。例如，投资方获得的被投资方按照其实现的净利润为基础分配的利润或股利。

3. 能够行使权力影响可变回报

投资方能够运用权力影响被投资方的相关活动并获得经济利益，即获得可变回报。

（二）共同控制

共同控制是指按照相关约定对某项安排所共有的控制，并且该安排的相关活动必须经过分享控制权的参与方一致同意后才能决策。投资企业对被投资单位具有共同控制的权益性投资的，被投资单位为其合营企业。判断是否存在共同控制时，应当首先判断所有参与方或参与方组合是否集体控制该安排，其次再判断该安排相关活动的决策是否必须经过这些集体控制该安排的参与方一致同意。对安排的协议或者契约、合同的分析，要分层次进行。

1. 集体控制

如果所有参与方或一组参与方必须一致行动才能决定某项安排的相关活动，则称所有参与方或一组参与方集体控制该安排。集体控制一项安排的组合是指那些既能联合起来控制该安排，又使得参与方数量最少的一个或几个参与方组合。

2. 共同控制

有关相关活动的决策存在共同控制时，有关合营安排相关活动的所有重大决策必须经分享控制权的各方一致同意。“一致同意”中，并不要求其中一方必须具备主动提出议案的权利，只要具备对合营安排相关活动的所有重大决策予以否决的权力即可。也不需要该安排的每个参与方都一致同意，只要那些能够集体控制该安排的参与方意见一致，就可以达成“一致同意”。

（三）重大影响

重大影响是指投资方对被投资单位的财务和经营政策有参与决策的权力，但并不能够控制或者与其他方一起共同控制这些政策的制定。投资方能够对被投资单位施加重大影响的，被投资单位为其联营企业。当投资企业直接拥有被投资单位 20% 或以上至 50% 表决权资本时，一般认为对被投资单位具有重大影响。除非有明确的证据表明该种情况下不能不参与被投资单位的生产经营决策，不形成重大影响。在确定能否对被投资单位施加重大影响时，应当考虑投资方和其他方持有的被投资单位当期可转换公司债券、当期可执行认股权证等潜在表决权因素。

任务实施

做中学 7-1 云康公司持有 M 公司 60% 的表决权，甲公司和乙公司各持有 M 公司 20% 的表决权。协议约定，M 公司相关活动决策需要 50% 以上的表决权通过方可制定。

本例中，协议中关于表决权的安排使得云康公司能够单独主导 M 公司的相关活动，只有云康公司享有 M 公司的可变回报，并且有能力运用其权力影响 M 公司的可变回报，云康公司无须其他参与方联合即可控制 M 公司。因此，M 公司是云康公司的子公司。

做中学 7-2 根据 **做中学 7-1** 资料，假定协议约定，M 公司相关活动决策需要 85% 以上的表决权通过方可制定。

本例中，云康公司、甲公司、乙公司任何一方均不能控制 M 公司，只有三方联合起来才能控制 M 公司，即所有参与方集体控制 M 公司。

做中学 7-3 云康公司与甲公司、乙公司、丙公司分别持有 W 公司 40%、30%、20%、10% 的表决权股份。相关协议约定，W 公司相关活动决策需要 85% 以上的表决权通过方可制定。

本例中，云康公司、甲公司、乙公司、丙公司任何一方均不能控制 W 公司，云康公司、甲公司、乙公司、丙公司联合起来必然能控制 W 公司，但是云康公司、甲公司、乙公司三方联合起来即可控制 M 公司，即云康公司、甲公司、乙公司的组合（参与方组合）集体控制 M 公司。

做中学 7-4 云康公司与甲公司各持有 N 公司 50% 的表决权。根据 N 公司的章程以及云康公司和甲公司之间签订的合资协议，N 公司的最高权力机构为董事会。董事会由 5 名董事构成，云康公司派出 4 名代表，其中 1 名为董事长，甲公司派出 1 名代表。所有相关活动的决策需要 2/3 以上董事表决通过方可制定。但是，甲公司派出的董事对所有重大决策具备一票否决权。

本例中，虽然云康公司派出的董事人数为 4 人，超过董事会人数的 2/3，然而鉴于甲公司的董事对 N 公司的重大事项具有一票否决权，因此，云康公司不能单方面控制 N 公司，而是与甲公司一起对 N 公司实施共同控制。

做中学 7-5 云康公司取得 Y 公司 15% 的股权。按照投资协议约定，云康公司在成为Y公司股东后，向Y公司董事会派出1名成员。Y公司章程规定：①公司的财务和生产经营决策由董事会制定，董事会由7名成员组成，有关决策在提交董事会讨论后，以简单多数表决通过；②公司的合并、分立，股东增减资等事项需要经股东会表决通过方可付诸实施。从Y公司董事会实际运行情况来看，云康公司派出的董事会成员除有为数不多的几次提出供董事会讨论和决策的议案外，其他情况下较少提出供董事会决策的意见和建议，仅在其他方提出有关议案进行表决时代表甲公司提供表决意见。

本例中，云康公司在取得对Y公司的股权后，根据投资协议约定，能够向Y公司董事会派出1名成员，参与Y公司的财务和生产经营决策，其所派出成员虽然有发言权和一票表决权，但按照准则规定应当认为云康公司对Y公司具有重大影响，该投资应作为长期股权投资核算。

做中学7-6 云康公司取得Z公司20%的股权，并在取得该股权后向Z公司董事会派出1名成员。Z公司董事会由5名成员组成，除了云康公司外，Z公司另有2名其他投资者，各持有Z公司40%的股权并分别向Z公司董事会派出2名成员。Z公司章程规定：其财务和生产经营决策由参加董事会成员简单多数通过后即可实施。从实际运行情况来看，除了云康公司所派董事会成员外，其他董事会成员经常提议召开董事会，并且在云康公司派出董事会成员缺席情况下做出决策。为财务核算及管理需要，云康公司曾向Z公司索要财务报表，但该要求未得到满足。云康公司派出的董事会成员对于Z公司生产经营的提议基本上未提交到董事会正式议案中，且在董事会讨论过程中，云康公司派出董事会成员的意见和建议均被否决。

本例中，虽然云康公司拥有Z公司有表决权股份的比例为20%，且向Z公司派出董事会成员参与其生产经营决策，但从实际运行情况来看，其提议未实际被讨论、其意见和建议被否决以及提出获取Z公司财务报表的要求被拒绝等事实表明，云康公司向Z公司董事会派出的成员无法对Z公司生产决策施加影响，因此云康公司对Z公司不具有重大影响。

任务二
核算长期股权投资的取得

知识要点

一、设置账户

企业应设置“长期股权投资”账户，核算企业准备长期持有的各种股权性质的投资，包括购入的股票和其他股权投资等。长期股权投资采用权益法核算的，应当分别设置“成本”“损益调整”“其他综合收益”“其他权益变动”等明细账户进行明细核算。“长期股权投资”账户应当按被投资单位进行明细核算。如图 7-1 所示。

长期股权投资

借方	贷方
取得股权时的实际投资成本或享有被投资单位权益的增加金额	享有被投资单位权益的减少金额或股权处置的成本
企业持有的长期股权投资的价值	

图 7-1　长期股权投资

二、企业合并形成的长期股权投资

企业合并是指将两个或两个以上单独的企业合并形成一个报告主体的交易或事项。根据参与合并的企业在合并前后是否受同一方或相同的多方最终控制，分为同一控制下的企业合并与非同一控制下的企业合并。如图 7-2 所示。

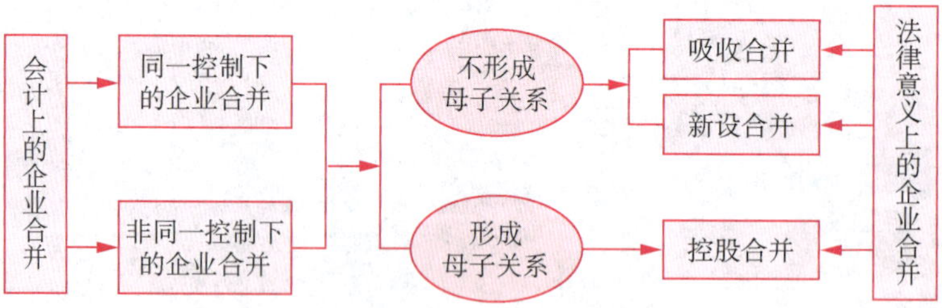

图 7-2　企业合并

（一）同一控制下企业合并形成的长期股权投资

1. 同一控制下企业合并的特点

同一控制下企业合并是指参与合并的各方在合并前后均受同一方或相同的多方最终控制，且该控制并非暂时性的。其中，同一方是指对参与合并的企业在合并前后均实施最终控制的投资者。相同的多方通常是指根据投资者之间的协议约定，在对被投资单位的生产经营决策行使表决权时发表一致意见的两个或两个以上的投资者。控制并非暂时性是指参与合并的各方在合并前后较长的时间内受同一方或相同的多方最终控制。较长的时间通常指 1 年以上（含 1 年）。同一控制下企业合并，在合并日取得对其他参与合并企业控制权的一方为合并方，参与合并的其他企业为被合并方。

同一控制下企业合并的特点是：将企业合并看作是两个或多个参与合并企业权益的重新整合，由于最终控制方的存在，从能够对参与合并各方在合并前及合并后均实施最终控制的一方来看，该类企业合并一定程度上并不会造成构成企业集团整体的经济利益流入和流出，最终控制方在企业合并前及合并后能够控制的资产并没有发生变化，只是由于合并方的加入，其所控制子公司相互的层级、直接或间接关系的变化。所以整个事项从本质上看不属于交易事项，而是企业间资产、负债的重新组合，一般不能改记相关资产、负债的价值，长期股权投资采用账面价值计量。

2. 长期股权投资初始成本的确定

同一控制下企业合并形成的长期股权投资，合并方应当在合并日按被合并方所有者权益在最终控制方合并财务报表中的账面价值的份额作为长期股权投资的初始投资成本。被合并方在合并日的所有者权益账面价值为负数的，长期股权投资成本按零确定，同时在备查簿中予以登记。

提示

上述账面价值不是指被合并方个别财务报表中体现的有关资产、负债的价值，而是从最终控制方的角度，被合并方自其被最终控制方开始控制时，其所持有的资产、负债确定对于最终控制方的价值持续计算至合并日的账面价值。

3. 初始取得长期股权投资的会计处理

（1）合并方以支付现金、转让非现金资产或承担债务方式作为合并对价的，长期股权投资初始投资成本与支付的现金、转让的非现金资产以及所承担债务账面价值之间的差额，应当调整资本公积（资本溢价或股本溢价）；资本公积（资本溢价或股本溢价）不足冲减的，调整留存收益。

合并方在合并日按取得被合并方所有者权益在最终控制方合并财务报表中账面价值的份额，借记“长期股权投资”账户，按应享有被投资单位已宣告但尚未发放的现金股利或利润，借记“应收股利”账户。按支付的合并对价的账面价值，贷记有关资产或负债账户，如为贷方差额，贷记“资本公积——资本溢价或股本溢价”账户；如为借方差额，借记“资本公积——资本溢价或股本溢价”账户，“资本公积——资本溢价或股本溢价”不足冲减的，借记“盈余公积”“利润分配——未分配利润”账户。

（2）合并方以发行权益性证券作为合并对价的，按发行股份的面值总额作为股本，长期股权投资初始投资成本与所发行股份面值总额之间的差额，应当调整资本公积（资本溢价或股本溢价）；资本公积（资本溢价或股本溢价）不足冲减的，调整留存收益。

合并方在合并日应按取得被合并方所有者权益在最终控制方合并财务报表中的账面价值的份额，借记“长期股权投资”账户，按应享有被投资单位已宣告但尚未发放的现金股利或利润，借记“应收股利”账户。按发行权益性证券的面值，贷记“股本”账户，如为贷方差额，贷记“资本公积——资本溢价或股本溢价”账户；如为借方差额，借记“资本公积——资本溢价或股本溢价”账户，“资本公积——资本溢价或股本溢价”不足冲减的，借记“盈余公积”“利润分配——未分配利润”账户。

（3）同一控制下的企业合并，合并方或购买方为企业合并发生的审计、法律服务、评估咨询等中介费用以及其他相关管理费用，应当于发生时计入当期损益（管理费用）。

（二）非同一控制下企业合并形成的长期股权投资

1. 非同一控制下企业合并的特点

非同一控制下企业合并是指参与合并的各方在合并前后不属于同一方或相同的多方最终控制的情况下进行的合并。

非同一控制下企业合并的特点是：参与合并的一方购买另一方或多方的交易。其中，在购买日取得对其他参与合并企业控制权的一方为购买方，参与合并的其他企业为被购买方。所以，非同一控制下的企业合并本质上为市场化购买，长期股权投资采用公允价值计量。

2. 长期股权投资初始成本的确定

非同一控制下的企业合并中，购买方应当按照支付对价的公允价值确定合并成本，并按照合并成本作为长期股权投资的初始投资成本。合并成本包括购买方付出的资产、发生或承担的负债、发行的权益性工具或债券工具的公允价值之和。

3. 初始取得长期股权投资的会计处理

（1）购买方支付现金作为对价取得长期股权投资的，实际支付的现金计入长期股权投资。

（2）购买方支付非货币性资产作为对价取得长期股权投资的，所支付的非货币性资产在购买日的公允价值作为长期股权投资的初始成本，所支付的非货币性资产在购买日的公允价值与其账面价值的差额应作为资产处置损益处理。

非同一控制下控股合并形成的长期股权投资，应在购买日按企业合并成本（不含应自被投资单位收取的现金股利或利润），借记“长期股权投资”账户，按享有被投资单位已宣告但尚未发放的现金股利或利润，借记“应收股利”账户，按支付合并对价的账面价值，贷记有关资产或负债账户，按其差额，贷记或借记“资产处置损益”或“投资收益”等账户。

（3）购买方以发行权益性证券作为合并对价的，应在购买日按发行的权益性证券的公允价值，借记“长期股权投资”账户，按发行的权益性证券的面值总额，贷记“股本”账户，按其差额，贷记“资本公积——资本溢价或股本溢价”账户。

（4）非同一控制下的企业合并，合并方或购买方为企业合并发生的审计、法律服务、评估咨询等中介费用以及其他相关管理费用，应当于发生时计入当期损益（管理费用）。

三、企业合并以外的其他方式取得的长期股权投资

长期股权投资可以通过不同方式取得，除企业合并形成的长期股权投资外，其他方式取得的长期股权投资，应当按以下规定确定其初始投资成本。

（一）以支付现金取得的长期股权投资

以支付现金取得的长期股权投资，应当按实际支付的购买价款作为初始投资成本。初始投资成本包括与取得长期股权投资直接相关的费用、税金及其他必要支出。实际支付的价款或对价中包含的已宣告但尚未发放的现金股利或利润，作为应收项目处理，不构成取得长期股权投资的成本。

（二）以发行权益性证券取得的长期股权投资

以发行权益性证券取得的长期股权投资，应当按发行权益性证券的公允价值作为初始投资成本。为发行权益性证券支付给有关证券承销机构等的手续费、佣金等与权益性证券发行直接相关的费用，不构成取得长期股权投资的成本。按照《企业会计准则第 37 号——金融工具列报》的规定，该部分费用应自权益性证券的溢价发行收入中扣除，权益性证券的溢价收入不足冲减的，应冲减盈余公积和未分配利润。

任务实施

做中学 7-7 云康公司和 A 公司均为 M 集团的子公司，2024 年 3 月 24 日，云康公司转账支付 1 000 万元，取得了 A 公司 60% 的股权，A 公司成为云康公司的子公司。合并日 M 集团合并财务报表中 A 公司的账面所有者权益总额为 1 800 万元。

（1）合并日长期股权投资的初始投资成本 = 1 800 × 60% = 1 080（万元）

（2）根据股权转让协议副本、固定资产交接手续、长期股权投资入账价值计算表编制会计分录如下：

借：长期股权投资——A 公司	10 800 000	
贷：银行存款		10 000 000
资本公积——资本溢价		800 000

做中学 7-8 2024 年 3 月，M 集团的云健公司通过增发 4 000 万股普通股（每股面值 1 元）取得同一集团内 B 公司 80% 的股权，并于当日起对 B 公司实施控制。按照增发前后的平均股价计算，该 4 000 万股股份的公允价值为 20 200 万元。合并日 M 集团合并财务报表中 B 公司的账面所有者权益总额为 25 000 万元。

（1）合并日长期股权投资的初始投资成本 = 25 000 × 80% = 20 000（万元）

（2）根据股权转让协议副本、股票发行手续、长期股权投资入账价值计算表编制会计分录如下：

借：长期股权投资——B 公司	200 000 000	
贷：股本		40 000 000
资本公积——股本溢价		160 000 000

做中学 7-9 云康公司支付现金 5 000 万元并将所持有的专利权作为对价，自 C 公司的控股股东处购入 C 公司 70% 的股权，作为合并对价的专利权的账面原值为 4 800 万元，累计摊销 1 000 万元，目前市场价格为 7 000 万元。

（1）长期股权投资的初始投资成本 = 5 000 + 7 000 = 12 000（万元）

（2）根据股权转让协议副本、无形资产转让手续、长期股权投资入账价值计算表编制会计分录如下：

借：长期股权投资——C 公司	120 000 000	
累计摊销	10 000 000	
贷：银行存款		50 000 000
无形资产——专利权		48 000 000
资产处置损益		32 000 000

做中学 7-10 2024 年 4 月 1 日，云康公司购入 D 公司 25% 的股份，实际支付价款 1 800 万元，在购买过程中另支付手续费等相关费用 40 万元。

（1）长期股权投资的初始投资成本 = 1 800 + 40 = 1 840（万元）

（2）根据股权转让协议副本、电子支付凭证编制会计分录如下：

借：长期股权投资——D 公司	18 400 000	
贷：银行存款		18 400 000

做中学 7-11 2024 年 4 月，云健公司通过增发 1 000 万股普通股（每股面值 1 元）取得 E 公司 20% 的股权，具有重大影响。按照增发前后的平均股价计算，该 1 000 万股股份的公允价值为 5 200 万元。

（1）长期股权投资的初始投资成本 = 5 200（万元）

（2）根据股权转让协议副本、股票发行手续、长期股权投资入账价值计算表编制会计分录如下：

借：长期股权投资——E 公司	52 000 000	
贷：股本		10 000 000
资本公积——股本溢价		42 000 000

做中学 7-12 2024 年 5 月 10 日，云健公司通过增发 9 000 万股普通股（每股面值 1 元）取得 E 公司 20% 的股权，该 9 000 万股股份的公允价值为 15 600 万元。为增发该部分股份，云健公司向证券承销机构支付了 600 万元的佣金和手续费。云健公司取得该部分股权后，能够对 E 公司的财务和生产经营决策施加重大影响。

（1）长期股权投资的初始投资成本 = 15 600（万元）

（2）根据股权转让协议副本、股票发行手续、银行支付凭证、长期股权投资入账价值计算表编制会计分录如下：

借：长期股权投资——E 公司	156 000 000	
贷：股本		90 000 000
资本公积——股本溢价		66 000 000
借：资本公积——股本溢价	6 000 000	
贷：银行存款		6 000 000

任务三
核算成本法下的长期股权投资

知识要点

一、成本法的适用范围

成本法是指长期股权投资按投资成本计价的方法。企业持有的能够对被投资单位实施控制的长期股权投资即对子公司的投资，应当采用成本法核算。

二、设置账户

采用成本法核算的企业，应设置“长期股权投资”账户，核算长期股权投资账面余额的增减变动外，还应设置“投资收益”“应收股利”等账户。

“投资收益”账户，核算企业根据长期股权投资准则确认的投资收益或投资损失。

“应收股利”账户，核算企业应收取的现金股利和应收取其他单位分配的利润。

三、成本法的主要账务处理

采用成本法核算的长期股权投资应当按照初始投资成本计价，持有过程中，除了发生减值等情况外，对其账面价值不予调整。追加或收回投资应当调整长期股权投资的成本。被投资单位宣告分派现金股利或利润时，投资方根据应享有的部分确认为当期投资收益。

（1）初始投资或追加投资时，按确定的初始投资成本增加长期股权投资的账面价值，借记“长期股权投资”账户，贷记“银行存款”等账户。

（2）除取得投资时实际支付的价款或对价中包含的已宣告但尚未发放的现金股利或利润外，被投资企业宣告分派现金股利或利润时，投资企业按照应享有的份额，借记“应收股利”账户，贷记“投资收益”账户，不论有关利润分配是属于取得投资前还是取得投资后被投资单位实现的净利润的分配。

任务实施

做中学 7-13 云康公司与 B 公司同为 M 集团下的两个子公司。云康公司 2022 年 1 月 1 日转账支付 5 000 万元购入 B 公司 52% 的股份，使 B 公司成为云康公司的非全资子公司。购买日 B 公司在 M 集团合并财务报表中净资产账面价值为 10 000 万元。

云康公司根据股权转让协议副本、转账支付凭证编制会计分录如下：

借：长期股权投资——B公司　　52 000 000

　　贷：银行存款　　50 000 000

　　　　资本公积　　2 000 000

做中学 7-14 根据 **做中学 7-13** 资料，B公司2023年实现净利润2 500万元。B公司于2024年4月10日宣告分派2022年度的现金股利1 000万元，云康公司于2024年4月20日收到现金。

（1）2024年4月10日，云康公司根据股利分配公告、投资收益计算表编制会计分录如下：

借：应收股利　　5 200 000

　　贷：投资收益——股利收入　　5 200 000

（2）2024年4月20日，云康公司根据银行收账通知编制会计分录如下：

借：银行存款　　5 200 000

　　贷：应收股利　　5 200 000

任务四 核算权益法下的长期股权投资

知识要点

一、权益法的适用范围

权益法是指长期股权投资最初以初始投资成本计价，在投资期间根据投资企业享有被投资单位所有者权益份额的变动对投资的账面价值进行调整的方法。

投资企业对联营企业和合营企业的长期股权投资应当采用权益法核算。

二、设置账户

采用权益法核算的企业，应在“长期股权投资”账户下设置“投资成本”“损益调整”“其他综合收益”“其他权益变动”等明细账户，对因权益法核算所产生的影响长期股权投资账面余额的增减变动因素分别核算和反映。

三、权益法的主要账务处理

《企业会计准则第 2 号——长期股权投资》规定，投资方取得长期股权投资后，应当按照应享有或应分担的被投资单位实现的净损益和其他综合收益的份额，分别确认投资收益和其他综合收益，同时调整长期股权投资的账面价值；投资方按照被投资单位宣告分派的利润或现金股利计算应享有的部分，相应减少长期股权投资的账面价值；投资方对于被投资单位除净损益、其他综合收益和利润分配以外所有者权益的其他变动，应当调整长期股权投资的账面价值并计入所有者权益。

（一）初始调整

权益法下，投资企业取得长期股权投资以后，对于取得投资时投资成本与应享有被投资单位可辨认净资产公允价值份额之间的差额，应视情况区别对待。

1. 初始投资成本小于投资时

初始投资成本小于投资时应享有被投资单位可辨认净资产公允价值份额的，二者之间的差额体现为双方在交易作价过程中转让方的让步，该部分经济利益流入应作为收益处理，因此，该部分差额计入取得投资当期的营业外收入，同时调整增加长期股权投资的成本。

2. 初始投资成本大于投资时

初始投资成本大于投资时应享有被投资单位可辨认净资产公允价值份额的，二者之间的差额本质上是投资企业在取得投资过程中通过购买作价体现出的与所取得股权份额相对应的商誉及被投资单位不符合确认条件的资产价值，因此，该部分差额不调整已确认的投资成本。

（二）后续计量

权益法下，在投资后，随着被投资单位所有者权益的变动而相应调整增加或减少长期股权投资的账面价值。

1. 被投资单位实现净利润或发生净亏损

（1）投资方在确认应享有被投资单位净损益的份额时，应当以取得投资时被投资单位可辨认资产的公允价值为基础，对被投资单位的净损益进行调整后确认。

被投资单位采用的会计政策及会计期间与投资方不一致的，应当按照投资方的会计政策及会计期间对被投资单位的财务报表进行调整，并据以确认投资收益和其他综合收益等。

（2）投资方计算确认应享有或应分担被投资单位的净损益时，与联营企业、合营企业之间发生的未实现内部交易损益按应享有的比例计算归属于投资方的部分，应当予以抵销，在此基础上确认投资收益。

提示

上述未实现内部交易既包括顺流交易也包括逆流交易。顺流交易是指投资企业向联营企业或合营企业出售资产，逆流交易是指联营企业或合营企业向投资企业出售资产。当该未实现内部交易损益（即有关资产未对外部独立第三方出售）体现在投资方或其联营企业、合营企业持有的资产账面价值中时，相关的损益在计算确认投资损益时应予以抵销。

投资企业在确认被投资单位净损益时，应当注意以下几个方面：

第一，投资企业按被投资单位实现的净利润或发生的净亏损计算应享有或应分担的份额时，应以取得被投资单位股权后发生的净损益为基础，投资前被投资单位实现的净损益不包括在内。例如，2022 年 4 月 1 日，甲公司以 1 000 万元购入乙公司 30% 的股份，并具有重大影响。假定取得投资时被投资单位各资产公允价值等于账面价值，双方采用的会计政策、会计期间相同，当年甲、乙公司没有发生内部交易。乙公司 2022 年累计实现净利润 600 万元，其中，1～3 月份实现净利润 200 万元。则甲公司在 2022 年应享有乙公司净利润并确认投资收益额为 120［（600－200）×30%］万元。

第二，投资企业享有被投资单位损益的份额，如果会计期间投资（持股）比例发生变动，应分别按年初持股比例和年末持股比例分段计算所持股份期间应享有的投资收益，如果无法得到被投资单位投资前和投资后所实现的净收益（或净亏损）数额，可根据投资持有时间加权平均计算。

加权平均持股比例＝原持股比例 × 当年投资持有月份 ÷ 全年月份（12）+
追加持股比例 × 当年投资持有月份 ÷ 全年月份（12）

（3）投资方确认被投资单位发生的超额亏损，应当按照以下顺序进行处理：

① 冲减长期股权投资的账面价值。

② 长期股权投资的账面价值不足以冲减的，应当以其他实质上构成对被投资单位净投资的长期权益账面价值为限继续确认投资损失，冲减长期应收项目等的账面价值。其他实质上构成对被投资单位净投资的长期权益通常是指长期应收项目。例如，企业对被投资单位的长期债权，该债权没有明确的清收计划，且在可预见的未来期间不准备收回，实质上构成对被投资单位的净投资，该类长期权益不包括投资方与被投资单位之间因销售商品、提供劳务等日常活动所产生的长期债权。

③ 经过上述处理，按照投资合同或协议约定企业仍承担额外义务的，按照《企业会计准则第 13 号——或有事项》准则的规定，对于符合确认条件的义务，应确认为当期损失，同时确认预计负债。除上述情况仍未确认的应分担被投资单位的损失，应在账外备查登记。

在确认了有关的投资损失后，若被投资单位于以后期间实现盈利，应按以上相反顺序分别减记账外备查登记的金额、已确认的预计负债，恢复其他实质上构成对被投资单位净投资的长期权益及长期股权投资的账面价值，同时确认投资收益。

2. 被投资单位宣告分派利润或现金股利

投资企业应冲减长期股权投资的账面价值，借记“应收股利”账户，贷记“长期股权投资——损益调整”账户。

3. 被投资单位其他综合收益发生变动

投资企业应当按照应享有或应分担的被投资单位其他综合收益的份额，确认其他综合收益，同时调整长期股权投资的账面价值，借记“长期股权投资——其他综合收益”账户，贷记“其他综合收益”账户，或作相反的会计处理。

4. 投资方对于被投资单位除净损益、其他综合收益和利润分配以外所有者权益的其他变动

如被投资单位接受其他股东的资本性投入等，应当按持股比例与被投资单位所有者权益的其他变动计算归属于本企业的部分，借记“长期股权投资——其他权益变动”账户，贷记“资本公积——其他资本公积”账户，或作相反的会计处理。

任务实施

做中学 7-15 云康公司以 2 000 万元取得 A 公司 30% 的股份，取得投资时 A 公司可辨认净资产的公允价值为 6 000 万元。云康公司能够对 A 公司施加重大影响。

（1）云康公司根据股权转让协议副本、转账支付凭证编制会计分录如下：

借：长期股权投资——A 公司（投资成本）　　20 000 000

　　贷：银行存款　　20 000 000

投资时云康公司初始投资成本 2 000 万元与投资时占 A 公司可辨认净资产公允价值的份额 1 800（6 000 × 30%）万元之间的差额作为商誉，不调整长期股权投资成本。

（2）如投资时 A 公司可辨认净资产的公允价值为 7 000 万元，则云康公司应编制会计分录如下：

借：长期股权投资——A公司（投资成本） 20 000 000

贷：银行存款 20 000 000

投资时云康公司占A公司可辨认净资产公允价值的份额为2 100（7 000×30%）万元，此时应调整长期股权投资的账面价值，根据股权投资差额计算表编制会计分录如下：

借：长期股权投资——A公司（投资成本） 1 000 000

贷：营业外收入 1 000 000

上述两笔会计分录也可以合并为一笔：

借：长期股权投资——A公司（投资成本） 21 000 000

贷：银行存款 20 000 000

营业外收入 1 000 000

做中学7-16 2023年1月1日，云康公司取得联营企业C公司30%的股份，取得投资时C公司的一项固定资产公允价值为1 000万元，账面价值为700万元，该项固定资产的预计使用年限为10年，预计净残值为零，按照年限平均法计提折旧。利润表中显示的C公司2023年净利润为600万元。C公司当期利润表中已按其账面价值计算扣除的固定资产折旧费用为70万元，按照取得投资时点上固定资产的公允价值计算确定的折旧费用为100万元，不考虑所得税影响。

C公司按照固定资产公允价值计算的净利润＝600－30＝570（万元）

云康公司应确认的投资收益＝570×30%＝171（万元）

云康公司根据投资收益计算表编制会计分录如下：

借：长期股权投资——C公司（损益调整） 1 710 000

贷：投资收益 1 710 000

做中学7-17 2023年1月，云康公司取得D公司20%有表决权的股份，能够对D公司施加重大影响。云康公司取得该项投资时，D公司各项可辨认资产、负债的公允价值与其账面价值相同。2023年8月，D公司将其成本为200万元的某商品以300万元的价格出售给云康公司，云康公司将取得的商品作为存货。至2023年资产负债表日，云康公司仍未对外出售该存货。D公司2023年实现净利润900万元。不考虑所得税影响。

云康公司按照权益法确认应享有的D公司2022年净损益时，根据投资收益计算表编制会计分录如下：

借：长期股权投资——D公司（损益调整） 1 600 000

贷：投资收益 1 600 000［（9 000 000－1 000 000）×20%］

做中学7-18 云康公司持有甲公司20%有表决权的股份，能够对甲公司施加重大影响。2023年，云康公司将其账面价值为300万元的商品以350万元的价格出售给甲公司。至2023年资产负债表日，该批商品尚未对外部第三方出售。云康公司取得该项投资时，甲公司各项可辨认资产、负债的公允价值与其账面价值相同，云康公司和甲公司在以前期间未发生过内部交易。甲公司2023年净利润为800万元。不考虑所得税影响。

云康公司按照权益法确认应享有的甲公司2023年净损益时，根据投资收益计算表编制会计分录如下：

借：长期股权投资——甲公司（损益调整） 1 500 000
　　贷：投资收益 1 500 000［（8 000 000－500 000）×20%］

做中学 7-19 云康公司持有 E 公司 40% 的股份，2021 年 12 月 31 日，长期股权投资的账面价值为 2 000 万元。E 公司 2022 年亏损 3 000 万元。取得投资时被投资单位各资产公允价值等于账面价值，双方采用的会计政策、会计期间相同。

按照持股比例，云康公司 2022 年应确认投资损失为 1 200 万元，长期股权投资账面价值降至 800（2 000－1 200）万元。

云康公司根据投资收益计算表编制会计分录如下：

借：投资收益 12 000 000
　　贷：长期股权投资——E 公司（损益调整） 12 000 000

做中学 7-20 根据 **做中学 7-19** 资料，云康公司有应收 E 公司的长期应收款 800 万元，该笔应收款没有清收计划。2023 年 E 公司亏损额为 2 500 万元。

按照持股比例，云康公司 2023 年应确认投资损失为 1 000 万元，将长期股权投资账面价值减至 0 后，进一步确认损失 200 万元，冲减长期应收款。

云康公司根据投资收益计算表编制会计分录如下：

借：投资收益 8 000 000
　　贷：长期股权投资——E 公司（损益调整） 8 000 000
借：投资收益 2 000 000
　　贷：长期应收款 2 000 000

做中学 7-21 云康公司对 F 公司的投资占 F 公司注册资本的 40%，当期 F 公司因其他债权投资公允价值升高 500 万元，使 F 公司其他综合收益增加了 500 万元。云康公司与 F 公司采用的会计政策、会计期间相同，不考虑所得税影响。

云康公司根据投资收益计算表编制会计分录如下：

借：长期股权投资——F 公司（其他综合收益） 2 000 000
　　贷：其他综合收益 2 000 000

做中学 7-22 2020 年 1 月 5 日，云康公司向 G 公司投资 600 万元，获得 G 公司 40% 的股份。投资时 G 公司可辨认净资产的公允价值为 1 600 万元，各项可辨认资产、负债的公允价值与账面价值相同，双方采用的会计政策、会计期间相同。云康公司能够对 G 公司实施重大影响。云康公司投资后至 2020 年年末，G 公司累计实现净利润 400 万元；2021 年 2 月 1 日宣告分派现金股利 300 万元；2021 年 G 公司全年亏损 1 500 万元，没有向投资者分配利润；2022 年 G 公司全年亏损 250 万元；2023 年 G 公司全年实现净利润 320 万元。云康公司没有实质上构成净投资的长期权益项目。投资协议规定，云康公司按照所持股份分享收益、承担亏损。

（1）2020 年 1 月 5 日投资时，云康公司根据股权转让协议副本、转账支付凭证、股权投资差额计算表编制会计分录如下：

借：长期股权投资——G 公司（投资成本） 6 400 000
　　贷：银行存款 6 000 000

营业外收入　　400 000

（2）2020 年 12 月 31 日，云康公司根据投资收益计算表编制会计分录如下：

借：长期股权投资——G 公司（损益调整）　　1 600 000

贷：投资收益——股权投资收益　　1 600 000

（3）2021 年 2 月 1 日宣告分派现金股利时，云康公司根据股利分配公告、股利计算表编制会计分录如下：

借：应收股利——G 公司　　1 200 000

贷：长期股权投资——G 公司（损益调整）　　1 200 000

（4）2021 年 12 月 31 日，云康公司根据投资收益计算表编制会计分录如下：

借：投资收益——股权投资收益　　6 000 000

贷：长期股权投资——G 公司（损益调整）　　6 000 000

（5）2022 年 12 月 31 日，云康公司根据投资收益计算表编制会计分录如下：

借：投资收益　　1 000 000

贷：长期股权投资——G 公司（损益调整）　　800 000

预计负债　　200 000

需要注意的是，采用权益法核算长期股权投资，“长期股权投资”总账账户期末余额为借方余额，但“损益调整”明细账户的余额可能在借方，也可能在贷方。

（6）2023 年 12 月 31 日，云康公司根据投资收益计算表编制会计分录如下：

借：预计负债　　200 000

长期股权投资——G 公司（损益调整）　　1 080 000

贷：投资收益——股权投资收益　　1 280 000

任务五 核算长期股权投资的减值和处置

知识要点

一、长期股权投资的减值

长期股权投资减值是指长期股权投资的可收回金额低于其账面价值。其中可收回金额应当根据其公允价值减去处置费用后的净额与资产预计未来现金流量的现值二者之间较高者确定。

企业长期股权投资发生减值的，应设置“长期股权投资减值准备”账户进行核算，该账户是“长期股权投资”的备抵调整账户，属于资产类账户，结构与一般资产账户的结构相反。如图 7-3 所示。

借方	长期股权投资减值准备　　贷方
因处置长期股权投资已计提减值准备的转销额	长期股权投资发生的减值金额
	已计提但尚未转销的长期股权投资减值准备

图 7-3　长期股权投资减值准备

企业应当在资产负债表日判断长期股权投资是否存在可能发生减值的迹象。当长期股权投资出现减值的迹象时，应估计长期股权投资可收回金额。当可收回金额低于长期股权投资账面价值时，应当计提减值准备。按照账面价值与可收回金额的差额，借记“资产减值损失”账户，贷记“长期股权投资减值准备”账户。

长期股权投资减值准备一经计提，不得转回。

二、长期股权投资的处置

企业处置长期股权投资时，其账面价值与实际取得价款之间的差额应当计入当期损益。处置部分某项长期股权投资时，应按处置比例结转处置部分的成本。已计提长期股权投资减值准备的，还应转销计提的长期股权投资减值准备。采用权益法核算的长期股权投资，在处置该项投资时，采用与被投资单位直接处置相关资产或负债相同的基础，按相应比例对原计入其他综合收益的部分进行会计处理。

处置长期股权投资时，按实际收到的价款，借记“银行存款”账户，按原已计提的减值准备，借记“长期股权投资减值准备”账户，按长期股权投资的账面余额，贷记“长期股权投资”账户，按差额，借记或贷记“投资收益”账户。采用权益法核算长期股权投资，还应按原计入所有者权益的部分，借记“其他综合收益”“资本公积”账户，贷记“投资收益”账户，或作相反的会计处理。

任务实施

做中学 7-23 云康公司持有 A 公司 80% 的表决权股份，采用成本法核算。2023 年 12 月 31 日，对 A 公司投资的账面余额为 1 000 万元，估计其可收回金额为 900 万元。

云康公司根据长期股权投资减值计算表编制会计分录如下：

借：资产减值损失	1 000 000	
贷：长期股权投资减值准备		1 000 000

做中学 7-24 2024 年 4 月 10 日，云康公司将持有 B 公司 30% 的股权出售，出售时账面上对 B 公司长期股权投资的构成为：投资成本 900 万元，损益调整借方余额 180 万元，其他综合收益借方余额 40 万元，其他权益变动借方余额 10 万元。出售取得价款 1 200 万元已全部收到。

云康公司根据股权转让协议、银行收账通知编制会计分录如下：

借：银行存款	12 000 000	
贷：长期股权投资——B 公司（成本）		9 000 000
长期股权投资——B 公司（损益调整）		1 800 000
长期股权投资——B 公司（其他综合收益）		400 000
长期股权投资——B 公司（其他权益变动）		100 000
投资收益		700 000
借：其他综合收益	400 000	
资本公积——其他资本公积	100 000	
贷：投资收益		500 000

思维导图

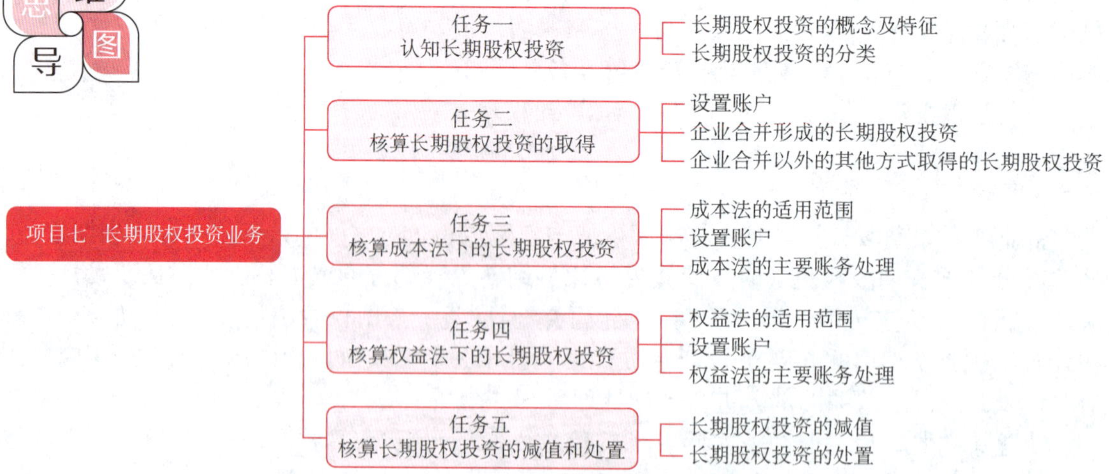

赛证融通测试题

不定项选择题

1. 甲公司和乙公司均为M集团的子公司，甲公司支付7 000万元购入乙公司80%的股权，取得投资后能够对乙公司实施控制。购入时该股权的公允价值为7 200万元，乙公司在M集团合并报表中的账面价值的份额为10 000万元，乙公司可辨认净资产公允价值为9 000万元。不考虑其他因素，甲公司购入长期股权投资的入账价值为（　　）万元。

A. 7 000　　B. 7 200　　C. 8 000　　D. 10 000

2. 甲公司以520万元取得W公司30%的股权，能够对其财务和经营政策施加重大影响。取得投资时，W公司可辨认净资产公允价值为2 000万元。不考虑其他因素，甲公司取得该笔长期股权投资时应编制的会计分录是（　　）。

A. 借：长期股权投资　　5 200 000
　　贷：银行存款　　5 200 000

B. 借：长期股权投资　　6 000 000
　　贷：银行存款　　6 000 000

C. 借：长期股权投资　　800 000
　　贷：营业外收入　　800 000

D. 借：长期股权投资　　800 000
　　贷：投资收益　　800 000

3. 2024年3月1日，甲公司购入乙公司同日对外发行的普通股股票100万股，共支付价款300万元，另支付相关交易费用10万元，该部分股票占乙公司有表决权股份的25%，对乙公司能够施加重大影响。购入当日乙公司可辨认净资产公允价值为1 000万元。不考虑其他因素，甲公司取得该项长期股权投资的入账价值为（　　）万元。

A. 250　　B. 260　　C. 300　　D. 310

4. 甲公司于2023年1月1日与乙公司签订协议，以4 000万元购入乙公司持有的B公司20%股权，从而对B公司有重大影响。2023年度B公司实现净利润2 000万元，B公司其他综合收益增加400万元。不考虑其他因素，下列各项甲公司2023年年末对B公司股权投资的会计处理中，正确的是（　　）。

A. 确认投资收益400万元　　B. 确认资本公积400万元
C. 确认其他综合收益80万元　　D. 确认其他综合收益400万元

5. 甲公司以银行存款600万元购入乙公司70%的股份，形成非同一控制下的控股合并，长期股权投资采用成本法核算。合并中另外支付了咨询费、审计费等相关合并费用10万元。合并日乙公司可辨认净资产的账面价值为1 000万元，公允价值为1 200万元。不考虑其他因素，甲公司取得该项长期股权投资的入账价值为（　　）万元。

A. 600　　B. 610　　C. 700　　D. 840

项目八 流动负债业务

项目导读

为了增强员工的归属感，增加公司的凝聚力，云康医疗器械公司为职工提供了优厚的薪酬和各种福利待遇，包括有竞争力的工资、各项社会保险和住房公积金、基于绩效的加薪及年终奖，以及特殊的股票奖励计划等。这些优厚的薪酬福利，不仅提高了员工工作积极性和满意度，还吸引了更多优秀的人才，提高了公司的整体竞争力。

你知道企业的职工薪酬包括哪些内容吗？企业对于上述各类业务应设置哪些账户？如何进行账务处理？

思政课堂

资料内容

税费政策“组合拳”助企业纾困发展

“税费优惠政策是积极财政政策加力提效的重要内容，也是直接有效和公平的惠企政策，要延续、优化、完善并落实好减税降费政策，大力支持科技创新、实体经济和中小微企业发展。”9月7日，财政部副部长王东伟在国务院政策例行吹风会上表示，面对复杂严峻的国际形势和艰巨繁重的国内改革发展稳定任务，相关部门着力打出一套税费政策“组合拳”，实打实支持企业纾困发展。

“近年来，财政部会同有关部门持续加大科技创新支持力度，实施了一系列针对性强的税收优惠政策。特别是今年以来，又延续和优化完善多项政策。”政策吹风会上，财政部税政司司长贾荣鄂表示，随着政策不断完善，目前已经初步形成了一套覆盖面广、优惠力度大、涵盖企业创新全流程各环节的税收支持政策体系。

在促进研发投入方面，国家将符合条件的企业研发费用税前加计扣除比例由75%提高至100%，并作为制度性安排长期实施；在鼓励创业投资方面，将创投企业税收优惠政策延续实施至2027年年底；在支持研发设备更新方面，将企业新购进单位价值不超过500万元的设备、器具一次性税前扣除，将内资研发机构和外资研发中心采购设备全额退还增值税两项政策延续实施至2027年年底。“这些政策的重点就是聚焦研发投入、创业投资、研发设备、重点产业链、鼓励创业创新等方面，不断夯实企业创新主体地位，增强企业技术创新能力，推动高水平科技自立自强。”王东伟说。

不仅如此，支持战略性新兴产业发展的税费政策也在不断加码。“我们延续和优化新能源汽车车辆购置税减免政策，巩固和扩大我国新能源汽车产业发展优势；延续实施民用航空发动机和民用飞机税收优惠政策，支持关键核心技术攻关；出台先进制造业增值税加计抵减优惠政策，推动先进制造业升级发展。”王东伟表示，我国出口的“新三样”中，新能源汽车迅速壮大发展，税收政策起着很重要的推动作用。

资料分析

延续、优化、完善的税费政策项目多、涉及领域广，如何让政策快速落地生根？国家税务总局总会计师罗天舒表示，税务部门主动协同、高效作为，实行精准推送服务，让“政策找人”“送政策上门”。数据显示，今年1月至7月，全国新增减税降费以及退税缓费已经达到1.05万亿元。政策落地的同时还要抓好风险防控。罗天舒表示，税务部门将充分发挥好与公安、检察、法院等七部门联合打击虚开骗税工作机制作用，依法依规严厉打击各类违规享受和骗取税费优惠行为，以更严的要求护航各项优惠政策落快落准落稳。

（资料来源：何亮，《科技日报》，2023年9月8日第2版）

学习目标

知识目标

1. 了解短期借款的目的；
2. 熟悉应付款项的内容；
3. 熟悉应付职工薪酬的内容；
4. 熟悉应交税费的内容；
5. 掌握短期借款的核算方法；
6. 掌握应付款项的核算方法；
7. 掌握应付职工薪酬的核算方法；
8. 掌握应交税费的核算方法。

技能目标

1. 能正确办理借款手续；
2. 能审核采购合同等业务单据；
3. 能审核职工薪酬金额；
4. 能正确计算各项税费；
5. 能正确编制记账凭证。

素质目标

1. 培养遵守信贷纪律、提高信用等级的理念；
2. 强化严格管理资金、提高资金营运效率的职能；
3. 树立按期足额纳税、防范税务风险的意识。

任务一
核算短期借款

知识要点

一、认知短期借款

短期借款是指企业以摊余成本计量的向银行或其他金融机构等借入的期限在 1 年以下（含 1 年）的各种借款。短期借款一般是企业为了满足正常的生产经营或者是为了抵偿某项债务而借入的。企业借入的短期借款构成了企业的一项负债，应加强借款资金的管理，按规定用途使用，按期还本付息。

二、核算短期借款

（一）设置账户

企业应设置“短期借款”账户，核算企业短期借款的借入、归还等情况。该账户应按借款种类、贷款人和币种等设置明细账户进行明细核算。如图 8-1 所示。

借方　　短期借款	贷方
归还的借款本金	借入的本金
	尚未偿还的短期借款本金

图 8-1　短期借款

（二）短期借款的主要账务处理

1. 取得短期借款

企业借入短期借款，应按实际收到的金额，借记“银行存款”账户，贷记“短期借款”账户。

2. 确认短期借款利息费用

企业借入短期借款应支付利息。在实际工作中，短期借款利息支付有以下两种情况：

（1）预提利息

若短期借款利息是按期支付的，如按季度支付利息，或者在借款到期时连同本金一起归还利息且数额较大的，应当采用月末预提方式进行短期借款利息的核算。

企业短期借款利息属于筹资费用，应当于月末按照计算确定的短期借款利息费用，借记“财务费用”账户，贷记“应付利息”账户；实际支付利息时，根据已预提的利息，借记“应付利息”账户，贷记“银行存款”账户。

（2）按月直接支付

若企业的短期借款利息是按月支付的，或者在借款到期时连同本金一起归还利息但数额不大的，可以不采用预提的方式，而在实际支付或收到银行的计息通知时，直接计入当期损益，借记“财务费用”账户，贷记“银行存款”账户。

3. 归还短期借款

企业归还短期借款本金时，按归还的借款金额，借记“短期借款”账户，按已计提的利息，借记“应付利息”账户，按实际支付的借款本息，贷记“银行存款”账户。

任务实施

做中学 8-1 2023 年 8 月 1 日，云康公司向建设银行借入一笔生产经营用短期借款，共计 150 万元，期限为 9 个月，年利率为 4%。根据与银行签署的借款协议，该项借款的本金和利息到期后一次归还。公司采用月末预提方式确认该笔借款利息。

7 月 1 日，取得借款时，根据借款合同、银行特种转账凭证编制会计分录如下：

借：银行存款　　1 500 000
　贷：短期借款　　1 500 000

做中学 8-2 根据 **做中学 8-1** 资料，2023 年 8 月 31 日，云康公司计提该笔短期借款的利息。

本月短期借款利息 = 1 500 000 × 4% ÷ 12 = 5 000（元）

根据利息计算表编制会计分录如下：

借：财务费用　　5 000
　贷：应付利息　　5 000

2023 年 9 月末至 2024 年 3 月末，计提利息，会计分录同上。

做中学 8-3 根据 **做中学 8-1** 和 **做中学 8-2** 资料，2024 年 4 月 30 日，云康公司偿还该笔短期借款的本金和利息。

本月短期借款利息 = 1 500 000 × 4% ÷ 12 = 5 000（元），前期已预提 8 个月利息总计 40 000 元。

根据借款合同、银行计收利息清单（支款通知）和银行支付凭证编制会计分录如下：

借：短期借款　　1 500 000
　　应付利息　　40 000
　　财务费用　　5 000
　贷：银行存款　　1 545 000

任务二
核算应付款项

知识要点

一、应付票据

（一）认知应付票据

应付票据是指企业以摊余成本计量的购买材料、商品和接受劳务供应等而开出、承兑的商业汇票。

应付票据按承兑人的不同，分为商业承兑汇票和银行承兑汇票，承兑人是银行的票据则为银行承兑汇票，承兑人为购货单位的票据则为商业承兑汇票。应付票据按是否带息，分为带息应付票据和不带息应付票据。

我国商业汇票的付款期限不超过 6 个月，因此，企业将应付票据作为流动负债进行管理和核算。同时，由于应付票据的偿付时间较短，在会计实务中，一般均按照开出、承兑的应付票据的面值入账。

企业还应设置“应付票据备查簿”，详细登记商业汇票的种类、号数、出票日期、到期日、票面金额、交易合同号和收款人姓名或单位名称以及付款日期和金额等资料。应付票据到期结清时，在备查簿中应予以注销。

（二）核算应付票据

1. 设置账户

企业应设置“应付票据”账户，核算应付票据的开出、偿付等情况。该账户可按债权人设置明细账户进行明细核算。如图 8-2 所示。

应付票据

借方	贷方
支付票据的金额	开出、承兑汇票的面值
	尚未到期的商业汇票的面值

图 8-2　应付票据

2. 应付票据的主要账务处理

（1）开出应付票据

企业因购买材料、商品或接受劳务供应等而开出、承兑的商业汇票，应将票面金额作为应付票据的入账金额，借记“材料采购”“在途物资”“原材料”“库存商品”“应付账款”“应交税费——应交增值税（进项税额）”等账户，贷记“应付票据”账户。

企业因开出银行承兑汇票而支付的银行承兑汇票手续费，计入当期财务费用。支付手续费时，按确认的手续费，借记“财务费用”账户，取得增值税专用发票的，按注明的增值税进项税额，借记“应交税费——应交增值税（进项税额）”账户，按实际支付的金额，贷记“银行存款”账户。

（2）偿还应付票据

企业开具的商业汇票到期支付票据款时，根据开户银行的付款通知，借记“应付票据”账户，贷记“银行存款”账户。

（3）转销应付票据

企业应付商业承兑汇票到期，如无力支付票款，由于商业汇票已经失效，企业应将应付票据款转为应付账款，按票面金额，借记“应付票据”账户，贷记“应付账款”账户。

企业应付银行承兑汇票到期，如无力支付票款，承兑银行将代为支付票据款，并将其转为企业的逾期贷款，由于商业汇票已经失效，企业应将应付票据款转为短期借款，按票面金额，借记“应付票据”账户，贷记“短期借款”账户。

二、应付账款

（一）认知应付账款

应付账款是指企业以摊余成本计量的购买材料、商品和接受劳务供应等日常经营活动应支付的款项。这是一种最常见、最普遍的负债，主要是由于企业取得物资与支付货款在时间上的不一致而产生的负债。

1. 应付账款入账时间

在实际工作中，一般分下列两种情况进行处理：

（1）在材料、商品与发票账单同时到达的情况下，一般在所购材料、商品验收入库后，根据发票账单登记入账，确认应付账款。这主要是为了确认所购材料、商品的金额、品种、数量和质量等是否与合同条款相符，避免因验收入库时发现所购材料、商品的数量或质量存在问题而对入账的材料、商品或应付账款金额进行改动。

（2）在所购材料、商品已经验收入库，但发票账单未能同时到达的情况下，企业应付材料、商品供应单位的债务已经成立，在会计期末，为了反映企业拥有的资产和承担的负债，需要将所购材料、商品和相关的应付账款的估价入账，待下月初将上月末暂估入账的应付账款予以冲回。

2. 应付账款入账金额

应付账款一般按未来应付金额入账，在购货存在现金折扣的情况下，应付账款的入账金额按发票上记载的应付金额的总值（不扣除折扣）记账，获得的现金折扣用于冲减财务费用。

（二）核算应付账款

1. 设置账户

企业应设置“应付账款”账户，核算应付账款的发生、偿还和转销等情况。该账户可按债权人设置明细账户进行明细核算。如图 8-3 所示。

借方	应付账款 贷方
应付未付款项的减少	应付未付款项的增加
	尚未支付的应付账款余额

图 8-3　应付账款

2. 应付账款的主要账务处理

（1）形成应付账款

企业购入材料、商品或接受劳务供应等所产生的应付账款，应按应付金额入账。购入材料、商品等验收入库，但货款尚未支付，根据有关凭证（发票账单、随货同行发票上记载的实际价款或暂估价值），借记“材料采购”“在途物资”“库存商品”“原材料”等账户，按可抵扣的增值税进项税额，借记“应交税费——应交增值税（进项税额）”账户，按应付的款项，贷记“应付账款”账户。

企业接受供应单位提供劳务而发生的应付未付的款项，根据供应单位的发票账单所列金额，借记“生产成本”“管理费用”等账户，按增值税专用发票上注明的可抵扣的增值税进项税额，借记“应交税费——应交增值税（进项税额）”账户，贷记“应付账款”账户。

（2）偿还应付账款

企业偿还应付账款或开出商业汇票抵付应付账款时，借记“应付账款”账户，贷记“银行存款”“应付票据”等账户。

企业外购电力、燃气等动力一般通过“应付账款”账户核算，在每月付款时先做暂付款处理，按增值税专用发票上注明的价款，借记“应付账款”账户，按增值税专用发票上注明的可抵扣的增值税进项税额，借记“应交税费——应交增值税（进项税额）”账户，贷记“银行存款”等账户；月末按照外购动力的用途，借记“生产成本”“制造费用”和“管理费用”等账户，贷记“应付账款”账户。

（3）转销应付账款

应付账款一般在较短期限内支付，但有时由于债权单位撤销或其他原因而使应付账款无法清偿。企业应将确实无法支付的应付账款予以转销，按其账面余额，借记“应付账款”账户，贷记“营业外收入”账户。

三、预收账款

（一）认知预收账款

预收账款是指企业按照合同规定预收的款项。

（二）核算应付账款

1. 设置账户

企业应设置“预收账款”账户，核算预收账款的取得、偿付等情况。该账户可按客户设置明细账户进行明细核算。如图 8-4 所示。

借方	预收账款	贷方
冲销的预收账款金额		发生的预收账款金额
尚未转销的款项		预收的款项

图 8-4 预收账款

2. 预收账款的主要账务处理

（1）取得预收账款

企业预收款项时，按实际收到的全部预收款，借记“库存现金”“银行存款”账户，涉及增值税的，按预收款计算的应交增值税，贷记“应交税费——应交增值税（销项税额）”账户，全部预收款扣除应交增值税的差额，贷记“预收账款”账户。

（2）冲销预收账款

企业分期确认有关收入时，按实现的收入，借记“预收账款”账户，贷记“主营业务收入”“其他业务收入”账户。

企业收到客户补付的款项时，借记“库存现金”“银行存款”账户，贷记“预收账款”“应交税费——应交增值税（销项税额）”账户；退回客户多预付的款项时，借记“预收账款”账户，贷记“库存现金”“银行存款”账户。涉及增值税的，还应进行相应的会计处理。

如果企业的预收账款业务不多，可以不单独设置“预收账款”账户，其所发生的预收货款，可通过“应收账款”账户核算。

四、应付利息

（一）认知应付利息

应付利息是指企业按照合同约定应支付的利息，包括预提短期借款利息，分期付息到期还本的长期借款、企业债券等应支付的利息。

（二）核算应付利息

1. 设置账户

企业应设置“应付利息”账户，核算应付利息的发生、支付等情况。该账户可按债权人设置明细账户进行明细核算。如图 8-5 所示。

借方	应付利息	贷方
实际支付的利息		按合同约定计算的应付利息
		应付未付的利息

图 8-5 应付利息

2. 应付利息的主要账务处理

（1）发生应付利息

企业采用合同约定利率计算确定利息费用，按应付合同利息金额，借记“财务费用”等账户，贷记“应付利息”账户。

（2）实际支付利息

企业实际支付利息时，借记“应付利息”账户，贷记“银行存款”等账户。

五、应付股利

（一）认知应付股利

应付股利是指企业根据股东大会或类似机构审议批准的利润分配方案确定分配给投资者的现金股利或利润。企业股东大会或类似机构审议批准的利润分配方案、宣告分派的现金股利或利润，在实际支付前，形成企业的负债。

注意

企业董事会或类似机构通过的利润分配方案中拟分配的现金股利或利润，不应确认负债，但应在附注中披露。企业分配的股票股利不通过“应付股利”账户核算。

（二）核算应付股利

1. 设置账户

企业应设置“应付股利”账户，核算企业确定或宣告发放但尚未实际支付的现金股利或利润。该账户可按投资者设置明细账户进行明细核算。如图 8-6 所示。

借方　　　　应付股利	贷方
实际支付的现金股利或利润	应支付的现金股利或利润
	应付未付的现金股利或利润

图 8-6　应付股利

2. 应付股利的主要账务处理

（1）发生应付现金股利或利润

企业根据股东大会或类似机构审议批准的利润分配方案，确认应付给投资者的现金股利或利润时，借记“利润分配——应付现金股利或利润”等账户，贷记“应付股利”账户。

（2）实际支付现金股利或利润

企业实际向投资者支付现金股利或利润时，借记“应付股利”账户，贷记“银行存款”

等账户。

六、其他应付款

（一）认知其他应付款

其他应付款是指企业除应付票据、应付账款、预收账款、应付职工薪酬、应付利息、应付股利、应交税费、长期应付款等以外的其他各种应付、暂收款项。例如，应付短期租赁固定资产租金、应付租入包装物租金、出租或出借包装物向客户收取的押金、存入保证金、应付或暂收所属单位或个人的款项、应付赔偿和罚款等。这些暂收应付款项也构成企业的一项流动负债。

微课1：
其他应付款
的核算

（二）核算其他应付款

1. 设置账户

企业应设置“其他应付款”账户，核算其他应付款的增减变动及其结存情况。该账户可按其他应付款的项目和对方单位（或个人）设置明细账户进行明细核算。如图 8-7 所示。

借方	其他应付款 贷方
偿还或转销的各种应付、暂收款项	发生的各种应付、暂收款项
	应付未付的其他应付款项

图 8-7　其他应付款

2. 其他应付款的主要账务处理

（1）发生其他应付款

企业发生其他各种应付、暂收款项时，借记“管理费用”等账户，贷记“其他应付款”账户。

（2）偿还其他应付款

企业实际支付或退回各种应付、暂收款项时，借记“其他应付款”账户，贷记“银行存款”等账户。

任务实施

做中学 8-4　2024 年 3 月 1 日，云康公司从荣上公司购入 M 材料一批，增值税发票上注明价款为 700 000 元，增值税税额为 91 000 元，当日原材料验收入库。该公司开出并经银行承兑的商业汇票，面值为 791 000 元，期限 4 个月。缴纳银行承兑汇票手续费 395.5 元，其中增值税税额 22.39 元。云康公司原材料按实际成本核算。7 月 1 日，商业汇票到期，云康公司通知其开户银行以银行存款支付票款。

（1）3月1日，开出并经银行承兑商业汇票，购入材料，云康公司根据购货合同、增值税专用发票发票联、银行承兑汇票和材料入库单编制会计分录如下：

借：原材料——M材料　　700 000
　　应交税费——应交增值税（进项税额）　　91 000
　　贷：应付票据——荣上公司　　791 000

（2）3月1日，支付银行承兑汇票的手续费，云康公司根据银行承兑手续费回单编制会计分录如下：

借：财务费用　　373.11
　　应交税费——应交增值税（进项税额）　　22.39
　　贷：银行存款　　395.5

（3）7月1日，商业汇票到期支付票款，云康公司根据承兑汇票委托书存根联编制会计分录如下：

借：应付票据——荣上公司　　791 000
　　贷：银行存款　　791 000

做中学8-5　根据 **做中学8-4** 资料，2024年7月1日，假设云康公司在上述银行承兑汇票到期时无力支付票款。

云康公司编制会计分录如下：

借：应付票据——荣上公司　　791 000
　　贷：短期借款　　791 000

做中学8-6　2024年8月1日，云康公司从江阳公司购入N材料一批，增值税发票上注明价款为300 000元，增值税税额为39 000元，当日原材料验收入库，款项尚未支付。云康公司原材料按实际成本核算。9月30日，云康公司以银行存款支付购入材料款项339 000元。

（1）8月1日，购入材料确认应付账款，云康公司根据购货合同、增值税专用发票发票联和材料入库单编制会计分录如下：

借：原材料——M材料　　300 000
　　应交税费——应交增值税（进项税额）　　39 000
　　贷：应付账款——江阳公司　　339 000

（2）9月30日，支付购买材料款项，云康公司根据银行付款凭证编制会计分录如下：

借：应付账款——江阳公司　　339 000
　　贷：银行存款　　339 000

做中学8-7　2024年9月20日，云康公司收到银行转来省电力公司开具的增值税专用发票，注明电费为50 000元，增值税税额为6 500元，以银行转账付讫。月末经计算，本月应付电费50 000元，其中生产车间电费35 000元、行政管理部门电费10 000元、销售部门电费5 000元。

（1）9月20日，支付电费，云康公司根据增值税专用发票发票联、银行付款凭证编制会计分录如下：

借：应付账款——省电力公司　　50 000
　　应交税费——应交增值税（进项税额）　　6 500
　　贷：银行存款　　56 500

（2）9 月 30 日，分配外购动力费，云康公司根据外购动力费分配表编制会计分录如下：

借：制造费用　　35 000
　　管理费用　　10 000
　　销售费用　　5 000
　　贷：应付账款——省电力公司　　50 000

做中学 8-8　2023 年 12 月 31 日，云康公司确认一笔应付立兴公司货款 2.26 万元为无法支付的款项，对此予以转销。

云康公司根据公司董事会或法律机构做出的书面决议编制会计分录如下：

借：应付账款　　22 600
　　贷：营业外收入　　22 600

做中学 8-9　2024 年 2 月 1 日，云康公司与快达公司签订经营租赁（非主营业务）运输货车合同，向快达公司出租货车 2 辆，期限为 6 个月，含税租金共计 33 900 元。合同约定，合同签订日预付含税租金 22 600 元，合同到期结清全部租金余款。合同签订日，云康公司收到租金并存入银行，开具的增值税专用发票注明租金为 20 000 元，增值税税额为 2 600 元。7 月 31 日租赁期满，云康公司收到租金余款，并开具相应的增值税专用发票。

（1）2 月 1 日，收到快达公司预付租金，云康公司根据增值税专用发票记账联、银行收款凭证编制会计分录如下：

借：银行存款　　22 600
　　贷：预收账款——快达公司　　20 000
　　　　应交税费——应交增值税（销项税额）　　2 600

（2）每月月末确认租金收入 =［33 900 ÷（1 + 13%）］÷ 6 = 5 000（元）

云康公司根据租金收入分摊计算表编制会计分录如下：

借：预收账款——快达公司　　5 000
　　贷：其他业务收入　　5 000

（3）7 月 31 日，租赁期满收到租金余款及增值税时，云康公司根据增值税专用发票记账联、银行收款凭证编制会计分录如下：

借：银行存款　　11 300
　　贷：预收账款——快达公司　　10 000
　　　　应交税费——应交增值税（销项税额）　　1 300

注意

若云康公司不设置“预收账款”账户，其预收的款项通过“应收账款”账户核算，则在上述业务中将“预收账款”账户换成“应收账款”账户。

做中学 8-10 云康公司有甲、乙、丙三个股东，其出资分别占注册资本的 60%、30% 和 10%。2024 年 3 月 15 日，经股东大会批准，决定从 2023 年度实现的利润中分配现金股利 100 万元。2024 年 4 月 10 日，用银行存款转账支付现金股利 100 万元。

（1）3 月 15 日，确认应付股东现金股利：

甲股东应分配的股利 = 1 000 000 × 60% = 600 000（元）

乙股东应分配的股利 = 1 000 000 × 30% = 300 000（元）

丙股东应分配的股利 = 1 000 000 × 10% = 100 000（元）

云康公司根据股东大会批准的利润分配方案编制会计分录如下：

借：利润分配——应付现金股利或利润	1 000 000	
贷：应付股利——甲		600 000
应付股利——乙		300 000
应付股利——丙		100 000

（2）4 月 10 日，支付现金股利，云康公司根据银行付款凭证编制会计分录如下：

借：应付股利——甲	600 000	
应付股利——乙	300 000	
应付股利——丙	100 000	
贷：银行存款		1 000 000

做中学 8-11 2024 年 7 月 1 日，云康公司向科星公司出借一批包装箱，收到现金押金 1 000 元。2024 年 9 月 1 日，科星公司将该批包装箱完好无损地还回，云康公司于当日退还其现金押金 1 000 元。

（1）7 月 1 日，收到现金押金，云康公司根据收款收据编制会计分录如下：

借：库存现金	1 000	
贷：其他应付款		1 000

（2）9 月 1 日，退还押金，云康公司根据押金条编制会计分录如下：

借：其他应付款	1 000	
贷：库存现金		1 000

任务三 核算应付职工薪酬

知识要点

一、认知应付职工薪酬

（一）职工薪酬的内容

职工薪酬是指企业为获得职工提供的服务或解除劳动关系而给予的各种形式的报酬或补偿。职工薪酬包括短期薪酬、离职后福利、辞退福利和其他长期职工福利。企业提供给职工配偶、子女、受赡养人、已故员工遗属及其他受益人等的福利，也属于职工薪酬。企业与职工之间因职工提供服务形成的关系构成企业的现时义务，将导致企业未来经济利益的流出，从而形成企业的一项负债，即应付职工薪酬。

注意

职工的范围包括三类人员：①与企业订立劳动合同的所有人员，含全职、兼职和临时职工；②未与企业订立正式劳动合同，但由企业正式任命的人员，如董事会成员、监事会成员等；③在企业的计划和控制下，虽未与企业订立劳动合同或未由其正式任命，但向企业所提供服务与职工所提供服务类似的人员，也属于职工的范畴，如通过企业与劳务中介公司签订用工合同而向企业提供服务的人员。

（二）短期薪酬

短期薪酬是指企业在职工提供相关服务的年度报告期间结束后 12 个月内需要全部予以支付的职工薪酬，因解除与职工的劳动关系给予的补偿除外。短期薪酬具体包括：职工工资、奖金、津贴和补贴，职工福利费，医疗保险费、工伤保险费等社会保险费，住房公积金，工会经费和职工教育经费，短期带薪缺勤，短期利润分享计划，非货币性福利以及其他短期薪酬。

（1）职工工资、奖金、津贴和补贴，是指企业按照构成工资总额的计时工资、计件工资、奖金等劳动报酬、为补偿职工特殊或额外的劳动消耗和因其他原因支付给职工的津贴，以及为保证职工工资水平不受物价影响支付给职工的物价补贴等。企业按照短期奖金计划向职工发放的奖金属于短期薪酬，按照长期奖金计划向职工发放的奖金属于其他长期职工福利。

（2）职工福利费，是指企业向职工提供的生活困难补助、丧葬补助费、抚恤金、职工异地安家费、防暑降温费等职工福利支出。

（3）医疗保险费、工伤保险费等社会保险费，是指企业按照国家规定的基准和比例计算，向社会保险经办机构缴存的医疗保险费、工伤保险费等。

（4）住房公积金，是指企业按照国家规定的基准和比例计算，向住房公积金管理机构缴存的住房公积金。

（5）工会经费和职工教育经费，是指企业为了改善职工文化生活、为职工学习先进技术和提高文化水平和业务素质，用于开展工会活动和职工教育及职业技能培训等相关支出。

（6）短期带薪缺勤，是指职工虽然缺勤但企业仍向其支付报酬的安排，包括年休假、病假、婚假、产假、丧假、探亲假等。长期带薪缺勤属于其他长期职工福利。

（7）短期利润分享计划，是指因职工提供服务而与职工达成的基于利润或其他经营成果提供薪酬的协议。长期利润分享计划属于其他长期职工福利。

（8）非货币性福利，是指企业以自产产品或外购商品发放给职工作为福利，企业提供给职工无偿使用自己拥有的资产或租赁资产的权利，或向职工提供企业支付了一定补贴的商品或服务等，如以低于成本的价格向职工出售住房等。

（9）其他短期薪酬，是指除上述薪酬以外的其他为获得职工提供的服务而给予的短期薪酬。

（三）离职后福利

离职后福利是指企业为获得职工提供的服务而在职工退休或与企业解除劳动关系后，提供的各种形式的报酬和福利，属于短期薪酬和辞退福利的除外。

离职后福利计划是指企业与职工就离职后福利达成的协议，或者企业为向职工提供离职后福利制定的规章或办法等。企业应当将离职后福利计划分类为设定提存计划和设定受益计划。其中，设定提存计划是指向独立的基金缴存固定费用后，企业不再承担进一步支付义务的离职后福利计划，如养老保险、失业保险等。设定受益计划是指除设定提存计划以外的离职后福利计划。

（四）辞退福利

辞退福利是指企业在职工劳动合同到期之前解除与职工的劳动关系，或者为鼓励职工自愿接受裁减而给予职工的补偿。辞退关系通常采取在解除劳动关系时一次性支付补偿的方式，有通过提高退休后养老金或其他离职后福利的标准，或者在职工不再为企业带来经济利益后，将职工工资支付到辞退后未来某一期间等方式。

（五）其他长期职工福利

其他长期职工福利是指除短期薪酬、离职后福利、辞退福利之外所有的职工薪酬，包括长期带薪缺勤、长期残疾福利、长期利润分享计划等。

二、核算应付职工薪酬

（一）设置账户

企业应设置“应付职工薪酬”账户，核算应付职工薪酬的计提、结算、使用等情况。该账户应当按照“工资、奖金、津贴和补贴”“职工福利费”“社会保险费”“住房公积金”“工会经费”“职工教育经费”“累积带薪缺勤”“非货币性福利”“利润分享计划”“设定提存计划”“设定受益计划”“辞退福利”等项目设置明细账户进行明细核算。如图 8-8 所示。

借方　　应付职工薪酬	贷方
实际发放的职工薪酬	发生的应付职工薪酬
	应付未付的职工薪酬

图 8-8　应付职工薪酬

（二）应付职工薪酬的主要账务处理

1. 货币性短期薪酬

（1）职工工资、奖金、津贴和补贴

企业发生的职工工资、奖金、津贴和补贴等货币性职工薪酬，应当在职工为其提供服务的会计期间，将实际发生的职工工资、津贴和补贴等，根据职工提供的服务的受益对象，将应确认的职工薪酬，借记“生产成本”“制造费用”“合同履约成本”“管理费用”“销售费用”“在建工程”和“研发支出”等账户，贷记“应付职工薪酬——工资、奖金、津贴和补贴”账户。

企业发放工资，通常通过银行转账方式直接转入职工的银行存款账户，应按实发工资的金额，借记“应付职工薪酬——工资、奖金、津贴和补贴”账户，贷记“库存现金”“银行存款”账户。结转代扣款项（如水电费等），若先扣后交，则借记“应付职工薪酬——工资、奖金、津贴和补贴”账户，贷记“其他应付款”账户；若先交后扣，则借记“应付职工薪酬——工资、奖金、津贴和补贴”账户，贷记“其他应收款”账户。

结转代扣款项（如个人所得税、社会保险费及住房公积金等）见本项目相关内容。

（2）职工福利费

企业发生职工福利费时，根据实际支付金额，借记“应付职工薪酬——职工福利费”账户，贷记有关账户。月末企业按职工提供服务的受益对象对实际发生的职工福利费进行分配时，借记“生产成本”“制造费用”“合同履约成本”“管理费用”“销售费用”“在建工程”和“研发支出”等账户，贷记“应付职工薪酬——职工福利费”账户。

（3）医疗保险费、工伤保险费等社会保险费和住房公积金

医疗保险费按国家规定由企业和职工共同负担，工伤保险费由企业负担。

住房公积金是按照国家规定由企业和职工共同负担用于解决职工住房问题的费用。

月末，对于企业为职工缴纳的医疗保险费、工伤保险费等社会保险费和住房公积金，应按照国家规定的计提基础和比例，在职工提供服务的会计期间根据受益对象计入当期损益或相关资产成本，并确认相应应付职工薪酬金额，借记“生产成本”“制造费用”“管理费用”“合同履约成本”“销售费用”“在建工程”和“研发支出”等账户，贷记“应付职工薪酬——社会保险费、住房公积金”账户。

对于职工个人负担的社会保险费和住房公积金，由职工所在企业每月从其工资中代扣

代缴，借记“应付职工薪酬——工资、奖金、津贴和补贴”账户，贷记“其他应付款——社会保险费、住房公积金”账户。

企业缴纳社会保险费和住房公积金时，借记“应付职工薪酬——社会保险费、住房公积金”“其他应付款——社会保险费、住房公积金”账户，贷记“银行存款”账户。

（4）工会经费和职工教育经费

根据《中华人民共和国工会法》的规定，企业应按每月全部职工工资总额的2%向工会拨缴工会经费，并在成本费用中列支，主要用于职工服务和工会活动。

职工教育经费一般由企业按每月工资总额的8%计提，主要用于职工岗位培训、继续教育等方面的支出。

月末，企业根据国家规定的计提基础和比例计算确定应付工会经费和职工教育经费时，借记“生产成本”“制造费用”“管理费用”“销售费用”“在建工程”和“研发支出”等账户，贷记“应付职工薪酬——工会经费、职工教育经费”账户；企业实际拨缴或发生实际开支时，借记“应付职工薪酬——工会经费、职工教育经费”账户，贷记“银行存款”账户。

（5）短期带薪缺勤

带薪缺勤分为累积带薪缺勤和非累积带薪缺勤。企业应当对职工享有的累积带薪缺勤和非累积带薪缺勤分别进行会计处理。如果带薪缺勤属于长期带薪缺勤，企业应当将其作为其他长期职工福利进行处理。

① 累积带薪缺勤

累积带薪缺勤是指带薪权利可以结转至下期的带薪缺勤，如果本期的权利没有用完，可以在未来期间使用。

企业应当在职工提供了服务从而增加了其享有的未来带薪缺勤的权利时，确认与累积带薪缺勤相关的职工薪酬，并以累积未行使权利而增加的预期支付金额计量。确认累积带薪缺勤时，借记“生产成本”“制造费用”“管理费用”“销售费用”“在建工程”和“研发支出”等账户，贷记“应付职工薪酬——累积带薪缺勤”账户。

② 非累积带薪缺勤

非累积带薪缺勤是指带薪权利不能结转下期的带薪缺勤，本期尚未用完的带薪缺勤权利将予以取消，并且职工离开企业时也无权获得现金支付。我国企业职工休婚假、产假、丧假、探亲假、病假期间的工资通常属于非累积带薪缺勤。

由于职工提供服务本身不能增加其能够享受的福利金额，企业在职工未缺勤时不应当计提相关费用和负债。

企业应当在职工实际发生缺勤的会计期间确认与非累积带薪缺勤相关的职工薪酬，视同职工出勤确认的当期损益或相关资产成本。通常情况下，与非累积带薪缺勤相关的职工薪酬已经包括在企业每期向职工发放的工资等薪酬中，因此，不必额外作账务处理。

2. 非货币性福利

（1）企业将其自产产品发放给职工

企业将其自产产品作为非货币性福利发放给职工的，应当根据受益对象，按该产品的公允价值和相关税费计入相关资产成本和当期损益，同时确认应付职工薪酬，借记“生产成本”“制造费用”“管理费用”“销售费用”“在

微课2：非货币性福利的核算（一）

建工程”和“研发支出”等账户，贷记“应付职工薪酬——非货币性福利”账户。

企业将自产产品作为职工薪酬发放给职工的，应当作为正常商品销售处理，借记“应付职工薪酬——非货币性福利”账户，贷记“主营业务收入”“应交税费——应交增值税（销项税额）”账户；同时结转相关成本。

微课3：非货币性福利的核算（二）

（2）企业将拥有的房屋等资产无偿提供给职工使用

企业将拥有的房屋等资产无偿提供给职工使用的，应当根据受益对象，将该住房每期应计提的折旧计入相关资产成本或当期损益，同时确认应付职工薪酬，借记“生产成本”“制造费用”“管理费用”“销售费用”“在建工程”和“研发支出”等账户，贷记“应付职工薪酬——非货币性福利”账户；同时按该折旧金额，借记“应付职工薪酬——非货币性福利”账户，贷记“累计折旧”等账户。

（3）企业将租赁住房等资产无偿提供给职工使用

企业将租赁住房等资产无偿提供给职工使用的，应当根据受益对象，将该住房每期应付的租金计入相关资产成本或当期损益，同时确认应付职工薪酬，借记“生产成本”“制造费用”“管理费用”“销售费用”“在建工程”和“研发支出”等账户，贷记“应付职工薪酬——非货币性福利”账户；实际支付租金时，借记“应付职工薪酬——非货币性福利”账户，贷记“银行存款”等账户。

注意

难以认定受益对象的非货币性福利，直接计入当期损益和应付职工薪酬。

3. 离职后福利

企业对于设定提存计划，应当根据在资产负债表日将为换取职工在会计期间内提供的服务而应向独立的基金缴存的提存金，确认为应付职工薪酬负债，并计入当期损益或相关资产成本，借记“生产成本”“制造费用”“管理费用”“销售费用”“在建工程”和“研发支出”等账户，贷记“应付职工薪酬——设定提存计划”账户。

微课4：离职后福利的核算

4. 辞退福利

企业应当根据已确定的解除劳动关系计划或自愿裁减建议，确认为应付职工薪酬负债，并计入当期损益，借记“管理费用”账户，贷记“应付职工薪酬——辞退福利”账户；实际支付辞退福利时，借记“应付职工薪酬——辞退福利”账户，贷记“银行存款”账户。

5. 其他长期职工福利

企业向职工提供的其他长期职工福利，符合设定提存计划条件的，应当按设定提存计划的有关规定进行会计处理；符合设定受益计划条件的，应当按设定受益计划的有关规定进行会计处理。

长期残疾福利水平取决于职工提供服务期间长短的，企业应在职工提供服务的期间确认应付长期残疾福利义务，计量时应当考虑长期残疾福利支付的可能性和预期支付的期限；与职工提供服务期间长短无关的，企业应当在导致职工长期残疾的事件发生的当期确认应付长期残疾福利。

任务实施

做中学 8-12 2024 年 9 月，云康公司根据人事处转来的工资结算汇总表编制的工资费用分配汇总表见表 8-1。

表 8-1 工资费用分配汇总表

2024 年 9 月　　单位：元

应借科目		项目	直接计入	分配计入		合计
				生产工时	分配金额	
基本生产成本	血压计	直接人工		4 000	200 000	200 000
	血糖仪	直接人工		4 000	200 000	200 000
	额温枪	直接人工		2 000	100 000	100 000
	小计			10 000	500 000	500 000
制造费用	基本生产车间	薪酬费	80 000			80 000
管理费用		薪酬费	85 000			85 000
销售费用		薪酬费	135 000			135 000
合计			300 000		500 000	800 000

根据工资结算汇总表、工资费用分配汇总表编制会计分录如下：

借：基本生产成本——血压计　　200 000
　　基本生产成本——血糖仪　　200 000
　　基本生产成本——额温枪　　100 000
　　制造费用　　80 000
　　管理费用　　85 000
　　销售费用　　135 000
　　贷：应付职工薪酬——工资、奖金、津贴和补贴　　800 000

做中学 8-13 根据**做中学 8-12**资料，2024 年 10 月 10 日，云康公司根据工资费用分配汇总表结算 9 月应付职工工资总额 800 000 元，其中代垫职工家属医药费 5 000 元，代扣个人所得税 15 000 元，代扣社会保险费（基本养老保险、基本医疗保险和失业保险）88 000 元，代扣住房公积金 80 000 元。通过网银转账发放工资 612 000 元。

（1）根据工资结算表、网银转账凭证编制会计分录如下：

借：应付职工薪酬——工资、奖金、津贴和补贴 612 000
　　贷：银行存款 612 000

（2）根据工资结算表、代扣款凭证编制会计分录如下：

借：应付职工薪酬——工资、奖金、津贴和补贴 188 000
　　贷：其他应收款——代垫医药费 5 000
　　　　应交税费——应交个人所得税 15 000
　　　　其他应付款——社会保险费 88 000
　　　　其他应付款——住房公积金 80 000

做中学 8-14 根据 **做中学 8-12** 资料，云康公司下设一所职工食堂，每月根据在岗职工数量及岗位分布情况、相关历史经验数据等计算需要补贴食堂的金额，从而确定企业每期因职工食堂而需要承担的福利费金额。2023 年 10 月，在岗职工共计 150 人，其中生产车间工人 100 人，车间管理部门 15 人，行政管理部门 15 人，销售部门 20 人。历史经验数据表明，企业每月需给每名职工补贴 200 元。2023 年 11 月，公司支付 30 000 元补贴给食堂。

（1）10 月末，根据职工福利费分配表编制会计分录如下：

借：基本生产成本——血压计 8 000
　　基本生产成本——血糖仪 8 000
　　基本生产成本——额温枪 4 000
　　制造费用 3 000
　　管理费用 3 000
　　销售费用 4 000
　　贷：应付职工薪酬——职工福利费 30 000

（2）11 月，根据支付给食堂补贴的银行转账凭证编制会计分录如下：

借：应付职工薪酬——职工福利费 30 000
　　贷：银行存款 30 000

做中学 8-15 根据 **做中学 8-12** 资料，2023 年 9 月，云康公司根据相关规定的计提标准，计算应由公司负担的社会保险费（医疗保险和工伤保险费）共计 112 000 元。按照规定标准计提住房公积金 80 000 元。

根据社会保险计算表、住房公积金计提表编制会计分录如下：

借：基本生产成本——血压计 48 000
　　基本生产成本——血糖仪 48 000
　　基本生产成本——额温枪 24 000
　　制造费用 19 200
　　管理费用 20 400
　　销售费用 32 400
　　贷：应付职工薪酬——社会保险费 112 000
　　　　应付职工薪酬——住房公积金 80 000

做中学 8-16 根据 **做中学 8-12** 资料，2023 年 9 月，云康公司根据相关规定的计提标准，计算应由公司负担的社会保险费（基本养老保险和失业保险费）共计 176 000 元，缴存当地社会保险经办机构。

根据社会保险计算表编制会计分录如下：

借：基本生产成本——血压计　44 000
　　基本生产成本——血糖仪　44 000
　　基本生产成本——额温枪　22 000
　　制造费用　17 600
　　管理费用　18 700
　　销售费用　29 700
　　贷：应付职工薪酬——设定提存计划——基本养老保险费　160 000
　　　　应付职工薪酬——设定提存计划——失业保险费　16 000

做中学 8-17 根据 **做中学 8-12** 资料，2023 年 9 月，云康公司根据相关规定，分别按职工工资总额的 2% 和 8% 的计提标准，确认应付工会经费和职工教育经费。

根据工会经费计提表、职工教育经费计提表编制会计分录如下：

借：基本生产成本——血压计　20 000
　　基本生产成本——血糖仪　20 000
　　基本生产成本——额温枪　10 000
　　制造费用　8 000
　　管理费用　8 500
　　销售费用　13 500
　　贷：应付职工薪酬——工会经费　16 000
　　　　应付职工薪酬——职工教育经费　64 000

做中学 8-18 云康公司从 2023 年 1 月 1 日起实行累积带薪缺勤制度。该制度规定，每名职工每年可享受 5 个工作日带薪年休假，未使用的年休假只能向后结转一个日历年度，超过 1 年未使用的权利作废，在职工离开公司时也无权获得现金支付；职工年休假首先从当年可享受的权利中扣除，再从上年结转的带薪年休假余额中扣除。

至 2023 年 12 月 31 日，公司共有 150 名职工，每名职工当年平均未使用带薪年休假为 2 天。云康公司预计 2024 年有 140 名职工将享受不超过 5 天的带薪年休假，剩余 10 名职工每人将平均享受 6 天年休假，假定这 10 名职工全部为行政管理人员，该公司平均每名职工每个工作日工资为 300 元。

（1）2023 年 12 月 31 日，云康公司预计由于职工累积未使用的带薪年休假权利而产生的预期支付的金额 $=10\times(6-5)\times300=3\ 000$（元）

（2）2023 年 12 月 31 日，根据累积带薪缺勤预期支付金额计算表编制会计分录如下：

借：管理费用　3 000
　　贷：应付职工薪酬——累积带薪缺勤　3 000

做中学 8-19 2024 年 10 月，云康公司将自己生产的额温枪作为福利发放给公司 100 名生产工人。该额温枪的单位生产成本为 150 元，不含税售价为每台 218 元，公司销售商品适用的增值税税率为 13%。

（1）计入生产成本的金额 = 100 × 218 ×（1 + 13%）= 24 634（元）

（2）根据非货币性福利费用分配表编制会计分录如下：

借：生产成本　　24 634

　　贷：应付职工薪酬——非货币性福利　　24 634

（3）实际发放非货币性福利（额温枪），根据发放福利费用汇总表、产成品出库单编制会计分录如下：

借：应付职工薪酬——非货币性福利　　24 634

　　贷：主营业务收入　　21 800

　　　　应交税费——应交增值税（销项税额）　　2 834

借：主营业务成本　　15 000

　　贷：库存商品　　15 000

做中学 8-20　云康公司为 20 名夜班生产工人免费提供职工集体宿舍，该集体宿舍楼每月计提折旧 3 000 元。公司为 3 名高级管理人员租赁公寓住宅免费使用，公司每月需支付租金共计 24 000 元（含税）。

（1）根据固定资产折旧计算表编制会计分录如下：

借：制造费用　　3 000

　　贷：应付职工薪酬——非货币性福利　　3 000

借：应付职工薪酬——非货币性福利　　3 000

　　贷：累计折旧　　3 000

（2）根据租金费用分配表编制会计分录如下：

借：管理费用　　24 000

　　贷：应付职工薪酬——非货币性福利　　24 000

（3）根据支付租金的银行转账凭证编制会计分录如下：

借：应付职工薪酬——非货币性福利　　24 000

　　贷：银行存款　　24 000

做中学 8-21　2024 年 12 月，云康公司为在 2025 年顺利实施转产，公司管理层制订了一项辞退计划，规定自 2025 年 1 月 1 日起以职工自愿方式，辞退额温枪生产车间职工。辞退计划的详细内容包括拟辞退职工所在部门、数量、各级别职工能够获得的补偿标准以及计划实施时间等，均已与职工协商一致。该辞退计划已于 2024 年 12 月 15 日经公司董事会正式批准，并将在 2025 年实施完毕。辞退计划的有关内容见表 8-2。

表 8-2　云康公司额温枪生产车间职工辞退计划一览表

职位	拟辞退数量（名）	工龄（年）	每人补偿标准（元）
高级技工	10	1～10	60 000
		11～20	160 000
		21～30	260 000

（续表）

职位	拟辞退数量（名）	工龄（年）	每人补偿标准（元）
一般技工	10	1～10	40 000
		11～20	140 000
		21～30	240 000
合　计	20		

2024 年 12 月 31 日，云康公司根据表 8-2 的资料，预计额温枪生产车间职工接受辞退数量的最佳估计数及应支付的补偿金额见表 8-3。

表 8-3　云康公司额温枪生产车间职工接受辞退数量及补偿金额一览表

职位	拟辞退数量（名）	工龄（年）	接受辞退计划职工人数（名）	每人补偿标准（元）	补偿金额（元）
高级技工	10	1～10	2	60 000	120 000
		11～20	1	160 000	160 000
		21～30	5	260 000	1 300 000
一般技工	10	1～10	4	40 000	160 000
		11～20	2	140 000	280 000
		21～30	1	240 000	240 000
合计	20		15		2 260 000

根据表 8-3 资料编制会计分录如下：

借：管理费用　　　　2 260 000

　　贷：应付职工薪酬——辞退福利　　　　2 260 000

任务四 核算应交税费

知识要点

一、认知应交税费

企业在一定时期内取得的营业收入和实现的利润或发生特定经营行为，要按税法规定向国家缴纳税费，这些应缴纳的税费，应按权责发生制原则确认。企业应交未交的各项税费形成企业的一项负债。

企业依法缴纳的各种税费主要包括：增值税、消费税、城市维护建设税、教育费附加、资源税、环境保护税、企业所得税、土地增值税、房产税、车船税、城镇土地使用税、印花税、耕地占用税、契税、车辆购置税等。

二、核算应交增值税

（一）应交增值税的内容

增值税是以商品（含应税劳务、应税行为）在流转过程中实现的增值额作为计税依据而征收的一种流转税。按照我国现行增值税制度的规定，在我国境内销售货物、提供加工修理修配劳务、销售服务、销售无形资产或者不动产以及进口货物的单位和个人为增值税的纳税人。

微课5：应交增值税的核算（一）

按照纳税人的经营规模及会计核算的健全程度的不同，增值税的纳税人分为一般纳税人和小规模纳税人两类，与此相应的增值税的计算与会计核算方法也不相同。

增值税的计税方法包括一般计税方法和简易计税方法。

微课6：应交增值税的核算（二）

1. 一般计税方法应纳税额的计算

一般计税方法应纳税额的计算公式如下：

本期应纳税额 = 当期销项税额 − 当期进项税额

一般纳税人选择一般计税方法核算增值税时需要注意以下几点：

（1）当期销项税额是指纳税人当期销售货物、提供加工修理修配劳务、销售服务、销售无形资产或者不动产时，按照销售额和增值税税率计算并收取的增值税税额。这里的销售额是指纳税人发生应税销售行为向购买方收取的全部价款及价外费用，但不包括收取的销项税额。其计算公式为：

销项税额 = 销售额 × 增值税税率

增值税属于价外税，计算销项税额时，销售额中不应含有增值税款。如果销售额中包含了增值税款即销项税额，应将含税销售额换算为不含税销售额。其计算公式为：

不含税销售额 = 含税销售额 ÷（1 + 增值税税率）

（2）当期进项税额是指纳税人当期购进货物、加工修理修配劳务、服务、无形资产或者不动产时，支付或负担的增值税税额。进项税额的抵扣必须以合法的扣税凭证为依据，下列进项税额准予从销项税额中抵扣：①从销售方取得的增值税专用发票（含税控机动车销售统一发票）上注明的增值税税额。②从海关取得的海关进口增值税专用缴款书上注明的增值税税额。③购进农产品，除取得增值税专用发票或海关进口增值税专用缴款书外，按照农产品销售或收购发票注明的农产品买价和 9% 扣除率计算的进项税额；如购进用于生产或委托加工 13% 税率货物的农产品，按照 10% 的扣除率计算的进项税额。④自境外单位或者个人购进劳务、服务、无形资产或者境内的不动产，从税务机关或者扣缴义务人取得的代扣代缴税款的完税凭证上注明的增值税税额。⑤一般纳税人支付的道路、桥、闸通行费，凭取得的通行费发票上注明的收费金额和规定的方法计算的可抵扣的增值税进项税额。

（3）当期销项税额小于当期进项税额、不足抵扣时，其不足部分可以结转下期继续抵扣。

2. 简易计税方法应纳税额的计算

简易计税方法应纳税额的计算公式如下：

应纳税额 = 销售额（不含增值税）× 征收率

小规模纳税人核算增值税采用简易计税方法，购进货物、应税劳务（服务），取得的增值税专用发票上注明的增值税，一律不予抵扣，直接计入相关成本费用或资产。销售货物、应税劳务、服务时，应当按照不含税销售额和规定的增值税征收率计算缴纳增值税。实行销售额与应纳增值税合并定价的方法并向客户结算款项的，应将含税销售额还原为不含税销售额后，再计算应纳税额。

不含税销售额 = 含税销售额 ÷（1 + 征收率）

（二）设置账户

1. 一般纳税人

增值税一般纳税人应当在“应交税费”账户下设置“应交增值税”“未交增值税”“预交增值税”“待认证进项税额”“待转销项税额”“增值税留抵税额”“简易计税”“转让金融商品应交增值税”“代扣代交增值税”等明细账户进行明细核算。如图 8–9 所示。

（1）“应交增值税”明细账户，核算一般纳税人进项税额、销项税额抵减、已交税金、转出未交增值税、减免税款、出口抵减内销产品应纳税额、销项税额、出口退税、进项税额转出、转出多交增值税等情况，并采用多栏式账页，期末余额在借方，表示尚未抵扣的进项税额。

借方	应交税费——应交增值税 贷方
实际缴纳的增值税	发生的应交增值税
	应交未交的增值税

图 8-9 应交税费——应交增值税

“进项税额”专栏，记录一般纳税人购进货物、加工修理修配劳务、服务、无形资产或者不动产等而支付或负担的、按规定准予从当期销项税额中抵扣的增值税税额。企业购入货物或接受应税劳务和应税服务等支付的进项税额，用蓝字登记；退回所购货物应冲销的进项税额，用红字登记。

“销项税额抵减”专栏，记录一般纳税人按现行增值税制度规定因扣减销售额而减少的销项税额。

“已交税金”专栏，记录一般纳税人当月已缴纳的应交增值税税额。

“出口抵减内销产品应纳税额”专栏，记录实行“免、抵、退”办法的一般纳税人按规定计算的出口货物的进项税额抵减内销产品的应纳税额。

“减免税款”专栏，记录一般纳税人按现行增值税制度规定准予减免的增值税税额。

“转出未交增值税”专栏，记录一般纳税人月终转出当月应交未交的增值税税额。

“销项税额”专栏，记录一般纳税人销售货物、加工修理修配劳务、服务、无形资产或者不动产等而向购买方收取的增值税税额。企业销售货物、提供应税劳务和应税服务等应收取的销项税额，用蓝字登记；退回销售货物等应冲销的销项税额，用红字登记。

“出口退税”专栏，记录一般纳税人出口货物、加工修理修配劳务、服务、无形资产按规定退回的增值税税额。

“进项税额转出”专栏，记录一般纳税人购进货物、加工修理修配劳务、服务、无形资产或不动产等发生非正常损失及其他原因而不应从销项税额中抵扣、按规定转出的进项税额。

“转出多交增值税”专栏，记录一般纳税人月终转出当月多交的增值税税额。

（2）“未交增值税”明细账户，核算一般纳税人月终从“应交增值税”明细账户转入当月应交未交、多交的增值税税额，以及当月缴纳以前期间未交的增值税税额。

（3）“预交增值税”明细账户，核算一般纳税人转让不动产、提供不动产经营租赁服务、提供建筑服务、采用预收款方式销售自行开发的房地产项目等，以及其他按现行增值税制度规定应预缴的增值税税额。

（4）“待抵扣进项税额”明细账户，核算一般纳税人已取得增值税扣税凭证并经税务机关认证，按现行增值税制度规定准予以后期间从销项税额中抵扣的进项税额。

（5）“待认证进项税额”明细账户，核算一般纳税人由于未经税务机关认证而不得从当期销项税额中抵扣的进项税额。其格式可沿用一般的三栏式账页，借方登记一般纳税人已取得增值税扣税凭证、按现行增值税制度规定准予从销项税额中抵扣，但尚未经税务机关认证的进项税额，贷方登记经税务机关认证后的转出数或进货退出时的转出数。期末借方余额表示尚未经税务机关认证的进项税额。

（6）“待转销项税额”明细账户，核算一般纳税人销售货物、加工修理修配劳务、服务、无形资产或不动产，已确认相关收入（或利得）但尚未发生增值税纳税义务而需要在以后期间确认为销项税额的增值税税额。

（7）“简易计税”明细账户，核算一般纳税人采用简易计税方法发生的增值税计提、扣减、预缴、缴纳等业务。

（8）“转让金融商品应交增值税”明细账户，核算增值税纳税人转让金融商品发生的增值税税额。

（9）“代扣代缴增值税”明细账户，核算纳税人购进在境内未设经营机构的境外单位或个人在境内的应税行为代扣代缴的增值税。

2. 小规模纳税人

小规模纳税人只需在“应交税费”账户下设置“应交增值税”明细账户，该明细账户不再设置增值税专栏，其格式沿用一般的三栏式账页，贷方登记应纳税额的增加，借方登记实际缴纳的增值税税额，余额一般在贷方，表示应交未交的增值税税额；若为借方余额，则表示多交的增值税税额。

如果小规模纳税人转让金融商品发生增值税应税行为和购进在境内未设经营机构的境外单位或个人在境内的应税行为代扣代缴增值税，分别设置“转让金融商品应交增值税”和“代扣代缴增值税”明细账户核算。

（三）一般纳税人的主要账务处理

1. 取得资产、接受劳务或服务等

（1）购进货物等进项税额的账务处理

一般纳税人购进货物、加工修理修配劳务、服务、无形资产或者不动产等，按应计入相关资产成本的金额，借记“材料采购”“在途物资”“原材料”“库存商品”“无形资产”“固定资产”等账户，按当月已认证的可抵扣增值税税额，借记“应交税费——应交增值税（进项税额）”账户，按当月未认证的可抵扣增值税税额，借记“应交税费——待认证进项税额”账户，按应付或实际支付的金额，贷记“应付账款”“应付票据”“银行存款”等账户。

原未认证的可抵扣增值税税额，经税务机关认证后，应借记“应交税费——应交增值税（进项税额）”账户，贷记“应交税费——待认证进项税额”账户。

（2）购进免税农产品进项税额的账务处理

企业购进免税农产品，除取得增值税专用发票或海关进口增值税专用缴款书外，按农产品销售或收购发票注明的农产品买价和 9% 扣除率计算的进项税额；购进用于生产或委托加工 13% 税率货物的农产品，按照 10% 的扣除率计算的进项税额，借记“应交税费——应交增值税（进项税额）”账户，按农产品买价扣除进项税额后的差额，借记“材料采购”“在途物资”“原材料”“库存商品”等账户，按应付或实际支付的金额，贷记“应付账款”“应付票据”“银行存款”等账户。

（3）支付运输费、装卸费、搬运费、仓储费等进项税额的账务处理

企业支付的运输费用、装卸费、搬运费、仓储费等，可以按取得的增值税专用发票上注明的税额，作为抵扣税款和记账的依据。

（4）进项税额转出

① 企业购进货物、生产的在产品或产成品等发生非常损失，原已计入进项税额的部分，

按现行增值税制度规定不得从销项税额中抵扣，应进行进项税额转出的会计处理。当发生非常损失时，按非常损失的购进货物、在产品、产成品的实际成本与负担的进项税额的合计数，借记“待处理财产损溢——待处理流动资产损溢”账户，按实际损失的购进货物、在产品、产成品成本，贷记“原材料”“生产成本——基本生产成本”“库存商品”等账户，按计算出的应转出的税金数额，贷记“应交税费——应交增值税（进项税额转出）”账户。

② 购进货物改变用途。企业已单独确认进项税额的购进货物、加工修理修配劳务、服务、无形资产或者不动产但其事后改变用途（如用于简易计税项目、免征增值税项目、非增值税应税项目等），原已计入进项税额或待认证进项税额，按照现行增值税制度规定不得从销项税额中抵扣，应进行进项税额转出的会计处理，借记有关成本、费用或资产账户，贷记“应交税费——应交增值税（进项税额转出）”账户。

③ 一般纳税人购进货物、加工修理修配劳务、服务、无形资产或不动产，用于简易计税方法计税项目、免征增值税项目、集体福利或个人消费等，其进项税额按现行增值税制度规定不得从销项税额中抵扣的，取得增值税专用发票时，应借记相关成本费用或资产账户，借记“应交税费——待认证进项税额”账户，贷记“银行存款”“应付账款”等账户；经税务机关认证后，应借记相关成本费用或资产账户，贷记“应交税费——应交增值税（进项税额转出）”账户。

2. 销售货物等

（1）企业销售货物、加工修理修配劳务、服务、无形资产或不动产，应当按应收或已收的金额，借记“应收账款”“应收票据”“银行存款”等账户，按取得的收入金额，贷记“主营业务收入”“其他业务收入”等账户，按现行增值税制度规定计算的销项税额（或采用简易计税方法计算的应纳增值税税额），贷记“应交税费——应交增值税（销项税额）”或“应交税费——简易计税”账户。

企业销售货物等发生销售退回的，应根据税务机关开具的红字增值税专用发票作相反的会计分录。

根据会计准则相关规定的收入或利得确认时点早于按现行增值税制度确认增值税纳税义务发生时点的，应将相关销项税额记入“应交税费——待转销项税额”账户，待实际发生纳税义务时再转入“应交税费——应交增值税（销项税额）”或“应交税费——简易计税”账户。

按现行增值税制度确认增值税纳税义务发生时点早于根据会计准则相关规定的收入或利得确认时点的，应按应纳增值税税额，借记“应收账款”账户，贷记“应交税费——应交增值税（销项税额）”或“应交税费——简易计税”账户；根据会计准则相关规定确认收入或利得时，应按扣除增值税销项税额后的金额确认收入或利得。

（2）视同销售的账务处理。现行增值税制度的规定，视同销售需要缴纳增值税的事项主要有：企业将自产或委托加工的货物用于集体福利或个人消费、作为投资提供给其他单位或个体工商户、分配给股东或投资者、对外捐赠等。企业应当根据视同销售的具体内容，按现行增值税制度规定计算的销项税额（或采用简易计税方法计算的应纳增值税税额），借记“长期股权投资”“应付职工薪酬”“营业外支出”等账户，贷记“应交税费——应交增值税（销项税额）”或“应交税费——简易计税”账户。会计方面是否需要确认收入，要看其是否满足销售收入的确认条件。对于在会计上符合收入确认条件的行为，应确认收入；

不符合收入确认条件的行为，只按成本结转。

3. 缴纳增值税

企业缴纳当月的增值税，借记“应交税费——应交增值税（已交税金）”账户，贷记“银行存款”账户；缴纳以前各期未交的增值税，借记“应交税费——未交增值税”账户，贷记“银行存款”账户。

4. 月末转出未交增值税和多交增值税

月末，纳税人应根据“应交税费——应交增值税”明细账户各专栏本期发生额，计算企业当期应缴纳的增值税税额，并在规定期限内申报缴纳。

当期应纳税额 =（当期销项税额 + 当期进项税额转出 + 当期出口退税发生额）–（上期留抵 + 当期发生的允许抵扣的进项税额）

企业计算出当月应交而未交的增值税时，借记“应交税费——应交增值税（转出未交增值税）”账户，贷记“应交税费——未交增值税”账户；计算出当月多交的增值税时，借记“应交税费——未交增值税”账户，贷记“应交税费——应交增值税（转出多交增值税）”账户。

5. 增值税减免

企业按规定享受直接减免的增值税，应借记“应交税费——应交增值税（减免税款）”账户，贷记“其他收益”账户；实际收到即征即退、先征后退的增值税，应借记“银行存款”等账户，贷记“其他收益”账户。

（四）小规模纳税人的主要账务处理

1. 取得资产、接受劳务或服务

小规模纳税人购进货物、应税服务或应税行为等，按应付或实际支付的金额（包括支付的增值税税额），借记“材料采购”“在途物资”“原材料”“库存商品”“无形资产”“固定资产”等账户，贷记“应付账款”“应付票据”“银行存款”等账户。

2. 销售货物、应税服务或应税行为

小规模纳税人销售货物、应税服务或应税行为，应按全部价款（包括支付的增值税税额），借记“银行存款”“应收账款”等账户，按不含税的销售额，贷记“主营业务收入”等账户，按应交增值税税额，贷记“应交税费——应交增值税”账户。

（五）差额征税的主要账务处理

根据财政部和国家税务总局营改增相关规定，对于企业发生的某些业务（如金融商品转让、经纪代理服务、融资租赁和融资性售后回租业务、一般纳税人提供客运场站服务、提供旅游服务、选择简易计税方法提供建筑服务等），无法通过抵扣机制避免重复纳税的，应采用差额征税方式计算缴纳增值税。

1. 企业按规定相关成本费用允许扣减销售额

按现行增值税制度规定，企业发生相关成本费用允许扣减销售额的，发生成本费用时，按应付或实际支付的金额，借记“主营业务成本”等账户，贷记“应付账款”“应付票据”“银行存款”等账户。待取得合规增值税扣税凭证且纳税义务发生时，按允许抵扣的税额，借记“应交税费——应交增值税（销项税额抵减）”或“应交税费——简易计税”账户（小规模纳税人应借记“应交税费——应交增值税”账户），贷记“主营业务成本”等账户。

2. 企业转让金融商品按规定以盈亏相抵后的余额作为销售额

按现行增值税制度规定，企业实际转让金融商品，月末如产生转让收益，则按应纳税额，借记“投资收益”等账户，贷记“应交税费——转让金融商品应交增值税”账户；如产生转让损失，则按可结转下月抵扣税额，借记“应交税费——转让金融商品应交增值税”账户，贷记“投资收益”等账户。

缴纳增值税时，应借记“应交税费——转让金融商品应交增值税”账户，贷记“银行存款”账户。

年末，“应交税费——转让金融商品应交增值税”账户如有借方余额，则应借记“投资收益”等账户，贷记“应交税费——转让金融商品应交增值税”账户。

（六）增值税税控系统专用设备和技术维护费用抵减增值税税额的账务处理

按现行增值税制度规定，企业首次购买增值税税控系统专用设备支付的费用以及缴纳的技术维护费允许在增值税应纳税额中全部抵减。增值税税控系统专用设备，包括增值税防伪税控系统设备（如金税卡、IC卡、读卡器或金税盘和报税盘）、货物运输业增值税专用发票税控系统设备（如税控盘和报税盘）、机动车销售统一发票税控系统和公路、内河货物运输业发票税控系统的设备（如税控盘和报税盘）。

企业首次购入增值税税控系统专用设备，按实际支付或应付的金额，借记“固定资产”账户，贷记“银行存款”“应付账款”等账户。按规定抵减的增值税应纳税额，借记“应交税费——应缴增值税（减免税款）”账户（小规模纳税人应借记“应交税费——应交增值税”账户），贷记“管理费用”等账户。

企业发生增值税税控系统专用设备技术维护费，应按实际支付或应付的金额，借记“管理费用”账户，贷记“银行存款”等账户。按规定抵减的增值税应纳税额，借记“应交税费——应交增值税（减免税款）”账户（小规模纳税人应借记“应交税费——应交增值税”账户），贷记“管理费用”等账户。

微课 7：
应交消费税的核算（一）

三、核算应交消费税

（一）应交消费税的内容

消费税是对我国境内从事生产、委托加工和进口应税消费品的单位和个人，按其流转额征收的一种税。消费税的计算有从价定率、从量定额、从价定率和从量定额复合计算三种方法。

微课 8：
应交消费税的核算（二）

其计算公式分别为：

$$\text{从价定率下的应纳消费税税额}=\text{应税消费品的销售额}\times\text{比例税率}$$

$$\text{从量定额下的应纳消费税税额}=\text{应税消费品的销售数量}\times\text{定额税率}$$

$$\begin{matrix}\text{从价定率和从量定额复合}\\\text{计算下的应纳消费税税额}\end{matrix}=\begin{matrix}\text{应税消费品}\\\text{的销售额}\end{matrix}\times\text{比例税率}+\begin{matrix}\text{应税消费品}\\\text{的销售数量}\end{matrix}\times\text{定额税率}$$

上述公式中的销售额，与计征增值税的销售额口径一致，是指销售应税消费品向购买方收取的不含增值税的全部价款和价外费用。

（二）设置账户

企业应当在“应交税费”账户下设置“应交消费税”明细账户，核算应交消费税的发生、缴纳情况。如图 8-10 所示。

应交税费——应交消费税

借方	贷方
实际缴纳的消费税	应缴纳的消费税
多交或待扣的消费税	尚未交的消费税

图 8-10　应交税费——应交消费税

（三）应交消费税的主要账务处理

1. 销售应税消费品

企业销售产品缴纳的消费税，应借记“税金及附加”账户，贷记“应交税费——应交消费税”账户；实际缴纳消费税时，应借记“应交税费——应交消费税”账户，贷记“银行存款”账户。

2. 自产自用应税消费品

企业将生产的应税消费品用于在建工程等非生产机构时，按规定应缴纳的消费税，借记“在建工程”“应付职工薪酬”等账户，贷记“应交税费——应交消费税”账户。

3. 委托加工应税消费品

企业委托外单位加工应税消费品，按税法规定应由受托方在向委托方交货时代收代缴消费税。

企业收回委托加工应税消费品后直接对外销售的，应将受托方代收代缴的消费税计入委托加工物资的成本，借记“委托加工物资”账户，贷记“应付账款”“银行存款”等账户，该产品销售时不再缴纳消费税。

企业收回委托加工应税消费品后用于连续生产应税消费品，按规定准予抵扣的，应将受托方代收代缴的消费税，借记“应交税费——应交消费税”账户，贷记“应付账款”“银行存款”等账户；企业最终销售应税消费品时，再根据其销售额计算应交的全部消费税，借记“税金及附加”账户，贷记“应交税费——应交消费税”账户；应交的全部消费税扣除收回委托加工应税消费品时缴纳的消费税，为应补交的消费税，缴纳消费税时，借记“应交税费——应交消费税”账户，贷记“银行存款”账户。

4. 进口应税消费品

企业进口应税物资在进口环节应交的消费税，由海关代征。企业进口应税消费品缴纳的消费税，应计入货物成本，借记“材料采购”“在途物资”“原材料”“库存商品”“固定资产”等账户，贷记“银行存款”账户。

四、核算其他应交税费

微课9：其他税费的核算（一）

（一）其他应交税费的内容

其他应交税费是指除上述应交税费以外的其他各种应上交国家的税费，包括应交城市维护建设税、教育费附加、资源税、土地增值税、企业所得税、房产税、城镇土地使用税、车船税等。

1. 城市维护建设税

微课10：其他税费的核算（二）

城市维护建设税是国家为了加强对现有城镇的维护和建设，扩大和稳定城镇建设资金来源，对在城镇从事工商经营，并缴纳增值税、消费税的单位和个人征收的一种税。城市维护建设税按纳税人实际缴纳的增值税、消费税税额之和乘以适用税率计算，并与增值税、消费税同时缴纳。其计算公式为：

应纳税额 =（实际缴纳的增值税 + 实际缴纳的消费税）× 适用税率

2. 教育费附加

教育费附加是国家为了发展教育事业而征收的一项附加费用。教育费附加以纳税人实际缴纳的消费税、增值税税额之和乘以适用税率计算，并与消费税、增值税同时缴纳。其计算公式为：

应纳税额 =（实际缴纳的增值税 + 实际缴纳的消费税）× 征收比率（3% 或 2%）

3. 资源税

资源税是对在我国境内开采矿产品和生产盐的单位和个人征收的一种税。

4. 土地增值税

土地增值税是对有偿转让国有土地使用权、地上建筑物及其附着物（以下简称“转让房地产”）并取得收入的单位和个人，就其转让房地产所取得的增值额征收的一种税。

5. 企业所得税

企业生产、经营所得和其他所得，依照有关所得税法及其细则的规定需要缴纳所得税。

6. 房产税、城镇土地使用税、车船税、印花税和耕地占用税

房产税是国家对在城市、县城、建制镇和工矿区征收的由产权所有人缴纳的税。房产税依照房产原值一次扣减 10% 至 30% 损耗价值以后的余额计算缴纳。没有房产原值为依据的，由房产所在地税务机关参考同类房产核定。房产出租的，以房产租金收入为房产税的计税依据。

城镇土地使用税是对在我国境内的城市、县城、建制镇、工矿区范围内使用土地的单位和个人，就其实际占有的土地面积征收的一种税。其目的是促进城镇土地合理利用，调节土地级差收入。

车船税是对行驶在公共道路上的车辆和航行于国内河流、湖泊或领海岸口的船舶，按照其种类、吨位和规定的税额计算征收的一种税。

印花税是以经济活动中书立、使用、领受应税凭证的行为为征税对象征收的一种税。

耕地占用税是对占用耕地建房或从事其他非农业建设的单位和个人，就其实际占用的

耕地面积征收的一种税。

（二）设置账户

企业应当在“应交税费”账户下设置相应的明细账户，核算各项税费的发生、缴纳情况，贷方登记应缴纳的有关税费，借方登记已缴纳的有关税费，期末贷方余额反映企业尚未缴纳的有关税费。印花税、耕地占用税不通过“应交税费”账户核算。

（三）其他应交税费的主要账务处理

1. 应交城市维护建设税

企业按规定计算出的城市维护建设税，借记“税金及附加”等账户，贷记“应交税费——应交城市维护建设税”账户；实际缴纳时，借记“应交税费——应交城市维护建设税”账户，贷记“银行存款”账户。

2. 应交教育费附加

企业按规定计算出的教育费附加，借记“税金及附加”等账户，贷记“应交税费——应交教育费附加”账户；实际缴纳时，借记“应交税费——应交教育费附加”账户，贷记“银行存款”账户。

3. 应交资源税

企业按规定计算出销售的应税产品应缴纳的资源税，借记“税金及附加”账户，贷记“应交税费——应交资源税”账户；企业计算出自产自用的应税产品应缴纳的资源税，借记“生产成本”“制造费用”等账户，贷记“应交税费——应交资源税”账户；企业按规定缴纳资源税时，借记“应交税费——应交资源税”账户，贷记“银行存款”账户。

4. 应交土地增值税

根据企业对房地产核算方法不同，企业应交土地增值税的账务处理也有所区别：

（1）企业转让土地使用权连同地上建筑物及其附着物一并在“固定资产”账户核算的，转让时应交的土地增值税，借记“固定资产清理”账户，贷记“应交税费——应交土地增值税”账户。

（2）土地使用权在“无形资产”账户核算的，按实际收到的金额，借记“银行存款”账户，按摊销的无形资产金额，借记“累计摊销”账户，按已计提的无形资产减值准备，借记“无形资产减值准备”账户，按无形资产账面余额，贷记“无形资产”账户，按应交的土地增值税，贷记“应交税费——应交土地增值税”账户，按其差额，借记或贷记“资产处置损益”账户。

（3）房地产开发企业销售房地产应交的土地增值税，借记“税金及附加”账户，贷记“应交税费——应交土地增值税”账户。

企业按规定缴纳土地增值税时，借记“应交税费——应交土地增值税”账户，贷记“银行存款”账户。

5. 企业所得税

企业按规定计算出的所得税，借记“所得税费用”等账户，贷记“应交税费——应交所得税”账户；实际缴纳时，借记“应交税费——应交所得税”账户，贷记“银行存款”账户。

6. 房产税、城镇土地使用税、车船税

企业按规定应交的房产税、城镇土地使用税、车船税，借记“税金及附加”账户，贷

记“应交税费——应交房产税、应交城镇土地使用税、应交车船税”账户；缴纳时，借记“应交税费——应交房产税、应交城镇土地使用税、应交车船税”账户，贷记“银行存款”账户。

任务实施

云康公司为增值税一般纳税人；“做中学”的内容中云康公司采用实际成本法对原材料进行核算，销售商品确认的收入均符合收入确认条件。

做中学 8-22 2024 年 4 月，云康公司购入 M 材料一批，取得的增值税专用发票上注明的价款为 200 000 元，增值税税额为 26 000 元，货款已经支付，材料已经到达并验收入库。增值税专用发票已经过税务机关认证。

根据增值税专用发票、银行付款凭证、材料入库单编制会计分录如下：

借：原材料——M 材料　　200 000
　　应交税费——应交增值税（进项税额）　　26 000
　　贷：银行存款　　226 000

做中学 8-23 2024 年 4 月，云康公司购入 N 材料一批，取得的增值税专用发票上注明的价款为 100 000 元，增值税税额为 13 000 元，货款尚未支付，材料已经到达并验收入库。增值税专用发票已经过税务机关认证。

根据增值税专用发票、材料入库单编制会计分录如下：

借：原材料——N 材料　　100 000
　　应交税费——应交增值税（进项税额）　　13 000
　　贷：应付账款　　113 000

做中学 8-24 2024 年 4 月，云康公司购入不需要安装的生产设备一台，取得的增值税专用发票上注明的价款为 50 000 元，增值税税额为 6 500 元。取得的运输公司开具的增值税专用发票上注明的运费为 1 000 元，增值税税额为 90 元，设备款和运输费均未支付，设备已经到达并验收入库。增值税专用发票已经过税务机关认证。

根据增值税专用发票、固定资产验收入库单编制会计分录如下：

借：固定资产　　51 000
　　应交税费——应交增值税（进项税额）　　6 590
　　贷：应付账款　　57 590

做中学 8-25 2024 年 4 月，云康公司库存材料因管理不善发生火灾损失，材料实际成本为 30 000 元，增值税专用发票确认的增值税税额为 3 900 元。

根据材料火灾毁损报告单编制会计分录如下：

借：待处理财产损溢——待处理流动资产损溢　　33 900
　　贷：原材料　　30 000
　　　　应交税费——应交增值税（进项税额转出）　　3 900

做中学 8-26　2024 年 4 月，云康公司采用委托收款结算方式销售 W 型血压计 500 台、血糖仪 600 台，开具的增值税专用发票上注明的价款为 320 000 元，增值税税额为 41 600 元，已办妥委托收款手续，款项尚未收到。另以银行存款支付运费并取得增值税专用发票，发票注明的金额为 3 000 元，增值税税额为 270 元。每台血压计成本为 200 元，血糖仪成本为 180 元。

（1）销售货物确认收入，根据销售合同、增值税专用发票、委托收款结算凭证回单、产成品出库单编制会计分录如下：

借：应收账款　　361 600
　　贷：主营业务收入　　320 000
　　　　应交税费——应交增值税（销项税额）　　41 600
借：主营业务成本　　208 000
　　贷：库存商品　　208 000

（2）支付运费，根据增值税专用发票、银行付款凭证编制会计分录如下：

借：销售费用　　3 000
　　应交税费——应交增值税（进项税额）　　270
　　贷：银行存款　　3 270

做中学 8-27　2024 年 4 月，云康公司将本企业生产的额温枪一批捐赠给当地学校，该批额温枪成本为 7 500 元，市场不含税售价为 10 900 元，开具的增值税专用发票上注明的增值税税额为 1 417 元。

根据增值税专用发票、产成品出库单、对外捐赠凭证编制会计分录如下：

借：营业外支出　　12 317
　　贷：库存商品　　10 900
　　　　应交税费——应交增值税（销项税额）　　1 417

做中学 8-28　2024 年 4 月，云康公司用一批原材料对外进行长期股权投资。该批原材料的成本为 500 000 元，双方协商不含税价值为 600 000 元，开具的增值税专用发票上注明的增值税税额为 78 000 元。

（1）云康公司将原材料对外进行长期股权投资应视同销售，应交的增值税销项税额 = 600 000 × 13% = 78 000（元）

（2）根据投资协议、增值税专用发票和产成品出库单编制会计分录如下：

借：长期股权投资　　678 000
　　贷：其他业务收入　　600 000
　　　　应交税费——应交增值税（销项税额）　　78 000
借：其他业务成本　　500 000
　　贷：库存商品　　500 000

做中学 8-29 根据**做中学 8-22**至**做中学 8-28**资料，2024 年 4 月，云康公司当月发生的增值税进项税额为 45 860 元，增值税进项税额转出为 3 900 元，增值税销项税额为 121 017 元。

（1）4 月应交增值税 = 121 017 + 3 900 − 45 860 = 79 057（元）

（2）根据未交增值税计算表编制会计分录如下：

借：应交税费——应交增值税（转出未交增值税） 79 057
　　贷：应交税费——未交增值税 79 057

做中学 8-30 根据**做中学 8-29**资料，2024 年 5 月，云康公司缴纳 4 月未交的增值税 79 057 元。

云康公司缴纳增值税，根据银行电子缴税付款凭证编制会计分录如下：

借：应交税费——未交增值税 79 057
　　贷：银行存款 79 057

做中学 8-31 云康公司初次购买增值税税控系统专用设备作为固定资产核算，取得的增值税专用发票上注明的价款为 40 000 元，增值税税额为 5 200 元，价款和税款以银行存款支付。

（1）取得设备，根据增值税专用发票、银行付款通知、固定资产验收单、固定资产交接单编制会计分录如下：

借：固定资产 45 200
　　贷：银行存款 45 200

（2）按规定抵减增值税应纳税额，编制会计分录如下：

借：应交税费——应交增值税（减免税款） 45 200
　　贷：管理费用 45 200

做中学 8-32 某企业为小规模纳税人，增值税征收率为 3%，采用实际成本法对原材料进行核算。该企业本期购入原材料一批，取得的增值税专用发票上注明的价款为 50 000 元，增值税税额为 6 500 元，款项尚未支付，材料已验收入库。销售产品一批，开具的增值税普通发票上注明的价款为 80 000 元，增值税税额为 2 400 元，货款尚未收到。用银行存款缴纳增值税 2 400 元。

（1）购进货物，根据增值税专用发票、入库单编制会计分录如下：

借：原材料 56 500
　　贷：应付账款 56 500

（2）销售货物，根据增值税普通发票、出库单编制会计分录如下：

借：应收账款 82 400
　　贷：主营业务收入 80 000
　　　　应交税费——应交增值税 2 400

（3）按规定缴纳增值税，根据银行电子缴税付款凭证编制会计分录如下：

借：应交税费——应交增值税 2 400
　　贷：银行存款 2 400

做中学 8-33　四季旅行社为增值税一般纳税人，应交增值税采用差额征税方式核算。2024 年 5 月份，该旅行社提供职工境内旅游服务，收取含税价款 636 000 元，其中增值税 36 000 元，全部款项已收妥入账。四季旅行社以银行存款支付其他接团旅游企业的旅游费用和其他单位相关费用共计 477 000 元，其中，因允许扣减销售额而减少的销项税额为 27 000 元。

（1）确认旅游服务收入，根据增值税普通发票、银行收款通知编制会计分录如下：

借：银行存款　　636 000
　　贷：主营业务收入　　600 000
　　　　应交税费——应交增值税（销项税额）　　36 000

（2）支付旅游费用，根据费用结算单、银行付款凭证编制会计分录如下：

借：主营业务成本　　477 000
　　贷：银行存款　　477 000

（3）调整成本，根据增值税扣税凭证编制会计分录如下：

借：应交税费——应交增值税（销项税额抵减）　　27 000
　　贷：主营业务成本　　27 000

分录（2）和（3）可合并编制如下会计分录：

借：主营业务成本　　450 000
　　应交税费——应交增值税（销项税额抵减）　　27 000
　　贷：银行存款　　477 000

做中学 8-34　欣城公司销售所生产的实木地板，开具的增值税专用发票上注明的价款为 100 000 元，增值税税额为 13 000 元，价税款已收到并存入银行。实木地板适用的消费税税率为 5%。

（1）根据增值税专用发票、产成品出库单编制会计分录如下：

借：银行存款　　113 000
　　贷：主营业务收入　　100 000
　　　　应交税费——应交增值税（销项税额）　　13 000

（2）应纳消费税税额 = 100 000 × 5% = 5 000（元）

根据消费税计算表编制会计分录如下：

借：税金及附加　　5 000
　　贷：应交税费——应交消费税　　5 000

做中学 8-35　欣城公司在建办公楼领用自产实木地板，成本为 60 000 元，应纳消费税 3 600 元。

根据产品出库单、消费税计算表编制会计分录如下：

借：在建工程　　63 600
　　贷：库存商品　　60 000
　　　　应交税费——应交消费税　　3 600

做中学 8-36　欣城公司委托天宇公司加工 H 型号实木地板，发出实木地板材料的总成本为 200 000 元，应付加工费为 5 000 元，增值税税率为 13%；由天宇公司代扣代缴的消费税为 10 800 元。材料加工完毕已收回入库，加工费以及被代收代缴的消费税已通过银行支付。

（1）收回的实木地板用于连续生产实木地板：

① 发出委托加工材料时，根据委托加工材料领料单编制会计分录如下：

借：委托加工物资　　　　200 000

　　贷：原材料　　　　200 000

② 支付加工费及代收的税金时，根据增值税专用发票、代扣代缴税款凭证、银行付款凭证编制会计分录如下：

借：委托加工物资　　　　5 000

　　应交税费——应交增值税（进项税额）　　650

　　应交税费——应交消费税　　10 800

　　贷：银行存款　　　　16 450

③ 实木地板验收入库时，根据材料入库单编制会计分录如下：

借：原材料　　　　205 000

　　贷：委托加工物资　　　　205 000

（2）收回的实木地板直接对外销售：

① 发出委托加工材料时，会计分录同上。

② 支付加工费及代收的税金时，根据增值税专用发票、代扣代缴税款凭证、银行付款凭证编制会计分录如下：

借：委托加工物资　　　　15 800

　　应交税费——应交增值税（进项税额）　　650

　　贷：银行存款　　　　16 450

③ 实木地板验收入库时，根据材料入库单编制会计分录如下：

借：库存商品　　　　215 800

　　贷：委托加工物资　　　　215 800

做中学 8-37　吉祥公司从国外进口一批需要缴纳消费税的商品，已知该商品关税完税价格为 450 000 元，按规定应缴纳关税 90 000 元，进口应税消费品的消费税税率为 10%，增值税税率为 13%。货物报送后，自海关取得的“海关进口消费税专用缴款书”注明的消费税为 60 000 元，“海关进口增值税专用缴款书”注明的增值税税额为 78 000 元。进口商品已经验收入库，全部货款和税款已经用银行存款支付。

（1）计算库存商品成本：

应交消费税税额 =［（450 000 + 90 000）÷（1－10%）］× 10% = 60 000（元）

应交增值税税额 =（450 000 + 90 000 + 60 000）× 13% = 78 000（元）

库存商品成本 = 450 000 + 90 000 + 60 000 = 600 000（元）

（2）根据进口商品发票、商品入库单、海关进口消费税专用缴款书、海关进口增值税专用缴款书、银行付款凭证编制会计分录如下：

借：库存商品　　　　600 000

　　应交税费——应交增值税（进项税额）　　78 000

贷：银行存款　　　　678 000

做中学 8-38　2023年11月，云康公司实际缴纳增值税120 000元，适用的城市维护建设税税率为7%，教育费附加征收率为3%。款项已用银行存款支付。

（1）计算城市维护建设税和教育费附加：

应交的城市维护建设税 = 120 000 × 7% = 8 400（元）

应交的教育费附加 = 120 000 × 3% = 3 600（元）

（2）根据城市维护建设税、教育费附加计算表编制会计分录如下：

借：税金及附加　　　　12 000

　　贷：应交税费——应交城市维护建设税　　　　8 400

　　　　应交税费——应交教育费附加　　　　3 600

（3）缴纳城市维护建设税和教育费附加，根据银行电子缴税付款凭证编制会计分录如下：

借：应交税费——应交城市维护建设税　　　　8 400

　　应交税费——应交教育费附加　　　　3 600

　　贷：银行存款　　　　12 000

做中学 8-39　宏泰公司本期对外销售资源税应税矿产品3 000吨，取得不含税销售额30万元，将自产资源税应税矿产品400吨用于其产品生产，该矿产品每吨不含税售价100元，税法规定该矿产品的资源税税率为5%。

（1）计算应税矿产品应交资源税：

对外销售应税产品应交的资源税 = 300 000 × 5% = 15 000（元）

自产自用应税矿产品应交的资源税 = 400 × 100 × 5% = 2 000（元）

（2）对外销售应税矿产品，根据应交资源税计算表编制会计分录如下：

借：税金及附加　　　　15 000

　　贷：应交税费——应交资源税　　　　15 000

（3）自产自用应税矿产品，根据应交资源税计算表编制会计分录如下：

借：生产成本　　　　2 000

　　贷：应交税费——应交资源税　　　　2 000

（4）缴纳资源税，根据银行电子缴税付款凭证编制会计分录如下：

借：应交税费——应交资源税　　　　17 000

　　贷：银行存款　　　　17 000

做中学 8-40　云康公司对外转让一栋厂房，根据税法规定计算的应交土地增值税为30 000元。

（1）根据土地增值税计算表编制会计分录如下：

借：固定资产清理　　　　30 000

　　贷：应交税费——应交土地增值税　　　　30 000

（2）缴纳土地增值税，根据银行电子缴税付款凭证编制会计分录如下：

借：应交税费——应交土地增值税　　　　30 000

　　贷：银行存款　　　　30 000

做中学 8-41 2023 年 12 月，云康公司按税法规定计算的本期应缴纳的房产税为 240 000 元、城镇土地使用税为 30 000 元、车船税为 20 000 元。

（1）根据应交财产税计算表编制会计分录如下：

借：税金及附加　　　　　　　　　　　　290 000
　　贷：应交税费——应交房产税　　　　　　　240 000
　　　　应交税费——应交城镇土地使用税　　　　30 000
　　　　应交税费——应交车船税　　　　　　　　20 000

（2）缴纳上述税金，根据银行电子缴税付款凭证编制会计分录如下：

借：应交税费——应交房产税　　　　　　240 000
　　应交税费——应交城镇土地使用税　　　30 000
　　应交税费——应交车船税　　　　　　　20 000
　　贷：银行存款　　　　　　　　　　　　　290 000

知识拓展

增值税中的“服务”是指提供交通运输服务、建筑服务、邮政服务、电信服务、金融服务、现代服务和生活服务。

思维导图

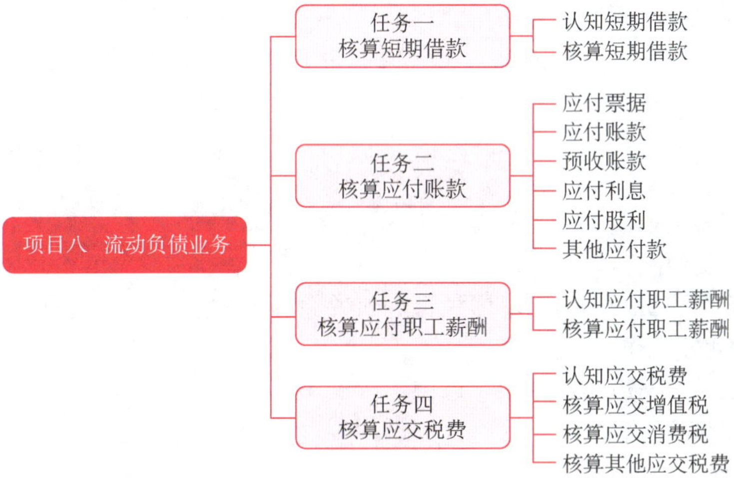

赛证融通测试题

不定项选择题

1. 2024 年 7 月 1 日，甲企业向银行借入一笔经营周转资金 100 万元，期限 6 个月，到期一次还本付息，年利率为 6%，借款利息按月预提。2024 年 11 月 30 日该短期借款的账面价值为（　　）万元。

A. 120.5　　B. 102.5　　C. 100　　D. 102

2. 企业计提生产车间管理人员基本某养老保险费 120 000 元。应编制的会计分录是（　　）。

A. 借：管理费用　　120 000
　　贷：应付职工薪酬——设定提存计划（基本养老保险费）　　120 000

B. 借：制造费用　　120 000
　　贷：应付职工薪酬——设定提存计划（基本养老保险费）　　120 000

C. 借：制造费用　　120 000
　　贷：银行存款　　120 000

D. 借：制造费用　　120 000
　　贷：其他应付款　　120 000

3. 企业按规定计算生产工人的应由企业负担的社会保险费共计 80 000 元，从生产工人的应付职工薪酬中代扣个人应缴纳的社会保险费 10 000 元。应编制的会计分录是（　　）。

A. 借：生产成本　　80 000
　　贷：其他应付款　　80 000

B. 借：生产成本　　80 000
　　贷：应付职工薪酬——社会保险费　　80 000

C. 借：应付职工薪酬——工资等　　10 000
　　贷：其他应付款——社会保险费　　10 000

D. 借：应付职工薪酬——工资等　　10 000
　　贷：应付职工薪酬——住房公积金　　10 000

4. 企业月末管理不善盘亏材料一批，实际成本为 100 000 元，增值税税额为 13 000 元。应编制的会计分录是（　　）。

A. 借：管理费用　　100 000
　　贷：原材料　　100 000

B. 借：待处理财产损溢　　113 000
　　贷：原材料　　100 000
　　　　应交税费——应交增值税（进项税额转出）　　13 000

C. 借：待处理财产损溢　　87 000
　　　　应交税费——应交增值税（进项税额）　　13 000
　　贷：原材料　　100 000

D. 借：待处理财产损溢　　87 000
　　　　应交税费——应交增值税（进项税额转出）　　13 000
　　贷：原材料　　100 000

5. 下列各项中，应通过“应付票据”账户核算的是（　　）。

A. 用银行本票购买办公用品　　B. 用商业汇票购买原材料

C. 用转账支票购买固定资产　　D. 用银行汇票购买周转材料

项目九 非流动负债业务

项目导读

云康医疗器械公司在新的一年计划研发新型智能医疗器械产品，同时引进智能化的生产线，但是自有资金不足，准备通过多渠道筹集资金来实现其目标。首先向银行或其他金融机构借款来筹集所需资金，其次采取租赁方式向租赁公司租入生产线，最后考虑采购长期资产时与供货商协议运用分期付款方式购入。

你知道企业应如何管理所筹资金吗？企业对于上述各类业务应设置哪些账户？如何进行账务处理？

思政课堂

资料内容

中国人民银行：逐步提升民营企业贷款占比

在国家发展改革委举办的“创新发展‘晋江经验’促进民营经济高质量发展大会”上，中国人民银行有关负责人表示，要逐步提升民营企业贷款占比，加大对重点领域民营企业的信贷投放。

负责人表示，近年来，金融支持民营经济发展取得积极成效。

货币政策方面，人民银行多次下调存款准备金率，加大再贷款再贴现支持力度，创设普惠小微贷款支持工具，强化资金供给。目前再贷款余额合计超过 2.2 万亿元。

在信贷政策方面，开展中小微企业金融服务能力提升工程，完善金融服务体系，增强民营贷款的稳定性。截至 2023 年 11 月末，私人控股企业贷款余额 41.2 万亿元，同比增长 10.4%；普惠小微贷款余额 28.9 万亿元，近 5 年年均增长 25% 以上。

债券市场方面，创新推出民营企业债券融资支持工具并延期扩容，已支持 140 家民营企业发行债券 2 438 亿元。

下一步人民银行将提升金融服务民营经济的精准性和有效性。

中国人民银行党委委员副行长陆磊表示，逐步提升民营经济贷款占比，围绕做好科技、绿色、普惠、养老、数字金融“五篇大文章”，加大对重点领域民营企业的信贷投放。拓宽民营企业多元化融资渠道。继续发挥民营企业债券融资支持工具作用，推动支持工具扩容增量、稳定存量，扩大民营企业债券融资规模。完善跨境投融资便利化政策，提高民营企业利用外资效率。

资料分析

一直以来，民营企业在融资方面相较于国有企业存在较大的困难，而人民银行在这次大会上表示将逐步提升民营企业的贷款占比，加大对民营企业的金融支持力度。这一措施有助于改善民营企业的融资环境，提高其获得贷款的机会。通过提升贷款占比，人民银行将有效缓解民营企业的融资难题，推动其更好地发挥经济的稳定器和增长点的作用。

（资料来源：央视网财经频道，2024 年 1 月 3 日）

学习目标

知识目标

1. 熟悉长期借款的管理；
2. 熟悉租赁负债的形成；
3. 熟悉长期应付款的内容；
4. 掌握长期借款、长期应付款和租赁负债的核算方法；
5. 掌握未确认融资费用的计算方法；
6. 掌握未确认融资费用的摊销方法。

技能目标

1. 能正确办理借款手续；
2. 能严格审核借款合同和租赁合同等业务单据；
3. 能正确编制记账凭证。

素质目标

1. 培养遵守信贷纪律、提高信用等级的理念；
2. 强化严格管理资金、提高资金营运效率的职能；
3. 树立规避融资风险、降低筹资成本的意识。

任务一
核算长期借款

知识要点

一、认知长期借款

长期借款是指企业从银行或其他金融机构借入的期限在1年以上（不含1年）的各项借款。企业借入长期借款主要用于固定资产的购建、改扩建工程、对外投资以及保持长期经营能力等。企业应加强对长期借款的管理，遵守借款合同规定，合理使用借款资金，按期还本付息。

微课11：长期借款的核算

二、核算长期借款

（一）设置账户

企业应设置“长期借款”账户，核算企业长期借款的借入、归还等情况。该账户可以按贷款单位和贷款种类，设置“本金”“利息调整”“应计利息”等明细账户进行明细核算。如图9-1所示。

借方　　　　长期借款	贷方
归还的借款本金及利息	借入的本金及计提的利息
	尚未偿还的长期借款本金及利息

图9-1　长期借款

（二）长期借款的主要账务处理

1. 取得长期借款

企业借入长期借款，应按实际收到的金额，借记“银行存款”账户，贷记“长期借款——本金”账户。若存在差额，借记“长期借款——利息调整”账户。

2. 确认长期借款利息费用

资产负债表日，应按摊余成本和实际利率计算确定的长期借款利息费用，属于筹建期间的，计入管理费用；属于生产经营期间的，计入财务费用；用于购建固定资产、研发无形资产等符合资本化条件的，在资产尚未达到预定可使用状态前，所发生的利息支出应当资本化计入相关资产成本，资产达到预定可使用状态后发生的利息支出，以及按规定不予资本化的利息支出计入财务费用。

企业按计算确定的利息费用，借记“在建工程”“制造费用”“研发支出”“财务费用”等账户，按借款本金和合同利率计算确定的应付未付利息，属于分期付息的，贷记“应付利息”账户，属于到期一次还本付息的，贷记“长期借款——应计利息”账户，按其差额，贷记“长期借款——利息调整”账户。

若实际利率与合同利率差异较小，也可以采用合同利率计算确定利息费用。

3. 归还长期借款

企业归还长期借款本金时，按归还的借款金额，借记“长期借款——本金”账户，按已计提的利息，借记“应付利息”或“长期借款——应计利息”账户，按实际支付的借款本息，贷记“银行存款”账户。

任务实施

做中学 9-1 2021 年 6 月 1 日，云康公司从中国建设银行借入资金 200 万元用于购买不需要安装的生产设备，该借款期限为 3 年，年利率为 4.5%，到期一次还本付息，不计复利。当日用该借款购入生产设备，增值税专用发票上注明的价款为 170 万元，增值税税额为 22.1 万元，收到设备验收合格投入使用。

（1）取得借款时，根据借款合同、银行特种转账凭证编制会计分录如下：

借：银行存款	2 000 000	
贷：长期借款——本金		2 000 000

（2）购入生产设备，根据采购合同、验收单、银行付款凭证编制会计分录如下：

借：固定资产	1 700 000	
应交税费——应交增值税（进项税额）	221 000	
贷：银行存款		1 921 000

做中学 9-2 根据 **做中学 9-1** 资料，2021 年 6 月 30 日，云康公司计提该笔长期借款的利息。

根据利息计算表编制会计分录如下：

借：财务费用	7 500（2 000 000 × 4.5% ÷ 12）	
贷：长期借款——应计利息		7 500

2021 年 7 月至 2024 年 4 月末，计提利息，会计分录同上。

做中学 9-3 根据 **做中学 9-1** 和 **做中学 9-2** 资料，2024 年 5 月 31 日，云康公司偿还该笔长期借款的本金和利息。

根据借款合同、银行计收利息清单（支款通知）、银行支付凭证编制会计分录如下：

借：长期借款——本金	2 000 000	
长期借款——应计利息	262 500	
财务费用	7 500	
贷：银行存款		2 270 000

任务二 核算长期应付款

知识要点

一、认知长期应付款

长期应付款是指企业除长期借款和应付债券以外的其他各种长期应付款项，主要包括以分期付款方式购入资产发生的应付款项等。

微课 12：长期应付款的核算

企业购买资产有可能延期支付有关价款。如果延期支付的购买价款超过正常信用的条件，实质上具有融资性质，所购资产的成本不能以各期付款额之和确定，应当以购买价款的现值为基础确定；实际支付的价款与购买价款的现值之间的差额，应当在信用期间内采用实际利率法进行摊销，计入相关资产成本或当期损益。

资产购买价款的现值应当按各期支付的购买价款以恰当的折现率进行折现后的金额加以确定。折现率是反映当前市场货币时间价值和延期付款债务特定风险的利率，实质上是供货企业的必要报酬率。

二、核算长期应付款

（一）设置账户

企业应设置“长期应付款”账户，核算企业具有融资性质的延期付款购入资产的应付款项及偿还情况。该账户可以按长期应付款的种类和债权人设置明细账户进行明细核算。如图 9-2 所示。

长期应付款

借方	贷方
偿还的长期应付款项	应付的长期应付款项
	应付未付的长期应付款项

图 9-2　长期应付款

企业应设置“未确认融资费用”账户，核算企业应当分期计入利息费用的未确认融资费用。该账户可按债权人和长期应付款项目设置明细账户进行明细核算。“未确认融资费用”账户作为“长期应付款”账户的备抵账户，期末，该账户余额应从“长期应付款”账户余额中减去，以负债净额列示于资产负债表中。如图 9-3 所示。

借方	未确认融资费用 贷方
未确认的融资费用	按实际利率法摊销的未确认融资费用
企业未确认融资费用的摊余价值	

图 9-3 未确认融资费用

（二）长期应付款的主要账务处理

1. 形成长期应付款

企业购入资产超过正常信用条件延期付款实质上具有融资性质的，应按购买价款的现值，借记“固定资产”“在建工程”等账户，按应支付的价款总额，贷记“长期应付款”账户，按其差额，借记“未确认融资费用”账户。

2. 每期期末摊销未确认融资费用

在信用期内的每期期末采用实际利率摊销未确认融资费用时，借记“财务费用”“在建工程”等账户，贷记“未确认融资费用”账户。

3. 分期支付款项

企业分期支付价款时，借记“长期应付款”账户，贷记“银行存款”账户。

任务实施

做中学 9-4 2022 年 1 月 1 日，云康公司从平安公司购入一台不需要安装的生产设备，该设备已收到并移交生产车间使用。购货合同约定，设备的不含税总价为 300 万元，分 3 年支付，每年 12 月 31 日支付 100 万元。取得的增值税专用发票上注明的价款为 300 万元，增值税税额为 39 万元。当日将增值税税款通过银行转账支付。适用的折现率为 6%。

（1）2022 年 1 月 1 日，购买价款的现值 = 1 000 000 ×（P/A，6%，3）= 1 000 000 × 2.673 = 2 673 000（元）

未确认融资费用 = 3 000 000 − 2 673 000 = 327 000（元）

根据增值税专用发票、银行转账凭证、固定资产验收单、固定资产交接单编制会计分录如下：

借：固定资产 2 673 000
　　应交税费——应交增值税（进项税额） 390 000
　　未确认融资费用 327 000
　　贷：长期应付款 3 000 000
　　　　银行存款 390 000

（2）确定信用期间未确认融资费用的分摊额，见表 9-1。

表 9-1　未确认融资费用分摊表

2022 年 1 月 1 日　　单位：元

日期	分期付款额	确认的融资费用	应付本金减少额	应付本金余额
①	②	③ = 期初⑤ ×6%	④ = ② - ③	期末⑤ = 期初⑤ - ④
2022 年 1 月 1 日				2 673 000
2022 年 12 月 31 日	1 000 000	160 380	839 620	1 833 380
2023 年 12 月 31 日	1 000 000	110 002.8	889 997.2	943 382.8
2024 年 12 月 31 日	1 000 000	56 617.2*	943 382.8	0
合计	3 000 000	327 000	2 673 000	0

注：* 尾数调整 56 617.2 = 1 000 000 - 943 382.8，943 382.8 为最后一期应付本金余额。

做中学 9-5　根据 **做中学 9-4** 资料，2022 年 12 月 31 日，云康公司通过银行转账支付平安公司设备款 100 万元。

（1）根据购货合同、银行付款凭证编制会计分录如下：

借：长期应付款　　1 000 000

　　贷：银行存款　　1 000 000

（2）根据未确认融资费用摊销计算表编制会计分录如下：

借：财务费用　　160 380

　　贷：未确认融资费用　　160 380

做中学 9-6　根据 **做中学 9-5** 和 **做中学 9-4** 资料，2023 年 12 月 31 日，云康公司通过银行转账支付平安公司设备款 100 万元。

（1）根据购货合同、银行付款凭证编制会计分录如下：

借：长期应付款　　1 000 000

　　贷：银行存款　　1 000 000

（2）根据未确认融资费用摊销计算表编制会计分录如下：

借：财务费用　　110 002.8

　　贷：未确认融资费用　　110 002.8

做中学 9-7　根据 **做中学 9-4**、**做中学 9-5**、**做中学 9-6** 资料，2024 年 12 月 31 日，云康公司通过银行转账支付平安公司设备款 100 万元。

（1）根据购货合同、银行付款凭证编制会计分录如下：

借：长期应付款　　1 000 000

　　贷：银行存款　　1 000 000

（2）根据未确认融资费用摊销计算表编制会计分录如下：

借：财务费用　　56 617.2

　　贷：未确认融资费用　　56 617.2

任务三 核算租赁负债

知识要点

一、认知租赁负债

（一）租赁负债的确认与初始计量

在租赁期开始日，承租人应当对租赁确认使用权资产和租赁负债，采用简化处理的短期租赁和低价值资产租赁除外。租赁负债应当按照租赁期开始日尚未支付的租赁付款额的现值进行初始计量。

租赁付款额是指承租人向出租人支付的与在租赁期内使用租赁资产的权利相关的款项，主要包括以下内容：

（1）固定付款额及实质固定付款额，存在租赁激励的，扣除租赁激励相关金额；

（2）取决于指数或比率的可变租赁付款额，该款项在初始计量时根据租赁期开始日的指数或比率确定；

（3）购买选择权的行权价格，前提是承租人合理确定将行使该选择权；

（4）行使终止租赁选择权需支付的款项，前提是租赁期反映出承租人将行使终止租赁选择权；

（5）根据承租人提供的担保余值预计应支付的款项，担保余值是指与出租人无关的一方向出租人提供担保，保证在租赁结束时租赁资产的价值至少为某指定的金额。

承租人在计算租赁付款额的现值时，应当采用租赁内含利率作为折现率；无法确定租赁内含利率的，应当采用承租人增量借款利率作为折现率。租赁内含利率是指使出租人的租赁收款额的现值与未担保余值的现值之和等于租赁资产公允价值与出租人的初始直接费用之和的利率。

（二）租赁负债的后续计量

在租赁期开始日，承租人应当按固定的周期性利率计算租赁负债在租赁期内各期间的利息费用，并计入当期损益。按《企业会计准则第 17 号——借款费用》等其他准则规定应当计入相关资产成本的，按其规定处理。周期性利率是指承租人对租赁负债进行初始计量时所采用的折现率，或者因租赁付款额发生变动或因租赁变更而需按修订后的折现率对租赁负债进行重新计量时，承租人所采用的修订后的折现率。

（三）使用权资产的确认与计量

使用权资产是指承租人可在租赁期内使用租赁资产的权利。在租赁期开始日，承租人应当按成本对使用权资产进行初始计量，该成本包括以下内容：

（1）租赁负债的初始计量金额；

（2）在租赁期开始日或之前支付的租赁付款额，存在租赁激励的，扣除已享受的租赁激励相关金额；

（3）承租人发生的初始直接费用；

（4）承租人为拆卸及移除租赁资产、复原租赁资产所在场地或将租赁资产恢复至租赁条款约定状态预计将发生的成本。

二、核算租赁负债

（一）设置账户

企业应设置“租赁负债”账户，核算企业作为承租人尚未支付的租赁付款额的现值。该账户可分别设置“租赁付款额”“未确认融资费用”等明细账户进行明细核算。如图9-4所示。

借方　　租赁负债　　贷方

租赁负债的减少额	租赁负债的增加额
	尚未支付的租赁付款额的现值

图9-4　租赁负债

企业应设置“使用权资产”账户，核算企业作为承租人持有的使用权资产的成本。如图9-5所示。

借方　　使用权资产　　贷方

增加的使用权资产成本	减少的使用权资产成本
使用权资产的成本余额	

图9-5　使用权资产

企业应设置“使用权资产累计折旧”账户，核算企业使用权资产的累计折旧。“使用权资产累计折旧”账户为“使用权资产”账户的调整账户。如图9-6所示。

借方　　使用权资产累计折旧　　贷方

结转的累计折旧	计提的使用权资产折旧
	使用权资产的累计折旧

图9-6　使用权资产累计折旧

（二）租赁负债的主要账务处理

1. 租赁期开始日，形成租赁负债

在租赁期开始日，承租人应当按尚未支付的租赁付款额，贷记“租赁负债——租赁付款额”账户，按尚未支付的租赁付款额的现值，借记“使用权资产”账户，按尚未支付的租赁付款额与其现值的差额，借记“租赁负债——未确认融资费用”账户。

2. 租赁期开始日后，确认租赁负债利息费用

在租赁期开始日后，承租人按照固定的周期性利率（租赁内含利率、增量借款利率）计算确认租赁负债在租赁期内各个期间的利息费用，借记“财务费用”“在建工程”等账户，贷记“租赁负债——未确认融资费用”账户。

3. 租赁期开始日后，支付各期租赁付款额

在租赁期开始日后，承租人支付租赁付款额时，借记“租赁负债——租赁付款额”账户，贷记“银行存款”等账户。

4. 租赁期开始日后，计提使用权资产折旧

在租赁期开始日后，承租人应当采用成本模式对使用权资产进行后续计量。承租人应当参照固定资产有关折旧规定，自租赁期开始日起按日对使用权资产计提折旧，借记“制造费用”“销售费用”“管理费用”等账户，贷记“使用权资产累计折旧”账户。

任务实施

做中学 9-8 2024 年 1 月 1 日，云康公司与金达公司签订了为期 10 年的商铺租赁合同。每年的不含税租金为 60 000 元，在每年年末支付。云康公司无法确定租赁内含利率，其增量借款利率为 5%，租赁资产在租赁期内按直线法计提折旧。不考虑其他因素。

（1）2024 年 1 月 1 日，根据租赁合同计算租赁负债和使用权资产：

租赁付款额 = 60 000 × 10 = 600 000（元）

租赁付款额的现值 = 60 000 ×（P/A，5%，10）= 60 000 × 7.721 7 = 463 302（元）

未确认融资费用 = 600 000 − 463 302 = 136 698（元）

（2）2024 年 1 月 1 日，根据租赁合同、商铺验收交接单编制会计分录如下：

借：使用权资产　　463 302
　　租赁负债——未确认融资费用　　136 698
　　贷：租赁负债——租赁付款额　　600 000

做中学 9-9 根据 **做中学 9-8** 资料，2024 年每月月末，对使用权资产计提折旧。

月折旧额 = 463 302 ÷ 10 ÷ 12 = 3 860.85（元）

根据使用权资产折旧计提表编制会计分录如下：

借：销售费用　　3 860.85
　　贷：使用权资产累计折旧　　3 860.85

做中学 9-10 根据 **做中学 9-8** 资料，2024 年 12 月 31 日，云康公司按合同约定通过银行转账支付金达公司当年租金，取得的增值税专用发票上注明的租金价款为

60 000 元，增值税税额为 5 400 元。

（1）2024 年 12 月 31 日，根据租赁合同、增值税专用发票、银行付款凭证编制会计分录如下：

借：租赁负债——租赁付款额　　60 000
　　应交税费——应交增值税（进项税额）　　5 400
　　贷：银行存款　　65 400

（2）2024 年 12 月 31 日，租赁负债利息费用 = 463 302 × 5% = 23 165.1（元）

根据租赁负债利息费用计算表编制会计分录如下：

借：财务费用　　23 165.1
　　贷：租赁负债——未确认融资费用　　23 165.1

知识拓展

1.《小企业会计准则》规定，小企业的长期借款应当按借款本金和借款合同利率在应付利息日计提利息费用，计入相关资产成本或财务费用。此处借款合同约定的应付利息日既不是实际支付利息日，也不是资产负债表日（如月末、季末、年末）。

2. 在租赁期开始日后，当发生租赁重估的情形时，承租人应当按变动后的租赁付款额的现值重新计量租赁负债的账面价值，并相应调整使用权资产的账面价值。当租赁负债增加时，应当按租赁付款额现值的增加额，借记"使用权资产"账户，按租赁付款额的增加额，贷记"租赁负债——租赁付款额"账户，按其差额，借记"租赁负债——未确认融资费用"账户；当租赁负债减少时，应当按租赁付款额的减少额，借记"租赁负债——租赁付款额"账户，按租赁付款额现值的减少额，贷记"使用权资产"账户，按其差额，贷记"租赁负债——未确认融资费用"账户。

思维导图

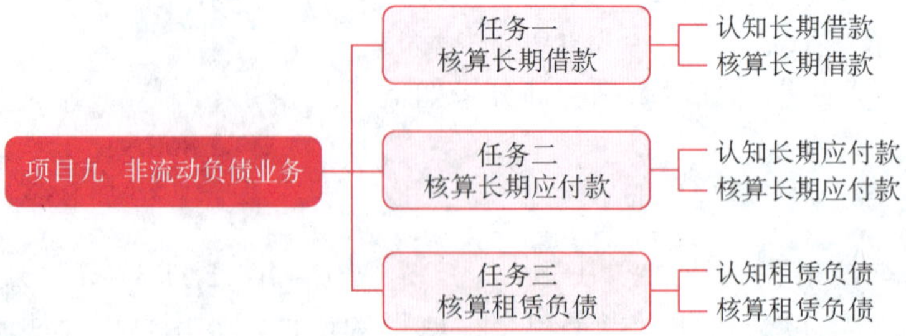

赛证融通测试题

不定项选择题

1. 2024 年 1 月 1 日，某企业向银行借入资金 600 万元，期限 3 年，年利率 5%，年末计息，下年年初支付利息，到期还本并支付最后一年利息。2024 年 12 月 31 日，该长期借款账面价值为（　　）万元。

   A. 600　　B. 630　　C. 660　　D. 690

2. 2024 年 12 月 31 日，某企业的“长期应付款”账户贷方余额为 300 万元，“未确认融资费用”账户借方余额为 50 万元，“未实现融资收益”账户贷方余额为 40 万元，该企业长期应付款的账面价值为（　　）万元。

   A. 250　　B. 260　　C. 300　　D. 340

3. 下列各项中，企业长期借款所发生的利息费用可能借记的账户是（　　）。

   A.“财务费用”　　B.“在建工程”
   C.“制造费用”　　D.“管理费用”

4. 下列各项中，影响长期应付款账面价值的是（　　）。

   A. 长期应付款账面余额　　B. 未确认融资费用账面余额
   C. 未实现融资收益账面余额　　D. 长期应收款账面余额

5. 2024 年 1 月 1 日，甲公司与乙公司签订了为期 5 年的办公楼租赁合同，每年的租赁付款额为 400 000 元，在每年年末支付；甲公司无法确认租赁内含利率，其增量借款利率为 5%。甲公司在租赁开始日确认租赁负债的账面价值为（　　）元［（P/A，5%，5）=4.329 5］。

   A. 268 200　　B. 400 000　　C. 1 731 800　　D. 2 000 000

项目十
所有者权益业务

项目导读

云康医疗器械公司是一般公司（企业），为研发新式医疗器械接受新投资者入股，新的投资者所投入的资金都可以作为云康公司的实收资本吗？如果不可以，应该进行怎样的核算？股份有限公司在接受投资者投入资本的核算上和云康公司这类一般公司（企业）有什么不同吗？

按照《中华人民共和国公司法》的规定，公司制企业必须提取法定盈余公积，云康公司应当计提多少盈余公积？应该怎样进行账务处理？云康公司已经计提的盈余公积是否可以使用？具体的用途有哪些？

云康公司从当期实现的利润中拿出一部分给股东分红，分红应当要进行怎样的核算？是否可以先分红再提取盈余公积？

云康公司的利润经过提取盈余公积和给股东分红后仍有剩余，是否还需要进行核算？

思政课堂

资料内容

保障财务独立性、强化信息披露要求
——防止上市公司资金成“唐僧肉”

为规范上市公司与存在关联关系的企业集团财务公司业务往来，证监会、银保监会联合发布《关于规范上市公司与企业集团财务公司业务往来的通知》(以下简称《通知》)。《通知》提出，上市公司不得违反《上市公司监管指引第8号——上市公司资金往来、对外担保的监管要求》规定，通过与财务公司签署委托贷款协议的方式，将上市公司资金提供给其控股股东、实际控制人及其他关联方使用。

从近几年看，大股东以财务公司资金往来进行违规关联交易或隐匿关联交易方式套取上市公司资金的案件依然时有发生，大股东利益输送已成为妨碍资本市场健康发展的一大顽疾，如何更有效地治理利益输送等违法违规行为，保护好上市公司中小股东权益已成为当务之急。此次《通知》的发布进一步堵住了此类利益输送通道，对于防范控股股东、实际控制人及其他关联方的资金占用具有重要作用。

资料分析

《关于规范上市公司与企业集团财务公司业务往来的通知》是在落地实施全面深化资本市场改革的各项重点任务的背景下，为促进资本市场稳健发展，监管部门依法查处上市公司和财务公司违法违规行为，维护中小股东权益的具体措施，对于保障上市公司乃至资本市场的健康发展具有重要意义。

（资料来源：马春阳，《经济日报》，2022年6月13日第7版）

学习目标

知识目标

1. 熟悉企业投资者的出资方式及相关法律法规的规定；
2. 掌握不同性质的企业和不同方式投入资本的核算方法；
3. 掌握资本公积和其他综合收益的核算原则及方法；
4. 掌握留存收益的来源、使用及核算方法。

技能目标

1. 能准确区分所有者权益与债权人权益；
2. 能准确判断所有者（股东）投资并正确进行会计处理，维护投资者（股东）权益；
3. 能按照企业会计准则和相关法律法规的要求提取和使用盈余公积；
4. 能根据企业财务制度结合经营成果合理制订利润分配方案并正确进行会计处理；
5. 能正确计算未分配利润并进行期末结转。

素质目标

1. 树立服务意识，为实现企业价值最大化、股东价值最大化做好核算管理服务；
2. 培养爱岗敬业，精益求精的精神，树立管好企业财产的意识。

任务一 认知所有者权益

知识要点

一、所有者权益的概念及特征

所有者权益是指企业资产扣除负债后由所有者享有的剩余权益。公司的所有者权益又称为股东权益。所有者权益具有以下特征：

（1）所有者权益表明企业的产权关系，即企业归谁所有。

（2）所有者权益从数量上等于资产减去负债后的差额。

（3）影响所有者权益变动的因素有所有者增资或减资、企业实现税后利润或发生亏损、企业非日常活动形成的利得和发生的损失三个。

（4）所有者权益不需要偿还，即使在企业清算时，所有者权益也只有在清偿负债之后才按比例返还给投资人。

所有者权益包括实收资本（或者股本）、其他权益工具、资本公积、其他综合收益、专项储备、盈余公积和未分配利润等。所有者权益金额取决于资产和负债的计量，所有者权益项目应当列入资产负债表。

二、所有者权益的构成

企业所有者权益主要由所有者投入的资本、直接计入所有者权益的利得和损失、留存收益三部分组成。

（一）所有者投入的资本

企业要开展经营活动，必须有充足的资金作保证，这就需要通过一定的渠道筹集资金。企业对外筹资有两个渠道，按出资者所拥有的权益的不同可分为债务性筹资和权益性筹资。

债务性筹资是企业通过发行债券、向银行借款、融资租赁等方式筹集资金。企业采用债务性筹资方式筹集的资金，到期要归还本金和利息，财务风险比较大，但付出的资金成本较低。权益性筹资是企业通过发行股票、直接吸收投资等方式向企业的所有者筹集资金。采用权益性筹资方式筹集的资金一般不用还本，因而称之为企业的自有资金、主权资金或权益资金。这部分资金即为所有者投入的资本。财务风险小，但付出的资金成本相对较高。所以每一个企业在筹集资金时，往往同时采用债务性筹资和权益性筹资两个渠道。

（二）直接计入所有者权益的利得和损失

直接计入所有者权益的利得和损失是指不应计入当期损益、会导致所有者权益发生增减变动的、与所有者投入资本或者向所有者分配利润无关的利得或者损失。

利得是指由企业非日常活动所形成的、会导致所有者权益增加的、与所有者投入资本无关的经济利益的流入。损失是指由企业非日常活动所形成的、会导致所有者权益减少的、与向所有者分配利润无关的经济利益的流出。企业在存续期间发生的利得和损失，如果是永久性的利得和损失，应通过损益类账户计入当期损益，如果是暂时性的利得和损失，应计入所有者权益。

（三）留存收益

留存收益是指企业通过生产经营取得收益后按规定留给企业用于扩大再生产或以后年度分配的利润，包括盈余公积和未分配利润两部分。盈余公积是指企业按规定从净利润中提取的各种积累资金。未分配利润是企业留待以后年度进行分配的结存利润。

任务二 核算实收资本或股本

一、设置账户

一般企业应设置“实收资本”账户，核算投资者投入资本的增减变动情况。企业接受投资者投入的资本，应按其在注册资本中所占的份额，记入“实收资本”账户。为了反映企业各所有者投资在企业所有者权益中的构成及其变动情况，该账户还必须按投资者设置明细账户进行明细分类核算。如图 10-1 所示。

借方	实收资本 贷方
企业按法定程序减资时所减少的注册资本数额	企业实际收到投资者缴付的资本数额
	企业期末实收资本实有数额

图 10-1　实收资本

股份有限公司应设置“股本”账户，核算股份有限公司的股票面值总额。如图 10-2 所示。

借方	股本 贷方
股本的减少额	股本的增加额
	股份有限公司的股本总额

图 10-2　股本

二、一般企业实收资本的主要账务处理

（一）企业接受现金资产投资

企业收到投资者以现金投入的资本时，应当以实际收到或存入企业开户银行的金额作为实收资本入账，借记“银行存款”账户，贷记“实收资本”账户，实际收到或者存入企

业开户银行的金额超过投资者在企业注册资本中所占份额的部分，贷记“资本公积——资本溢价”账户。

（二）企业接受非现金资产投资

企业收到投资者以非现金资产投入的资本时，应按投资合同或协议约定的价值作为非现金资产的入账价值，借记“库存商品”“固定资产”“无形资产”等账户，按可以抵扣的增值税，借记“应交税费——应交增值税（进项税额）”账户，按投资合同或协议约定的其在注册资本中所占的份额，贷记“实收资本”账户。

三、股份有限公司股本的主要账务处理

（一）平价发行股票的核算

平价发行股票是指股份有限公司按股票的面值发行股票。当公司发行股票收到现金等资产时，应按实际收到的金额，借记“银行存款”等账户，按照股票面值和核定的股份总额的乘积计算得到的金额，贷记“股本”账户。股份有限公司发行股票支付的手续费或佣金等发行费用，减去发行股票冻结期间产生的利息收入后的余额，依次冲减盈余公积和未分配利润。

（二）溢价发行股票的核算

溢价发行股票是指股份有限公司按高于股票面值的价格发行股票。当公司发行股票收到现金等资产时，应按实际收到的金额，借记“银行存款”等账户，按股票面值和核定的股份总额的乘积计算得到的金额，贷记“股本”账户，按其差额，贷记“资本公积——股本溢价”账户。发行股票支付的手续费或佣金等发行费用，减去发行股票冻结期间产生的利息收入后的余额，首先冲抵溢价，溢价不足抵扣的部分依次冲减盈余公积和未分配利润。

提示

我国不允许企业折价发行股票。

任务实施

做中学 10-1 云康公司收到甲公司投入的资金 400 万元并存入银行，按合同规定，甲公司投入资本在注册资本中所占的份额为 320 万元。

根据银行进账单收账通知、投资协议副本编制会计分录如下：

借：银行存款　　　　　　　　　　4 000 000

　　贷：实收资本——甲公司　　　　　　3 200 000

　　　　资本公积——资本溢价　　　　　　800 000

提示

资本溢价是指投资者投入资本超过其在注册资本中享有份额的那部分资金。股本溢价是指股份有限公司溢价发行股票时实际收到的款项超过股票面值总额的金额。资本（股本）溢价属于资本公积，其唯一的用途是转增资本。一般情况下，企业在初始成立时，投资者的投资都形成实收资本，不会产生资本溢价。

做中学 10-2 云康公司收到乙公司投入的设备一台，取得的增值税专用发票上注明的价款为 70 万元，增值税税额为 9.1 万元，投资双方在协议中约定的价值为 79.1 万元，已办理产权转移手续。

根据固定资产验收单、固定资产交接单、增值税专用发票、投资协议、资产评估报告编制会计分录如下：

借：固定资产	700 000	
应交税费——应交增值税（进项税额）	91 000	
贷：实收资本——乙公司		791 000

提示

如投资合同或协议约定的价值不公允，则按非现金资产公允价值作为入账价值，借记“库存商品”“固定资产”“无形资产”等账户，按可以抵扣的增值税税额，借记“应交税费——应交增值税（进项税额）”账户，按投资合同或协议约定的其在注册资本中所占的份额，贷记“实收资本”账户，按其差额，贷记“资本公积——资本溢价”账户。

做中学 10-3 云健公司委托东南证券公司代理发行普通股 6 000 万股，每股面值为 1 元，按面值发行。双方约定，按发行收入的 4% 收取手续费。发行收入在冻结期间产生的利息收入为 8 000 元，云健公司实际收到 5 760.8 万元并存入银行。云健公司“盈余公积”账户余额为 500 万元。

根据委托合同、招股说明书、电子转账凭证、利息通知书编制会计分录如下：

借：银行存款	57 608 000	
盈余公积	2 392 000	
贷：股本		60 000 000

做中学 10-4 根据 **做中学 10-3** 资料，假定云健公司在发行股票时，每股发行

价格为 3 元，股票发行收入总额 18 000 万元，东南证券公司代扣手续费 720 万元，发行收入在冻结期间产生的利息收入为 2.4 万元，云健公司实际收到 17 282.4 万元。

根据委托合同、招股说明书、电子转账凭证、利息通知书编制会计分录如下：

借：银行存款　　172 824 000

　贷：股本　　60 000 000

　　资本公积——股本溢价　　112 824 000

任务三 核算资本公积

知识要点

一、认知资本公积

资本公积是指企业收到投资者出资额超出其在注册资本（或股本）中所占份额的部分，以及直接计入所有者权益的利得和损失等。资本公积包括资本溢价（或股本溢价）和其他资本公积。

微课 13：资本公积和其他综合收益的核算

形成资本溢价（或股本溢价）的原因有溢价发行股票和投资者超额缴入资本等。

其他资本公积包括：①以权益结算的股份支付在等待期内确认的成本费用金额；②企业与股东之间的资本性交易（即权益性交易），如股东对企业的捐赠、债务豁免、代为偿债等；③权益法下，投资方应享有被投资单位发生的除净利润、其他综合收益和利润分配以外的所有者权益的其他变动金额的份额，如被投资单位其他股东的资本性投入等。

资本公积的用途是转增资本。其他资本公积不能转增资本，处置资产时，按与处置资产一致的原则进行结转。

二、设置账户

设置“资本公积”账户，核算企业收到投资者出资额超出其在注册资本（或股本）中所占份额的部分，以及直接计入所有者权益的利得和损失等。该账户分别设置“资本（股本）溢价”“其他资本公积”明细账户进行明细核算。如图 10-3 所示。

借方　　　　资本公积　　　　贷方

借方	贷方
冲减溢价和发生的损失	产生的溢价和利得
	实际资本公积数额

图 10-3　资本公积

三、资本公积的主要账务处理

企业接受投资者投入资本或溢价发行股票产生溢价时，借记“银行存款”等账户，贷记“资本公积——资本（股本）溢价”账户；资本溢价转增资本时，借记“资本公积——资本（股本）溢价”账户，贷记“实收资本”或“股本”账户。

企业产生计入其他资本公积的利得，借记有关账户，贷记“资本公积——其他资本公积”账户；产生计入其他资本公积的损失，借记“资本公积——其他资本公积”账户，贷记有关账户。处置资产时，按与处置资产一致的原则结转其他资本公积。

任务实施

做中学 10-5 云康公司持有甲企业 25% 的股份，具有重大影响，采用权益法核算长期股权投资。当期甲企业因股东增资导致其资本公积增加 280 万元，不考虑其他因素，云康公司确认应享有被投资单位所有者权益变动（其他权益变动）份额为 70 万元。

（1）根据股权投资计算表编制会计分录如下：

借：长期股权投资——甲公司（其他权益变动） 700 000

　　贷：资本公积——其他资本公积 700 000

（2）当处置采用权益法核算的长期股权投资时，应当将原计入其他资本公积的金额相应转入投资收益，编制会计分录如下：

借：资本公积——其他资本公积 700 000

　　贷：投资收益 700 000

任务四 核算其他综合收益

知识要点

一、认知其他综合收益

其他综合收益是指企业根据会计准则规定未在当期损益中确认的各项利得和损失。

根据企业会计准则的规定，其他综合收益划分为以后会计期间不能重分类进损益的其他综合收益项目和以后会计期间在满足规定条件时将重分类进损益的其他综合收益项目。

以后会计期间不能重分类进损益的项目包括：①重新计量设定受益计划导致净资产或净负债的变动；②权益法下，被投资单位属于以后会计期间不能重分类进损益的其他综合收益变动对应的份额（按相同基础）。

以后会计期间在满足规定条件时将重分类进损益的项目包括：①权益法下，被投资单位属于以后期间可以计入损益的其他综合收益变动对应的份额（按相同基础）；②其他债权投资、其他权益工具投资公允价值的变动；③金融资产重分类时账面价值与公允价值之间的差额；④现金流量套期工具中有效套期部分的利得或损失；⑤外币财务报表折算差额；⑥其他，如自用房地产转换为以公允价值计量的投资性房地产，转换日公允价值大于账面价值的金额。

二、设置账户

设置“其他综合收益”账户，核算未在损益中确认的利得和损失。如图 10-4 所示。

借方　　　其他综合收益	贷方
其他综合收益的减少额	其他综合收益的增加额
	期末其他综合收益的金额

图 10-4　其他综合收益

三、其他综合收益的主要账务处理

企业产生计入其他综合收益的利得，借记有关账户，贷记“其他综合收益”账户；产生计入其他综合收益的损失，借记“其他综合收益”账户，贷记有关账户。处置资产时，按与处置资产一致的原则结转其他综合收益。

任务实施

做中学 10-6 云康公司持有甲企业 25% 的股份，具有重大影响，采用权益法核算长期股权投资。当期甲企业因持有的其他债权投资公允价值上升计入其他综合收益的金额为 200 万元，云康公司确认应享有被投资单位所有者权益变动（其他综合收益）的份额为 50 万元。

根据股权投资计算表编制会计分录如下：

借：长期股权投资——甲企业（其他综合收益）　500 000

　　贷：其他综合收益　500 000

当处置采用权益法核算的长期股权投资时，应当将原计入其他综合收益的金额相应转入投资收益，编制会计分录如下：

借：其他综合收益　500 000

　　贷：投资收益　500 000

任务五
核算盈余公积

知识要点

一、认知盈余公积

（一）盈余公积的提取

按照《中华人民共和国公司法》的规定，公司制企业必须提取法定盈余公积，自主选择提取任意盈余公积。

微课 14：盈余公积的核算

法定盈余公积是指企业按照规定的比例从净利润中提取的盈余公积。法定盈余公积按照净利润的 10% 提取，提取的法定盈余公积累计额达到注册资本的 50% 以后，可以不再提取。

任意盈余公积是指企业经股东大会或类似机构批准按照规定的比例从净利润中提取的盈余公积。其提取比例由企业投资者决议。国有企业可以将任意盈余公积与法定盈余公积合并提取。

提示

提取盈余公积时，首先考虑企业是否有以前年度未弥补的亏损，如果有以前年度未弥补的亏损，弥补亏损后再按规定提取盈余公积。企业提取盈余公积的基数不包括年初的未分配利润。

（二）盈余公积的使用

企业提取的盈余公积经批准可用于弥补亏损、转增资本、发放现金股利和利润以及扩大生产经营。

1. 弥补亏损

根据有关法规的规定，企业发生亏损，可以用发生亏损后 5 年内实现的税前利润来弥补，发生的亏损在 5 年内仍不足弥补的，应使用以后年度实现的税后利润弥补。在企业发生的亏损用税后利润仍不足弥补的情况下，可以用所提取的盈余公积来弥补。但是，用盈余公积弥补亏损应当由董事会提议，由股东大会或类似机构批准。

2. 转增资本（或股本）

企业提取的盈余公积也可用于转增资本（或股本），但必须经股东大会或类似机构批准。用盈余公积转增资本（或股本）后，留存的盈余公积不得少于注册资本的 25%。

3. 分派股利或利润

在特殊情况下，当企业累积的盈余公积比较多而未分配利润比较少时，为了维护企业形象，给投资者以合理的回报，对于符合规定条件的企业，也可以用盈余公积分派股票股利、现金股利或利润。

4. 扩大企业生产规模

盈余公积的用途并不是指其实际占用形态，提取盈余公积也并不是单独将这部分资金从企业资金周转过程中抽出。企业盈余公积的结存数实际只表现为企业所有者权益的组成部分，表明企业生产经营资金的一个来源。其形成的资金可能表现为一定的货币资金，也可能表现为一定的实物资产，如存货和固定资产等，随同企业的其他来源所形成的资金进行循环周转，用于企业的生产经营。

二、设置账户

设置“盈余公积”账户，核算企业从净利润中提取的盈余公积及其使用情况。该账户设置“法定盈余公积”“任意盈余公积”明细账户进行明细核算。如图 10-5 所示。

图 10-5　盈余公积

三、盈余公积的主要账务处理

（一）盈余公积的提取

企业按规定从净利润中提取法定盈余公积和任意盈余公积时，应借记“利润分配——提取法定（任意）盈余公积”账户，贷记“盈余公积——法定（任意）盈余公积”账户。

（二）盈余公积的使用

1. 弥补亏损

根据股东大会或类似机构决议编制会计分录如下：

借：盈余公积——法定（任意）盈余公积

　　贷：利润分配——盈余公积补亏

2. 转增资本（或股本）

根据股东大会或类似机构决议编制会计分录如下：

借：盈余公积——法定（任意）盈余公积

　　贷：实收资本（或股本）

3. 分派现金股利或利润

根据股东大会或类似机构决议编制会计分录如下：

借：盈余公积——法定（任意）盈余公积

　　贷：应付股利

4. 扩大企业生产规模

扩大企业生产规模，不需要单独进行会计处理。

任务实施

做中学 10-7　云康公司经研究决定用以前年度提取的任意盈余公积 900 000 元弥补当期亏损。

根据股东大会或类似机构决议编制会计分录如下：

借：盈余公积——任意盈余公积　　900 000

　　贷：利润分配——盈余公积补亏　　900 000

做中学 10-8　云康公司经研究决定用盈余公积转增资本 100 000 元。

根据股东大会或类似机构决议编制会计分录如下：

借：盈余公积——法定（任意）盈余公积　　100 000

　　贷：实收资本（或股本）　　100 000

任务六
核算未分配利润

知识要点

一、设置账户

企业应设置“利润分配”账户，核算企业的利润分配（或亏损的弥补）和历年分配（弥补亏损）后的未分配利润（或未弥补的亏损）。该账户应分别设置“提取法定盈余公积”“提取任意盈余公积”“应付现金股利和利润”“盈余公积补亏”“未分配利润”明细账户进行明细核算。如图 10-6 所示。

微课 15：未分配利润的核算

借方	利润分配——未分配利润　贷方
各项利润分配	未分配利润的增加额
历年累计的未弥补亏损	历年累计尚未分配的利润

图 10-6　利润分配——未分配利润

二、未分配利润的主要账务处理

年末，企业应将全年实现的净利润或发生的净亏损，自“本年利润”账户转入“利润分配——未分配利润”账户，并将“利润分配”账户下的各有关明细账户的余额转入“利润分配——未分配利润”账户。结转后，利润分配下设的明细账户中，只有“未分配利润”明细账户有期末余额。若为贷方余额，反映企业历年来已经实现但尚未分配的利润；若为借方余额，反映企业历年来累计的未弥补的亏损。

任务实施

做中学 10-9　云康公司 2024 年缴纳所得税后净利润为 480 万元，按规定提取 10% 的法定盈余公积和 5% 的任意盈余公积，向股东分派现金股利 170 万元。

根据公司董事会决议、股东大会表决方案编制会计分录如下：

（1）年末结转本年利润：

借：本年利润	4 800 000	
贷：利润分配——未分配利润		4 800 000

（2）提取法定盈余公积：

借：利润分配——提取法定盈余公积	480 000	
贷：盈余公积——法定盈余公积		480 000

（3）提取任意盈余公积：

借：利润分配——提取任意盈余公积	240 000	
贷：盈余公积——任意盈余公积		240 000

（4）向股东分配股利：

借：利润分配——应付现金股利	1 700 000	
贷：应付股利		1 700 000

（5）结转“利润分配”各明细账户：

借：利润分配——未分配利润	2 380 000	
贷：利润分配——提取法定盈余公积		480 000
利润分配——提取任意盈余公积		240 000
利润分配——应付现金股利		1 700 000

若该公司年初未分配利润为118万元，本年从“本年利润”账户转入的净利润为480万元，利润分配242万元，则该公司本年度的年末未分配利润为356（118＋480－242）万元，可留待以后年度向投资人分配，从而形成了所有者权益的一部分。

提示

“利润分配”明细账户期末要进行结转，只有“未分配利润”明细账户才可以有余额。

知识拓展

实收资本（或股本）与资本公积的区别主要表现在两个方面：

（1）来源和性质。实收资本（或股本）是指投资者按照企业章程或合同、协议的约定，实际投入企业并依法进行注册的资本，它体现了投资者与企业的基本产权关系。资本公积是投资者的出资额超出其在注册资本中所占份额的部分，以及直接计入所有者权益的利得和损失，它不直接表明投资者与企业的基本产权关系。

（2）用途。实收资本（或股本）的构成比例是确定投资者参与企业财务经营决策的基础，也是企业进行利润（或股利）分配的依据，同时还是企业清算时确定投资者对净资产的要求权的依据。资本公积的用途主要是转增资本（或股本），不体现各投资者的占有比例，也不能作为投资者参与企业财务经营决策或进行利润（或股利）分配的依据。

思维导图

- 项目十 所有者权益业务
  - 任务一 认知所有者权益
    - 所有者权益的概念及特征
    - 所有者权益的构成
  - 任务二 核算实收资本或股本
    - 设置账户
    - 一般企业实收资本的主要账务处理
    - 股份有限公司股本的主要账务处理
  - 任务三 核算资本公积
    - 认知资本公积
    - 设置账户
    - 资本公积的主要账务处理
  - 任务四 核算其他综合收益
    - 认知其他综合收益
    - 设置账户
    - 其他综合收益的主要账务处理
  - 任务五 核算盈余公积
    - 认知盈余公积
    - 设置账户
    - 盈余公积的主要账务处理
  - 任务六 核算未分配利润
    - 设置账户
    - 未分配利润的主要账务处理

赛证融通测试题

不定项选择题

1. 某企业委托券商代理发行股票 5 000 万股，每股面值 1 元，每股发行价格 6 元。按发行价格的 1% 向券商支付发行费用，发行股票期间冻结的利息收入为 50 万元。该企业在收到股款时，应贷记“资本公积”账户的金额为（　　）万元。

A. 24 650　　B. 24 700　　C. 24 750　　D. 25 000

2. 某企业年初盈余公积余额为 500 万元，本年提取法定盈余公积 200 万元，提取任意盈余公积 100 万元，用盈余公积转增资本 200 万元，该企业盈余公积的年末余额为（　　）万元。

A. 450　　B. 500　　C. 550　　D. 600

3. 某企业 2023 年年初未分配利润的贷方余额为 200 万元，本年度实现的净利润为 100 万元，分别按 10% 和 5% 提取法定盈余公积和任意盈余公积。不考虑其他因素，该企业

2023 年年末未分配利润的贷方余额为（　　）万元。

A. 205　　B. 255　　C. 270　　D. 285

4. 2023 年 12 月 31 日某企业所有者权益情况如下：实收资本 200 万元，资本公积 17 万元，盈余公积 38 万元，未分配利润 32 万元。则该企业 2023 年 12 月 31 日留存收益的金额为（　　）万元。

A. 32　　B. 38　　C. 70　　D. 87

5. 甲股份有限公司委托 A 证券公司发行普通股 1 000 万股，每股面值 1 元，每股发行价格为 4 元。根据约定，股票发行成功后，甲股份有限公司应按发行收入的 2% 向 A 证券公司支付发行费。不考虑其他因素，股票发行成功后，甲股份有限公司贷记“资本公积”账户的金额为（　　）万元。

A. 20　　B. 80　　C. 2 920　　D. 3 000

项目十一
收入业务

项目导读

云康医疗器械公司实行多元化发展，经营业务涉及医疗器械产品的销售、医疗软件的开发以及医疗课程的培训。按照《企业会计准则第14号——收入》规定，企业应当在履行了合同中的履约义务，即在客户取得相关商品控制权时确认收入。收入准则采用了统一的收入确认模型来规范所有与客户之间的合同产生的收入，设定了“五步法”来确认和计量收入，即识别与客户订立的合同、识别合同中的单项履约义务、确定交易价格、将交易价格分摊至各单项履约义务、履行每一单项义务时确认收入。云康公司在核算相关业务时应该怎样正确应用“五步法”？

收入确认的时点，应区分是在某一时段内履行的履约义务还是在某一时点履行的履约义务。云康公司的收入业务属于时段履约义务还是时点履约义务？对于在某一时段内履行的履约义务，公司该如何确认收入？如何进行账务处理？对于在某一时点履行的履约义务，公司又该如何确认收入？如何进行账务处理？

思政课堂

资料内容

收入准则的修订历程

随着经济的快速发展，企业面临的经济交易日渐复杂，快速变化的行业模式和创新的业务内容，使得原收入准则已经不能满足企业的业务需求，变革是大势所趋。美国财务会计准则委员会（FASB）与国际会计准则理事会（IASB）自2002年起对美国的现行会计准则（USGAAP）以及国际会计报告准则（IFRS）中的收入内容进行修正。国际会计准则理事会（IASB）在2010年6月以颁布征求意见稿的形式提出初步提案《源自客户合同的收入》。2014年5月，美国财务会计准则委员会（FASB）和国际会计准则理事会（IASB）联合发布了统一的收入确认标准，并且国际会计准则理事会（IASB）在同年发布了正式版的《国际财务报告准则第15号——源于客户合同的收入》(IFRS15)。我国会计准则一直致力于追求与国际会计准则的一致性，随着企业经营业务的改变和外在趋同的要求，我国财政部在2014年5月开始启动国内新收入准则的修订工作，并于2017年7月公布新收入准则的正式稿[CAS14（2017）]，与国际会计准则（IFRS15）保持了趋同。

资料分析

会计信息服务于特定社会经济环境，受多种因素制约，如经济体制、经济发展水平等因素。习近平总书记在党的二十大报告中强调："紧跟时代步伐，顺应实践发展，以满腔热忱对待一切新生事物，不断拓展认识的广度和深度，敢于说前人没有说过的新话，敢于干前人没有干过的事情，以新的理论指导新的实践。"商业模式的不断创新、产业链和供应链连续发生的变化、收入结算方式的多样化等这些新生事物一定会存在。面对新生事物，我们要有积极的态度，满腔热忱对待一切，努力学习，努力奋斗，演绎多彩人生。

（资料来源：刘辰，《中国市场》，2021年第32期）

学习目标

知识目标

1. 理解收入的定义、特征及收入和利得的区别；
2. 掌握收入确认和计量的原则及“五步法”的内容；
3. 理解并掌握在某一时段内履行履约义务的收入确认方法和会计处理方法；
4. 理解并掌握在某一时点履行履约义务的收入确认方法和会计处理方法；
5. 理解并掌握合同履约成本和合同取得成本的确认、计量和会计处理方法。

技能目标

1. 能读懂与收入业务相关的交易合同；
2. 能正确区分在某一时段内履行的履约义务和在某一时点履行的履约义务；
3. 能准确判断合同并根据合同性质判断是否确认收入；
4. 能根据不同合同正确计量收入；
5. 能规范运用“五步法”确认、计量收入并正确进行会计处理；
6. 能根据业务发生的性质判断合同履约成本和合同取得成本并正确进行会计处理。

素质目标

1. 培养客观公正、诚实守信的职业理念，根据收入准则合理确认收入，正确计算应交税费，做一名诚实守信的会计人；
2. 树立降低成本的意识。

任务一
认知收入

知识要点

一、收入的概念及特征

收入是指企业在日常活动中形成的、会导致所有者权益增加的、与所有者投入资本无关的经济利益的总流入。收入具有以下特征：

（1）收入是企业日常活动中所产生的经济利益流入，而不是由偶发交易、事项所产生。日常活动是指企业为完成其经营目标所从事的经常性活动以及与之相关的其他活动。例如，工业企业制造并销售产品、商品流通企业销售商品、咨询公司提供咨询服务、软件公司为客户开发软件、安装公司提供安装服务、建筑企业提供建造服务等，均属于企业为完成其经营目标所从事的经常性活动，由此产生的经济利益的总流入构成收入。

（2）收入可能引起资产增加或负债减少。例如，企业销售商品增加银行存款、应收账款等资产，或者减少预收账款等负债。

（3）收入能够导致所有者权益的增加。收入可能引起资产增加或负债减少，依据会计等式，收入也必然导致所有者权益的增加。

（4）收入只包括属于本企业经济利益的流入，不包括为第三方或客户代收的款项，代收款项不会导致所有者权益的增加。

二、收入的范围

本任务涉及的收入内容依据《企业会计准则第 14 号——收入》（以下简称“收入准则”）。根据收入准则，企业确认收入的方式应当反映其向客户转让商品或提供服务（以下简称“转让商品”）的模式，收入的金额应当反映企业因转让这些商品或服务而预期有权收取的对价金额，以如实反映企业的生产经营成果，核算企业实现的损益。

本任务不涉及企业对外出租资产收取的租金、进行债权投资收取的利息、进行股权投资取得的现金股利以及保费收入等。

本任务所称商品，既包括商品，也包括服务。客户是指与企业订立合同以向该企业购买其日常活动产出的商品并支付对价的一方。如果合同对方与企业订立合同的目的是共同参与一项活动（如合作开发一项资产），合同对方和企业一起分担（或分享）该活动产生的风险（或收益），而不是获取企业日常活动产出的商品，则该合同对方不是企业的客户。

任务二
确认与计量收入

知识要点

企业应当在履行了合同中的履约义务，即在客户取得相关商品控制权时确认收入。取得相关商品控制权是指能够主导该商品的使用并从中获得几乎全部的经济利益，也包括有能力阻止其他方主导该商品的使用并从中获得经济利益。企业在判断商品的控制权是否发生转移时，应当从客户的角度进行分析，即客户是否取得了相关商品的控制权以及何时取得该控制权。

收入的确认和计量分为五步：第一步，识别与客户订立的合同；第二步，识别合同中的单项履约义务；第三步，确定交易价格；第四步，将交易价格分摊至各单项履约义务；第五步，履行各单项履约义务时确认收入。其中，第一步、第二步和第五步主要与收入的确认有关，第三步和第四步主要与收入的计量有关。

一、识别与客户订立的合同

（一）合同的含义

收入准则所称合同是指双方或多方之间订立有法律约束力的权利义务的协议。合同包括书面形式、口头形式（即时交易，如超市销售商品时钱货两清）以及其他形式（如隐含于商业惯例或企业以往的习惯做法中等）。

（二）识别合同

识别与客户的合同，即要看企业与客户之间有没有合同，若有合同，是一个还是多个合同，该合同属于新合同还是老合同。

企业与客户之间的合同同时满足下列五项条件的，企业应当在履行了合同中的履约义务，即在客户取得相关商品控制权时确认收入：一是合同各方已批准该合同并承诺将履行各自义务（如合同上有相关负责人签字并加盖公章等）；二是该合同明确了合同各方与所转让商品相关的权利和义务；三是该合同有明确的与所转让商品相关的支付条款；四是该合同具有商业实质，即履行该合同将改变企业未来现金流量的风险、时间分布或金额；五是企业因向客户转让商品而有权取得的对价很可能收回。

企业在进行上述判断时，需要注意以下三个方面：

（1）合同约定的权利和义务是否具有法律约束力。如果合同各方均有权单方面终止完全未执行的合同，且无须对合同其他方作出补偿，该合同应当被视为不存在。

（2）合同应具有商业实质，没有商业实质的非货币性资产交换，无论何时，均不应确认收入。从事相同经营业务的企业之间，为便于向客户或潜在客户销售而进行的非货币性资产交换（例如，两家石油公司之间相互交换石油，以便及时满足各自不同地点客户的需求），不应当确认收入。

（3）企业在评估其因向客户转让商品而有权取得的对价是否很可能收回时，仅应考虑客户到期时支付对价的能力和意图（即客户的信用风险）。当对价是可变对价时，由于企业可能会向客户提供价格折让，企业有权收取的对价金额可能会低于合同标价，企业应当在估计交易价格时进行考虑。

对于不符合上述五项条件的合同，企业只有在不再负有向客户转让商品的剩余义务（如合同已完成或取消），且已向客户收取的对价（包括全部或部分对价）无须退回时，才能将已收取的对价确认为收入；否则，应当将已收取的对价作为负债进行会计处理，该负债代表了企业在未来向客户转让商品或者支付退款的义务。其中，企业向客户收取无须退回的对价的，应当在已经将该部分对价所对应的商品的控制权转移给客户，并且已经停止向客户转让额外的商品，也不再负有此类义务时或者相关合同已经终止时，将该部分对价确认为收入。

二、识别合同中的单项履约义务

合同开始日，企业应当识别合同所包含的各单项履约义务，并确定各单项履约义务是在某一时段内履行，还是在某一时点履行，然后在履行了各单项履约义务时分别确认收入。履约义务是指合同中企业向客户转让可明确区分商品的承诺。企业应当将下列向客户转让商品的承诺作为单项履约义务。

（一）企业向客户转让可明确区分的商品（或者商品或服务的组合）的承诺

企业向客户承诺的商品同时满足下列两项条件的，应当作为可明确区分的商品。

1. 客户能够从该商品本身或从该商品与其他易于获得的资源一起使用中受益（该商品本身能够明确区分）

当客户能够使用、消耗或以高于残值的价格出售商品，或者以能够产生经济利益的其他方式持有商品时，表明客户能够从该商品本身获益。其他易于获得的资源是指企业单独销售的商品，或者客户已经从企业获得的资源或从其他交易或事项中获得的资源。

2. 企业向客户转让该商品的承诺与合同中其他承诺可单独区分（转让该商品的承诺在合同中是可明确区分的）

企业确定了商品本身能够明确区分后，还应当在合同层面继续评估转让该商品的承诺是否与合同中其他承诺彼此之间可明确区分。

下列情形通常表明企业向客户转让商品的承诺与合同中的其他承诺不可单独区分：

（1）企业需提供重大的服务以将该商品与合同中承诺的其他商品进行整合，形成合同约定的某个或某些组合产出转让给客户。

（2）该商品将对合同中承诺的其他商品予以重大修改或定制，即实质上每一项商品将被整合在一起以形成合同约定的组合产出。

（3）该商品与合同中承诺的其他商品具有高度关联性。也就是说，合同中承诺的每一单项商品均受到合同中其他商品的重大影响。合同中包含多项商品时，如果企业无法通过单独交付其中的某一单项商品而履行其合同承诺，可能表明合同中的这些商品会受到彼此的重大影响。

（二）企业向客户转让一系列实质相同且转让模式相同的、可明确区分商品的承诺

当企业向客户连续转让某项承诺的商品时，如每天提供类似劳务的长期劳务合同等，如果这些商品属于实质相同且转让模式相同的一系列商品，企业应当将这一系列商品作为单项履约义务。其中，转让模式相同是指每一项可明确区分的商品均满足在某一时段内履行履约义务的条件，且采用相同方法确定其履约进度。例如，企业向客户提供 3 年的酒店管理服务，具体包括保洁、维修、安保等，但没有具体的服务次数或时间的要求，尽管企业每天提供的具体服务不一定相同，但是企业每天对于客户的承诺都是相同的，即按照约定的酒店管理标准，随时准备根据需要为其提供相关服务，因此，企业每天提供的该酒店管理服务符合"实质相同"的条件。

三、确定交易价格

企业应当首先确定合同的交易价格，再按照分摊至各单项履约义务的交易价格计量收入。

交易价格是指企业因向客户转让商品而预期有权收取的对价金额。企业代第三方收取的款项（如增值税）以及企业预期将退还给客户的款项，应当作为负债进行会计处理，不计入交易价格。合同标价并不一定代表交易价格，在确定交易价格时，企业应当考虑可变对价、合同中存在的重大融资成分、非现金对价以及应付客户对价等因素的影响，并应当假定将按照现有合同的约定向客户转移商品，且该合同不会被取消、续约或变更。

（一）可变对价

企业与客户的合同中约定的对价金额可能是固定的，也可能会因折扣、价格折让、返利、退款、奖励积分、激励措施、业绩奖金、索赔等因素而变化。

1. 可变对价最佳估计数的确定

企业应当按照期望值或最可能发生金额确定可变对价的最佳估计数。期望值是按照各种可能发生的对价金额及相关概率计算确定的金额。如果企业拥有大量具有类似特征的合同，并估计可能产生多个结果时，通常按照期望值估计可变对价金额。

2. 计入交易价格的可变对价金额的限制

企业按照期望值或最可能发生金额确定可变对价金额之后，计入交易价格的可变对价金额还应该满足限制条件，即包含可变对价的交易价格应当不超过在相关不确定性消除时累计已确认的收入极可能不会发生重大转回的金额。企业在评估是否极可能不会发生重大转回时，应当同时考虑收入转回的可能性及其比重。其中，"极可能"发生的概率应远高于"很可能（即可能性超过 50%）"，但不要求达到"基本确定（即可能性超过 95%）"。

企业应当将满足上述限制条件的可变对价的金额计入交易价格。每一资产负债表日，企业应当重新估计应计入交易价格的可变对价金额，包括重新评估可变对价的估计是否受到限制，以如实反映报告期末存在的情况以及报告期内发生的情况变化。

（二）合同中存在的重大融资成分

当企业将商品的控制权转移给客户的时间与客户实际付款的时间不一致时，如企业以赊销的方式销售商品，或者要求客户支付预付款等，如果各方以在合同中明确（或者以隐

含的方式）约定的付款时间为客户或企业就转让商品的交易提供了重大融资利益，则合同中即包含了重大融资成分，企业在确定交易价格时，应当对已承诺的对价金额作出调整，以剔除货币时间价值的影响。

合同中存在重大融资成分的，企业应当按照假定客户在取得商品控制权时以现金支付的应付金额（即现销价格）确定交易价格。企业在确定该重大融资成分的金额时，应使用将合同对价的名义金额折现为商品的现销价格的折现率。该折现率一经确定，不得因后续市场利率或客户信用风险等情况的变化而变更。企业确定的交易价格与合同承诺的对价金额之间的差额，应当在合同期间内采用实际利率法摊销。

为简化实务操作，在合同开始日，企业预计客户取得商品控制权与客户支付价款间隔不超过一年的，可以不考虑合同中存在的重大融资成分。

（三）非现金对价

非现金对价包括实物资产、无形资产、股权、客户提供的广告服务等。通常情况下，企业应当按照非现金对价在合同开始日的公允价值确定交易价格。非现金对价公允价值不能合理估计的，企业应当参照其承诺向客户转让商品的单独售价间接确定交易价格。例如，云康公司向某客户销售一批医疗器械，公允价值为 30 万元；该客户以其自用的一辆货车作为支付对价，公允价值为 28 万元；则云康公司应确认的收入为 28 万元，同时将收到的货车按 28 万元确认固定资产入账金额。

（四）应付客户对价

企业存在应付客户对价的，应当将该应付对价冲减交易价格，但应付客户对价是为了自客户取得其他可明确区分商品的除外。企业应付客户对价是为了向客户取得其他可明确区分商品的，应当采用与企业其他采购一致的方式确认所购买的商品。企业应付客户对价超过向客户取得可明确区分商品公允价值的，超过金额应当冲减交易价格。自客户取得的可明确区分商品公允价值不能合理估计的，企业应当将应付客户对价全额冲减交易价格。在将应付客户对价冲减交易价格进行会计处理时，企业应当在确认相关收入与支付（或承诺支付）客户对价二者中较晚的时点冲减当期收入。

四、将交易价格分摊至各单项履约义务

当合同中包含两项或多项履约义务时，企业应当在合同开始日，按照各单项履约义务所承诺商品的单独售价的相对比例，将交易价格分摊至各单项履约义务。

单独售价是指企业向客户单独销售商品的价格。企业在类似环境下向类似客户单独销售某商品的价格，应作为确定该商品单独售价的最佳证据。合同或价目表上的标价可能是商品的单独售价，但不能默认其一定是该商品的单独售价。例如，企业为其销售的商品制定了标准价格，如果以低于该标准价格的折扣价格对外销售，则估计该商品的单独售价要考虑折扣因素。单独售价无法直接观察的，企业应当综合考虑其能够合理取得的全部相关信息，采用市场调整法、成本加成法、余值法等方法合理估计单独售价。市场调整法是指企业根据某商品或类似商品的市场售价，考虑本企业的成本和毛利等进行适当调整后的金额，确定其单独售价的方法。成本加成法是指企业根据某商品的预计成本加上其合理毛利后的金额，确定其单独售价的方法。余值法是指企业根据某商品的合同交易价格减去合同中其他商品可观察单独售价后的金额，确定其单独售价的方法。

当合同中包含两项或多项履约义务时，如果企业履行了其中的一项履约义务、向客户转让商品而获得了一项有权收取对价的权利，且该权利取决于时间流逝之外的其他因素，则企业应将其确认为合同资产，而不应确认为应收款项。

五、履行每一单项义务时确认收入

企业应当在履行了合同中的履约义务，即客户取得相关商品控制权时确认收入。企业应当根据实际情况，按照收入准则第十一条判断履约义务是否满足在某一时段内履行的条件，如不满足，则该履约义务属于在某一时点履行的履约义务。

微课16：收入确认与计量—第五步（一）

（一）某一时段内履行的履约义务的收入确认条件

满足下列条件之一的，属于在某一时段内履行履约义务，相关收入应当在该履约义务履行的期间内确认。

1. 客户在企业履约的同时取得并消耗企业履约所带来的经济利益

企业在履约过程中是持续地向客户转移企业履约所带来的经济利益的，该履约义务属于在某一时段内履行的履约义务，企业应当在履行履约义务的期间确认收入。

微课17：收入确认与计量—第五步（二）上

对于难以通过直观判断获知取得并消耗了企业履约所带来的经济利益时，企业可以假定在企业履约的过程中更换为其他企业继续履行剩余履约义务，当该继续履行合同的企业实质上无须重新执行企业累计至今已经完成的工作时，表明客户在企业履约的同时即取得并消耗了企业履约所带来的经济利益。

微课18：收入确认与计量—第五步（二）下

例如，云康公司承诺将客户的一批货物从A市运送到C市，该批货物在途经B市时由某运输公司接替云康公司继续提供该运输服务。由于A市到B市之间的运输服务是无须重新执行的，表明客户在云康公司履约的同时取得并消耗了云康公司履约所带来的经济利益，因此，云康公司提供的运输服务属于在某一时段内履行的履约义务。

2. 客户能够控制企业履约过程中在建的商品

企业在履约过程中在建的商品，包括在产品、在建工程、尚未完成的研发项目、正在进行的服务等，由于客户控制了在建的商品，客户在企业提供商品的过程中获得其利益。例如，甲企业为客户建造厂房，该厂房位于客户的土地上，客户终止合同时，已建造的厂房归客户所有，这些均表明客户在该厂房建造的过程中就能够控制该在建的厂房。因此，甲企业提供的该建造服务属于在某一时段内履行的履约义务，企业应当在提供该服务的期间内确认收入。

3. 客户有权就累计至今已完成的履约部分收取款项

企业履约过程中所产出的商品具有不可替代用途，且该企业在整个合同期间内有权就累计至今已完成的履约部分收取款项。有权就累计至今已完成的履约部分收取款项是指在由于客户或其他方原因终止合同的情况下，企业有权就累计至今已完成的履约部分收取能够补偿其已发生成本和合理利润的款项，并且该权利具有法律约束力。

（二）某一时段内履行的履约义务的收入确认方法

1. 产出法

产出法是根据已转移给客户的商品对于客户的价值确定履约进度的方法，通常可采用实际测量的完工进度、评估已实现的结果、已达到的里程碑、时间进度、已完工或交付的产品等产出指标确定履约进度。

2. 投入法

投入法是根据企业履行履约义务的投入确定履约进度的方法，通常可采用投入的材料数量、花费的人工工时或机器工时、发生的成本和时间进度等投入指标确定履约进度。当企业从事的工作或发生的投入是在整个履约期间内平均发生时，企业也可以按照直线法确认收入。

任务实施

做中学 11-1 云康公司与客户签订合同，向其销售 A、B、C 三件产品，合同价款为 10 000 元。A、B、C 产品的单独售价分别为 5 000 元、2 500 元和 7 500 元，合计 15 000 元。上述价格均不包含增值税。

根据交易价格分摊原则计算三件产品的价格：

A 产品应当分摊的交易价格 = 5 000 ÷ 15 000 × 10 000 = 3 333（元）

B 产品应当分摊的交易价格 = 2 500 ÷ 15 000 × 10 000 = 1 667（元）

C 产品应当分摊的交易价格 = 7 500 ÷ 15 000 × 10 000 = 5 000（元）

做中学 11-2 云康公司与客户签订合同，为该客户提供 100 课时的医疗急救培训，合同价格为 10 万元（不含增值税）。截至 2023 年 12 月 31 日，云康公司共培训 60 课时，剩余部分预计在 2024 年 3 月 31 日之前完成。不考虑其他因素。

云康公司提供的培训服务属于在某一时段内履行的履约义务，云康公司按照已完成的工作量确定履约进度。

因此，截至 2023 年 12 月 31 日，该合同的履约进度为 60%（60 ÷ 100 × 100%），云康公司应确认的收入为 6（10 × 60%）万元。

任务三
核算收入

知识要点

一、设置账户

为了核算企业与客户之间的合同产生的收入及相关的成本费用，一般需要设置“主营业务收入”“其他业务收入”“主营业务成本”“其他业务成本”“合同履约成本”“合同取得成本”“合同资产”“合同负债”等账户。

“主营业务收入”账户，核算企业确认的销售商品、提供服务等主营业务的收入。该账户可按主营业务的种类进行明细核算。如图 11-1 所示。

主营业务收入

借方	贷方
期末转入“本年利润”账户的主营业务收入	企业主营业务活动实现的收入
	结转后无余额

图 11-1　主营业务收入

“其他业务收入”账户，核算企业确认的除主营业务活动以外的其他经营活动实现的收入，包括销售材料、出租固定资产、出租无形资产、出租包装物和商品、用材料进行非货币性交换（非货币性资产交换具有商业实质且公允价值能够可靠计量）或债务重组等实现的收入。该账户可按其他业务的种类进行明细核算。如图 11-2 所示。

其他业务收入

借方	贷方
期末转入“本年利润”账户的其他业务收入	企业其他业务活动实现的收入
	结转后无余额

图 11-2　其他业务收入

“主营业务成本”账户，核算企业确认销售商品、提供服务等主营业务收入时应结转的成本。该账户可按主营业务的种类进行明细核算。如图 11-3 所示。

借方	主营业务成本 贷方
企业应结转的主营业务成本	期末转入“本年利润”账户的主营业务成本
	结转后无余额

图 11-3　主营业务成本

“其他业务成本”账户，核算企业确认的除主营业务活动以外的其他经营活动所发生的支出，包括销售材料的成本、出租固定资产的折旧额、出租无形资产的摊销额、出租包装物的成本或摊销额等。该账户可按其他业务的种类进行明细核算。如图 11-4 所示。

借方	其他业务成本 贷方
企业应结转的其他业务成本	期末转入“本年利润”账户的其他业务成本
	结转后无余额

图 11-4　其他业务成本

“合同履约成本”账户，核算企业为履行当前或预期取得的合同所发生的、不属于其他企业会计准则规范范围且按收入准则应当确认为一项资产的成本。该账户可按合同分为“服务成本”“工程施工”等明细账户进行明细核算。企业因履行合同而产生的毛利不在本账户核算。如图 11-5 所示。

借方	合同履约成本 贷方
发生的合同履约成本	摊销的合同履约成本
尚未结转的合同履约成本	

图 11-5　合同履约成本

“合同取得成本”账户，核算企业取得合同发生的、预计能够收回的增量成本。该账户可按合同进行明细核算。如图 11-6 所示。

借方	合同取得成本	贷方
发生的合同取得成本		摊销的合同取得成本
企业尚未结转的合同取得成本		

图 11-6　合同取得成本

“合同资产”账户，核算企业已向客户转让商品而有权收取对价的权利，且该权利取决于除时间流逝之外的其他因素（如履行合同中的其他履约义务）。该账户按合同进行明细核算。如图 11-7 所示。

借方	合同资产	贷方
因已转让商品而有权收取的对价金额		取得无条件收款权的金额
企业已向客户转让商品而有权利收取的对价金额		

图 11-7　合同资产

“合同负债”账户，核算企业已收或应收客户对价而应向客户转让商品的义务。该账户按合同进行明细核算。如图 11-8 所示。

借方	合同负债	贷方
企业向客户转让商品时冲销的金额		企业在向客户转让商品之前已经收到或已经取得无条件收取合同对价权利的金额
		企业在向客户转让商品之前已经收到的合同对价或已经取得的无条件收取合同对价权利的金额

图 11-8　合同负债

“应收退货成本”账户，核算销售商品时预期将退回商品的账面价值，扣除收回该商品预计发生的成本（包括退回商品的价值减损）后的金额。如图 11-9 所示。

此外，企业发生减值的，还应当设置“合同履约成本减值准备”“合同取得成本减值准备”“合同资产减值准备”等账户进行核算。

借方	应收退货成本 贷方
应收退货成本的增加	应收退货成本的减少
反映企业预期将退回商品转让时的账面价值，扣除收回该商品预计发生的成本（包括退回商品的价值减损）后的金额	

图 11-9　应收退货成本

二、收入的主要账务处理

（一）在某一时点履行的履约义务

对于在某一时点履行的履约义务，企业应当在履行了合同中的履约义务，即客户取得相关商品控制权时点确认收入。企业应当按照单项履约义务的交易价格计量收入。

微课 19：特定交易的核算（一）

1. 通常情况下的商品销售业务

通常确认商品销售收入时，企业应按已收或应收的合同或协议价款，借记“银行存款”“应收账款”“应收票据”等账户，按确定的交易价格，贷记“主营业务收入”“其他业务收入”等账户，按应收取的增值税税额，贷记“应交税费——应交增值税（销项税额）”账户。

微课 20：特定交易的核算（二）

2. 合同开始日不符合收入确认条件的商品销售业务

合同开始日不符合收入确认条件的销售业务，企业不能确认收入，已发出的商品应当通过“发出商品”账户进行核算。企业应当对其进行持续评估，直到符合收入确认条件才能确认收入。

3. 企业发生已收或应收客户对价而应向客户转让商品的商品销售业务

企业在向客户转让商品之前，客户已经支付了合同对价或企业已经取得了无条件收取合同对价权利的，企业应当在客户实际支付款项与到期应支付款项二者中较早时点，按照该已收或应收的金额，借记“银行存款”“应收账款”“应收票据”等账户，贷记“合同负债”账户；企业向客户转让相关商品时，借记“合同负债”账户，贷记“主营业务收入”“其他业务收入”等账户。涉及增值税的，还应进行相应的处理。

企业因转让商品收到的预收款使用收入准则进行会计处理时，不再使用“预收账款”及“递延收益”账户。

4. 附有销售退回条款的商品销售业务

企业将商品转让给客户之后，可能会因为各种原因允许客户选择退货。附有销售退回条款的商品销售是指客户依照有关合同有权退货的销售方式。

企业应当在客户取得相关商品控制权时，按照因向客户转让商品而预期有权收取的对价金额（即不包含预期因销售退回将退还的金额）确认收入，按照预期因销售退回将退还的金额确认负债。

同时，按照预期将退回商品转让时的账面价值扣除收回该商品预计发生的成本（包括退回商品的价值减损）后的金额确认一项资产，按照所转让商品转让时的账面价值扣除上述资产成本的净额结转成本。

每一资产负债表日，企业应当重新估计未来销售退回情况，并对上述资产和负债进行重新计量。如有变化，应当作为会计估计变更进行会计处理。

（二）在某一时段内履行的履约义务

1. 履约进度能够合理确定

对于在某一时段内履行的履约义务，履约进度能够合理确定的，企业应当按履约进度确认收入。企业应当考虑所提供商品的性质，采用产出法或投入法合理确定履约进度。产出法是根据已转移给客户的商品对于客户的价值确定履约进度的方法。投入法是根据企业为履行履约义务的投入确定履约进度的方法。

企业应当在资产负债表日根据履约进度计算确认当期收入，并结转当期合同成本。其计算公式为：

本期应确认的收入＝交易总额 × 至本期末止履约进度－以前期间累计已确认的收入

本期应确认的费用＝合同总成本 × 至本期末止履约进度－以前期间累计已确认的费用

2. 履约进度不能合理确定

对于在某一时段内履行的履约义务，履约进度不能合理确定的，企业应当按已发生的并且预计能够得到补偿的成本金额确认收入，直到履约进度能够合理确定为止。分以下情形进行会计处理：

（1）已发生的合同成本预计全部能够得到补偿的，应按已发生的合同成本金额确认收入，并结转已发生的合同成本。

（2）已发生的合同成本预计只能部分得到补偿的，应按已发生的能够得到补偿的合同成本金额确认收入，并结转已发生的合同成本。

（3）已发生的合同成本预计全部不能得到补偿的，应将已发生的合同成本计入当期损益，不确认合同收入。

（三）合同成本

1. 合同履约成本

企业为履行合同可能会发生各种成本，企业应当对这些成本进行分析，属于存货、固定资产、无形资产等规范范围的，应当按相关章节进行会计处理，不属于其他章节规范范围且同时满足下列条件的，应当作为合同履约成本确认为一项资产：

微课 21：合同履约成本和合同取得成本

（1）该成本与一份当前或预期取得的合同直接相关。与合同直接相关的成本包括直接人工（如支付给直接为客户提供所承诺服务的人员的薪酬等）、直接材料（如为履行合同耗用的原材料、辅助材料、零配件、半成品的成本和周转材料的摊销等）、制造费用（或类似费用，如与组织和管理生产、施工、服务等活动发生的费用，包括管理人员的职工薪酬、劳动保护费、固定资产折旧费及修理费、物料消耗、取暖费、水电费、办公费、差旅费、财产保险费、工程保修费、排污费、临时设施摊销费等）、明确由客户承担的成本以及仅因该合同而发生的其他成本（如支付给分包商的成本、机械使用费、设计和技术援助费用、施工现场二次搬运费、生产工具和用具使用费、检验试验费、工程定位复测费、工程点交费用、场地清理费等）。

（2）该成本增加了企业未来用于履行（或持续履行）履约义务的资源。

（3）该成本预期能够收回。

需要注意的是，企业应当在下列支出发生时，将其计入当期损益：①管理费用，除非这些费用明确由客户承担；②非正常消耗的直接材料、直接人工和制造费用（或类似费用）；③与履约义务中已履行（包括已全部履行或部分履行）部分相关的支出，即该支出与企业过去的履约活动相关；④无法在尚未履行的与已履行（或已部分履行）的履约义务之间区分的相关支出。

2. 合同取得成本

企业为取得合同发生的增量成本预期能够收回的，应当作为合同取得成本确认为一项资产。增量成本是指企业不取得合同就不会发生的成本。为简化实务操作，该资产摊销期限不超过一年的，可以在发生时计入当期损益（销售费用）。企业为取得合同发生的、除预期能够收回的增量成本之外的其他支出，如无论是否取得合同均会发生的差旅费、投标费等，应当在发生时计入当期损益。企业因现有合同续约或发生合同变更需要支付的额外佣金，也属于为取得合同发生的增量成本。

3. 合同履约成本和合同取得成本的摊销、减值

（1）摊销

对于确认为资产的合同履约成本和合同取得成本，企业应当采用与该资产相关的商品收入确认相同的基础（即在履约义务履行的时点或按照履约义务的履约进度）进行摊销，计入当期损益。

（2）减值

合同履约成本和合同取得成本的账面价值高于下列两项的差额的，超出部分应当计提减值准备，并确认为资产减值损失：①企业因转让与该资产相关的商品预期能够取得的剩余对价；②为转让该相关商品估计将要发生的成本。其计算公式为：

资产减值损失＝账面价值－（预期能够取得的剩余对价－估计将要发生的成本）

以前期间减值的因素之后发生变化，使得“企业因转让与该资产相关的商品预期能够取得的剩余对价”减去“为转让该相关商品估计将要发生的成本”的金额高于该资产账面价值的，应当转回原已计提的资产减值准备，并计入当期损益，但转回后的资产账面价值不应超过假定不计提减值准备情况下该资产在转回日的账面价值。

任务实施

做中学 11-3 2024 年 5 月 8 日，云康公司向云盛公司销售一批血糖仪，增值税专用发票上注明的售价为 58 万元，增值税税率为 13%。产品已经发出，云康公司代垫运费 1 090 元，款项尚未收到。该批产品的成本为 45 万元。云盛公司已将该批产品验收入库。

本例属于在某一时点履行的履约义务，企业应当在履行了合同中的履约义务，即客户取得相关商品控制权时点确认收入。

（1）根据销售合同、增值税专用发票记账联编制确认收入的会计分录如下：

借：应收账款　　656 490
　　贷：主营业务收入　　580 000
　　　　应交税费——应交增值税（销项税额）　　75 400
　　　　银行存款　　1 090

（2）根据产品出库单编制结转已销商品成本的会计分录如下：

借：主营业务成本　　450 000
　　贷：库存商品　　450 000

做中学 11-4　2024 年 5 月 31 日，云康公司销售 100 台血压仪给某一药店，单台售价为 150 元，增值税税率为 13%，开出增值税专用发票，款项尚未收到。该批商品成本为 11 000 元，公司在销售时已知该药店资金周转发生困难，但为了维持与该药店的商业关系，仍将该商品赊销给该药店。

2024 年 5 月 31 日发出商品时，云康公司根据销售合同、增值税专用发票记账联、产品出库单编制会计分录如下：

借：发出商品　　11 000
　　贷：库存商品　　11 000
借：应收账款　　1 950
　　贷：应交税费——应交增值税（销项税额）　　1 950

提示

需要说明的是，**做中学 11-4** 中之所以反映销项税额，是根据《中华人民共和国增值税暂行条例》，企业对外销售发出商品时，就产生了增值税纳税义务。

做中学 11-5　2024 年 5 月 1 日，云康公司与云悦公司签订合同，约定向云悦公司销售一批实际成本为 750 000 元的血糖仪。合同约定，该批商品销售价格为 1 000 000 元，增值税税额为 130 000 元；云悦公司在 2024 年 5 月 31 日前预先向云康公司支付 500 000 元，在云悦公司预付货款前，合同可以撤销，云悦公司并未按照合同约定的时限支付合同价款，而是于 2024 年 6 月 30 日予以支付，云康公司在 2024 年 9 月 30 日向云悦公司转让了相应商品，并收到剩余款项。不考虑其他因素。

（1）5 月 31 日，云康公司无须进行会计处理。因为云悦公司预付货款前，合同可以撤销，因此，云康公司不具有无条件收取现金的权利。

（2）6 月 30 日，收到预付款，根据进账单编制会计分录如下：

借：银行存款　　500 000

贷：合同负债　　500 000

（3）2024 年 9 月 30 日，确认收入，根据销售合同、增值税专用发票记账联、产品出库单编制会计分录如下：

借：合同负债　　500 000
　　银行存款　　630 000
　　贷：主营业务收入　　1 000 000
　　　　应交税费——应交增值税（销项税额）　　130 000
借：主营业务成本　　750 000
　　贷：库存商品　　750 000

做中学 11-6　2023 年 10 月 1 日，云康公司向云新公司销售 100 件商品，单位销售价格为 100 元，单位成本为 80 元，开出的增值税专用发票上注明的销售价格为 10 000 元，增值税税额为 1 300 元。产品已经发出，但款项尚未收到。根据协议约定，云新公司应于 2023 年 12 月 1 日之前支付货款，在 2024 年 3 月 31 日之前有权退还商品。发出商品时，云康公司根据过去的经验，估计该批医疗器械的退货率约为 20%。在 2023 年 12 月 31 日，云康公司对退货率进行了重新评估，认为只有 10% 的医疗器械会被退回。云康公司为增值税一般纳税人，商品发出时纳税义务已经发生，实际发生退回时取得税务机关开具的红字增值税专用发票。商品发出时控制权转移给云新公司。

根据上述资料，云康公司编制会计分录如下：

（1）2023 年 10 月 1 日发出商品：

借：应收账款　　11 300
　　贷：主营业务收入　　8 000
　　　　预计负债——应付退货款　　2 000
　　　　应交税费——应交增值税（销项税额）　　1 300
借：主营业务成本　　6 400
　　应收退货成本　　1 600
　　贷：库存商品　　8 000

（2）2023 年 12 月 1 日前收到货款：

借：银行存款　　11 300
　　贷：应收账款　　11 300

（3）2023 年 12 月 31 日，云康公司对退货率进行重新评估：

借：预计负债——应付退货款　　1 000
　　贷：主营业务收入　　1 000
借：主营业务成本　　800
　　贷：应收退货成本　　800

（4）2024 年 3 月 31 日发生销售退货，实际退货量为 6 件，退货款项已经支付：

借：库存商品　　480
　　应交税费——应交增值税（销项税额）　　78
　　预计负债——应付退货款　　1 000

贷：应收退货成本 480
　　主营业务收入 400
　　银行存款 678
借：主营业务成本 320
　贷：应收退货成本 320

做中学 11-7 2023 年 10 月 1 日，云康公司与一家医院签订一项合同，为其开发一套软件，工期大约 5 个月，合同总收入 42.4 万元（含税，税率为 6%）。至 2023 年 12 月 31 日，云康公司已发生成本 18 万元（均为开发人员薪酬），预收账款 26.5 万元（含税）。云康公司预计开发软件还将发生成本 12 万元。至当年年底，云康公司按投入法确定履约进度，并按季度编制财务报表，不考虑其他因素。

（1）实际发生服务成本时，根据职工薪酬费用分配表编制会计分录如下：

借：合同履约成本——服务成本 180 000
　贷：应付职工薪酬 180 000

（2）预收服务款项时，根据合同、银行进账单编制会计分录如下：

借：银行存款 265 000
　贷：合同负债 250 000
　　应交税费——待转销项税额 15 000

（3）2023 年 12 月 31 日，按照履约进度计算收入、结转成本。

实际发生的成本占预计总成本的比例 = 18 ÷（18 + 12）= 60%

2023 年 12 月 31 日确认提供服务收入 =［42.4 ÷（1 + 6%）］× 60% − 0 = 24（万元）

2023 年 12 月 31 日确认提供服务成本 =（18 + 12）× 60% − 0 = 18（万元）

根据收入、合同成本计算单、增值税专用发票记账联编制会计分录如下：

借：合同负债 240 000
　应交税费——待转销项税额 14 400
　贷：主营业务收入 240 000
　　应交税费——应交增值税（销项税额） 14 400
借：主营业务成本 180 000
　贷：合同履约成本——服务成本 180 000

知识拓展

企业应当根据其在向客户转让商品前是否拥有对该商品的控制权来判断其从事交易时的身份是主要责任人还是代理人。企业向客户转让商品前能够控制该商品的，该企业为主要责任人，应当按照已收或应收对价总额确认收入；否则该企业为代理人，应当按照预期有权收取的佣金或手续费的金额确认收入，该金额应当按照已收或应收对价总额扣除应支付给其他相关方的价款后的净额，或者按照既定的佣金金额或比例等确认收入。也就是说，主要责任人采用总额确认收入，代理人销售采用净额确认收入。

思维导图

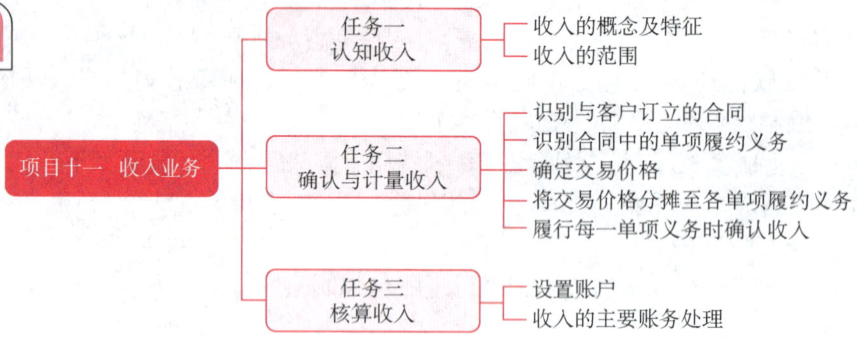

赛证融通测试题

不定项选择题

1. 某企业为增值税一般纳税人，销售商品的增值税税率为13%。该企业销售商品500件，每件标价300元（不含增值税），实际成本为240元，为促销给予购货方10%的商业折扣，当日商品发出，符合收入确认条件。不考虑其他因素，该企业应确认的商品销售收入为（　　）元。

   A. 120 000　　B. 135 000　　C. 150 000　　D. 152 550

2. 甲公司于2023年8月接受一项产品安装任务，安装期6个月，合同总收入30万元，年度预收款项4万元，余款在安装完成时收回。当年实际发生成本8万元，预计还将发生成本16万元。该安装劳务属于在某一时段内履行的履约义务，且根据累计发生的合同成本占合同预计总成本的比例确认履约进度。甲公司2023年度确认收入为（　　）万元。

   A. 8　　B. 10　　C. 24　　D. 0

3. 甲公司和乙公司均为增值税一般纳税人，销售商品适用的增值税税率为13%。2023年11月20日，双方约定，甲公司于12月1日交付乙公司商品300件，总成本为280万元；乙公司支付甲公司价税共计452万元。当月月末，甲公司得知乙公司因履行对外担保义务发生重大财务困难，导致该项约定款项收回的可能性很小。为维持良好的企业信誉，甲公司仍按原约定发货，开具增值税专用发票。甲公司在2023年12月由于该项业务减少的存货为（　　）万元。

   A. 452　　B. 400　　C. 280　　D. 0

4. 甲公司2023年5月13日与客户签订一项工程劳务合同，合同期为9个月，合同总收入为 500 万元，预计合同总成本为 350 万元。至 2023 年 12 月 31 日，实际发生成本 160 万元。甲公司按实际发生的成本占预计总成本的百分比确定劳务合同履约进度。在年末确认劳务收入时，甲公司发现客户已发生严重的财务危机，估计只能从工程款中收回 150 万元。以上合同收入与合同成本均不含增值税，甲公司 2023 年度应确认的劳务收入为（　　）万元。

A. 228.55　　B. 160　　C. 150　　D. 10

5. 甲公司向丁公司转让其商标使用权，约定丁公司每年年末按销售收入的 10% 支付使用费，使用期 10 年。2022 年丁公司实现销售收入 50 万元，2023 年丁公司实现销售收入 106 万元。甲公司于每年年末收到使用费，收到的使用费金额含增值税，商标使用权收入对应的增值税税率为 6%，不考虑其他因素。甲公司 2023 年应确认的不含增值税的使用费收入为（　　）万元。

A. 5　　B. 10　　C. 15　　D. 0

项目十二

费用业务

项目导读

云康医疗器械公司在新的一年计划提高在市场的竞争力，努力提高企业经济效益。该公司采取的措施之一是降低成本费用，对发生的各项成本费用进行分析并将其控制在相应范围内。

你知道企业应如何降低各项费用吗？企业对于发生的各项费用应设置哪些账户？如何进行账务处理？

思政课堂

资料内容

消费市场提质扩容　流通方式创新发展

党的十八大以来，商业体系建设持续推进，商贸领域市场主体培育成效显著，连锁化经营、商品交易市场以及多层次流通网络体系不断发展。“互联网+”等新模式助力企业经营提质增效，商贸流通效率提升向好。

商贸企业经营成本有所下降。减税降费等政策措施持续显效，推动商贸企业经营费用率降低、债务负担减轻。2021年，限额以上批发和零售业企业费用率（销售费用、管理费用和财务费用占主营业务收入的比重）为4.7%，比2012年降低0.6个百分点；2021年年末企业资产负债率为72.2%，比2012年年末下降1个百分点。

商贸企业经营效率明显提升。在信息化水平不断提高、新技术新模式应用逐步深化等因素带动下，商贸企业经营效率持续提升。2013—2021年，限额以上批发和零售业企业流动资产周转次数总体保持较高水平，其中2021年为2.7次，比上年提升0.2次，比2013—2020年平均水平提升0.1次；2021年限额以上批发和零售业企业人均营业收入相比于2012年大幅提升，2013—2021年年均超过500万元/人。

资料分析

党的十八大以来，各地区各部门深入实施扩大内需战略，积极推出扩大消费需求政策举措，推动消费市场发展取得历史性成就。十年来，我国超大规模市场优势持续发挥，市场销售规模稳步扩大，消费结构优化升级，商业体系建设不断加强，流通方式创新发展，流通效率明显提升，消费成为经济增长的主要驱动力，构建新发展格局成效持续显现。

（资料来源：国家统计局，2022年9月22日）

学习目标

知识目标

1. 理解费用的概念；
2. 熟悉期间费用的内容；
3. 掌握销售费用的核算方法；
4. 掌握管理费用的核算方法；
5. 掌握财务费用的核算方法。

技能目标

1. 能正确划分各项费用；
2. 能正确审核各项费用的原始单据；
3. 能正确编制记账凭证。

素质目标

1. 培养节约费用、提高劳动效率的理念；
2. 强化费用预算和严格执行报销制度的职能；
3. 树立成本效益和成本费用控制的意识。

任务一
认知费用

知识要点

一、费用的概念

费用是指企业日常活动中发生的、会导致所有者权益减少的、与向所有者分配利润无关的经济利益的总流出。费用主要包括企业为取得营业收入进行产品销售等营业活动所发生的营业成本、税金及附加和期间费用等。

（一）营业成本

企业为生产产品、提供劳务等发生的可归属于产品成本、劳务成本等的费用，应当在确认销售商品收入、提供劳务收入等时，将已售商品、已提供劳务的成本确认为营业成本（包括主营业务成本和其他业务成本）。

（二）税金及附加

税金及附加是指企业经营活动应负担的相关税费，包括消费税、城市维护建设税、教育费附加、资源税、土地增值税、房产税、城镇土地使用税、车船税、环境保护税和印花税等。

（三）期间费用

期间费用是指企业日常活动发生的不能计入特定核算对象的成本，而应计入发生当期损益的费用，包括销售费用、管理费用和财务费用。

二、费用的确认

费用应按照权责发生制确认，凡应属于本期发生的费用，不论其款项是否支付，均确认为本期费用；不属于本期发生的费用，即使其款项已在本期支付，也不确认为本期费用。

任务实施

做中学 12-1　2024 年 4 月，云康公司发生差旅费明细如下：采购人员差旅费 1.4 万元、销售人员差旅费 3 万元、财务人员差旅费 0.6 万元。发生水电费明细如下：基本生产车间水电费 6 万元、行政管理部门水电费 1 万元、销售部门水电费 2 万元。不考虑其他因素，该公司发生的上述支出应计入期间费用的金额为多少？

（1）差旅费：采购人员、销售人员和财务人员的差旅费均应计入期间费用，采购人员和财务人员的差旅费计入管理费用，销售人员的差旅费计入销售费用。

（2）水电费：基本生产车间的水电费计入制造费用，行政管理部门的水电费计入管理费用，销售部门的水电费计入销售费用。

因此，该公司发生的差旅费和水电费应计入期间费用的金额为8（1.4 + 3 + 0.6 + 1 + 2）万元。

任务二
核算期间费用

知识要点

一、认知期间费用

期间费用是企业日常活动中所发生的经济利益的流出，不计入特定的成本核算对象，因为期间费用是企业为组织和管理整个经营活动所发生的费用，与可以确定特定成本核算对象的材料采购、产成品生产等没有直接关系，因而于发生时直接计入当期损益。

期间费用包含以下两种情况：

一是企业发生的支出不符合或者不再符合资产确认条件的，应当在发生时确认为费用计入当期损益。如企业发生的广告费支出、差旅费支出，这些支出应直接作为当期费用予以确认。

二是企业发生的交易或者事项导致其承担了一项负债而又不确认为一项资产的，应当在发生时确认为费用计入当期损益。例如，针对产品质量保证（售后一定时间内的免费维修），计提的售后维修服务费在确认销售费用的同时确认一项预计负债。

期间费用包括销售费用、管理费用和财务费用。

（一）销售费用

销售费用是指企业在销售商品和材料、提供劳务的过程中发生的各项费用，包括企业在销售商品过程中发生的保险费、包装费、展览费、广告费、商品维修费、预计产品质量保证损失、运输费、装卸费等，以及为销售本企业商品而专设的销售机构（含销售网点、售后服务网点等）的职工薪酬、业务费、折旧费和固定资产修理费用等。

（二）管理费用

管理费用是指企业为组织和管理生产经营活动而发生的各种费用，包括企业在筹建期间内发生的开办费、董事会和行政管理部门在企业的经营管理中发生的由企业统一负担的公司经费（包括行政管理部门职工薪酬、差旅费、办公费、折旧费、修理费、物料消耗和低值易耗品摊销等）、行政管理部门负担的工会经费、董事会费（包括董事会成员津贴、差旅费和会议费等）、聘请中介机构费、咨询费（含顾问费）、诉讼费、业务招待费、技术转让费、研究费用、行政管理部门发生的固定资产修理费用等。

微课 22：管理费用的核算

（三）财务费用

财务费用是指企业为筹集生产经营所需资金而发生的筹资费用，包括利息净支出（利息支出减利息收入后的差额)、汇兑净损失(汇兑损失减汇兑收益后的差额)以及金融机构手续费等。

二、核算期间费用

(一)设置账户

企业应设置“销售费用”账户,核算销售费用的发生和结转情况。该账户可按销售费用的费用项目进行明细核算。如图 12-1 所示。

借方	销售费用	贷方
发生的各项销售费用		期末转入“本年利润”账户

图 12-1 销售费用

企业应设置“管理费用”账户,核算管理费用的发生和结转情况。该账户可按管理费用的费用项目进行明细核算。如图 12-2 所示。

借方	管理费用	贷方
发生的各项管理费用		期末转入“本年利润”账户

图 12-2 管理费用

企业应设置“财务费用”账户,核算财务费用的发生和结转情况。该账户可按财务费用的费用项目进行明细核算。如图 12-3 所示。

借方	财务费用	贷方
发生的各项财务费用		期末转入“本年利润”账户

图 12-3 财务费用

（二）期间费用的主要账务处理

1. 销售费用

企业发生各项销售费用，借记“销售费用”“应交税费——应交增值税（进项税额）”账户，贷记“银行存款”“应付职工薪酬”“累计折旧”“累计摊销”“其他应付款”等账户。期末结转，借记“本年利润”账户，贷记“销售费用”账户。

2. 管理费用

企业发生各项管理费用，借记“管理费用”“应交税费——应交增值税（进项税额）”账户，贷记“银行存款”“应付职工薪酬”“累计折旧”“累计摊销”“研发支出（费用化支出）”“其他应付款”等账户。期末结转，借记“本年利润”账户，贷记“管理费用”账户。

3. 财务费用

企业发生各项财务费用，借记“财务费用”“应交税费——应交增值税（进项税额）”账户，贷记“银行存款”“应付利息”等账户。期末结转，借记“本年利润”账户，贷记“财务费用”账户。

任务实施

做中学 12-2 2024 年 3 月，云康公司为产品宣传发生广告费，取得的增值税专用发票上注明的价款为 50 000 元，增值税税额为 3 000 元。本月销售商品发生运输费，取得的增值税专用发票上注明的价款为 30 000 元，增值税税额为 2 700 元。上述款项均用银行存款支付。

根据增值税专用发票、银行转账凭证编制会计分录如下：

借：销售费用——广告费　　50 000
　　销售费用——运输费　　20 000
　　应交税费——应交增值税（进项税额）　　5 700
　　贷：银行存款　　75 700

做中学 12-3 2024 年 3 月，云康公司专设销售机构共发生费用项目如下：销售人员薪酬 120 000 元；销售人员差旅费 6 300 元，住宿费增值税专用发票上注明的增值税税额为 300 元；专用设备和房屋折旧费 60 000 元；业务费 100 000 元，取得增值税普通发票。上述款项均已通过银行转账付款。

根据工资分配表、增值税专用发票、银行转账凭证、固定资产折旧计提表、增值税普通发票编制会计分录如下：

借：销售费用　　286 000
　　应交税费——应交增值税（进项税额）　　300
　　贷：应付职工薪酬　　120 000
　　　　累计折旧　　60 000
　　　　银行存款　　106 300

做中学 12-4 2024 年 3 月，云康公司行政管理部门共发生费用项目如下：行政管理人员薪酬 150 000 元，办公费 33 900 元（已通过银行转账付款，取得的增值税专用发票上注明的增值税税额为 3 900 元），分配水电费 15 000 元，计提固定资产折旧费 100 000 元，无形资产摊销费 75 000 元。

根据工资分配表、增值税专用发票、银行转账凭证、水电费分配表、固定资产折旧计提表、无形资产摊销表编制会计分录如下：

借：管理费用　　370 000
　　应交税费——应交增值税（进项税额）　　3 900
　　贷：应付职工薪酬　　150 000
　　　　应付账款　　15 000
　　　　累计折旧　　100 000
　　　　累计摊销　　75 000
　　　　银行存款　　33 900

做中学 12-5　2024 年 3 月，云康公司支付了本月应负担的短期借款利息 6 000 元。收到开户银行转来的第一季度活期存款利息清单 1 500 元。支付办理银行承兑汇票的承兑手续费，取得的增值税专用发票上注明的手续费为 283.02 元，增值税税额为 16.98 元。

（1）根据利息费用计算表、增值税专用发票编制会计分录如下：

借：财务费用　　6 283.02
　　应交税费——应交增值税（进项税额）　　16.98
　　贷：银行存款　　6 300

（2）根据活期存款利息清单编制会计分录如下：

借：银行存款　　1 500
　　贷：财务费用——利息收入　　1 500

做中学 12-6　根据 **做中学 12-2** 至 **做中学 12-5** 资料，2024 年 3 月 31 日，云康公司将“销售费用”账户余额 356 000 元、“管理费用”账户余额 370 000 元和“财务费用”账户余额 4 783.02 元均结转至“本年利润”账户。

借：本年利润　　730 783.02
　　贷：销售费用　　356 000
　　　　管理费用　　370 000
　　　　财务费用　　4 783.02

知识拓展

1. 税法中对开办费的处理方法是，可以在开始经营之日当年一次性扣除，也可以按照长期待摊费用的规定处理，但处理方法一经选定，不得改变。

2. 企业应当资本化的借款费用，要计入相应资产的价值之中，不能计入财务费用。企业向银行支付的利息，不允许抵扣进项税额。

思维导图

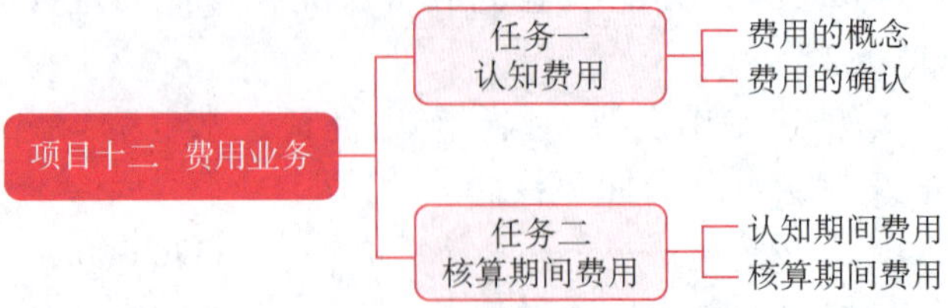

赛证融通测试题

不定项选择题

1. 2024 年 3 月，某企业发生费用如下：计提短期借款利息 3 万元，收到存款利息收入 0.3 万元，财务部门办理银行承兑汇票手续费总计 0.1 万元。不考虑其他因素，该企业 3 月计入财务费用的金额为（　　）万元。

A. 2.7　　B. 2.8　　C. 3　　D. 3.1

2. 某企业为增值税一般纳税人，2024 年 4 月销售商品时支付相关费用，取得的增值税专用发票上注明的运费为 3 000 元，增值税税额为 270 元；取得的增值税普通发票上注明的装卸费价税合计为 1 000 元。不考虑其他因素，该企业 4 月计入销售费用的金额为（　　）元。

A. 4 000　　B. 4 270　　C. 3 000　　D. 1 000

3. 某小规模纳税人专设销售部 3 月份发生费用如下：销售人员薪酬 10 万元，办公设备和房屋折旧费 4 万元，广告费用 10 万元，签订销售合同购买印花税票 1 万元。不考虑其他因素，该企业 3 月计入销售费用的金额为（　　）万元。

A. 14　　B. 20　　C. 24　　D. 25

4. 某企业 12 月计提固定资产折旧费 30 万元，其中财务部 2 万元、其他行政管理部 6 万元、销售部 4 万元、基本生产车间 18 万元。不考虑其他因素，该企业折旧费用计入管理费用的金额为（　　）万元。

A. 6　　B. 8　　C. 12　　D. 26

5. 某制造业企业 12 月发生部分费用如下：行政管理部办公费 3 万元，为宣传新产品广告费 4 万元，当月应交车船税 2 万元。不考虑其他因素，该企业应计入管理费用的金额为（　　）万元。

A. 3　　B. 5　　C. 7　　D. 9

项目十三 利润业务

项目导读

云康医疗器械公司全面贯彻落实党的二十大精神，努力实现高质量发展。新的一年奋力开新局，制定本年的盈利目标为：营业收入比上年增长10%，利润总额和净利润均比上年增长6%。

你知道企业的营业收入和利润总额构成分别有哪些内容吗？净利润应如何计算？企业对于利润核算业务应设置哪些账户？如何进行账务处理？

思政课堂

资料内容

央企加大科技创新力度　经济效益高速增长

2022 年，中央企业研发投入经费同比增长 9.8%，研发经费投入强度同比提升。央企战略性新兴产业投资保持高位水平，占总投资规模比重超过 20%，比重呈逐年上升态势。新能源汽车、通信电子制造等领域保持两位数增速。中央企业整体的效益在 2021 年高速增长基础上，2022 年继续保持了平稳增长的态势。2022 年，中央企业累计实现营业收入 39.4 万亿元，同比增长 8.3%；实现利润总额 2.55 万亿元、净利润 1.9 万亿元，同比分别增长 5.5% 和 5%。

2022 年中央企业原创技术策源地建设迈出新步伐，首批 29 家“重点支持类”企业积极布局有关技术，中核集团新一代“人造太阳”等重大原创成果涌现。现代产业链链长建设工作见到新成效，16 家链长企业完成强链补链投资近 1 万亿元，年度重点任务和重点举措完成率超过 90%。

2023 年会切实加大科技创新工作力度，打造一批创新型国有企业。加强科技基础能力和基础制度建设，加强目标导向性应用基础研究，发挥中央企业主导作用推动产学研协同、大中小企业融通，打造创新联合体升级版，强化科技激励政策系统保障与扎实落地，加大考核支持力度，加快构建以创新价值、能力、贡献为导向的科技人才评价体系，完善科技成果转化收益分享机制。

资料分析

党的二十大提出，深化国资国企改革，加快国有经济布局优化和结构调整，推动国有资本和国有企业做强做优做大，提升企业核心竞争力。提升科技投入效能，深化财政科技经费分配使用机制改革，激发创新活力。加强企业主导的产学研深度融合，强化目标导向，提高科技成果转化和产业化水平。企业加大科研经费投入力度，提升企业核心竞争力，实现经济效益高速增长，全力推动高质量发展。

（资料来源：刘园园，《科技日报》，2023 年 2 月 3 日第 5 版）

学习目标

知识目标

1. 熟悉利润的构成内容；
2. 熟悉营业外收支的内容；
3. 理解表结法和账结法的区别；
4. 掌握营业外收支的核算方法；
5. 掌握所得税费用的核算方法；
6. 掌握本年利润的核算方法。

技能目标

1. 能正确计算营业利润、利润总额和净利润；
2. 能正确计算当期所得税和递延所得税；
3. 能正确编制记账凭证。

素质目标

1. 强化提供决策有用信息的职能；
2. 培养为企业创造价值的协助者的理念；
3. 树立为企业高质量发展提供专业服务的意识。

任务一
认知利润

知识要点

一、认知利润

利润是指企业在一定会计期间的经营成果。利润包括收入减去费用后的净额、直接计入当期利润的利得和损失等。

企业在一定会计期间内生产经营活动所获得的各项收入抵减各项支出，相抵后若为正数，则表示盈利；若为负数，则表示亏损。

（一）营业利润

营业利润＝营业收入－营业成本－税金及附加－销售费用－管理费用（不含研发费用）－研发费用－财务费用＋其他收益＋投资收益（－投资损失）＋净敞口套期收益（－净敞口套期损失）＋公允价值变动收益（－公允价值变动损失）－信用减值损失－资产减值损失＋资产处置收益（－资产处置损失）

其中：

营业收入＝主营业务收入＋其他业务收入

营业成本＝主营业务成本＋其他业务成本

（二）利润总额

利润总额（或亏损总额）＝营业利润＋营业外收入－营业外支出

其中：

营业外收入是指企业发生的与其日常经营活动无直接关系的各项利得。营业外收入主要包括与企业日常活动无关的政府补助、盘盈利得、捐赠利得（企业接受股东或股东的子公司直接或间接的捐赠，经济实质属于股东对企业的资本性投入的除外）、非流动资产毁损报废利得等。

与企业日常活动无关的政府补助是指企业从政府无偿取得货币性资产或非货币性资产且与企业日常活动无关的利得。盘盈利得指企业对现金等资产清查盘点时发生盘盈，报经批准后计入营业外收入的利得。捐赠利得指企业接受捐赠产生的利得。非流动资产毁损报废利得是指因自然灾害发生毁损、已丧失使用功能等原因而报废清理非流动资产产生的利得。

营业外支出是指企业发生的与其日常经营活动无直接关系的各项损失。营业外支出主要包括公益性捐赠支出、非常损失、盘亏损失、非流动资产毁损报废损失、罚款支出等。

公益性捐赠支出是指企业对外进行捐赠发生的支出。非常损失是指企业由于客观因素（如自然灾害）造成的损失，扣除保险公司赔偿、残料和残值后的净损失。盘亏损失是指财产清查盘点中盘亏的资产，查明原因并报经批准计入营业外支出的损失。非流动资产毁损报废损失是指因自然灾害发生毁损、已丧失使用功能等原因而报废清理非流动资产产生的损失。罚款支出是指企业支付的行政罚款、税务罚款，以及其他违反法律法规、合同协议等而支付的罚款、违约金、赔偿金等支出。

注意

在具体核算时，不得以营业外支出直接冲减营业外收入，也不得以营业外收入冲减营业外支出，即企业在会计核算时，应当对营业外收入和营业外支出分别进行核算。

（三）净利润

净利润 = 利润总额 – 所得税费用

其中：

所得税费用是指企业确认的应从当期利润总额中扣除的所得税费用。

二、核算营业外收支

（一）设置账户

企业应设置“营业外收入”账户，核算营业外收入的发生及结转情况。该账户可按营业外收入项目进行明细核算。如图 13-1 所示。

借方　　　　营业外收入	贷方
期末转入“本年利润”账户	发生的各项营业外收入

图 13-1　营业外收入

企业应设置“营业外支出”账户，核算营业外支出的发生及结转情况。该账户可按营业外支出项目进行明细核算。如图 13-2 所示。

借方	营业外支出 贷方
发生的各项营业外支出	期末转入“本年利润”账户

图 13-2 营业外支出

（二）营业外收支的主要账务处理

1. 营业外收入

（1）企业确认非流动资产毁损报废利得时，借记“固定资产清理”“待处理财产损溢”等账户，贷记“营业外收入”账户。

（2）企业确认与其日常活动无关的政府补助时，借记“银行存款”“递延收益”等账户，贷记“营业外收入”账户。

（3）企业确认盘盈利得、捐赠利得时，借记“库存现金”“银行存款”“待处理财产损溢”等账户，贷记“营业外收入”账户。

（4）期末结转，借记“营业外收入”账户，贷记“本年利润”账户。

2. 营业外支出

（1）企业发生公益性捐赠支出、盘亏、罚款支出时，借记“营业外支出”账户，贷记“银行存款”“待处理财产损溢”“其他应付款”等账户。

（2）企业发生非常损失，按发生的损失扣除保险公司赔偿、残料和残值后的净损失，借记“营业外支出”账户，贷记“固定资产清理”“待处理财产损溢”等账户。

（3）企业确认非流动资产毁损报废发生的净损失，按管理权限报经批准后，借记“营业外支出”账户，贷记“固定资产清理”“无形资产”等账户。

（4）期末结转，借记“本年利润”账户，贷记“营业外支出”账户。

任务实施

做中学 13-1 2023 年 11 月，云康公司发生与营业外收入相关的业务如下：

（1）10 日，将一台已丧失使用功能的生产设备转入报废进行清理，该设备清理后的净收益为 1 000 元。

结转清理净损益，根据固定资产报废清理审批单编制会计分录如下：

借：固定资产清理　　1 000
　　贷：营业外收入　　1 000

（2）15 日，公司现金盘盈 100 元，无法查明原因，经批准进行会计处理。

① 发现盘盈，根据现金盘点表编制会计分录如下：

借：库存现金　　100
　　贷：待处理财产损溢——现金盘盈　　100

② 根据现金盘点报告审批单编制会计分录如下：

借：待处理财产损溢——现金盘盈　　100

贷：营业外收入　　　　　　　　　　　　　　　　100

（3）30 日，将"营业外收入"账户的余额转入"本年利润"账户，编制会计分录如下：

借：营业外收入　　　　　　　　　　　　1 100

贷：本年利润　　　　　　　　　　　　　　　1 100

做中学 13-2 2023 年 11 月，云康公司发生与营业外支出相关的业务如下：

（1）1 日，公司以银行存款向希望小学捐助 100 000 元。

根据捐款证明书、银行付款通知联编制会计分录如下：

借：营业外支出——捐赠支出　　　　　　100 000

贷：银行存款　　　　　　　　　　　　　　　100 000

（2）21 日，因产品未及时交货，以银行存款支付销售合同违约金 5 000 元。

根据销售合同、银行付款通知联编制会计分录如下：

借：营业外支出——违约金支出　　　　　5 000

贷：银行存款　　　　　　　　　　　　　　　5 000

（3）25 日，因暴雪造成一批原材料毁损，实际成本 50 000 元，相关增值税专用发票上注明的增值税税额为 6 500 元。30 日，根据保险合同约定，应由保险公司赔偿 30 000 元，其他经批准转作营业外支出。

① 25 日，根据原材料清查单编制会计分录如下：

借：待处理财产损溢　　　　　　　　　　50 000

贷：原材料　　　　　　　　　　　　　　　　50 000

② 30 日，根据单位管理层会议决议编制会计分录如下：

借：营业外支出　　　　　　　　　　　　20 000

其他应收款　　　　　　　　　　　　30 000

贷：待处理财产损溢　　　　　　　　　　　　50 000

（4）30 日，将"营业外支出"账户的余额转入"本年利润"账户，编制会计分录如下：

借：本年利润　　　　　　　　　　　　　125 000

贷：营业外支出　　　　　　　　　　　　　　125 000

三、核算所得税费用

（一）认知所得税费用

我国所得税会计采用资产负债表债务法，要求企业从资产负债表出发，通过比较资产负债表上列示的资产、负债按照会计准则规定确定的账面价值与按照税法规定确定的计税基础，对于两者之间的差异分别按应纳税暂时性差异与可抵扣暂时性差异，确认相关的递延所得税负债与递延所得税资产，在综合考虑当期应交所得税的基础上，确定每一会计期间利润表中的所得税费用。

1. 所得税费用的内容

企业利润表中的所得税费用包括当期所得税和递延所得税，其中当期所得税是指当期应交的所得税，递延所得税包括递延所得税资产和递延所得税负债。

所得税费用＝当期所得税＋递延所得税

2. 应交所得税

应交所得税是指企业按照企业所得税法规定计算确定的针对当期发生的交易或事项，应向税务部门缴纳的所得税金额，即当期应交所得税。计算应交所得税，需要先计算应纳税所得额。应纳税所得额是在企业税前会计利润（利润总额）的基础上调整确定的。其计算公式为：

应纳税所得额＝税前会计利润总额＋纳税调整增加额－纳税调整减少额

其中：

纳税调整增加额主要包括企业已确认为费用或损失，但税法规定不允许作为应纳税所得额的扣除项目，如税收滞纳金和罚款、违法经营的罚款、各种赞助支出、非公益性捐助支出等；以及企业已计入当期费用但超过税法规定扣除标准的金额，如职工福利费支出、工会经费、职工教育经费、公益性捐赠支出、业务招待费支出、广告和业务宣传费支出等。

纳税调整减少额主要包括按企业所得税法规定允许弥补的亏损和准予免税的项目，如前5年内未弥补亏损、国债利息收入以及符合条件的居民企业之间的股息、红利等权益性投资收益等。

企业对利润总额按上述方法进行纳税调整后，计算出应纳税所得额，将应纳税所得额乘以适用的所得税税率计算出当期所得税。其计算公式为：

当期所得税＝企业当期应交所得税＝应纳税所得额 × 适用的所得税税率

3. 递延所得税

递延所得税是按照所得税准则规定应予确认的递延所得税资产和递延所得税负债当期发生额的综合结果。递延所得税资产是指以未来期间很可能取得用来抵扣可抵扣暂时性差异的应纳税所得额为限确认的一项资产。递延所得税负债是指根据应纳税暂时性差异计算的未来期间应付所得税的金额。

递延所得税＝（期末递延所得税负债－期初递延所得税负债）－（期末递延所得税资产－期初递延所得税资产）

4. 资产、负债的计税基础

（1）资产的计税基础

资产的计税基础是指企业收回资产账面价值的过程中，计算应纳税所得额时按照税法规定可以自应税经济利益中抵扣的金额，即某一项资产在未来期间计税时可以税前扣除的金额。

① 固定资产

固定资产取得时其入账价值一般等于计税基础。但固定资产在持有期间进行后续计量时，由于会计与税法规定的折旧方法、折旧年限以及固定资产减值准备的提取等处理不同，会造成固定资产的账面价值与计税基础的差异。

账面价值 = 历史成本 − 累计折旧 − 固定资产减值准备
计税基础 = 历史成本 − 按照税法规定计算允许税前扣除的累计折旧

② 无形资产

除内部研究开发形成的无形资产以外，以其他方式取得的无形资产，初始确认时其入账价值与税法规定的计税基础之间一般不存在差异。无形资产的账面价值与其计税基础的差异主要产生于内部研发形成的无形资产、使用寿命不确定的无形资产和计提无形资产减值准备。

一般无形资产的账面价值和计税基础计算公式如下：

账面价值 = 历史成本 − 累计摊销 − 无形资产减值准备
计税基础 = 历史成本 − 按照税法规定计算允许税前扣除的累计摊销

注意

企业会计准则中规定使用寿命不确定的无形资产不进行摊销。

内部研究开发形成的无形资产的账面价值和计税基础计算公式如下：

账面价值 = 历史成本 − 累计摊销 − 无形资产减值准备
计税基础 = 历史成本 ×200% − 按照税法规定计算允许税前扣除的累计摊销

③ 以公允价值计量且其变动计入当期损益的金融资产

账面价值 = 期末公允价值
计税基础 = 初始取得成本

④ 投资性房地产

采用公允价值模式对投资性房地产进行后续计量的：

账面价值 = 期末公允价值
计税基础 = 初始取得成本 − 按照税法规定计算允许税前扣除的累计折旧 / 摊销

采用成本模式对投资性房地产进行后续计量的：

账面价值 = 历史成本 − 累计折旧 / 摊销 − 投资性房地产减值准备
计税基础 = 历史成本 − 按照税法规定计算允许税前扣除的累计折旧 / 摊销

⑤ 其他计提了减值准备的资产

账面价值 = 历史成本 − 资产减值准备
计税基础 = 历史成本

（2）负债的计税基础

负债的计税基础是指负债的账面价值减去未来期间计算应纳税所得额时按照税法规定可予抵扣的金额。

负债的计税基础 = 账面价值 − 未来期间按照税法规定可予税前抵扣的金额

在通常情况下，负债的确认与偿还不会影响企业的损益，也不会影响企业的应纳税所得额，未来期间计算应纳税所得额时按照税法规定可予抵扣的金额为零，因此，负债的计税基础一般等于账面价值。但是，在某些情况下，负债的确认可能会影响企业的损益，进而影响不同期间的应纳税所得额，导致其计税基础与账面价值之间产生差额。

按照或有事项准则的规定，企业因提供产品售后服务而预计将会发生的支出，在满足预计负债确认条件时，应于销售商品当期确认预计负债，同时确认相关的费用。现行企业所得税法规定，与产品售后服务相关的支出应于发生时税前扣除，则该类事项产生的预计负债在期末的计税基础为其账面价值与未来期间可予税前扣除的金额之间的差额，如果相关的支出实际发生时可全部准予税前扣除，其计税基础为零。

因其他事项确认的预计负债，应按照税法规定的计税原则确定其计税基础。某些情况下，因有些事项确认的预计负债，税法规定其支出无论是否实际发生，均不允许税前扣除，即未来期间按照税法规定可税前扣除的金额为零，则其账面价值等于计税基础。

5. 暂时性差异

暂时性差异是指资产、负债的账面价值与其计税基础不同产生的差异，该差异的存在将影响未来期间的应纳税所得额。按照暂时性差异对未来期间应纳税所得额的不同影响，分为应纳税暂时性差异和可抵扣暂时性差异。

（1）应纳税暂时性差异

资产的账面价值大于其计税基础，或负债的账面价值小于其计税基础，产生应纳税暂时性差异。应纳税暂时性差异在未来期间转回时会增加转回期间的应纳税所得额和相应的应交所得税，从而导致经济利益流出企业，因而在其发生当期，一般情况下应确认相关的递延所得税负债。

（2）可抵扣暂时性差异

资产的账面价值小于其计税基础，或负债的账面价值大于其计税基础，产生可抵扣暂时性差异。可抵扣暂时性差异在未来期间转回时会减少转回期间的应纳税所得额和相应的应交所得税，从而减少经济利益流出企业，因而在其产生当期，符合确认条件时，应确认相关的递延所得税资产。

（3）特殊情况下产生的暂时性差异

① 未作为资产、负债确认的项目产生的暂时性差异。某些交易或事项发生以后，因不符合资产、负债确认条件而未确认为资产负债表中的资产或负债，但按照税法规定能够确

定其计税基础的，其账面价值与其计税基础之间的差异也构成暂时性差异。例如，企业发生的广告费和业务宣传费支出在发生时按照会计准则计入当期损益，不形成资产负债表中的资产。根据税法规定，除另有规定外，上述支出不超过当年销售（营业）收入 15‰ 的部分，准予扣除；超过部分，准予在以后纳税年度结转扣除。按照税法规定超过当年销售（营业）收入的 15‰ 的部分确定其计税基础，从而形成暂时性差异。

② 可抵扣亏损及税款抵减产生的暂时性差异。按照税法规定可以结转以后年度的未弥补亏损及税款抵减，虽不是因资产、负债的账面价值与其计税基础不同产生的，但与可抵扣暂时性差异具有同样的作用，均能够减少未来期间的应纳税所得额和相应的应交所得税，应视同可抵扣暂时性差异，在符合确认条件的情况下，确认与其相关的递延所得税资产。

6. 递延所得税资产和递延所得税负债

（1）递延所得税资产

递延所得税资产产生于可抵扣暂时性差异。确认因可抵扣暂时性差异产生的递延所得税资产应以未来期间可能取得的应纳税所得额为限。

期末递延所得税资产 = 期末可抵扣暂时性差异 × 适用的所得税税率

注意

上述适用的所得税税率是指按照预期收回该资产期间的适用所得税税率。

（2）递延所得税负债

递延所得税负债产生于应纳税暂时性差异。除所得税准则中明确规定可不确认递延所得税负债的情况以外，企业对于所有的应纳税暂时性差异均应确认相关的递延所得税负债。

期末递延所得税负债 = 期末应纳税暂时性差异 × 适用的所得税税率

注意

上述适用的所得税税率是指按照预期收回该资产期间的适用所得税税率。

（二）设置账户

企业应设置“所得税费用”账户，核算企业所得税费用的确认及结转情况。如图 13-3 所示。

借方　　所得税费用	贷方
确认的所得税费用	期末转入“本年利润”账户

图 13-3　所得税费用

企业应设置“递延所得税资产”账户，核算企业确认的可抵扣暂时性差异产生的递延所得税资产。如图 13-4 所示。

借方　　递延所得税资产	贷方
确认的递延所得税资产	转回的递延所得税资产
已确认尚未转回的递延所得税资产	

图 13-4　递延所得税资产

企业应设置“递延所得税负债”账户，核算企业确认的应纳税暂时性差异产生的递延所得税负债。如图 13-5 所示。

借方　　递延所得税负债	贷方
转回的递延所得税负债	确认的递延所得税负债
	已确认尚未转回的递延所得税负债

图 13-5　递延所得税负债

（三）所得税费用的主要账务处理

企业确认当期应交所得税时，借记“所得税费用”账户，贷记“应交税费——应交所得税”账户；企业确认当期新增的递延所得税资产时，借记“递延所得税资产”账户，贷记“所得税费用”账户，转回递延所得税资产时作相反会计分录；企业确认当期新增的递延所得税负债时，借记“所得税费用”账户，贷记“递延所得税负债”账户，转回递延所得税负债时作相反会计分录。

任务实施

做中学 13-3　2023 年 12 月 10 日，云康公司购入一套生产设备，实际成本为 100 万元，预计使用年限为 5 年，预计净残值为零，采用年限平均法计提折旧，未计提减值准备。税法对折旧年限和净残值的规定与会计相同，因该设备符合税法规定征收优惠条件，计税时允许采用加速折旧法计提折旧，该公司在计税时按双倍余额递减法计提折旧费用。不存在其他与税收的差异，且该公司 2023 年年末递延所得税资产和递延所得税负债均无余额。公司适用的所得税税率为 25%。

根据上述资料，不考虑其他因素，该公司编制递延所得税确认计算表，见表 13-1。

表 13-1 递延所得税确认计算表

单位：元

项 目	2024 年	2025 年	2026 年	2027 年	2028 年
实际成本	1 000 000	1 000 000	1 000 000	1 000 000	1 000 000
会计累计折旧	200 000	400 000	600 000	800 000	1 000 000
账面价值	800 000	600 000	400 000	200 000	0
税法累计折旧	400 000	640 000	784 000	892 000	1 000 000
计税基础	600 000	360 000	216 000	108 000	0
应纳税暂时性差异	200 000	240 000	184 000	92 000	0
适用税率	25%	25%	25%	25%	25%
递延所得税负债余额	50 000	60 000	46 000	23 000	0

根据表 13-1 的资料，云康公司在各年资产负债表日，根据递延所得税确认计算表编制会计分录如下：

（1）2024 年 12 月 31 日：

借：所得税费用　　50 000

　　贷：递延所得税负债　　50 000

（2）2025 年 12 月 31 日：

递延所得税负债期末余额应为 60 000 元，由于递延所得税负债期初余额为 50 000 元，因而本期应进一步确认递延所得税负债 10 000 元（60 000－50 000）。

借：所得税费用　　10 000

　　贷：递延所得税负债　　10 000

（3）2026 年 12 月 31 日：

递延所得税负债期末余额应为 46 000 元，由于递延所得税负债期初余额为 60 000 元，因而本期应转回原已确认的递延所得税负债 14 000 元（60 000－46 000）。

借：递延所得税负债　　14 000

　　贷：所得税费用　　14 000

（4）2027 年 12 月 31 日：

递延所得税负债期末余额应为 23 000 元，由于递延所得税负债期初余额为 46 000 元，因而本期应转回原已确认的递延所得税负债23 000元（46 000－23 000）。

借：递延所得税负债　　23 000

　　贷：所得税费用　　23 000

（5）2028年12月31日：

递延所得税负债的期末余额应为0，由于递延所得税负债的期初余额为23 000元，本期应将递延所得税负债账面余额全部转回。

借：递延所得税负债　　23 000

　　贷：所得税费用　　23 000

做中学13-4　2023年年末，云康公司按规定计算的应交所得税税额为100万元，确认的应纳税暂时性差异为200万元、可抵扣暂时性差异为160万元。该公司不存在可抵扣亏损和税款抵减，预计在未来期间能够产生足够的应纳税所得额用以抵扣可抵扣暂时性差异，适用的所得税税率为25%。

根据上述资料，不考虑其他因素，云康在下列不同情形下，2023年年末根据当期所得税和递延所得税计算结果，进行有关所得税的会计处理。

（1）假定该公司的递延所得税资产和递延所得税负债均无期初余额。

当期确认的递延所得税负债＝200×25%＝50（万元）

当期确认的递延所得税资产＝160×25%＝40（万元）

当期确认的递延所得税＝50－40＝10（万元）

当期确认的所得税费用＝100＋10＝110（万元）

借：所得税费用　　1 100 000

　　递延所得税资产　　400 000

　　贷：应交税费——应交所得税　　1 000 000

　　　　递延所得税负债　　500 000

（2）假定递延所得税资产期初账面余额为30万元，递延所得税负债期初账面余额为45万元。

当期确认的递延所得税负债＝50－45＝5（万元）

当期确认的递延所得税资产＝40－30＝10（万元）

当期确认的递延所得税＝5－10＝－5（万元）

当期确认的所得税费用＝100－5＝95（万元）

借：所得税费用　　950 000

　　递延所得税资产　　100 000

　　贷：应交税费——应交所得税　　1 000 000

　　　　递延所得税负债　　50 000

（3）假定递延所得税资产期初账面余额为50万元，递延所得税负债期初账面余额为55万元。

当期确认的递延所得税负债＝50－55＝－5（万元）

当期确认的递延所得税资产＝40－50＝－10（万元）

当期确认的递延所得税＝－5－(－10)＝5（万元）

当期确认的所得税费用 = 100 + 5 = 105（万元）

借：所得税费用　　　　　　　　　　　　1 050 000
　　递延所得税负债　　　　　　　　　　　50 000
　　贷：应交税费——应交所得税　　　　　　　1 000 000
　　　　递延所得税资产　　　　　　　　　　　100 000

（4）假定递延所得税资产期初账面余额为 30 万元，递延所得税负债期初账面余额为 60 万元。

当期确认的递延所得税负债 = 50 − 60 = −10（万元）

当期确认的递延所得税资产 = 40 − 30 = 10（万元）

当期确认的递延所得税 = −10 − 10 = −20（万元）

当期确认的所得税费用 = 100 − 20 = 80（万元）

借：所得税费用　　　　　　　　　　　　800 000
　　递延所得税资产　　　　　　　　　　100 000
　　递延所得税负债　　　　　　　　　　100 000
　　贷：应交税费——应交所得税　　　　　　　1 000 000

（5）假定递延所得税资产期初账面余额为 45 万元，递延所得税负债期初账面余额为 40 万元。

当期确认的递延所得税负债 = 50 − 40 = 10（万元）

当期确认的递延所得税资产 = 40 − 45 = −5（万元）

当期确认的递延所得税 = 10 −（−5）= 15（万元）

当期确认的所得税费用 = 100 + 15 = 115（万元）

借：所得税费用　　　　　　　　　　　　1 150 000
　　贷：应交税费——应交所得税　　　　　　　1 000 000
　　　　递延所得税资产　　　　　　　　　　　50 000
　　　　递延所得税负债　　　　　　　　　　　100 000

做中学 13-5　云康公司 2023 年利润表中的利润总额为 7 300 000 元，适用的所得税税率为 25%，预计未来期间适用的所得税税率不会发生变化。2023 年 1 月 1 日，公司资产、负债的账面价值与其计税基础存在差异的项目见表 13-2。

微课 23：所得税费用的核算——综合举例（一）

微课 24：所得税费用的核算——综合举例（二）

表 13-2　2023 年 1 月 1 日资产和负债账面价值与计税基础存在差异的项目

单位：元

项目	账面价值	计税基础	差异	
			应纳税暂时性差异	可抵扣暂时性差异
应收账款	760 000	800 000		40 000
交易性金融资产	1 100 000	1 000 000	100 000	

（续表）

项目	账面价值	计税基础	差异	
			应纳税暂时性差异	可抵扣暂时性差异
固定资产	3 600 000	4 000 000		400 000
预计负债	160 000	0		160 000
总计	—	—	100 000	600 000

2023 年，该公司发生的交易或事项中，会计处理与税收处理存在差别的有：

（1）年末计提应收账款坏账准备 20 000 元。税法规定资产发生实质性损失时可予以税前扣除。

（2）年末根据交易性金融资产公允价值变动确认公允价值变动收益 200 000 元。

（3）本年度会计上计提的固定资产折旧费用超过按照税法规定允许税前扣除折旧费用为 100 000 元。

（4）违反环保法规定支付罚款 600 000 元。

（5）当年实际支付产品保修费用 40 000 元，冲减前期确认的相关预计负债；当年确认产品保修费用 220 000 元，增加相关预计负债。税法规定实际支付的产品保修费用允许税前扣除，但预计的产品保修费用不允许税前扣除。

2023 年 12 月 31 日，公司资产、负债的账面价值与其计税基础存在差异的项目见表 13-3。

表 13-3　2023 年 12 月 31 日资产和负债账面价值与计税基础存在差异的项目

单位：元

项目	账面价值	计税基础	差异	
			应纳税暂时性差异	可抵扣暂时性差异
应收账款	1 140 000	1 200 000		60 000
交易性金融资产	1 300 000	1 000 000	300 000	
固定资产	4 000 000	4 500 000		500 000
预计负债	340 000	0		340 000
总计	—	—	300 000	900 000

该公司不存在可抵扣亏损和税款抵减，预计在未来期间能够产生足够的应纳税所得额用以抵扣可抵扣暂时性差异。

（1）计算确定云康公司 2023 年度当期应交所得税：

应纳税所得额 = 7 300 000 + 20 000 − 200 000 + 100 000 + 600 000 − 40 000 + 220 000 = 8 000 000（元）

应交所得税 = 8 000 000 × 25% = 2 000 000（元）

（2）计算确定云康公司 2023 年度递延所得税：

当期确认的递延所得税负债 =（300 000－100 000）× 25% = 50 000（元）

当期确认的递延所得税资产 =（900 000－600 000）× 25% = 75 000（元）

当期确认的递延所得税 = 50 000－75 000 = －25 000（元）

当期确认的所得税费用 = 2 000 000－25 000 = 1 975 000（元）

云康公司根据当期所得税和递延所得税计算结果编制确认所得税的会计分录如下：

借：所得税费用	1 975 000	
递延所得税资产	75 000	
贷：应交税费——应交所得税		2 000 000
递延所得税负债		50 000

任务二
核算本年利润

知识要点

一、本年利润结转方法

企业本年利润的结转有表结法和账结法两种方法。

（一）表结法

表结法是指企业在年终结算以外的月末、年末计算本期利润和本年累计利润时，将全部损益类账户的余额按利润表填制的要求，填入利润表的各项目中，在表中计算出本期利润和本年累计利润的方法。由于在这种方法下每月月末不将损益类账户的期末余额转入“本年利润”账户，因而各损益类账户的期末余额反映的是至本月末的本年累计余额，这种方法的具体做法是：

首先，将各损益类账户的月末余额按利润表的填制要求，填入到利润表中“本年累计”栏下的各项目中，通过利润表计算出至本月末的本年累计利润；然后，再用“本年累计”栏的各项目金额减去相对应的上月利润表中“本年累计”栏的各项目金额，计算出本月的各损益项目金额和利润额。

由于1月是本年的第一个月份，无上月，因而直接将各损益类账户的月末余额填入利润表的“本月数”和“本年累计”栏。

表结法下，由于各月月末不结转本年利润，只有在年末才将所有损益类账户的余额转入“本年利润”账户，因而各损益类账户的月末余额表示累计的收入或费用，“本年利润”账户1—11月末不作任何记录。年末时，应采用账结法将全部损益类账户结转到“本年利润”账户，通过“本年利润”账户结转出本年度利润。

采用表结法，各月末的累计净利润或净亏损不能在账面上直接得到反映，需要在利润表中进行结算，但由于平时不必结转本年利润，能够简化核算工作。

（二）账结法

账结法是指企业在每个会计期末（月末、季末、年末）编制转账凭证，即在每个会计期末将全部损益类账户（除“以前年度损益调整”账户外）的余额转入“本年利润”账户，通过“本年利润”账户结转出当期利润和本年累计利润的方法。

采用账结法，账面上能够直接反映各月末累计实现的净利润和累计发生的净亏损；与表结法相比，每月结转本年利润的工作量较大，但是在信息化环境下，每月结转本年利润的工作更为准确且便捷。在实务中，大部分企业会采用账结法。

二、核算本年利润

（一）设置账户

企业应设置“本年利润”账户，核算企业当期实现的净利润（或发生的净亏损）。如图 13-6 所示。

借方 本年利润	贷方
各项费用支出	各项收入
当期发生的净亏损	当期实现的净利润

图 13-6 本年利润

（二）本年利润的主要账务处理

1. 期末结转各损益类账户

企业期末结转各损益类账户，借记“主营业务收入”“其他业务收入”“其他收益”“营业外收入”等账户，贷记“本年利润”账户；借记“本年利润”账户，贷记“主营业务成本”“其他业务成本”“税金及附加”“销售费用”“管理费用”“财务费用”“信用减值损失”“资产减值损失”“营业外支出”“所得税费用”等账户。“投资收益”“公允价值变动损益”“资产处置损益”账户贷方余额转入“本年利润”账户的贷方，“投资收益”“公允价值变动损益”“资产处置损益”账户借方余额转入“本年利润”账户的借方。经过上述结转后，各损益类账户期末均没有余额，“本年利润”账户的贷方余额表示本年度实现的净利润，借方余额表示本年度发生的净亏损。

2. 年末结转本年利润

年末，企业还应将“本年利润”账户的本年累计余额全部转入“利润分配——未分配利润”账户。若“本年利润”账户为贷方余额，借记“本年利润”账户，贷记“利润分配——未分配利润”账户；若“本年利润”账户为借方余额，借记“利润分配——未分配利润”账户，贷记“本年利润”账户。结转后“本年利润”账户应无余额。

任务实施

做中学 13-6 云康公司采用表结法年末一次结转损益类账户。2023 年 12 月 31 日，该公司各损益类账户的期末余额见表 13-4。

表 13-4 损益类账户期末余额

单位：元

账户名称	借或贷	结账前余额
主营业务收入	贷	30 000 000
其他业务收入	贷	2 300 000

（续表）

账户名称	借或贷	结账前余额
公允价值变动损益	贷	500 000
投资收益	贷	800 000
营业外收入	贷	400 000
主营业务成本	借	21 200 000
其他业务成本	借	1 500 000
税金及附加	借	150 000
销售费用	借	1 600 000
管理费用	借	900 000
财务费用	借	450 000
资产处置损益	借	40 000
信用减值损失	借	100 000
营业外支出	借	60 000

当年公司确认递延所得税负债增加 125 000 元、递延所得税资产增加 25 000 元。12 月 31 日，该公司结转本年利润。

（1）将各项收入、利得类账户余额结转至“本年利润”账户，编制会计分录如下：

借：主营业务收入　　30 000 000
　　其他业务收入　　2 300 000
　　公允价值变动损益　　500 000
　　投资收益　　800 000
　　营业外收入　　400 000
　　贷：本年利润　　34 000 000

（2）将各项费用、损失类账户余额结转至“本年利润”账户，编制会计分录如下：

借：本年利润　　26 000 000
　　贷：主营业务成本　　21 200 000
　　　　其他业务成本　　1 500 000
　　　　税金及附加　　150 000
　　　　销售费用　　1 600 000
　　　　管理费用　　900 000
　　　　财务费用　　450 000
　　　　资产处置损益　　40 000
　　　　信用减值损失　　100 000
　　　　营业外支出　　60 000

（3）经过上述结转后，“本年利润”账户的贷方发生额合计 34 000 000 元减去借方发生额合计 26 000 000 元，得出税前会计利润总额 8 000 000 元。

（4）本年度除了确认公允价值变动收益 500 000 元和计提信用减值损失 100 000 元之外，不存在其他纳税调整因素。

当期应交所得税税额 =（8 000 000－500 000＋100 000）×25%＝1 900 000（元）

根据当期应交所得税和递延所得税计算结果确认所得税费用，编制会计分录如下：

借：所得税费用　　2 000 000
　　递延所得税资产　　25 000
　　贷：应交税费——应交所得税　　1 900 000
　　　　递延所得税负债　　125 000

（5）将“所得税费用”账户余额转入“本年利润”账户，编制会计分录如下：

借：本年利润　　2 000 000
　　贷：所得税费用　　2 000 000

（6）“本年利润”账户余额＝34 000 000－26 000 000－2 000 000＝6 000 000（元）

将“本年利润”账户余额转入“利润分配——未分配利润”账户，编制会计分录如下：

借：本年利润　　6 000 000
　　贷：利润分配——未分配利润　　6 000 000

知识拓展

1. 资产负债表债务法是在资产负债表中列示的资产、负债账面价值和计税基础经济含义的基础上，分析按照会计原则列报的账面价值与税法规定的差异，并就有关差异确定相关所得税影响的会计方法。相较于仅将当期实际应交所得税作为利润表中所得税费用的核算方法，资产负债表债务法除了能够反映企业已经持有的资产、负债及其变动对当期利润的影响外，还能够反映有关资产、负债对未来期间所得税的影响，在所得税核算领域贯彻了资产负债观。

2.《小企业会计准则》规定小企业应当按照企业所得税法规定计算的当期应纳税额，确认所得税费用。

思维导图

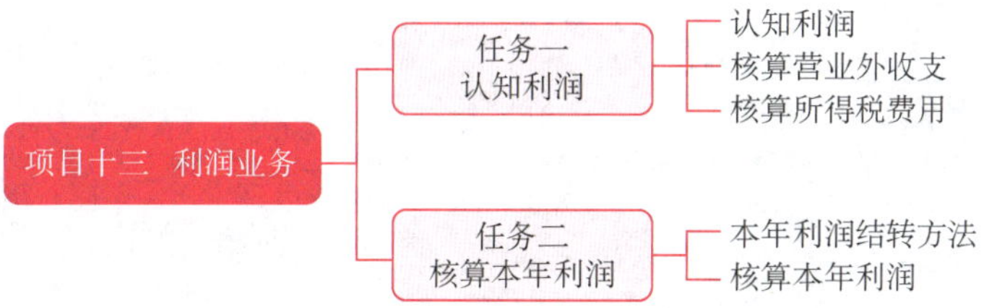

赛证融通测试题

不定项选择题

1. 某企业年度税前会计利润为 2 000 万元，其中，国债利息收入 120 万元，税收罚款 20 万元，企业适用所得税税率为 25%。不考虑其他因素，该企业当年所得税费用为（　　）万元。

   A. 500　　B. 475　　C. 470　　D. 465

2. 2024 年 5 月，某企业销售一批商品，开具的增值税专用发票上注明的价款为 100 万元，增值税税额为 13 万元，款项已收存银行。该批商品成本为 90 万元，并结转相应的存货跌价准备 5 万元。不考虑其他因素，上述业务使该企业 5 月营业利润增加的金额为（　　）万元。

   A. 5　　B. 10　　C. 15　　D. 28

3. 下列各项中，关于企业会计期末结转本年利润表结法的表述正确的是（　　）。

   A. 表结法下不需要设置“本年利润”账户
   B. 年末不需要将各项损益类账户余额结转入“本年利润”账户
   C. 每月月末需要将各项损益类账户发生额填入利润表来计算反映本期的利润（或亏损）
   D. 每月月末需要编制转账凭证将当期各项损益类账户余额结转入“本年利润”账户

4. 下列各项中，影响企业利润总额的是（　　）。

   A. 固定资产盘盈　　B. 所得税费用
   C. 对外捐赠固定资产　　D. 处置无形资产净损益

5. 某企业适用的企业所得税税率为 25%，2023 年度应纳税所得额为 2 500 万元，递延所得税资产期初余额 50 万元、期末余额 20 万元，递延所得税负债期初余额 100 万元、期末余额 80 万元。不考虑其他因素，该企业 2023 年度应确认的所得税费用为（　　）万元。

   A. 655　　B. 645　　C. 635　　D. 625

项目十四

财务报告业务

项目导读

云康医疗器械公司经过这一年的生产经营活动，进行了各项资产负债增减变化的核算，同时还进行了损益变动的核算，到了期末，公司想知道本年度是产生了利润还是发生了亏损，你知道利润或亏损是如何形成的吗？在账务上怎样进行核算？

如果盈利，公司年末希望能够给股东分红，按照《中华人民共和国公司法》的规定，利润分配有一定的先后顺序，你知道是怎样的顺序吗？该公司可以优先给其股东分红吗？如果分红，如何进行这些利润分配业务的账务处理？

如果公司经营发生了亏损，公司可以采用什么样的方式弥补亏损？你知道弥补亏损的渠道吗？各种补亏渠道下，你知道通过哪些账户核算吗？如何进行账务处理？

思政课堂

资料内容

管理层讨论与分析的披露

上市公司在根据《定期报告准则》的相关规定编制年度报告全文“管理层讨论与分析”时，关注如下事项：

1. 主要经营模式的变化情况

报告期内公司主要经营模式（包括采购模式、生产模式和销售模式）发生重大变化的，披露调整经营模式的原因、对公司生产经营的影响、存在的主要风险及应对措施。

2. 毛利率变动情况

结合产品结构、产销率、产能利用率、主要客户、人工成本、原材料价格等因素分析变动情况，如同比变动达到 30% 以上的，量化分析导致毛利率变动的主要原因。

3. 主要供应商、客户情况

说明前五名客户、供应商是否与公司存在关联关系，公司董事、监事、高级管理人员、核心技术人员、持股 5% 以上股东、实际控制人和其他关联方在主要客户、供应商中是否直接或者间接拥有权益等。若报告期内公司与单个客户或供应商的销售或采购比例超过总额的 50%、前五名客户或供应商存在新增对象的，或严重依赖于少数客户或供应商的，公司应当披露相应客户或供应商的名称及销售或采购金额。

4. 主要境外资产情况

公司境外资产占比较高的，披露主要境外资产的具体内容、形成原因、资产规模、所在地、运营模式、保障资产安全的控制措施、收益状况、境外资产占公司净资产的比重、是否存在重大减值风险等。

资料分析

信息披露制度是资本市场健康发展的制度基石，依法诚信经营是最基本的市场纪律。广大上市公司要坚守诚信底线，相关中介机构归位尽责，共同助力市场健康发展。同学们也要始终秉承诚信做人的准则，增强诚信观念，培育诚信道德，提高自身诚信度，为诚信社会贡献自己的力量。

［资料来源：深圳证券交易所，《深圳证券交易所上市公司自律监管指南第 1 号——业务办理（2023 年 8 月修订）》］

学习目标

知识目标

1. 熟悉财务报告的内容和列报基本要求；
2. 理解资产负债表、利润表、现金流量表和所有者权益变动表的性质及作用；
3. 熟悉资产负债表、利润表、现金流量表和所有者权益变动表的结构；
4. 掌握资产负债表、利润表、现金流量表和所有者权益变动表的编制方法；
5. 熟悉财务报表附注的主要内容。

技能目标

1. 能根据企业的会计政策做好财务报告编制的基础工作、提供相关会计资料；
2. 能正确编制资产负债表、利润表、现金流量表和所有者权益变动表；
3. 能按照企业会计准则的要求在财务报表附注中披露相关信息。

素质目标

1. 培养学生诚实守信、爱岗敬业、团结协作的职业精神；
2. 培养学生的合规意识，遵循国家法律法规制度和公司章程，知法、守法、敬法，客观公允反映企业的财务状况、经营成果、风险状况等，切实保护国家、投资人及社会公众利益；
3. 树立正确的责任观和奉献观，强调责任与担当，在新时代运用专业知识为企业经营决策提供有价值的财务信息，助力企业创造价值。

任务一 认知财务报告

知识要点

一、认知财务报告

财务报告也称财务会计报告，是指企业对外提供的反映企业某一特定日期的财务状况和某一会计期间的经营成果、现金流量等会计信息的文件。

财务报告包括财务报表和其他应当在财务报告中披露的相关信息和资料。财务报表是财务报告的核心，是对企业财务状况、经营成果和现金流量的结构性表述。财务报表由会计报表及其附注两个部分构成。

会计报表是财务会计报告的主要内容，是以统一的货币计量单位，主要运用表格形式依据账簿记录及其他有关资料进行编制，反映企业经济活动的书面文件。

会计报表附注是为了便于会计报表使用者理解会计报表的内容而对会计报表的编制基础、编制依据、编制原则和方法及主要项目等所作的解释。它是对会计报表的补充说明，是财务报表不可或缺的组成部分。

提示

一套完整的财务报表包括资产负债表、利润表、现金流量表和所有者权益变动表以及附注。

二、财务报表列报的基本要求

（一）依据企业会计准则确认和计量的结果编制财务报表

企业应当根据实际发生的交易和事项，遵循《企业会计准则——基本准则》、各项具体会计准则及解释的规定进行确认和计量，并在此基础上编制财务报表。

企业应当在附注中对这一情况作出声明，只有遵循了企业会计准则的所有规定时，财务报表才应当被称为“遵循了企业会计准则”。同时，企业不应以在附注中披露代替对交易和事项的确认和计量，不恰当的确认和计量也不能通过充分披露相关会计政策而纠正。

此外，如果按照企业会计准则规定披露的信息不足以让报表使用者了解特定交易或事项对企业财务状况、经营成果和现金流量的影响时，企业还应当披露其他必要的信息。

（二）列报基础

企业应当以持续经营为基础编制财务报表。在编制财务报表的过程中，企业管理层应当全面评估企业的持续经营能力。企业在评估持续经营能力时应综合考虑企业的具体情况。

企业如果存在以下情况之一，则通常表明其处于非持续经营状态：

（1）企业已在当期进行清算或停止营业。

（2）企业已经正式决定在下一个会计期间进行清算或停止营业。

（3）企业已确定在当期或下一个会计期间没有其他可供选择的方案而将被迫进行清算或停止营业。在非持续经营的情况下，企业应当在附注中声明财务报表未以持续经营为基础列报、披露未以持续经营为基础的原因以及财务报表的编制基础。

（三）权责发生制

除现金流量表按照收付实现制编制外，其他财务报表应当按照权责发生制编制。

在采用权责发生制的情况下，当项目符合《企业会计准则——基本准则》中财务报表要素的定义和确认标准时，企业就应当确认相应的资产、负债、所有者权益、收入和费用，并在财务报表中加以反映。

（四）列报的一致性

财务报表项目的列报应当在各个会计期间保持一致，不得随意变更。这一要求不仅只针对财务报表中的项目名称，还包括财务报表项目的分类、排列顺序等方面。

在下列情况下，企业可以变更财务报表项目的列报：

（1）企业会计准则要求改变财务报表项目的列报。

（2）企业经营业务的性质发生重大变化或对企业经营影响较大的交易和事项发生后，变更财务报表项目的列报能够提供更可靠、更相关的会计信息。企业变更财务报表项目列报的，应当根据企业会计准则的有关规定提供列报的比较信息。

（五）依据重要性原则单独或汇总列报项目

重要性是指在合理预期下，如果财务报表某项目的省略或错报会影响使用者据此做出的经济决策，则该项目就具有重要性。

项目在财务报表中是单独列报还是汇总列报，应当依据重要性原则来判断。总的原则是：如果某项目单看不具有重要性，则可将其与其他项目汇总列报；如具有重要性，则应当单独列报。

企业应当遵循以下具体规定：

（1）性质和功能不同的项目，一般应当在财务报表中单独列报，但是不具有重要性的项目可以汇总列报。

（2）性质或功能类似的项目，一般可以汇总列报，但是具有重要性的项目应当单独列报。

（3）项目单独列报的原则不仅适用于会计报表，还适用于附注。某些项目的重要性程度不足以在资产负债表、利润表、现金流量表或所有者权益变动表中单独列示，但对附注却具有重要性，在这种情况下应当在附注中单独披露。

（4）企业会计准则规定在财务报表中单独列报的项目，企业应当单独列报。

提示

企业在进行重要性判断时，应当根据所处的具体环境，从项目的性质和金额两个方面予以判断，且对各项目重要性的判断标准一经确定，不得随意变更。

（六）财务报表项目金额间的相互抵销

财务报表项目应当以总额列报，资产和负债、收入和费用、直接计入当期利润的利得项目和损失项目的金额不能相互抵销，即不得以净额列报，但企业会计准则另有规定的除外。

企业会计准则规定，以下三种情况不属于抵销：

（1）一组类似交易形成的利得和损失以净额列示的，不属于抵销。

（2）资产和负债项目按扣除备抵项目后的净额列示的，不属于抵销。

（3）非日常活动产生的利得和损失，以同一交易形成的收益扣减相关费用后的净额列示更能反映交易实质的，不属于抵销。

（七）比较信息的列报

企业在列报当期财务报表时，至少应当提供所有列报项目上一个可比会计期间的比较数据，以及与理解当期财务报表相关的说明。这一要求适用于财务报表的所有组成部分，既适用于会计报表，也适用于附注。

通常情况下，企业列报所有列报项目上一个可比会计期间的比较数据，至少应包括两期会计报表及相关附注。

企业根据企业会计准则规定确需变更财务报表项目列报的，应当至少对可比期间的数据按照当期的列报要求进行调整，并在附注中披露调整的原因和性质以及调整的各项目金额。但对可比期间比较数据进行调整不切实可行的，企业应当在附注中披露不能调整的原因以及假设金额重分类可能进行的调整的性质。

（八）财务报表表首的列报

企业在财务报表的显著位置应当至少披露下列基本信息：

（1）编报企业的名称。

（2）对资产负债表而言，应当披露资产负债表日；对利润表、现金流量表、所有者权益变动表而言，应当披露报表涵盖的会计期间。

（3）货币名称和单位。按照我国企业会计准则的规定，企业应当以人民币作为记账本位币，并标明金额单位，如人民币元、人民币万元等。

（4）财务报表是合并财务报表的，应当予以标明。

（九）报告期间

企业至少应当按年度编制财务报表。我国会计年度自公历 1 月 1 日起至 12 月 31 日止。如果企业在编制年度财务报表时，年度财务报表涵盖的期间短于一年，应当披露年度财务报表的实际涵盖期间及其短于一年的原因，并说明由此引起财务报表项目与比较数据不具可比性这一事实。

任务二 编制资产负债表

知识要点

一、资产负债表的内容和结构

（一）资产负债表的内容

资产负债表是反映企业在某一特定日期（年末或中期末）的财务状况的会计报表，即反映企业某一特定日期所拥有或控制的经济资源、所承担的现时义务和所有者对净资产的要求权的会计报表。它能够提供企业在某一特定日期资产、负债和所有者权益的全貌，利用资产负债表所列示的相关内容可以分析、评价并预测企业的财务弹性、资本结构及偿债能力。此外，对资产负债表和利润表有关指标的结合分析，有助于评价、预测企业的获利能力和发展前景，从而帮助报表使用者做出经济决策。

（二）资产负债表的结构

资产负债表一般由表头、表体两部分组成。表头部分应列明报表名称、编制单位名称、资产负债表日、报表编号和计量单位；表体部分是资产负债表的主体，列示了用以说明企业财务状况的各个项目。我国企业资产负债表采用账户式结构，即报表分为左方和右方：左方列示资产各项目，反映全部资产的分布及存在形态；右方列示负债和所有者权益各项目，反映全部负债和所有者权益的内容及构成情况。左方和右方满足“资产＝负债＋所有者权益”平衡式。同时，资产负债表将各项目按“期末余额”和“上年年末余额”两栏分别填列，从而提供比较资料。

二、资产负债表的编制方法

（一）“上年年末余额”栏的填列方法

资产负债表“上年年末余额”栏内各项目数字，应根据上年年末资产负债表“期末余额”栏内所列数字填列。如果本年度资产负债表规定的项目名称和内容同上年度不一致，应对上年年末资产负债表相关项目的名称和数字按照本年度的规定进行调整，填入“上年年末余额”栏内；如果企业发生了会计政策变更、前期差错更正，应当对“上年年末余额”栏中的有关项目进行相应调整。

（二）“期末余额”栏的填列方法

企业应当根据资产、负债和所有者权益类账户的期末余额填列资产负债表“期末余额”栏，具体方法如下：有的项目直接根据总账账户余额填列，有的项目根据若干个总账账户余额合计数填列，有的项目直接根据明细账户余额填列，有的项目根据总账账户和明细账户的余额分析填列，有的项目根据总账账户和其备抵账户抵销后的净额填列或者综合运用上述填列方法。

1. 资产项目

（1）"货币资金"项目，反映企业库存现金、银行结算户存款、外埠存款、银行汇票存款、银行本票存款、信用卡存款、信用证保证金存款、存出投资款等的合计数。该项目应根据"库存现金""银行存款""其他货币资金""数字货币——人民币"账户的期末余额合计数填列。

微课 25：资产负债表中"流动资产"项目的填列（一）

（2）"交易性金融资产"项目，反映资产负债表日企业分类为以公允价值计量且其变动计入当期损益的金融资产，以及企业持有的指定为以公允价值计量且其变动计入当期损益的金融资产的期末账面价值。该项目应根据"交易性金融资产"账户的相关明细账户期末余额分析填列。自资产负债表日起超过一年到期且预期持有超过一年的以公允价值计量且其变动计入当期损益的非流动金融资产的期末账面价值，在"其他非流动金融资产"项目反映。

微课 26：资产负债表中"流动资产"项目的填列（二）

（3）"应收票据"项目，反映资产负债表日以摊余成本计量的，企业因销售商品、提供劳务等经营活动收到的商业汇票，包括银行承兑汇票和商业承兑汇票。该项目应根据"应收票据"账户的期末余额，减去"坏账准备"账户中相关坏账准备期末余额后的金额填列。

（4）"应收账款"项目，反映资产负债表日以摊余成本计量的，企业因销售商品、提供劳务等经营活动应收取的款项。该项目应根据"应收账款"账户的期末余额，减去"坏账准备"账户中相关坏账准备期末余额后的金额分析填列。

（5）"应收款项融资"项目，反映资产负债表日以公允价值计量且其变动计入其他综合收益的应收票据和应收账款等。

（6）"预付款项"项目，反映企业按照合同规定预付的款项。该项目应根据"预付账款"和"应付账款"账户所属各明细账户的期末借方余额合计数，减去"坏账准备"账户中有关预付账款计提的坏账准备期末余额后的净额填列。"预付账款"账户所属有关明细账户期末有贷方余额的，应在本表"应付账款"项目内填列。

（7）"其他应收款"项目，应根据"应收利息""应收股利""其他应收款"账户的期末余额合计数，减去"坏账准备"账户中相关坏账准备期末余额后的金额填列。其中，"应收利息"仅反映相关金融工具已到期可收取但于资产负债表日尚未收到的利息。基于实际利率法计提的金融工具的利息应包含在相应金融工具的账面余额中。

（8）"存货"项目，反映企业期末在库、在途和在加工中的各项存货的可变现净值，包括各种材料、商品、在产品、半成品、周转材料、发出商品、委托代销商品等。该项目应根据"原材料""材料采购""周转材料""库存商品""发出商品""委托加工物资""委托代销商品""生产成本""受托代销商品""合同履约成本"等账户的期末余额合计，减去"受托代销商品款""存货跌价准备""合同履约成本减值"账户期末余额后的净额填列。材料采用计划成本核算以及库存商品采用计划成本或售价核算的企业，还应按加或减材料成本差异、商品进销差价后的金额填列。

（9）"合同资产"项目，反映企业已向客户转让商品而有权收取对价的权利。该项目应根据“合同资产”“合同负债”“合同结算”账户的相关明细账户期末余额减去“合同资产减值准备”账户的期末余额后的金额分析填列。同一合同下的合同资产和合同负债应当以净额列示，净额为借方余额的，应根据其流动性在“合同资产”或“其他非流动资产”项目中填列，已计提减值准备的，还应减去“合同资产减值准备”账户中相关的期末余额；净额为贷方余额的，应根据其流动性在“合同负债”或“其他非流动负债”项目中填列。

（10）“持有待售资产”项目，反映资产负债表日划分为持有待售类别的非流动资产及划分为持有待售类别的处置组中的流动资产和非流动资产的期末账面价值。该项目应根据“持有待售资产”账户的期末余额，减去“持有待售资产减值准备”账户的期末余额后的金额填列。

（11）“一年内到期的非流动资产”项目，反映预计自资产负债表日起一年内变现的非流动资产项目金额。该项目应根据相关的非流动资产账户期末余额分析填列。

微课 27：资产负债表中“非流动资产”项目的填列

（12）“债权投资”项目，反映资产负债表日企业以摊余成本计量的长期债权投资的期末账面价值。该项目应根据“债权投资”账户的相关明细账户期末余额，减去“债权投资减值准备”账户中相关减值准备的期末余额后的金额分析填列。自资产负债表日起一年内到期的长期债权投资的期末账面价值，在“一年内到期的非流动资产”项目反映。企业购入的以摊余成本计量的一年内到期的债权投资的期末账面价值，在“其他流动资产”项目反映。

（13）“其他债权投资”项目，反映资产负债表日企业分类为以公允价值计量且其变动计入其他综合收益的长期债权投资的期末账面价值。该项目应根据“其他债权投资”账户的相关明细账户期末余额分析填列。自资产负债表日起一年内到期的长期债权投资的期末账面价值，在“一年内到期的非流动资产”项目反映。企业购入的以公允价值计量且其变动计入其他综合收益的一年内到期的债权投资的期末账面价值，在“其他流动资产”项目反映。

（14）“长期应收款”项目，反映企业融资租赁产生的应收款项、采用递延方式收款而具有融资性质的销售商品和提供劳务等经营活动产生的应收款项。该项目应根据“长期应收款”和“应收融资租赁款”账户的期末余额的期末余额，减去相应的“未实现融资收益”“坏账准备”“应收融资租赁款减值准备”账户所属明细账户期末余额后的净额填列。

（15）“长期股权投资”项目，反映企业持有的对子公司、联营企业和合营企业的权益性投资。该项目应根据“长期股权投资”账户的期末余额，减去“长期股权投资减值准备”账户期末余额后的净额填列。

（16）“其他权益工具投资”项目，反映资产负债表日企业指定为以公允价值计量且其变动计入其他综合收益的非交易性权益工具投资的期末账面价值。该项目应根据“其他权益工具投资”账户的期末余额填列。

（17）“投资性房地产”项目，反映企业为赚取租金或资本增值，或二者兼有而持有的房地产的成本或公允价值，包括已出租的土地使用权、持有并准备增值后转让的土地使用权及已出租的建筑物等。该项目应根据“投资性房地产”账户的期末余额，减去“投资性房地产累计折旧（摊销）”和“投资性房地产减值准备”账户期末余额后的净额填列。

（18）“固定资产”项目，反映资产负债表日企业固定资产的期末账面价值和企业尚未清理完毕的固定资产清理净损益。该项目应根据“固定资产”账户的期末余额，减去“累计折旧”和“固定资产减值准备”账户的期末余额后的金额，以及“固定资产清理”账户的期末余额填列。

（19）“在建工程”项目，反映资产负债表日企业尚未达到预定可使用状态的在建工程的期末账面价值和企业为在建工程准备的各种物资的期末账面价值。该项目应根据“在建工程”账户的期末余额，减去“在建工程减值准备”账户的期末余额后的金额，以及“工程物资”账户的期末余额，减去“工程物资减值准备”账户的期末余额后的金额填列。

（20）“使用权资产”项目，反映资产负债表日承租人企业持有的使用权资产的期末账面价值。该项目应根据“使用权资产”账户的期末余额，减去“使用权资产累计折旧”和“使用权资产减值准备”账户的期末余额后的金额填列。

（21）“无形资产”项目，反映企业持有的各项无形资产包括专利权、非专利权、商标权、著作权、土地使用权等。该项目应根据“无形资产”账户的期末余额，减去“累计摊销”和“无形资产减值准备”账户期末余额后的净额填列。

（22）“开发支出”项目，反映企业开发无形资产过程中发生的能够资本化形成无形资产成本的支出。该项目应根据“研发支出”账户中的“资本化支出”明细账户期末余额减去相关减值准备期末余额后的金额分析填列。

（23）“长期待摊费用”项目，反映企业已经发生但应由本期和以后各期负担的分摊期限在一年以上的各种费用。该项目应根据“长期待摊费用”账户的期末余额，减去将于一年内（含一年）摊销的数额后的金额分析填列。长期待摊费用中在一年内（含一年）摊销的部分，在“一年内到期的非流动资产”项目填列。

（24）“递延所得税资产”项目，反映企业确认的可抵扣暂时性差异产生的递延所得税资产。该项目应根据“递延所得税资产”账户的期末借方余额填列。

（25）“其他非流动资产”项目，反映企业除以上资产以外的其他长期资产。该项目应根据有关账户的期末余额填列。

按照《企业会计准则第 14 号——收入》相关规定，填制其他资产项目时需注意以下几点：

对于确认为资产的合同取得成本，应根据“合同取得成本”账户的明细账户初始确认时摊销期限是否超过一年或一个正常营业周期，在“其他流动资产”或“其他非流动资产”项目中填列，已计提减值准备的，还应减去“合同取得成本减值准备”账户中相关的期末余额。

对于确认为资产的合同履约成本，应根据“合同履约成本”账户的明细账户初始确认时摊销期限是否超过一年或一个正常营业周期，在“存货”或“其他非流动资产”项目中填列，已计提减值准备的，还应减去“合同履约成本减值准备”账户中相关的期末余额。

对于确认为资产的应收退货成本，应根据“应收退货成本”账户是否在一年或一个正常营业周期内出售，在“其他流动资产”或“其他非流动资产”项目中填列。

其他长期资产价值较大的，应在会计报表附注中披露其内容和金额。

2. 负债项目

（1）“短期借款”项目，反映企业向银行或其他金融机构等借入的期限在一年以下（含一年）的借款。该项目应根据“短期借款”账户的期末余额填列。

（2）“交易性金融负债”项目，反映资产负债表日企业承担的交易性金融负债，以及企业持有的指定为以公允价值计量且其变动计入当期损益的金融负债的期末账面价值。该项目应根据“交易性金融负债”账户的相关明细账户的期末余额填列。

（3）“应付票据”项目，反映资产负债表日以摊余成本计量的、企业因购买材料、商品和接受劳务等经营活动开出、承兑的商业汇票，包括银行承兑汇票和商业承兑汇票。该项目应根据“应付票据”账户的期末余额填列。

（4）“应付账款”项目，反映资产负债表日以摊余成本计量的、企业因购买材料、商品和接受劳务等经营活动应支付的款项。该项目应根据“应付账款”和“预付账款”账户的相关明细账户的期末贷方余额合计数填列。“应付账款”账户所属明细账户期末有借方余额的，应在“预付款项”项目内填列。

（5）“预收款项”项目，反映企业按合同规定预收的款项。该项目应根据“预收账款”和“应收账款”账户所属各有关明细账户的期末贷方余额合计数填列。“预收账款”账户所属明细账户期末有借方余额的，应在“应收账款”项目内填列。

（6）“合同负债”项目，反映企业已收或应收客户对价而应向客户转让商品的义务。该项目应根据“合同负债”“合同资产”“合同结算”账户的相关明细账户期末余额分析填列。同一合同下的合同资产和合同负债应当以净额列示，净额为贷方余额的，应根据其流动性在“合同负债”或“其他非流动负债”项目中填列。

（7）“应付职工薪酬”项目，反映企业将于资产负债表日后12个月内支付的职工薪酬。该项目应根据“应付职工薪酬”账户明细账户的期末贷方余额分析填列。企业将于资产负债表日起12个月之后支付的职工薪酬应在非流动负债中反映。“应付职工薪酬”账户期末为借方余额的，则以“–”号填列。

（8）“应交税费”项目，反映企业按照税法规定计算应缴纳的各种税费。企业代扣代缴的个人所得税也通过该项目列示。该项目应根据“应交税费”账户的期末贷方余额填列。“应交税费”账户期末为借方余额的，则以“–”号填列。

提示

“应交税费”账户下的“应交增值税”“未交增值税”“待抵扣进项税额”“待认证进项税额”等明细账户期末借方余额应根据情况，在“其他流动资产”或“其他非流动资产”项目列示。“应交税费”账户下的“待转销项税额”等明细账户期末贷方余额应根据情况，在“其他流动负债”或“其他非流动负债”项目列示。“应交税费”账户下的“未交增值税”“简易计税”“转让金融商品应交增值税”“代扣代缴增值税”等明细账户期末贷方余额在“应交税费”项目列示。

（9）“其他应付款”项目，应根据“应付利息”“应付股利”和“其他应付款”账户的期末余额合计数填列。其中，“应付利息”仅反映相关金融工具已到期应支付但于资产负债表日尚未支付的利息。基于实际利率法计提的金融工具的利息应包含在相应金融工具的账面余额中。

（10）“持有待售负债”项目，反映资产负债表日处置组中与划分为持有待售类别的资产直接相关的负债的期末账面价值。该项目应根据“持有待售负债”账户的期末余额填列。

（11）“一年内到期的非流动负债”项目，反映企业核算的非流动负债在资产负债表日后一年内到期部分的金额。该项目应根据相关非流动负债账户的期末余额分析填列。

（12）“长期借款”项目，反映企业向银行或其他金融机构借入的期限在一年以上（不含一年）的借款。该项目应根据“长期借款”总账账户余额扣除“长期借款”账户所属的明细账户中将在资产负债表日起一年内到期，且企业在资产负债表日没有将负债清偿推迟到资产负债表日后一年以上的实质性权利的长期借款后的金额计算填列。

（13）“应付债券”项目，反映企业为筹集长期资金而发行的债券。该项目应根据“应付债券”账户的期末余额填列。该项目下的“优先股”和“永续债”两个项目，分别反映企业发行的分类为金融负债的优先股和永续债的账面价值。

（14）“租赁负债”项目，反映资产负债表日承租人企业尚未支付的租赁付款额的期末账面价值。该项目应根据“租赁负债”账户的期末余额扣除资产负债表日后 12 个月内租赁负债预期减少的金额计算填列。自资产负债表日起一年内到期应予以清偿的租赁负债的期末账面价值，在“一年内到期的非流动负债”项目反映。

（15）“长期应付款”项目，反映资产负债表日企业除长期借款和应付债券以外的其他各种长期应付款项的期末账面价值。该项目应根据“长期应付款”账户的期末余额，减去相关的“未确认融资费用”账户的期末余额后的金额，以及“专项应付款”账户的期末余额填列。

（16）“预计负债”项目，反映企业已确认尚未支付的预计负债。该项目应根据“预计负债”账户的期末余额填列。按照《企业会计准则第 14 号——收入》相关规定确认为预计负债的应付退货款，应当根据“预计负债”账户下的“应付退货款”明细账户是否在一年或一个正常营业周期内清偿，在“其他流动负债”或“预计负债”项目中填列。

（17）“递延收益”项目，反映企业尚未确认的各项收入或收益。该项目应根据“递延收益”账户的期末余额填列。

（18）“递延所得税负债”项目，反映企业已确认的应纳税暂时性差异产生的递延所得税负债。该项目应根据“递延所得税负债”账户的期末余额填列。

（19）“其他非流动负债”项目，反映企业除以上长期负债项目以外的其他长期负债。该项目应根据有关账户的期末余额填列。如果其他长期负债价值较大，则应在会计报表附注中披露其内容和金额。

上述长期负债各项目中将于一年内（含一年）到期的非流动负债，应在“一年内到期的非流动负债”项目内单独反映。上述非流动负债各项目均应根据有关账户期末余额减去将于一年内（含一年）到期的非流动负债后的金额填列。

3. 所有者权益项目

（1）“实收资本（或股本）”项目，反映企业各投资者实际投入的资本（或股本）总额。该项目应根据“实收资本（或股本）”账户的期末余额填列。

（2）“其他权益工具”项目，反映资产负债表日企业发行在外的除普通股以外分类为权益工具的金融工具的账面价值。该项目应根据“其他权益工具”账户的期末余额填列。该项目下的“优先股”和“永续债”两个项目，分别反映企业发行的分类为权益工具的优先股和永续债的账面价值。

（3）“资本公积”项目，反映企业资本公积的期末余额。该项目应根据“资本公积”账户的期末余额填列。

（4）“库存股”项目，反映企业持有尚未转让或注销的本公司股份金额。该项目应根据“库存股”账户的期末余额填列。

（5）“其他综合收益”项目，反映企业根据企业会计准则规定未在当期损益中确认的各项利得和损失的期末余额。该项目应根据“其他综合收益”账户的期末余额填列。

（6）“盈余公积”项目，反映企业盈余公积的期末余额。该项目应根据“盈余公积”账户的期末余额填列。

（7）“未分配利润”项目，反映企业尚未分配的利润。该项目应根据“本年利润”账户和“利润分配”账户中所属的“未分配利润”明细账户期末余额填列。未弥补的亏损在该项目内以“–”号填列。

任务实施

云康公司为增值税一般纳税人，有关资料如下：

1. 云康公司 2024 年 1 月 1 日有关账户的余额见表 14–1。

表 14–1　期初科目余额表

单位：元

账户名称	借方余额	账户名称	贷方余额
库存现金	3 600	短期借款	600 000
银行存款	4 735 800	应付票据	400 000
交易性金融资产	170 000	应付账款	900 000
应收票据	600 000	其他应付款	120 000
应收账款	600 000	应付职工薪酬	45 600
其他应收款	10 000	应交税费	51 000
坏账准备	–18 400	应付股利	0
应收股利	12 000	应付利息	15 000
原材料	540 000	长期借款	440 000
周转材料	424 000	实收资本	10 000 000
库存商品	1 000 000	资本公积	3 200 000
存货跌价准备	0	盈余公积	1 510 000

（续表）

账户名称	借方余额	账户名称	贷方余额
长期股权投资	2 400 000	利润分配	
固定资产	6 550 000	未分配利润	280 000
累计折旧	–5 180 000		
工程物资	190 000		
在建工程	5 060 000		
无形资产	520 000		
累计摊销	–60 000		
递延所得税资产	4 600		
合计	17 561 600.00	合计	17 561 600.00

注：坏账准备是对应收账款计提，应收账款所属明细账均为借方余额，应付账款所属明细账均为贷方余额。

2. 云康公司 2024 年发生下列经济业务：

（1）出售交易性金融资产，收到款项 138 000 元，该交易性金融资产的账面余额为 130 000 元，转让该笔金融商品应交的增值税为 452.83 元。

（2）将一张到期的面值为 600 000 元的银行承兑汇票办理委托收款手续，款项银行已收妥。

（3）从银行提取现金 15 600 元，用于支付临时劳务报酬。

（4）结算并以银行存款支付职工薪酬 45 600 元，其中生产工人工资 29 640 元，车间管理人员工资 9 120 元，行政管理部人员工资 6 840 元。

（5）收到应收账款 120 000 元，存入银行。

（6）收到应收现金股利 12 000 元（按成本法核算，该公司及其投资企业所得税税率均为 25%），已存入银行。

（7）销售一批产品，开具的增值税专用发票上注明的售价为 3 000 000 元，增值税税额为 390 000 元，该批产品成本为 1 800 000 元，价款尚未收到。

（8）购入一批原材料，取得的增值税专用发票上注明的价款为 500 000 元，增值税税额为 65 000 元。款项一半用银行存款支付，另一半开出银行承兑汇票。材料已验收入库。

（9）基本生产车间耗用原材料 440 000 元，领用低值易耗品 100 000 元（一次摊销）。

（10）用银行存款 1 100 000 元投资另一家企业，获得该企业 55% 有表决权的股份，该项投资准备长期持有。

（11）购入一台设备，取得的增值税专用发票上注明的价款为 1 940 000 元，增值税税额为 252 200 元。运杂费共计 6 200 元（取得增值税普通发票）。全部款项均以银行存款支付。

（12）计提生产车间应负担的折旧费用 360 000 元，公司应负担的折旧费用 80 000 元。

（13）购入一批工程物资准备建造房屋，取得的增值税普通发票上注明的价款为400 000元，增值税税额为52 000元。款项用银行存款支付。

（14）工程领用一批工程物资220 000元，该工程应付职工薪酬159 600元，以银行存款缴纳耕地占用税20 000元。

（15）完成对原有生产线的更新改造，该项目累计支出860 000元。工程竣工已交付使用。

（16）出售一个库房，开具的增值税发票上注明的价款为80 000元，增值税税额为7 200元。该库房原值150 000元，已计提折旧60 000元，未计提减值准备。

（17）归还短期借款本金300 000元，利息15 000元（已计提）。

（18）从银行借入5年期借款1 200 000元，已存入银行账户，该项借款用于购建固定资产。

（19）提取应计入本期损益的借款利息共12 000元，其中短期借款利息3 000元，长期借款利息9 000元。

（20）用银行存款支付广告费，取得的增值税专用发票上注明的价款为100 000元，增值税税额为6 000元。

（21）摊销无形资产40 000元（非研发无形资产），缴纳印花税1 000元，支付基本生产车间固定资产修理费90 000元（取得增值税普通发票）。

（22）计算并结转本期完工产品成本938 760元。公司没有期初在产品，本期生产的产品全部完工入库。

（23）年末计提应收账款的坏账准备5 000元。

（24）年末计提存货跌价准备20 000元。

（25）本期产品销售应缴纳城市维护建设税5 211.7元，教育费附加2 233.58元。

（26）用银行存款缴纳增值税50 000元，城市维护建设税5 211.7元，教育费附加2 233.58元。

（27）将各损益类账户结转本年利润。

（28）计算并结转应交所得税215 065.47元，所得税税率为25%。

（29）提取法定盈余公积金62 644.64元，向投资者分配股利300 000元。

（30）将利润分配各账户的余额转入“未分配利润”明细账户，结转本年净利润362 644.64元。

3. 根据上述资料编制会计分录。

（1）借：其他货币资金——存出投资款　　138 000
　　　贷：交易性金融资产　　130 000
　　　　　投资收益　　8 000
　　借：投资收益　　452.83
　　　贷：应交税费——转让金融商品应交增值税　　452.83

（2）借：银行存款　　600 000
　　　贷：应收票据　　600 000

（3）借：库存现金　　15 600
　　　贷：银行存款　　15 600

（4）借：生产成本　　29 640

制造费用	9 120	
管理费用	6 840	
贷：应付职工薪酬		45 600
借：应付职工薪酬	45 600	
贷：银行存款		45 600
（5）借：银行存款	120 000	
贷：应收账款		120 000
（6）借：银行存款	12 000	
贷：应收股利		12 000
（7）借：应收账款	3 390 000	
贷：主营业务收入		3 000 000
应交税费——应交增值税（销项税额）		390 000
借：主营业务成本	1 800 000	
贷：库存商品		1 800 000
（8）借：原材料	500 000	
应交税费——应交增值税（进项税额）	65 000	
贷：银行存款		282 500
应付票据		282 500
（9）借：生产成本	440 000	
贷：原材料		440 000
借：制造费用	100 000	
贷：周转材料		100 000
（10）借：长期股权投资	1 100 000	
贷：银行存款		1 100 000
（11）借：固定资产	1 946 200	
应交税费——应交增值税（进项税额）	252 200	
贷：银行存款		2 198 400
（12）借：制造费用	360 000	
管理费用	80 000	
贷：累计折旧		440 000
（13）借：工程物资	452 000	
贷：银行存款		452 000
（14）借：在建工程	399 600	
贷：工程物资		220 000
应付职工薪酬		159 600
银行存款		20 000
（15）借：固定资产	860 000	
贷：在建工程		860 000
（16）借：固定资产清理	90 000	

累计折旧	60 000	
贷：固定资产		150 000
借：银行存款	87 200	
贷：固定资产清理		80 000
应交税费——应交增值税（销项税额）		7 200
借：资产处置损益	10 000	
贷：固定资产清理		10 000
（17）借：短期借款	300 000	
应付利息	15 000	
贷：银行存款		315 000
（18）借：银行存款	1 200 000	
贷：长期借款		1 200 000
（19）借：财务费用	12 000	
贷：应付利息		12 000
（20）借：销售费用	100 000	
应交税费——应交增值税（进项税额）	6 000	
贷：银行存款		106 000
（21）借：管理费用	40 000	
贷：累计摊销		40 000
借：管理费用	90 000	
税金及附加	1 000	
贷：银行存款		91 000
（22）借：库存商品	938 760	
贷：生产成本		938 760
借：生产成本	469 120	
贷：制造费用		469 120
（23）借：信用减值损失	5 000	
贷：坏账准备		5 000
（24）借：资产减值损失	20 000	
贷：存货跌价准备		20 000
（25）借：税金及附加	7 445.28	
贷：应交税费——城市维护建设税		5 211.7
应交税费——教育费附加		2 233.58
（26）借：应交税费——应交增值税（已交税金）	50 000	
应交税费——城市维护建设税	5 211.7	
应交税费——教育费附加	2 233.58	
贷：银行存款		57 445.28
（27）借：主营业务收入	3 000 000	
投资收益	7 547.17	

贷：本年利润　　3 007 547.17

借：本年利润　　2 172 285.28

贷：主营业务成本　　1 800 000

税金及附加　　8 445.28

销售费用　　100 000

管理费用　　216 840

财务费用　　12 000

信用减值损失　　5 000

资产减值损失　　20 000

资产处置损益　　10 000

（28）本年应交所得税 =（3 007 547.17－2 172 285.28＋5 000＋20 000）×25%＝215 065.47（元）

本年递延所得税资产增加额 =（5 000＋20 000）×25%＝6 250（元）

借：所得税费用　　208 815.47

递延所得税资产　　6 250

贷：应交税费——应交所得税　　215 065.47

借：本年利润　　208 815.47

贷：所得税费用　　208 815.47

（29）本年应提法定盈余公积 =（3 007 547.17－2 172 285.28－208 815.47）×10%＝62 644.64（元）

借：利润分配——提取法定盈余公积　　62 644.64

贷：盈余公积——法定盈余公积　　62 644.64

向投资者分配股利 300 000 元：

借：利润分配——应付股利　　300 000

贷：应付股利　　300 000

（30）借：本年利润　　626 446.42

贷：利润分配——未分配利润　　626 446.42

借：利润分配——未分配利润　　362 644.64

贷：利润分配——提取法定盈余公积　　62 644.64

利润分配——应付股利　　300 000

4. 云康公司 2024 年 12 月 31 日有关账户的余额见表 14–2。

表 14–2　期末科目余额表

单位：元

账户名称	借方余额	账户名称	贷方余额
库存现金	19 200	短期借款	300 000
银行存款	2 071 454.72	应付票据	682 500
其他货币资金	138 000	应付账款	900 000
交易性金融资产	40 000	其他应付款	120 000

（续表）

账户名称	借方余额	账户名称	贷方余额
应收票据	0	应付职工薪酬	205 200
应收股利	0	应交税费	290 518.30
应收账款	3 870 000	应付股利	300 000
其他应收款	10 000	应付利息	12 000
坏账准备	－23 400	长期借款	1 640 000
原材料	600 000	股本	10 000 000
周转材料	324 000	资本公积	3 200 000
库存商品	138 760	盈余公积	1 572 644.64
存货跌价准备	－20 000	利润分配	
长期股权投资	3 500 000	（未分配利润）	543 801.78
固定资产	9 206 200		
累计折旧	－5 560 000		
工程物资	422 000		
在建工程	4 599 600		
无形资产	520 000		
累计摊销	－100 000		
递延所得税资产	10 850		
合计	19 766 664.72	合计	19 766 664.72

5. 编制云康公司 2024 年年末资产负债表，见表 14-3。

表 14-3　资产负债表

会企 01 表

编制单位：云康公司　　2024 年 12 月 31 日　　单位：元

资产	期末余额	上年年末余额	负债和所有者权益（或股东权益）	期末余额	上年年末余额
流动资产：			流动负债：		
货币资金	2 228 654.72	4 739 400	短期借款	300 000	600 000
交易性金融资产	40 000	170 000	交易性金融负债		
衍生金融资产			衍生金融负债		

（续表）

资产	期末余额	上年年末余额	负债和所有者权益（或股东权益）	期末余额	上年年末余额
应收票据	0	600 000	应付票据	682 500	400 000
应收账款	3 846 600	581 600	应付账款	900 000	900 000
应收款项融资			预收款项		
预付款项			合同负债		
其他应收款	10 000	22 000	应付职工薪酬	205 200	45 600
存货	1 042 760	1 964 000	应交税费	290 518.30	51 000
合同资产			其他应付款	432 000	135 000
持有待售资产			持有待售负债		
一年内到期的非流动资产			一年内到期的非流动负债		
其他流动资产			其他流动负债		
流动资产合计	7 168 014.72	8 077 000	流动负债合计	2 810 218.30	2 131 600
非流动资产：			非流动负债：		
债权投资			长期借款	1 640 000	440 000
其他债权投资			应付债券		
长期应收款			其中：优先股		
长期股权投资	3 500 000	2 400 000	永续债		
其他权益工具投资			租赁负债		
其他非流动金融资产			长期应付款		
投资性房地产			预计负债		
固定资产	3 646 200	1 370 000	递延收益		
在建工程	5 021 600	5 250 000	递延所得税负债		
生产性生物资产			其他非流动负债		
油气资产			非流动负债合计	1 640 000	440 000
使用权资产			负债合计	4 450 218.3	2 571 600
无形资产	420 000	460 000	所有者权益（或股东权益）：		
开发支出			实收资本（或股本）	10 000 000	10 000 000

（续表）

资产	期末余额	上年年末余额	负债和所有者权益（或股东权益）	期末余额	上年年末余额
商誉			其他权益工具		
长期待摊费用			其中：优先股		
递延所得税资产	10 850	4 600	永续债		
其他非流动资产			资本公积	3 200 000	3 200 000
非流动资产合计	12 598 650	9 484 600	减：库存股		
			其他综合收益		
			专项储备		
			盈余公积	1 572 644.64	1 510 000
			未分配利润	543 801.78	280 000
			所有者权益（或股东权益）合计	15 316 446.42	14 990 000
资产总计	19 766 664.72	17 561 600	负债和所有者权益（或股东权益）总计	19 766 664.72	17 561 600

任务三
编制利润表

知识要点

一、利润表的内容和结构

（一）利润表的内容

利润表是反映企业一定会计期间内经营成果的会计报表。利润表反映的收入、费用、利润的金额和构成情况，能够反映企业经营的业绩和管理者的经营能力；通过分析利润表，可以评价企业的获利能力，预测企业的经营前途及利润增减趋势。

根据我国企业会计准则的规定，利润表主要包括以下七个方面的内容。

1. 营业收入

营业收入 = 主营业务收入 + 其他业务收入

2. 营业利润

营业利润 = 营业收入 − 营业成本 − 税金及附加 − 销售费用 − 管理费用 − 研发费用 − 财务费用 + 其他收益（−其他损失）+ 投资收益（−投资损失）+ 净敞口套期收益（−净敞口套期损失）+ 公允价值变动收益（−公允价值变动损失）− 信用减值损失 − 资产减值损失 + 资产处置收益（−资产处置损失）

3. 利润总额

利润总额 = 营业利润 + 营业外收入 − 营业外支出

4. 净利润

净利润 = 利润总额 − 所得税费用

5. 其他综合收益的税后净额

该项目反映企业根据企业会计准则规定未在当期损益中确认的各项利得和损失扣除所得税影响后的净额，包括不能重分类进损益的其他综合收益和将重分类进损益的其他综合收益。

6. 综合收益总额

综合收益总额 = 净利润 + 其他综合收益的税后净额

7. 每股收益

每股收益 = 基本每股收益 + 稀释每股收益

（二）利润表的结构

我国企业的利润表采用多步式格式。多步式利润表是从营业收入开始，依次分步计算出营业利润、利润总额及净利润。

利润表一般由表头、表体两部分组成。表头部分应列明报表名称、编制单位名称、编制日期、报表编号和计量单位。表体部分是利润表的主体，列示了形成经营成果的各个项目和计算过程。

二、利润表的编制方法

（一）“上期金额”栏的填列方法

利润表“上期金额”栏内各项目数字，应根据上年该期利润表“本期金额”栏内所列数字填列。

（二）“本期金额”栏的填列方法

利润表“本期金额”栏内各项目数字，除“基本每股收益”和“稀释每股收益”项目外，应按照相关账户的发生额分析填列。

1. “营业收入”项目

“营业收入”项目，反映企业经营主要业务和其他业务所取得的收入总额。该项目应根据“主营业务收入”和“其他业务收入”账户的发生额分析填列。

2. “营业成本”项目

“营业成本”项目，反映企业经营主要业务和其他业务所发生的成本总额。该项目应根据“主营业务成本”和“其他业务成本”账户的发生额分析填列。

3. “税金及附加”项目

“税金及附加”项目，反映企业经营业务应负担的消费税、城市维护建设税、教育费附加、资源税、土地增值税及房产税、车船税、城镇土地使用税、印花税等相关税费。该项目应根据“税金及附加”账户的发生额分析填列。

4. “销售费用”项目

“销售费用”项目，反映企业在销售商品过程中发生的包装费、广告费等费用和为销售商品而专设的销售机构的职工薪酬、业务费等经营费用。该项目应根据“销售费用”账户的发生额分析填列。

5. “管理费用”项目

“管理费用”项目，反映企业为组织和管理企业生产经营所发生的管理费用。该项目应根据“管理费用”账户所属相关明细账户的发生额分析填列。

6.“研发费用”项目

“研发费用”项目，反映企业进行研究与开发过程中发生的费用化支出，以及计入管理费用的自行开发无形资产的摊销。该项目应根据“管理费用”账户下的“研发费用”明细账户的发生额，以及“管理费用”账户下的“无形资产摊销”明细账户的发生额分析填列。

7.“财务费用”项目

“财务费用”项目，反映企业为筹集生产经营所需资金等而发生的筹资费用。该项目应根据“财务费用”账户的发生额分析填列。

（1）“利息费用”项目，反映企业为筹集生产经营所需资金等而发生的应予费用化的利息支出。该项目应根据“财务费用”账户相关明细账户的发生额分析填列。该项目作为“财务费用”项目的其中项，以正数填列。

（2）“利息收入”项目，反映企业按照相关企业会计准则确认的应冲减财务费用的利息收入。该项目应根据“财务费用”账户相关明细账户的发生额分析填列。该项目作为“财务费用”项目的其中项，以正数填列。

8.“其他收益”项目

“其他收益”项目，反映计入其他收益的政府补助，以及其他与日常活动相关且计入其他收益的项目。该项目应根据“其他收益”账户的发生额分析填列。企业作为个人所得税的扣缴义务人，根据《中华人民共和国个人所得税法》收到的扣缴税款手续费，应作为其他与日常活动相关的收益在该项目中填列。

9.“投资收益”项目

“投资收益”项目，反映企业确认的投资收益或投资损失。该项目应根据“投资收益”账户的发生额分析填列。如为投资损失，以“−”号填列。

10.“净敞口套期收益”项目

“净敞口套期收益”项目，反映净敞口套期下被套期项目累计公允价值变动转入当期损益的金额或现金流量套期储备转入当期损益的金额。该项目应根据“净敞口套期损益”账户的发生额分析填列。如为套期损失，以“−”号填列。

11.“公允价值变动收益”项目

“公允价值变动收益”项目，反映企业交易性金融资产、交易性金融负债、采用公允价值模式计量的投资性房地产等公允价值变动形成的应计入当期损益的利得或损失。该项目应根据“公允价值变动损益”账户分析填列。如为公允价值变动损失，以“−”号填列。

12.“资产减值损失”项目

“资产减值损失”项目，反映企业计提各项资产减值准备所形成的损失。该项目应根据“资产减值损失”账户的发生额分析填列。

13.“信用减值损失”项目

“信用减值损失”项目，反映企业计提的各项金融工具减值准备所形成的预期信用损失。该项目应根据“信用减值损失”账户的发生额分析填列。

14.“资产处置收益”项目

“资产处置收益”项目，反映企业出售划分为持有待售的非流动资产（金融工具、长期股权投资和投资性房地产除外）或处置组（子公司和业务除外）时确认的处置利得或损失，以及处置未划分为持有待售的固定资产、在建工程、生产性生物资产及无形资产而产生的处置利得或损失。该项目应根据“资产处置损益”账户的发生额分析填列。如为处置损失，以“–”号填列。

15.“营业利润”项目

“营业利润”项目，反映企业经营活动产生的利润。如为亏损，以“–”号填列。

16.“营业外收入”项目

“营业外收入”项目，反映企业发生的除营业利润以外的收益，主要包括与企业日常活动无关的政府补助、盘盈利得、捐赠利得（企业接受股东或股东的子公司直接或间接的捐赠，经济实质属于股东对企业的资本性投入的除外）等。该项目应根据“营业外收入”账户的发生额分析填列。

17.“营业外支出”项目

“营业外支出”项目，反映企业发生的除营业利润以外的支出，主要包括公益性捐赠支出、非常损失、盘亏损失、非流动资产毁损报废损失等。该项目应根据“营业外支出”账户的发生额分析填列。

18.“利润总额”项目

“利润总额”项目，反映企业实现的利润总额。如为亏损，以“–”号填列。

19.“所得税费用”项目

“所得税费用”项目，反映企业应从当期利润中扣除的所得税费用。该项目应根据“所得税费用”账户的发生额分析填列。

20.“净利润”项目

“净利润”项目，反映企业实现的净利润。如为净亏损，以“–”号填列。

“持续经营净利润”和“终止经营净利润”项目，分别反映净利润中与持续经营相关的净利润和与终止经营相关的净利润。如为净亏损，以“–”号填列。

21.“其他综合收益的税后净额”项目

“其他综合收益的税后净额”项目，反映根据企业会计准则规定未在损益中确认的各项利得和损失扣除所得税影响后的净额。该项目应根据“其他综合收益”账户本期发生额分析填列。该项目金额等于本项目下“不能重分类进损益的其他综合收益”和“将重分类进损益的其他综合收益”项目合计数。

22.“综合收益总额”项目

综合收益是指企业在某一期间除与所有者以其所有者身份进行的交易之外的其他交易或事项所引起的所有者权益变动。“综合收益总额”，反映“净利润”和“其他综合收益的税后净额”项目的合计金额。

23.“每股收益”项目

“每股收益”项目，反映普通股或潜在普通股已公开交易的企业以及正处于公开发行普通股或潜在普通股过程中的企业应当在利润表中分别列示的基本每股收益和稀释每股收益。

（1）“基本每股收益”项目，反映企业普通股股东持有每一股份所能享有企业的利润或承担企业的亏损。该项目应按照归属于普通股股东的当期净利润除以当期实际发行在外普通股加权平均数计算确定。

（2）“稀释每股收益”项目，反映企业存在稀释性潜在普通股的情况下，以基本每股收益为基础，考虑稀释性潜在普通股影响的每股收益。企业存在稀释性潜在普通股的，应当根据其影响分别调整归属于普通股股东的当期净利润以及发行在外普通股的加权平均数，并据以计算稀释每股收益。

任务实施

根据任务二云康公司的有关资料编制云康公司 2024 年利润表。

1. 云康公司 2024 年损益类账户的发生额见表 14–4。

表 14–4　损益类账户发生额

单位：元

账户名称	借方发生额	贷方发生额
主营业务收入		3 000 000
主营业务成本	1 800 000	
税金及附加	8 445.28	
销售费用	100 000	
管理费用	216 840	
财务费用	12 000	
信用减值损失	5 000	
资产减值损失	20 000	
资产处置损益		10 000
投资收益		8 000
营业外收入		
营业外支出		
所得税费用	208 815.47	

2. 编制云康公司 2024 年利润表，见表 14–5。

表 14–5　利润表

会企 02 表

编制单位：云康公司　　2024 年　　单位：元

项目	本期金额	上期金额（略）
一、营业收入	3 000 000	
减：营业成本	1 800 000	

（续表）

项目	本期金额	上期金额（略）
税金及附加	8 445.28	
销售费用	100 000	
管理费用	216 840	
研发费用		
财务费用	12 000	
其中：利息费用	12 000	
利息收入		
加：其他收益		
投资收益（损失以“—”号填列）	8 000	
其中：对联营企业和合营企业的投资收益		
以摊余成本计量的金融资产终止确认收益（损失以“—”号填列）		
净敞口套期收益（损失以“—”号填列）		
公允价值变动收益（损失以“—”号填列）		
信用减值损失（损失以“—”号填列）	5 000	
资产减值损失（损失以“—”号填列）	20 000	
资产处置收益（损失以“—”号填列）	10 000	
二、营业利润（亏损以“—”号填列）	855 714.72	
加：营业外收入		
减：营业外支出		
三、利润总额（亏损总额以“—”号填列）	855 714.72	
减：所得税费用	208 815.47	
四、净利润（净亏损以“—”号填列）	646 899.25	
（一）持续经营净利润（净亏损以“—”号填列）		
（二）终止经营净利润（净亏损以“—”号填列）		
五、其他综合收益的税后净额		
（一）不能重分类进损益的其他综合收益		
1. 重新计量设定受益计划变动额		

（续表）

项目	本期金额	上期金额（略）
2. 权益法下不能转损益的其他综合收益		
3. 其他权益工具投资公允价值变动		
4. 企业自身信用风险公允价值变动		
……		
（二）将重分类进损益的其他综合收益		
1. 权益法下可转损益的其他综合收益		
2. 其他债权投资公允价值变动		
3. 金融资产重分类计入其他综合收益的金额		
4. 其他债权投资信用减值准备		
5. 现金流量套期准备		
6. 外币财务报表折算差额		
……		
六、综合收益总额	646 899.25	
七、每股收益		
（一）基本每股收益		
（二）稀释每股收益		

任务四
编制现金流量表

知识要点

一、现金流量表的内容和结构

（一）现金流量表的内容

现金流量表是反映企业在一定会计期间内现金和现金等价物的流入和流出的报表。

通过现金流量表提供的信息，报表使用者可以了解和评价企业获得现金和现金等价物的能力，并据以预测企业未来现金流量。

现金是指企业库存现金以及可以随时用于支付的存款，包括库存现金、银行存款和其他货币资金等。不能随时用于支付的存款不属于现金。

现金等价物是指企业持有的期限短、流动性强、易于转换为已知金额现金、价值变动风险很小的投资。期限短一般是指从购买日起三个月内到期。现金等价物通常包括三个月内到期的债券投资等。权益性投资变现的金额通常不确定，因而不属于现金等价物。企业应当根据具体情况，确定现金等价物的范围，一经确定不得随意变更。

现金流量是指企业一定会计期间内现金流入和流出的数量。企业从银行提取现金、用现金购买短期到期的国债等现金和现金等价物之间的转换不属于现金流量。

现金流量表应按照企业经济业务发生的性质将产生的现金流量划分为三类。

1. 经营活动产生的现金流量

经营活动是指企业除投资活动和筹资活动以外的所有交易和事项，包括销售商品或提供劳务、购买商品或接受劳务、支付职工薪酬和各项税费等流入和流出现金和现金等价物的活动或事项。

2. 投资活动产生的现金流量

投资活动是指企业长期资产购建和不包括在现金等价物范围内的投资及其处置活动，包括购建长期资产、处置子公司及其他营业单位等流入和流出现金及现金等价物的活动或事项。

3. 筹资活动产生的现金流量

筹资活动是指导致企业资本及债务规模和构成发生变化的活动，包括吸收投资、发行债券、借入资金、支付股利、偿还债务等流入和流出现金和现金等价物的活动或事项。

（二）现金流量表的结构

我国现金流量表采用报告式结构，分类反映经营活动产生的现金流量、投资活动产生的现金流量和筹资活动产生的现金流量，最后汇总反映企业某一期间现金及现金等价物的净增加额。

二、现金流量表的编制方法

在编制现金流量表时，企业可根据业务量的大小及复杂程度，采用工作底稿法、T型账户法和分析填列法。

（一）工作底稿法

工作底稿法是以工作底稿为手段，以利润表和资产负债表数据为基础，结合有关账户的记录，对现金流量表的每一项目进行分析并编制调整分录，从而编制现金流量表的一种方法。

采用工作底稿法编制现金流量表的步骤如下：

第一步，将资产负债表的期初数和期末数过入工作底稿的期初数栏和期末数栏。

第二步，对当期业务进行分析并编制调整分录。调整分录大致分为三类：第一类涉及利润表中的收入、成本和费用项目以及资产负债表中的资产、负债及所有者权益项目，通过调整，将权责发生制下的收入费用转换为现金基础；第二类涉及资产负债表和现金流量表中的投资、筹资项目，反映投资和筹资活动的现金流量；第三类涉及利润表和现金流量表中的投资、筹资项目，目的是将利润表中有关投资、筹资方面的收入和费用列入现金流量表的投资、筹资现金流量中。此外，还有一些调整分录并不涉及现金收支，只是为了核对资产负债表项目的期末期初变动数。

在调整分录中，有关现金和现金等价物的事项，并不直接借记或贷记现金，而是分别记入“经营活动产生的现金流量”“投资活动产生的现金流量”“筹资活动产生的现金流量”有关项目，借记表明现金流入，贷记表明现金流出。

第三步，将调整分录过入工作底稿中的相应部分。

第四步，核对调整分录，借贷合计应当相等，资产负债表项目期初数加、减调整分录中的借、贷金额后的数值应当等于期末数。

第五步，根据工作底稿中的现金流量表项目部分编制正式的现金流量表。

（二）T型账户法

T型账户法是以T型账户为手段，以利润表和资产负债表数据为基础，结合有关账户的记录，对现金流量表的每一项目进行分析并编制调整分录，从而编制现金流量表的一种方法。

采用T型账户法编制现金流量表的步骤如下：

第一步，为所有的非现金项目（包括资产负债表项目和利润表项目）分别开设T型账户，并将各自的期末期初变动数过入各该账户。

第二步，开设一个大的“现金及现金等价物”T型账户，每边分为经营活动、投资活动和筹资活动三个部分，左边记现金流入，右边记现金流出。与其他账户一样，过入期末期初变动数。

第三步，以利润表项目为基础，结合资产负债表分析每一个非现金项目的增减变动，并据此编制调整分录。

第四步，将调整分录过入各T型账户并进行核对，该账户借贷相抵后的余额与原先过入的期末期初变动数应当一致。

第五步，根据大的“现金及现金等价物”T 型账户编制正式的现金流量表。

（三）分析填列法

分析填列法是直接根据资产负债表、利润表和有关明细账户的记录，分析计算出现金流量表各项目的金额，并据以编制现金流量表的一种方法。

三、分析填列法

现金流量表“上期金额”栏内各项目数字，应根据上年该期现金流量表“本期金额”栏内所列数字填列。采用分析填列法填列现金流量表“本期金额”栏的各项目。

（一）经营活动产生的现金流量

1.“销售商品、提供劳务收到的现金”项目

“销售商品、提供劳务收到的现金”项目，反映企业销售商品、提供劳务实际收到的现金（含销售收入和向购买者收取的增值税销项税额），包括本期销售商品、提供劳务收到的现金，以及前期销售商品、提供劳务本期收到的现金和本期预收的款项，减去本期销售本期退回商品和前期销售本期退回商品支付的现金。企业销售材料和代购代销业务收到的现金也在该项目反映。该项目可以根据“库存现金”“银行存款”“应收账款”“应收票据”“合同负债”“主营业务收入”“其他业务收入”等账户的记录分析填列。

微课 28：现金流量表的编制（一）上

微课 29：现金流量表的编制（一）下

2.“收到的税费返还”项目

“收到的税费返还”项目，反映企业收到返还的各种税费，如收到的增值税、消费税、关税、所得税和教育费附加返还等。该项目可以根据“库存现金”“银行存款”“营业外收入”“其他应收款”等账户的记录分析填列。

3.“收到其他与经营活动有关的现金”项目

“收到其他与经营活动有关的现金”项目，反映企业收到的其他与经营活动有关的现金流入，如罚款收入、经营租赁固定资产收到的租金等。若某项其他与经营活动有关的现金流入金额较大，应单列项目反映。企业实际收到的政府补助，无论是与资产相关还是与收益相关，均在该项目反映。该项目可以根据“库存现金”“银行存款”“其他收益”“营业外收入”等账户的记录分析填列。

4.“购买商品、接受劳务支付的现金”项目

“购买商品、接受劳务支付的现金”项目，反映企业购买材料、商品、接受劳务实际支付的现金（包括增值税进项税额），包括本期购入材料、商品、接受劳务支付的现金，以及本期支付前期购入商品、接受劳务的未付款项和本期预付款项，减去本期发生的购货退回收到的现金。企业代购代销业务支付的现金也在该项目反映。该项目可以根据“库存现金”“银行存款”“应付账款”“应付票据”“主营业务成本”“其他业务成本”等账户的记录分析填列。

5.“支付给职工以及为职工支付的现金”项目

“支付给职工以及为职工支付的现金”项目，反映企业实际支付给职工的工资、奖金、各种津贴和补贴等职工薪酬，以及为职工支付的其他费用。代扣代缴的职工个人所得税也

在该项目反映。该项目不包括支付给离退休人员的各项费用和支付给在建工程人员的工资等。企业支付给离退休人员的各项费用，包括支付的统筹退休金以及未参加统筹的退休人员的费用，在“支付其他与经营活动有关的现金”项目中反映；支付给在建工程人员的工资在“购建固定资产、无形资产和其他长期资产支付的现金”项目中反映。该项目可以根据“应付职工薪酬”“库存现金”“银行存款”等账户的记录分析填列。

6. “支付的各项税费”项目

“支付的各项税费”项目，反映企业发生并支付的税费，本期支付前期发生的税费以及本期预交的税费，包括所得税、增值税、消费税、城市维护建设税、教育费附加、印花税、房产税、土地增值税、车船税等。该项目可以根据“应交税费”“库存现金”“银行存款”等账户的记录分析填列。

7. “支付其他与经营活动有关的现金”项目

“支付其他与经营活动有关的现金”项目，反映企业支付其他与经营活动有关的现金，如罚款支出、支付的差旅费、业务招待费、保险费、广告费等。若其他与经营活动有关的现金流出金额较大，应单列项目反映。该项目可以根据“库存现金”“银行存款”“管理费用”“销售费用”“营业外支出”等账户的记录分析填列。

（二）投资活动产生的现金流量

1. “收回投资收到的现金”项目

微课 30：现金流量表的编制（二）

“收回投资收到的现金”项目，反映企业出售、转让或到期收回除现金等价物以外的对其他企业的权益工具、债务工具投资等收到的现金。该项目不包括收回债务工具实现的投资收益、处置子公司及其他营业单位收到的现金净额。该项目可以根据“交易性金融资产”“债权投资”“其他债权投资”“其他权益工具投资”“长期股权投资”“其他货币资金”“银行存款”“库存现金”等账户的记录分析填列。

2. “取得投资收益收到的现金”项目

“取得投资收益收到的现金”项目，反映企业除现金等价物以外的对其他企业的权益工具、债务工具投资等分回的现金股利和利息等，不包括股票股利。该项目可以根据“其他货币资金”“银行存款”“库存现金”“投资收益”等账户的记录分析填列。

3. “处置固定资产、无形资产和其他长期资产收回的现金净额”项目

“处置固定资产、无形资产和其他长期资产收回的现金净额”项目，反映企业出售、报废固定资产、无形资产和其他长期资产取得的现金（包括因资产毁损收到的保险赔偿款），减去为处置这些资产而支付的有关费用后的净额。如所收回的现金净额为负数，则应在“支付其他与投资活动有关的现金”项目反映。该项目可以根据“固定资产清理”“银行存款”“库存现金”等账户的记录分析填列。

4. “处置子公司及其他营业单位收到的现金净额”项目

“处置子公司及其他营业单位收到的现金净额”项目，反映企业处置子公司及其他营业单位所取得的现金，减去相关处置费用以及子公司及其他营业单位持有的现金和现金等价物后的净额。该项目可以根据“长期股权投资”“银行存款”“库存现金”等账户的记录分析填列。

5. “收到其他与投资活动有关的现金”项目

“收到其他与投资活动有关的现金”项目，反映企业除了上述各项目以外，收到的其他

与投资活动有关的现金流入。若其他与投资活动有关的现金流入金额较大，应单列项目反映。该项目可以根据“应收股利”“应收利息”“其他货币资金”“银行存款”“库存现金”等账户的记录分析填列。

6.“购建固定资产、无形资产和其他长期资产支付的现金”项目

“购建固定资产、无形资产和其他长期资产支付的现金”项目，反映企业购买、建造固定资产，取得无形资产和其他长期资产实际支付的现金，以及用现金支付的应由在建工程和无形资产负担的职工薪酬，不包括为购建固定资产而发生的借款利息资本化的部分。企业支付的借款利息在筹资活动产生的现金流量中反映。该项目可以根据“固定资产”“在建工程”“无形资产”“银行存款”“库存现金”等账户的记录分析填列。

7.“投资支付的现金”项目

“投资支付的现金”项目，反映企业取得除现金等价物以外的对其他企业的权益工具、债务工具投资等所支付的现金，以及支付的佣金、手续费等交易费用，但取得子公司及其他营业单位支付的现金净额除外。该项目可以根据“交易性金融资产”“债权投资”“其他债权投资”“其他权益工具投资”“长期股权投资”“其他货币资金”“银行存款”“库存现金”等账户的记录分析填列。

8.“取得子公司及其他营业单位支付的现金净额”项目

“取得子公司及其他营业单位支付的现金净额”项目，反映企业购买子公司及其他营业单位购买价款中以现金支付的部分，减去子公司及其他营业单位持有的现金及现金等价物后的净额。该项目可以根据“长期股权投资”“银行存款”“库存现金”等账户的记录分析填列。

9.“支付其他与投资活动有关的现金”项目

“支付其他与投资活动有关的现金”项目，反映企业除了上述各项目以外，支付的其他与投资活动有关的现金流出，如企业购买股票时实际支付的价款中包含的已宣告尚未领取的现金股利，购买债券时支付的价款中包含的已到期尚未领取的债券利息等。若某项与投资活动有关的现金流出金额较大，应单列项目反映。该项目可以根据“应收股利”“应收利息”“其他货币资金”“银行存款”“库存现金”等账户的记录分析填列。

（三）筹资活动产生的现金流量

1.“吸收投资收到的现金”项目

“吸收投资收到的现金”项目，反映企业以发行股票、债券等方式筹集资金实际收到款项，减去直接支付的佣金、手续费、宣传费、咨询费、印刷费等发行费用后的净额。该项目可以根据“实收资本（或股本）”“库存现金”“银行存款”等账户的记录分析填列。

2.“取得借款收到的现金”项目

“取得借款收到的现金”项目，反映企业举借各种短期、长期借款所收到的现金。该项目可以根据“短期借款”“长期借款”“库存现金”“银行存款”等账户的记录分析填列。

3.“收到其他与筹资活动有关的现金”项目

“收到其他与筹资活动有关的现金”项目，反映企业除上述各项目外，收到的其他与筹资活动有关的现金流入。若某项其他与筹资活动有关的现金流入金额较大，应单列项目反映。该项目可以根据“银行存款”“库存现金”等账户的记录分析填列。

4.“偿还债务支付的现金”项目

“偿还债务支付的现金”项目，反映企业偿还债务本金所支付的现金，包括偿还的借款本金、偿还债券本金等。企业支付的借款利息、债券利息在“分配股利、利润或偿付利息支付的现金”项目反映。该项目可以根据“短期借款”“长期借款”“应付债券”“库存现金”“银行存款”等账户的记录分析填列。

5.“分配股利、利润或偿付利息支付的现金”项目

“分配股利、利润或偿付利息支付的现金”项目，反映企业实际支付的现金股利，支付给其他投资单位的利润以及支付的借款利息、债券利息等。该项目可以根据“应付股利”“应付利息”“财务费用”“长期借款”“库存现金”“银行存款”等账户的记录分析填列。

6.“支付其他与筹资活动有关的现金”项目

“支付其他与筹资活动有关的现金”项目，反映企业除了上述各项目外，支付的其他与筹资活动有关的现金流出。若某项其他与筹资活动有关的现金流出金额较大，应单列项目反映。该项目可以根据“长期应付款”“银行存款”“库存现金”等账户的记录分析填列。

（四）汇率变动对现金及现金等价物的影响

“汇率变动对现金及现金等价物的影响”项目，反映下列两项金额之间的差额：

（1）企业将外币现金流量及境外子公司的现金流量折算为人民币时，采用现金流量发生日的即期汇率或按照系统合理的方法确定的、与现金流量发生日即期汇率近似的汇率折算的人民币金额。

（2）外币现金及现金等价物净增加额按资产负债表日即期汇率折算的人民币金额。

在编制现金流量表时，可逐笔计算外币业务发生的汇率变动对现金的影响，也可采用简化的计算方法，即将现金流量表补充资料中“现金及现金等价物净增加额”数额与现金流量表中“经营活动产生的现金流量净额”“投资活动产生的现金流量净额”“筹资活动产生的现金流量净额”三项之和比较，其差额即为“汇率变动对现金及现金等价物的影响”项目的金额。

任务实施

根据任务二和任务三云康公司的有关资料，采用分析填列法编制云康公司2024年现金流量表。

1. 云康公司2024年度现金流量表各项目金额分析计算如下：

（1）销售商品、提供劳务收到的现金＝主营业务收入＋应交税费（即应交增值税——销项税额）+（应收账款期初余额－应收账款期末余额）+（应收票据期初余额－应收票据期末余额）－当期计提的坏账准备＝1 000 000＋130 000＋（581 600－1 586 600）+（600 000－0）－5 000＝720 000（元）

（2）购买商品、接受劳务支付的现金＝主营业务成本＋应交税费（即应交增值税——进项税额）－（存货期初余额－存货期末余额）+（应付账款期初余额－应付账款期末余额）+（应付票据期初余额－应付票据期末余额）－当期列入生产成本、制造费用的职工薪酬－当期列入生产成本、制造费用的折旧费＋当期计提的存货跌价准备＝540 000＋65 000－

(1 764 000－2 102 760)+(900 000－900 000)+(400 000－682 500)－38 760－360 000＋20 000＝282 500(元)

(3)支付给职工以及为职工支付的现金＝生产成本、制造费用、管理费用中职工薪酬＋(应付职工薪酬期初余额－应付职工薪酬期末余额)－[应付职工薪酬(在建工程)期初余额－应付职工薪酬(在建工程)期末余额]＝45 600＋(45 600－205 200)－(0－159 600)＝45 600(元)

(4)支付的各项税费＝当期所得税费用＋税金及附加＋应交税费(即增值税——已交税金)－(应交所得税期末余额－应交所得税期初余额)＋(递延所得税资产期末余额－递延所得税资产期初余额)＝208 815.47＋8 445.28＋50 000－(215 065.47－0)＋(6 250－0)＝58 445.28(元)

(5)支付其他与经营活动有关的现金＝其他管理费用＋销售费用及相关税费＝90 000＋106 000＝196 000(元)

(6)收回投资收到的现金＝交易性金融资产贷方发生额＋与交易性金融资产一起收回的投资收益＝130 000＋8 000＝138 000(元)

(7)取得投资收益所收到的现金＝收到的股息收入＝12 000(元)

(8)处置固定资产收回的现金净额＝87 200(元)

(9)购建固定资产支付的现金＝用现金购买的固定资产、工程物资＋支付给在建工程人员的薪酬＋支付的耕地占用税＝(2 198 400＋4 52 000)＋0＋20 000＝2 670 400(元)

(10)借款收到的现金＝1 200 000(元)

(11)偿还债务支付的现金＝300 000(元)

(12)偿还利息支付的现金＝15 000(元)

2. 根据上述数据编制现金流量表，见表14-6。

表14-6　现金流量表

会企03表

编制单位：云康公司　　　　2024年　　　　单位：元

项目	本期金额	上期金额（略）
一、经营活动产生的现金流量：		
销售商品、提供劳务收到的现金	720 000	
收到的税费返还		
收到的其他与经营活动有关的现金		
经营活动现金流入小计	720 000	
购买商品、接受劳务支付的现金	282 500	
支付给职工以及为职工支付的现金	45 600	
支付的各项税费	58 445.28	
支付其他与经营活动有关的现金	196 000	

（续表）

项目	本期金额	上期金额（略）
经营活动现金流出小计	582 545.28	
经营活动产生的现金流量净额	137 454.72	
二、投资活动产生的现金流量：		
收回投资收到的现金	138 000	
取得投资收益收到的现金	12 000	
处置固定资产、无形资产和其他长期资产收回的现金净额	87 200	
处置子公司及其他营业单位收到的现金净额		
收到其他与投资活动有关的现金		
投资活动现金流入小计	237 200	
购建固定资产、无形资产和其他长期资产支付的现金	2 670 400	
投资所支付的现金		
取得子公司及其他营业单位支付的现金净额	1 100 000	
支付其他与投资活动有关的现金		
投资活动现金流出小计	3 770 400	
投资活动产生的现金流量净额	−3 533 200	
三、筹资活动产生的现金流量：		
吸收投资收到的现金		
借款收到的现金	1 200 000	
收到其他与筹资活动有关的现金		
筹资活动现金流入小计	1 200 000	
偿还债务支付的现金	300 000	
分配股利、利润或偿还利息支付的现金	15 000	
支付其他与筹资活动有关的现金		
筹资活动现金流出小计	315 000	
筹资活动产生现金流量净额	885 000	
四、汇率变动对现金及现金等价物的影响		
五、现金及现金等价物净增加额	−2 510 745.28	
加：期初现金及现金等价物余额	4 739 400	
六、期末现金及现金等价物余额	2 228 654.72	

任务五
编制所有者权益变动表

知识要点

一、所有者权益变动表的内容和结构

（一）所有者权益变动表的内容

所有者权益变动表是反映所有者权益各组成部分当期增减变动情况的报表。对于综合收益和与所有者（或股东）的资本交易导致的所有者权益的变动，应当分别列示。所有者权益增减变动表全面反映了企业的股东权益在年度内的变化情况，便于会计信息使用者深入分析企业股东权益的增减变化情况，对企业的资本保值增值情况做出正确判断，提供对决策有用的信息。

（二）所有者权益变动表的结构

企业应当反映所有者权益各组成部分的期初和期末余额及其调节情况。企业应当以矩阵的形式编制所有者权益变动表：一方面，列示导致所有者权益变动的交易或事项，按所有者权益变动的来源对一定时期内所有者权益变动情况进行全面反映；另一方面，按照所有者权益各组成部分［包括实收资本（或股本）、资本公积、其他综合收益、盈余公积、未分配利润、库存股等］及其总额列示相关交易或事项对所有者权益的影响。

二、所有者权益变动表的编制方法

企业应当根据所有者权益类账户和损益类有关账户的发生额分析填列所有者权益变动表“本年金额”栏。

（一）“上年年末余额”项目

该项目根据上年资产负债表中“实收资本（或股本）”“资本公积”“其他综合收益”“盈余公积”“未分配利润”等项目的年末余额填列。

（二）“会计政策变更”和“前期差错更正”项目

该项目根据“盈余公积”“利润分配”“以前年度损益调整”等账户的发生额分析填列，并在“上年年末余额”的基础上调整得出“本年年末余额”项目。

（三）“本年增减变动金额”项目

1.“综合收益总额”项目

“综合收益总额”项目，反映企业当年的综合收益总额。该项目应根据当年利润表中

“其他综合收益的税后净额”和“净利润”项目填列，并分别对应在“其他综合收益”和“未分配利润”栏。

2.“所有者投入和减少资本”项目

“所有者投入和减少资本”项目，反映企业当年所有者投入的资本和减少的资本。

（1）“所有者投入的普通股”项目，反映企业接受投资者投入形成的实收资本（或股本）和资本公积。该项目应根据“实收资本（或股本）”“资本公积”等账户的发生额分析填列，并分别对应在“实收资本（或股本）”和“资本公积”栏。

（2）“其他权益工具持有者投入资本”项目，反映企业发行的除普通股以外分类为权益工具的金融工具的持有者投入资本的金额。该项目应根据金融工具类账户相关明细账户的发生额分析填列。

（3）“股份支付计入所有者权益的金额”项目，反映企业处于等待期中的权益结算的股份支付当年计入资本公积的金额。该项目应根据“资本公积”账户所属的“其他资本公积”二级账户的发生额分析填列，并对应在“资本公积”栏。

3.“利润分配”项目

“利润分配”项目，反映当年对所有者（或股东）分配的利润（或股利）的金额和按照规定提取的盈余公积金额，并分别对应在“未分配利润”和“盈余公积”栏。

（1）“提取盈余公积”项目，反映企业按照规定提取的盈余公积。该项目应根据“盈余公积”“利润分配”账户的发生额分析填列。

（2）“对所有者（或股东）的分配”项目，反映对所有者（或股东）分配的利润（或股利）的金额。该项目应根据“利润分配”账户的发生额分析填列。

4.“所有者权益内部结转”项目

“所有者权益内部结转”项目，反映不影响当年所有者权益总额的所有者权益各组成部分之间当年的增减变动，包括资本公积转增资本（或股本）、盈余公积转增资本（或股本）、盈余公积弥补亏损等。

（1）“资本公积转增资本（或股本）”项目，反映企业以资本公积转增资本或股本的金额。该项目应根据“实收资本”“资本公积”等账户的发生额分析填列。

（2）“盈余公积转增资本（或股本）”项目，反映企业以盈余公积转增资本或股本的金额。该项目应根据“实收资本”“盈余公积”等账户的发生额分析填列。

（3）“盈余公积弥补亏损”项目，反映企业以盈余公积弥补亏损的金额。该项目应根据“盈余公积”“利润分配”等账户的发生额分析填列。

任务实施

根据任务二、任务三、任务四云康公司的有关资料，编制云康公司 2024 年所有者权益变动表，见表 14-7。

表 14-7　所有者权益变动表

会企 04 表

编制单位：云康公司　　　　2024 年　　　　单位：元

项目	本年金额											上年金额										
	实收资本（或股本）	其他权益工具			资本公积	减：库存股	其他综合收益	专项储备	盈余公积	未分配利润	所有者权益合计	实收资本（或股本）	其他权益工具			资本公积	减：库存股	其他综合收益	专项储备	盈余公积	未分配利润	所有者权益合计
		优先股	永续债	其他									优先股	永续债	其他							
一、上年年末余额	10 000 000				3 200 000				1 510 000	280 000	14 990 000											
加：会计政策变更																						
前期差错更正																						
其他																						
二、本年年初余额	10 000 000				3 200 000				1 510 000	280 000	14 990 000											
三、本年增减变动金额（减少以“—”号填列）																						
（一）综合收益总额																						
（二）所有者投入和减少资本																						
1. 所有者投入的普通股																						

（续表）

项目	本年金额											上年金额										
	实收资本（或股本）	其他权益工具			资本公积	减：库存股	其他综合收益	专项储备	盈余公积	未分配利润	所有者权益合计	实收资本（或股本）	其他权益工具			资本公积	减：库存股	其他综合收益	专项储备	盈余公积	未分配利润	所有者权益合计
		优先股	永续债	其他									优先股	永续债	其他							
2. 其他权益工具持有者投入资本																						
3. 股份支付计入所有者权益的金额																						
4. 其他																						
（三）利润分配																						
1. 提取盈余公积									62 644.64													
2. 对所有者（或股东）的分配										300 000												
3. 其他																						
（四）所有者权益内部结转																						
1. 资本公积转增资本（或股本）																						

（续表）

项目	本年金额											上年金额										
	实收资本（或股本）	其他权益工具			资本公积	减：库存股	其他综合收益	专项储备	盈余公积	未分配利润	所有者权益合计	实收资本（或股本）	其他权益工具			资本公积	减：库存股	其他综合收益	专项储备	盈余公积	未分配利润	所有者权益合计
		优先股	永续债	其他									优先股	永续债	其他							
2. 盈余公积转增资本（或股本）																						
3. 盈余公积弥补亏损																						
4. 设定受益计划变动额结转留存收益																						
5. 其他综合收益结转留存收益																						
6. 其他																						
四、本年年末余额	10 000 000				3 200 000				1 572 644.64	543 801.78	15 316 446.42											

知识拓展

附注是对在资产负债表、利润表、现金流量表和所有者权益变动表等报表中列示项目的文字描述或明细资料，以及对未能在这些报表中列示项目的说明等。通过附注与资产负债表、利润表、现金流量表和所有者权益变动表列示项目的相互参照关系，以及对未能在报表中列示项目的说明，报表使用者可以全面了解企业的财务状况、经营成果和现金流量。

附注主要包括以下几个方面：

（1）企业的基本情况；

（2）财务报表的编制基础；

（3）遵循企业会计准则的声明；

（4）重要会计政策和会计估计；

（5）会计政策和会计估计变更以及差错更正的说明；

（6）报表重要项目的说明；

（7）或有和承诺事项、资产负债表日后非调整事项、关联方关系及其交易等需要说明的事项；

（8）有助于财务报表使用者评价企业管理资本的目标、政策及程序的信息。

思维导图

- 项目十四 财务报告业务
  - 任务一 认知财务报告
    - 认知财务报告
    - 财务报表列报的基本要求
  - 任务二 编制资产负债表
    - 资产负债表的内容和结构
    - 资产负债表的编制方法
  - 任务三 编制利润表
    - 利润表的内容和结构
    - 利润表的编制方法
  - 任务四 编制现金流量表
    - 现金流量表的内容和结构
    - 现金流量表的编制方法
  - 任务五 编制所有者权益变动表
    - 所有者权益变动表的内容和结构
    - 所有者权益变动表的编制方法

赛证融通测试题

不定项选择题

1. 某企业期末“工程物资”账户的余额为 100 万元，“发出商品”账户的余额为 50 万元，“原材料”账户的余额为 60 万元，“材料成本差异”账户的贷方余额为 5 万元。不考虑其他因素，该企业资产负债表中“存货”项目的金额为（　　）万元。

A. 105　　B. 115　　C. 205　　D. 215

2. 某企业资产负债表日部分总账账户余额如下：“无形资产”账户借方余额为 78 万元，“研发支出（资本化支出）”账户借方余额为 15 万元，“累计摊销”账户贷方余额为 21 万元，“无形资产减值准备”账户贷方余额为 7 万元。不考虑其他因素，该资产负债表“无形资产”项目应填列（　　）万元。

A. 65　　B. 50　　C. 78　　D. 57

3. 某企业期末“本年利润”账户的借方期末余额为 7 万元，“利润分配”和“应付股利”账户贷方余额分别为 18 万元和 12 万元。不考虑其他因素，当期资产负债表中“未分配利润”项目的金额为（　　）万元。

A. 30　　B. 23　　C. 18　　D. 11

4. 企业当期应交的增值税为 54 000 元，当期缴纳的消费税、资源税、城建税、教育费附加分别为 5 000 元、8 500 元、6 800 元。不考虑其他因素，反映在利润表上的“税金及附加”项目的数额为（　　）元。

A. 74 300　　B. 20 300　　C. 6 800　　D. 54 000

5. 某企业 2024 年度实现营业收入 3 000 万元，发生营业成本 2 000 万元，管理费用 150 万元，销售费用 200 万元，税金及附加 60 万元，取得投资收益 100 万元。不考虑其他因素，该企业 2024 年利润表“营业利润”项目“本期金额”的列报金额为（　　）万元。

A. 590　　B. 690　　C. 650　　D. 750

6. 2024 年年初，某公司所有者权益合计为 500 万元。本年度所有者权益变动表有关项目情况如下：综合收益总额增加 360 万元，提取盈余公积 30 万元，分配现金股利 100 万元。不考虑其他因素，该公司 2024 年度所有者权益变动表中“所有者权益合计”项目的本年年末余额为（　　）万元。

A. 760　　B. 860　　C. 830　　D. 730

7. 甲公司 2024 年发生的交易现金流量如下：支付银行借款利息 10 万元，购买设备 50 万元，支付以前年度货款 500 万元。影响现金流量表中经营活动现金流出量的金额为（　　）万元。

A. 50　　B. 500　　C. 70　　D. 560

参考文献

[1] 企业会计准则——基本准则(财政部令第33号,2006年2月15日发布,2014年7月23日财政部令第76号修正).

[2] 财政部 关于印发《企业会计准则——应用指南》的通知(财会〔2006〕18号,2006年10月30日发布).

[3] 财政部 关于印发《增值税会计处理规定》的通知(财会〔2016〕22号,2016年12月3日发布).

[4] 财政部 关于修订印发2019年度一般企业财务报表格式的通知(财会〔2019〕6号,2019年4月30日发布).

[5] 财政部 关于印发《增值税会计处理规定》的通知(财会〔2016〕22号,2016年12月3日发布).

[6] 财政部 国家税务总局 关于全面推开营业税改征增值税试点的通知(财税〔2016〕36号,2016年3月23日发布).

[7] 财政部 税务总局 关于建筑服务等营改增试点政策的通知(财税〔2017〕58号,2017年7月11日发布).

[8] 财政部 税务总局 关于企业职工教育经费税前扣除政策的通知(财税〔2018〕51号,2018年5月7日发布).

[9] 中华人民共和国企业所得税法(2007年3月16日第十届全国人民代表大会第五次会议通过,2017年2月24日第十二届全国人民代表大会第二十六次会议修正).

[10] 中华人民共和国企业所得税法实施条例(2007年11月28日国务院第197次常务会议通过,2019年4月23日国务院令第714号修订).

[11] 财政部 税务总局 海关总署 关于深化增值税改革有关政策的公告(财政部 税务总局 海关总署公告2019年第39号,2019年3月20日发布).

[12] 国家税务总局 关于调整增值税纳税申报有关事项的公告(国家税务总局公告2019年第15号,2019年3月21日发布).

高等职业教育智慧财经专业群建设新形态系列教材

大数据与会计基础	高翠莲　董京原　滑战友
管理会计实务	董京原　高翠莲　茹哲峰
企业财务会计	赵爱萍　董京原
Excel数据分析与财务应用	李　妍　董京原　王建荣
大数据技术在财务中的应用（Python 版）	乔冰琴　王建虹
财务大数据分析与可视化（Power BI 版）	杨　华　高丽萍

同济大学出版社
微信公众号

习题参考答案
及配套资源

ISBN 978-7-5765-1050-8

9 787576 510508 >

定价：68.00元